Jochen Schwind

Die Informationsverarbeitung von Wirtschaftsprüfern bei der Prüfung geschätzter Werte

GABLER RESEARCH

Auditing and Accounting Studies

Herausgegeben von
Prof. Dr. Annette Köhler,
Universität Duisburg-Essen,
Prof. Dr. Kai-Uwe Marten,
Universität Ulm,
Prof. Dr. Reiner Quick,
Technische Universität Darmstadt,
Prof. Dr. Klaus Ruhnke,
Freie Universität Berlin,
Prof. Dr. Matthias Wolz,
Universität Dortmund

Jochen Schwind

Die Informationsverarbeitung von Wirtschaftsprüfern bei der Prüfung geschätzter Werte

Eine verhaltenswissenschaftliche und empirische Analyse

Mit einem Geleitwort von Prof. Dr. Klaus Ruhnke

RESEARCH

Bibliografische Information der Deutschen Nationalbibliothek
Die Deutsche Nationalbibliothek verzeichnet diese Publikation in der
Deutschen Nationalbibliografie; detaillierte bibliografische Daten sind im Internet über
<http://dnb.d-nb.de> abrufbar.

Dissertation Freie Universität Berlin, 2011

1. Auflage 2011

Alle Rechte vorbehalten
© Gabler Verlag | Springer Fachmedien Wiesbaden GmbH 2011

Lektorat: Stefanie Brich | Nicole Schweitzer

Gabler Verlag ist eine Marke von Springer Fachmedien.
Springer Fachmedien ist Teil der Fachverlagsgruppe Springer Science+Business Media.
www.gabler.de

Das Werk einschließlich aller seiner Teile ist urheberrechtlich geschützt. Jede Verwertung außerhalb der engen Grenzen des Urheberrechtsgesetzes ist ohne Zustimmung des Verlags unzulässig und strafbar. Das gilt insbesondere für Vervielfältigungen, Übersetzungen, Mikroverfilmungen und die Einspeicherung und Verarbeitung in elektronischen Systemen.

Die Wiedergabe von Gebrauchsnamen, Handelsnamen, Warenbezeichnungen usw. in diesem Werk berechtigt auch ohne besondere Kennzeichnung nicht zu der Annahme, dass solche Namen im Sinne der Warenzeichen- und Markenschutz-Gesetzgebung als frei zu betrachten wären und daher von jedermann benutzt werden dürften.

Umschlaggestaltung: KünkelLopka Medienentwicklung, Heidelberg
Gedruckt auf säurefreiem und chlorfrei gebleichtem Papier
Printed in Germany

ISBN 978-3-8349-2943-3

Geleitwort

Die Jahresabschlussprüfung als die zentrale betriebswirtschaftliche Prüfung befindet sich in einem steten und zuletzt auch tief greifenden Wandel. Zentrale Eckpunkte der letzten Jahre sind die Neuausrichtung der Abschlussprüfung als geschäftsrisikoorientierte Prüfung sowie der Wandel im Prüfungsobjekt durch die zunehmende Verbreitung der stärker zukunftsorientiert ausgerichteten International Financial Reporting Standards (IFRS). Dabei sieht sich der Prüfer in hohem Maße mit der Prüfung geschätzter Werte konfrontiert, welche der logischen Struktur nach der Prüfung einer Prognose folgt. Dabei stellt sich zunehmend die Frage nach den kritischen Erfolgsfaktoren guter Prüfungsurteile, bzw. es ist auch zu fragen, wo die Grenzen der Gewährung glaubwürdiger Information zu ziehen sind.

Vor diesem Hintergrund untersucht der Verfasser die Determinanten erfolgreichen Problemlösens bei unterschiedlich strukturierten Aufgaben. In diesem Kontext gibt es nur wenige wissenschaftliche Beiträge im anglo-amerikanischen Sprachraum; im deutschsprachigen Raum betritt der Verfasser Neuland. Eine umfassende Monografie, die sich empirisch und theoretisch mit dieser Fragestellung beschäftigt, liegt derzeit nicht vor. Insofern ist die vorgelegte Schrift auch aus diesem Blickwinkel besonders zu begrüßen.

Ausgehend von den verhaltenswissenschaftlichen Grundlagen beschäftigt sich der Verfasser mit den Informationsverarbeitungseffekten von Wirtschaftsprüfern, um hierauf aufbauend eine eigene empirische Untersuchung durchzuführen. Beleuchtet werden der Zusammenhang von Expertise und Entscheidungsperformance sowie die Determinanten erfolgreichen Problemlösens. Die Prüfung geschätzter Werte wird am Beispiel der investment properties gem. IAS 40 untersucht. Im Rahmen der quasi-experimentellen Untersuchung wurden 300 Prüfer befragt.

Hypothesenherleitung und Auswertung folgen dem typischen Design anglo-amerikanischer Studien und genügen zweifelsfrei den hieran zu stellenden Anforderungen. Gezeigt wird u.a., dass Experten erwartungsgemäß in gut- und schlecht-strukturierten Prüfungsgebieten bessere Prüfungsurteile herleiten als Novizen und die Entscheidungsperformance der Experten beim Übergang von gut- zu schlecht-strukturierten Prüfungsgebieten ansteigt, jedoch bei Novizen fällt. Allerdings zeigen sich in unstrukturierten Aufgabengebieten keine signifikanten Unterschiede. Dieses Ergebnis kann als Anlass genommen werden, über etwaige Konsequenzen wie z.B. hinsichtlich der Ausbildung des Prüfers oder den generell eingeschränkten Möglichkeiten, in bestimmten Prüfungsgebieten eine hohe absolute

Prüfungssicherheit zu gewährleisten, nachzudenken. Abschließend werden die Ergebnisse zu den Determinanten erfolgreichen Problemlösens dargelegt. Hier zeigt sich z.B. der Einfluss aufgabenspezifischer Prüfungserfahrung und des Besuchs von Weiterbildungsveranstaltungen; dagegen beeinflussen Persönlichkeitseigenschaften den Erfolg nur ausnahmsweise. Die gewonnenen Ergebnisse werden in geeigneter Form diskutiert und teilweise auch Empfehlungen an den Normengeber erwogen.

Die kreative Dissertationsschrift richtet sich gleichermaßen an in der Forschung und Lehre Tätige, die normensetzenden Instanzen sowie in der Rechnungslegungs- und Prüfungspraxis tätige Personen. In der Hoffnung, dass die Arbeit Denkprozesse auslösen und die gegenwärtigen Diskussion befruchten wird, wünschen die Herausgeber der vorliegenden Dissertation eine gute Aufnahme durch den Markt.

Für die Herausgeber: Prof. Dr. Klaus Ruhnke

Vorwort

Die vorliegende Arbeit entstand während meiner Tätigkeit als wissenschaftlicher Mitarbeiter am Institut für Betriebswirtschaftliche Prüfungs- und Steuerlehre am Lehrstuhl für Unternehmensrechnung und Wirtschaftsprüfung. Sie wurde im Wintersemester 2010/2011 vom Fachbereich Wirtschaftswissenschaft der Freien Universität Berlin als Dissertation angenommen.

Die Anfertigung dieser Arbeit wurde erst durch die Unterstützung einer Vielzahl von Personen ermöglicht. Besonderer Dank gilt in diesem Zusammenhang meinem Doktorvater Prof. Dr. Klaus Ruhnke. Er hat mir die Möglichkeit gegeben, eigenverantwortlich zu arbeiten und damit den zur Umsetzung meiner Ideen notwendigen Forschungsfreiraum geschaffen. Sein stetes Interesse am Fortgang der Arbeit sowie seine motivierende Diskussionsbereitschaft haben sehr zum Gelingen der Arbeit beigetragen. Herzlich danken möchte ich auch Herrn Prof. Dr. Ralf Sabiwalsky für die Übernahme des Zweitgutachtens sowie Prof. Dr. Jochen Hundsdörfer, Dr. Martin Schmidt und Alexander Gabriel für die Teilnahme an meiner Promotionskommission.

Meine ehemaligen Kollegen an der Freien Universität haben durch zahlreiche fachliche Diskussionen sowie durch freundschaftliche Unterstützung zum Entstehen dieser Arbeit beigetragen. Hierfür bedanke ich mich bei Frederik Frey, Alexander Gabriel, Robert Imiela, Catharina Schmiele und Stefanie Schmitz. Für das wertvolle Feedback bedanke ich mich weiterhin bei Dr. Christoph Nerlich sowie bei Alexandra Lohr für das präzise Korrekturlesen der vorliegenden Arbeit. Frau Dr. Julia Füssel möchte ich für die organisatorische Unterstützung bei der Durchführung meiner empirischen Studie danken. Darüber hinaus geht ein ganz großes Dankeschön an meine Schwester Christina, die mir jederzeit mit Rat und Tat zur Seite stand.

Am meisten möchte ich jedoch meinen Eltern Hildegard und Hans sowie meiner Freundin Alexa danken, ohne deren bedingungslosen Rückhalt und Unterstützung das Erstellen dieser Arbeit nicht möglich gewesen wäre. Ihnen ist diese Arbeit gewidmet.

Jochen Schwind

Inhalt Seite

Abkürzungs- und Symbolverzeichnis XV

Abbildungsverzeichnis XIX

Tabellenverzeichnis XXI

1 Problemstellung und Gang der Untersuchung 1

2 Problemlösen und Informationsverarbeitung 5

    2.1 Wissenschaftstheoretische Vorüberlegungen 5

    2.2 Der Informationsverarbeitungsansatz 7

    2.3 Denken als Informationsverarbeitung 11

        2.3.1 Das menschliche Gedächtnissystem im Überblick 11

        2.3.2 Wissensinhalte 14

        2.3.3 Wissensstrukturen 15

    2.4 Problembegriff und Klassifikation von Problemen 17

        2.4.1 Problem versus Aufgabe 17

        2.4.2 Problemtypen 20

    2.5 Der Prüfungsprozess als Problemlösungsmodell - eine erweiterte kognitionspsychologische Perspektive 25

        2.5.1 Die Abgabe eines Prüfungsurteils als hypothesengesteuerter heuristischer Suchprozess 25

        2.5.2 Erweiterung des Informationsverhaltensansatzes um personelle, aufgabenspezifische und kontextuelle Faktoren 27

            2.5.2.1 Erweitertes prüfungsbezogenes Problemlösungsmodell 27

            2.5.2.2 Skizzierung der Phasen des Informationsverhaltens 29

            2.5.2.3 Ergänzung des Informationsverhaltensansatzes durch (weitere) personale Einflussfaktoren 34

                2.5.2.3.1 Überblick 34

                2.5.2.3.2 Konstitutive Ebene 36

2.5.2.3.3 Kognitive Ebene 39

    2.5.2.3.3.1 Kompetenz 39

    2.5.2.3.3.2 Flexibilität und Intuition 44

2.5.2.3.4 Aktivierende Ebene 45

2.6 Problemlösungsverfahren 49

  2.6.1 Unterscheidung von Problemlösungsverfahren 49

  2.6.2 Heuristische Verfahren 51

    2.6.2.1 Begrifflichkeiten 51

    2.6.2.2 Heuristische Problemlösungsstrategien 53

3 Informationsverarbeitungseffekte von Wirtschaftsprüfern 58

  3.1 Vorbemerkungen 58

  3.2 Kategorisierung zentraler Informationsverarbeitungseffekte 60

  3.3 Darstellung zentraler Informationsverarbeitungseffekte 64

    3.3.1 Aufgabeneffekte 64

      3.3.1.1 Ankereffekte 64

      3.3.1.2 Aufgabenstruktureffekte 66

      3.3.1.3 Emotionen 70

      3.3.1.4 Rahmeneffekte 71

      3.3.1.5 Reihenfolgeeffekte 73

      3.3.1.6 Repräsentativitätseffekte 76

        3.3.1.6.1 Vernachlässigung der Stichprobengröße 77

        3.3.1.6.2 Vernachlässigung der Basisrate 78

        3.3.1.6.3 Konjunktionseffekte 78

        3.3.1.6.4 Zuverlässigkeit der Informationsquelle 80

      3.3.1.7 Verfügbarkeitseffekte 81

      3.3.1.8 Verwässerungseffekte 82

    3.3.2 Effekte der Prüfungsumwelt 83

XI

3.3.2.1 Gruppen- und Teameffekte 83

3.3.2.2 Motivation 84

3.3.2.3 Rechtfertigungseffekte 85

3.3.2.4 Zeitdruck 87

3.3.3 Weitere kognitive Verzerrungen 88

3.3.3.1 Bestätigungseffekte 88

3.3.3.2 Rückblickeffekte 90

3.3.3.3 Selbstüberschätzungseffekte 91

4 Empirische Untersuchung 93

4.1 Vorbemerkungen 93

4.2 Formulierung der Hypothesen 94

4.2.1 Expertise und Entscheidungsperformance (Forschungsfrage 1) 94

4.2.2 Determinanten erfolgreichen Problemlösens (Forschungsfrage 2) ... 100

4.2.2.1 Prüfungserfahrung 100

4.2.2.2 Weiterbildungsveranstaltungen 101

4.2.2.3 Persönlichkeitseigenschaften 102

4.3 Untersuchungsdesign 104

4.3.1 Methodik der empirischen Untersuchung 104

4.3.1.1 Auswahl der Forschungsmethode 104

4.3.1.2 Längsschnitt- versus Querschnittstudie 107

4.3.1.3 Studierende als Surrogate für Prüfer 108

4.3.2 Überblick Untersuchungsdesign 109

4.3.3 Voruntersuchung 113

4.3.4 Untersuchungsteilnehmer 117

4.3.5 Methodisches Vorgehen Forschungsfrage 1 118

4.3.5.1 Der Experten-Novizen-Vergleich 118

4.3.5.2 Operationalisierung von Expertise 119

4.3.5.3 Statistische Vorgehensweise 122

4.3.6 Methodisches Vorgehen Forschungsfrage 2 124

4.4 Untersuchungsgegenstand 126

   4.4.1 Die Abbildung von investment properties nach IAS 40 126

      4.4.1.1 Ansatz und Bewertung 126

      4.4.1.2 Die Ermittlung des fair value mit Hilfe von DCF-Verfahren ... 129

         4.4.1.2.1 Grundlagen 129

         4.4.1.2.2 Parameter des DCF-Verfahrens 130

            4.4.1.2.2.1 Zahlungsmittelüberschuss 130

            4.4.1.2.2.2 Restwert 132

            4.4.1.2.2.3 Diskontierungszinssatz 133

   4.4.1.3 Analyse der Bilanzierungspraxis 137

   4.4.2 Die Prüfung von geschätzten Werten nach ISA 540 139

4.5 Ergebnisse und Interpretationen 146

   4.5.1 Charakteristika der Untersuchungsteilnehmer 146

   4.5.2 Forschungsfrage 1: Expertise und Entscheidungsperformance 150

      4.5.2.1 Ergebnisse 150

         4.5.2.1.1 Gut-strukturiertes Aufgabengebiet 150

         4.5.2.1.2 Schlecht-strukturiertes Aufgabengebiet 151

         4.5.2.1.3 Unstrukturiertes Aufgabengebiet 152

      4.5.2.2 Interpretation der Ergebnisse 152

   4.5.3 Forschungsfrage 2: Einflussdeterminanten erfolgreichen Problemlösens 157

      4.5.3.1 Prüfungserfahrung 157

         4.5.3.1.1 Ergebnisse 157

         4.5.3.1.2 Interpretation 158

      4.5.3.2 Weiterbildungsveranstaltungen 159

         4.5.3.2.1 Ergebnisse 159

4.5.3.2.2 Interpretation 160

4.5.3.3 Persönlichkeit 162

4.5.3.3.1 Ergebnisse 162

4.5.3.3.2 Interpretation 164

4.5.3.4 Zwischenfazit 165

4.6 Einschränkungen 166

4.7 Künftiger Forschungsbedarf 168

5 Fazit 171

Literaturverzeichnis 175

Anhang 223

Abkürzungs- und Symbolverzeichnis

ß	Beta-Faktor (Schwankungs- bzw. Risikomaß)
$\chi^2_{(1-\alpha)\,(df)}$	Chi-Quadrat-Wert (Prüfgröße)
Ø	durchschnittlich
€	Euro
µ	Mittelwert
α	Signifikanzniveau (bzw. Fehler 1. Art)
AG	Aktiengesellschaft
allg.	allgemein(e)
ANOVA	Varianzanalyse (analysis of variance)
ANCOVA	Kovarianzanalyse (analysis of covariance)
Art.	Artikel
BC	Basis for conclusion (Grundlage für die Schlussfolgerung, Normen des IASB)
BFI	Big-Five-Inventory
bzgl.	bezüglich
bzw.	beziehungsweise
ca.	circa
CF	Zahlungsmittelüberschüsse (cashflows)
CM	cost model
CPA	Certified Public Accountant (Wirtschaftsprüfer, USA)
DAX	Deutscher Aktienindex (Auswahlindex der Deutschen Börse)
DCF	Discounted Cashflow
ders.	derselbe
df	(Zahl der) Freiheitsgrade
d.h.	das heißt
dies.	dieselbe, dieselben
ebd.	ebenda
EG	Europäische Gemeinschaft(en), Erdgeschoß
EoS	End-of-Sequence
EP	Entscheidungsperformance (Leistung)
etc.	et cetera (und weitere)
EU	Europäische Union

f., ff.	folgende [Seite, Spalte]
F	Prüfgröße F-Test
F&E	Forschung & Entwicklung
FFI	Five Factor Inventory
Fn.	Fußnote
FVM	fair value model
GAAP	Generally Accepted Accounting Principles
GAAS	Generally Accepted Auditing Standards
gem.	gemäß
GN	IVSC Guidance Notes (Stand: 2007)
GSI	General Standard Index (Auswahlindex der Deutschen Börse)
H_0	Nullhypothese
H_{1a} bis H_{1h}	Alternativhypothesen
Hrsg.	Herausgeber
i	Diskontierungszinssatz
IAASB	International Auditing and Assurance Standards Board
IASB	International Accounting Standards Board
IDW	Institut der Wirtschaftsprüfer in Deutschland e.V.
IDW PS	IDW Prüfungsstandard(s)
IFAC	International Federation of Accountants, New York
IFRS	International Financial Reporting Standards
i.d.R.	in der Regel
i.H.v.	in Höhe von
ISA	International Standard on Auditing
IT	Informationstechnik
i.V.m.	in Verbindung mit
IVS	International Valuation Standard (Stand: 2007)
IVSC	International Valuation Standards Committee
k.A.	keine Angabe
m^2	Quadratmeter
M	Mittelwert (statistisch)
MD	Median (statistisch)
MDAX	Midcap-DAX (Auswahlindex der Deutschen Börse)
m.E.	meines Erachtens

m.w.N.	mit weiteren Nachweisen
n	Anzahl bzw. Stichprobengröße
NEO-FFI	NEO-(Neurotizismus, Extraversion, Offenheit)- Fünf-Faktoren-Inventar
NEO-PI-R	NEO-(Neurotizismus, Extraversion, Offenheit)- Persönlichkeitsinventar, revidierte Fassung
n.F.	neue Fassung
Nr.	Nummer
n.s.	nicht signifikant
o.Ä.	oder Ähnliche
OG	Obergeschoß
p	Signifikanzwert
PE	Prüfungserfahrung
Phi	statistisches Zusammenhangmaß
REIT	Real Estate Investment Trust
RL	Rechnungslegung
RV	Restwert (residual value)
Rz.	Randziffer
S.	Seite(n)
SbS	Step-by-Step
SD	Standardabweichung
SDAX	Smallcap-DAX (Auswahlindex der Deutschen Börse)
Sig.	Signifikanz
Sp.	Spalte(n)
t	Prüfgröße t-Test
T€	Tausend Euro
U	Prüfgröße Mann-Whitney-Test
u.a.	unter anderem, unter anderen
URL	uniform resource locator
vgl.	vergleiche
WBV	Weiterbildungsveranstaltung(en)
WP	Wirtschaftsprüfer
WPG	Wirtschaftsprüfungsgesellschaft
WPK	Wirtschaftsprüferkammer
z.B.	zum Beispiel

Abbildungsverzeichnis

Abbildung 1:	Allgemeines Problemlösungsmodell	9
Abbildung 2:	Mehr-Speicher-Modell des Gedächtnisses	12
Abbildung 3:	Klassifikation von Barrieretypen	22
Abbildung 4:	Prüfungsbezogenes Problemlösungsmodell	27
Abbildung 5:	Erweitertes prüfungsbezogenes Problemlösungsmodell (Bezugsrahmen)	28
Abbildung 6:	Personale Ebenen des menschlichen Informationsverarbeitungssystems	35
Abbildung 7:	Unterscheidung von Problemlösungsverfahren	50
Abbildung 8:	Der Auflösungskegel von Beer	56
Abbildung 9:	Kategorisierung der Verzerrungen anhand des erweiterten Problemlösungsmodells	63
Abbildung 10:	Übersicht über die erwartete Problemlösung von Experten und Novizen in Abhängigkeit von derProblemstruktur	99
Abbildung 11:	Grafische Darstellung der Hypothesen ($H1a\text{-}1$ bis $H1a\text{-}3$)	99
Abbildung 12:	Überblick Untersuchungsdesign	110
Abbildung 13:	Fallstudienzuordnung	117
Abbildung 14:	fair value und Ausmaß an Schätzungen	140
Abbildung 15:	Prüfungsprozess nach ISA 540	141
Abbildung 16:	Ergebnisübersicht $H1a\text{-}1$ bis $H1a\text{-}3$	154

Tabellenverzeichnis

Tabelle 4-1:	Übersicht der Schulungstermine	118
Tabelle 4-2:	Eigenschaften und Mittelwertvergleich der Novizen- und Experten-Kohorte	122
Tabelle 4-3:	Ermittlungsmethoden des fair value	139
Tabelle 4-4:	Stichprobencharakteristika	148
Tabelle 4-5:	Persönlichkeitseigenschaften des Untersuchungssamples	149
Tabelle 4-6:	Ergebnisse t-Test: Neurotizismus	150
Tabelle 4-7:	Ergebnisse t-Test: Gewissenhaftigkeit	150
Tabelle 4-8:	Ergebnisse Chi-Quadrat-Test (Hypothese $H1a-1$)	151
Tabelle 4-9:	Ergebnisse Chi-Quadrat-Test (Hypothese $H1a-2$)	152
Tabelle 4-10:	Ergebnisse Chi-Quadrat-Test (Hypothese $H1a-3$)	152
Tabelle 4-11:	Hypothesenübersicht Forschungsfrage 1	156
Tabelle 4-12:	Prüfungserfahrung als Einflussfaktor (aufgabenspezifisch)	157
Tabelle 4-13:	Hypothesenübersicht: Prüfungserfahrung als Einflussfaktor	159
Tabelle 4-14:	Besuchte Weiterbildungsveranstaltungen als Einflussfaktor (U-Test)	160
Tabelle 4-15:	Hypothesenübersicht: besuchte Weiterbildungsveranstaltungen als Einflussfaktor	161
Tabelle 4-16:	Persönlichkeitsfaktoren als Einflussfaktor	163
Tabelle 4-17:	Persönlichkeit als Einflussfaktor (aufgabenspezifische Auswertung)	164
Tabelle 4-18:	Hypothesenübersicht: Persönlichkeit (gesamt)	165

1 Problemstellung und Gang der Untersuchung[1]

Mit der zunehmenden Globalisierung der Güter- und Finanzmärkte gewinnen seit einigen Jahren die International Financial Reporting Standards (IFRS)[2] als international anerkannte Rechnungslegungsvorschriften immer mehr an Bedeutung.[3] Bei dem für die internationale Rechnungslegung verantwortlichen Standardsetter, dem International Accounting Standards Board (IASB), ist zudem die Tendenz zu erkennen zum beizulegenden Zeitwert (*fair value*) als Wertmaßstab für die Bewertung überzugehen.[4] Ausgehend von einer *fair value*-Bewertung für bestimmte Finanzinstrumente sowie der Möglichkeit, eine Neubewertung des Sachanlagevermögens und der immateriellen Vermögenswerten zum *fair value* durchzuführen, werden inzwischen auch als Finanzinvestition gehaltene Immobilien (*investment properties*) sowie biologische Vermögenswerte und landwirtschaftliche Erzeugnisse zum *fair value* angesetzt.[5]

Diese fortschreitende Globalisierung der Kapitalmärkte wirkt sich auch auf das berufliche Umfeld des Prüfers aus.[6] Durch die zunehmende Bedeutung von geschätzten Werten in der Rechnungslegung gewinnen betriebswirtschaftliche Prüfungen mehr und mehr den Charakter komplexer, schlecht-strukturierter und eigendynamischer Probleme. Hierdurch lässt sich der Entscheidungsprozess regelmäßig, aufgrund nicht vollständig zur Verfügung stehender Informationen und beschränkter Informationsverarbeitungskapazitäten, nicht als

---

[1] Aus Gründen der besseren Lesbarkeit wird in der vorliegenden Arbeit auf die gleichzeitige Verwendung männlicher und weiblicher Sprachformen verzichtet. Es wird ein generisches Maskulinum verwendet, welches sich explizit als geschlechtsneutral versteht. Sämtliche Personen- und Berufsbezeichnungen gelten somit gleichwohl für beiderlei Geschlecht.

[2] In der vorliegenden Arbeit wird hierbei die englischsprachige Fassung (Stand 01. Januar 2010, sofern nicht anders vermerkt) zugrunde gelegt.

[3] Vgl. International-Accounting-Standards (IAS)-Verordnung (EG) Nr. 1606/2002 (zuletzt geändert durch die EU-Verordnung 297/2008 vom 1. März 2008, Amtsblatt der EU Nr. L 97, S. 62 f.). Zweck der Verordnung ist, durch die Konvergenz der Rechnungslegungsvorschriften, die Stärkung des freien Kapitalverkehrs und eine Stärkung der Wettbewerbsfähigkeit des europäischen Finanzplatzes innerhalb des Binnenmarkts; vgl. hierzu auch Ernst (2001). Nach Artikel 4 dieser Richtlinie haben kapitalmarktorientierte Unternehmen ab dem Jahr 2005 ihre Konzernabschlüsse nach IFRS zu erstellen.

[4] Als Reaktion hierauf hat das International Auditing and Assurance Standards Board (IAASB) die Neufassung des ISA 540 mit dem ISA 545 „Auditing fair value measurements and disclosures" zusammengefasst. Vor dem Hintergrund der weltweiten Finanzkrise hat das IAASB zudem die resultierenden Bewertungsschwierigkeiten bei der *fair value* Ermittlung aufgegriffen und 2008 einen *staff audit practice alert* zur Bewertung von Finanzinstrumenten in illiquiden Märkten herausgegeben; vgl. IAASB (2008), S. 1 ff.

[5] Vgl. Ballhaus/Futterlieb (2003), S. 563; Blaufus (2005), S. 2.

[6] Vgl. hierzu Albrecht/Sack (2000), S. 11. Hiernach stellt die Globalisierung bereits Anfang des 20. Jahrtausends einen der Haupteinflussfaktoren auf die Veränderungen der Berufspraxis von Wirtschaftsprüfern dar.

Suche nach der besten, sondern als Suche nach einer hinreichend akzeptablen Alternative beschreiben.[7]

In diesem Zusammenhang ist das Informationsverhalten des Prüfers von besonderer Bedeutung, da der Erfolg einer Prüfung unmittelbar davon abhängt, welche Informationen sich der Prüfer beschafft und wie er die beschafften Informationen verarbeitet, um letztlich zu einem Urteil zu gelangen. Das Informationsverhalten stellt den Kernpunkt in der Betrachtung des Prüfungsprozesses dar und kann als das Schlüsselmerkmal erfolgreicher Problemlöser angesehen werden.[8]

Zielsetzung dieser Arbeit ist zum einen, durch systematisierende und kritische Betrachtungen einen Beitrag zu einem tieferen Verständnis des Prüfungsprozesses zu leisten, wobei mit der Informationsverarbeitung ein zentraler Aspekt der Prüfungsforschung ausgewählt wurde. Neben der Erweiterung des Informationsverhaltensansatzes um personelle, aufgabenspezifische und kontextuelle Faktoren stehen insbesondere auch Informationsverarbeitungseffekte im Fokus der Betrachtung. Zum anderen sollen die Auswirkungen eines unterschiedlichen Expertisegrades auf die Informationsverarbeitung von Wirtschaftsprüfern[9] innerhalb unterschiedlich strukturierter Aufgabenkategorien und Determinanten erfolgreichen Problemlösens empirisch untersucht werden.

Die vorliegende Arbeit ist wie folgt aufgebaut:

KAPITEL 2:   PROBLEMLÖSEN UND INFORMATIONSVERARBEITUNG

Das zweite Kapitel dient der Erläuterung der verhaltenswissenschaftlichen Grundlagen. Hier wird zunächst die Betrachtungsweise der kognitiven Dimension des Prüfungsprozesses[10] als ein Informationsverarbeitungsproblem, in einen prüfungstheoretischen Kontext eingebettet (*Kapitel 2.1*). Dann wird der Informationsverarbeitungsansatz der

---

[7]   Vgl. Simon (1972), S. 161 ff. sowie Koch (2004), S. 7. Um den möglichen Erwartungen der Öffentlichkeit zu entsprechen, dass der Prüfer in der Lage ist, z.B. geschätzten Werten eine hohe oder gar absolute Prüfungssicherheit zu verleihen, wird ein *audit* explizit als ein *reasonable assurance engagement* definiert, welches das Prüfungsrisiko auf ein den Umständen des Einzelfalls angepasstes niedriges Niveau reduziert; vgl. ISA 200.17 i.V.m. IFAC Framework.11; Ruhnke/ Lubitzsch (2006), S. 366 ff.; Lubitzsch (2008), S. 20 ff. sowie empirisch S. 115 ff. Zur Erwartungslücke vgl. Ruhnke/Schmiele/ Schwind (2010), S. 394.

[8]   Vgl. Gemünden (1993), S. 864 sowie ausführlich Schreiber (2000), S. 2 f.

[9]   Unter den Begriff Wirtschaftsprüfer werden im Folgenden alle in der Wirtschaftsprüfung tätigen Personen subsumiert; auch werden die Begrifflichkeiten Prüfer und Wirtschaftsprüfer synonym verwendet.

[10] Die Begriffe „Urteilbildungsprozess" und „Prüfungsprozess" werden in dieser Arbeit synonym verwendet.

kognitiven Psychologie beschrieben und ein allgemeines Problemlösungsmodell, das auf der Problemraumtheorie von Newell/Simon (1972) basiert, vorgestellt *(Kapitel 2.2)*. Ebenso werden die Struktur des kognitiven Apparats und wichtige elementare kognitive Funktionen und Prozesse behandelt *(Kapitel 2.3)*. Ausgangspunkt ist das sog. Mehr-Speicher-Modell. Dieses geht davon aus, dass die Informationsverarbeitung in unterschiedlichen Gedächtnissystemen stattfindet und die Übertragung von Informationen von einem System zu einem anderen durch spezifische Verarbeitungsprozesse kontrolliert wird. Für ein weiterführendes Verständnis wird kurz auf den Begriff „Problem" als auch auf die Abgrenzung unterschiedlicher Problemklassen eingegangen *(Kapitel 2.4)*. Nach einem Überblick über das auf den Prüfungsprozess bezogene Problemlösungsmodell, das die Abgabe eines Prüfungsurteils als hypothesengesteuerten heuristischen Suchprozess beschreibt, erfolgt eine Erweiterung dieses Modells durch die explizite Berücksichtigung von personalen Merkmalen, den Aufgabencharakteristika und kontextuellen Faktoren der Informationsverarbeitung *(Kapitel 2.5)*. Neben der Darstellung der einzelnen Prozessphasen und der dazugehörigen Einflussfaktoren wird auf zentrale Ergebnisse der empirischen Prüfungsforschung eingegangen. Es wird sich zeigen, dass die Auseinandersetzung der Prüfungsforschung mit einigen Aspekten bereits sehr intensiv stattgefunden hat, wohingegen andere Bereiche nur spärlich untersucht wurden. Zum Schluss des zweiten Kapitels werden verschiedene Problemlösungsverfahren abgegrenzt und einschlägige heuristische Problemlösungsstrategien vorgestellt *(Kapitel 2.6)*.

KAPITEL 3:   INFORMATIONSVERARBEITUNGSEFFEKTE VON WIRTSCHAFTSPRÜFERN

Im dritten Kapitel wird zunächst auf die Bedeutung von Heuristiken und Verzerrungen im Rahmen des Prüfungsprozesses eingegangen *(Kapitel 3.1)* sowie eine Kategorisierung zentraler Informationsverarbeitungseffekte anhand des erweiterten Problemlösungsmodells vorgenommen *(Kapitel 3.2)*. Ziel des Bezugsrahmens ist es, die reichhaltigen empirischen Einzelbefunde zu den Informationsverarbeitungseffekten in den erweiterten Informationsverarbeitungsansatz zu integrieren und dadurch sowohl ein besseres Verständnis der begrenzten menschlichen Kapazitäten im Bereich der Informationsverarbeitung von Prüfern zu bekommen als auch eine Perspektive zu eröffnen, die es erlaubt, künftige Forschungsarbeiten zu steuern. Im Anschluss werden zentrale Effekte, die bei der Informationsverarbeitung von Wirtschaftsprüfern auftreten können, dargestellt *(Kapitel 3.3)*. Zur Veranschaulichung wird auf die Ergebnisse der neueren empirischen Prüfungsforschung eingegangen und jeweils mindestens eine empirische Studie vorgestellt.[11]

KAPITEL 4: EMPIRISCHE UNTERSUCHUNG

Das in *Kapitel 2* auf dem Informationsverarbeitungsansatz der kognitiven Psychologie basierende erweiterte prüfungsbezogene Problemlösungsmodell als auch die in *Kapitel 3* vorgenommene Kategorisierung der Informationsverarbeitungseffekte bilden den theoretischen Hintergrund für die empirische Untersuchung der vorliegenden Arbeit.

Zielsetzung ist zum einen die Beurteilung der Auswirkungen eines unterschiedlichen Expertisegrades auf die Informationsverarbeitung von Prüfern innerhalb unterschiedlich strukturierter Aufgabenkategorien. Da es sich bei Expertise um ein Konglomerat mehrerer personaler Faktoren, wie z.B. Wissen und Fähigkeiten handelt, kann mit ihrer Untersuchung ein wesentlicher Teilbereich der Informationsverhaltensforschung abgedeckt werden. Zum anderen sollen Determinanten erfolgreichen Problemlösens identifiziert werden (*Kapitel 4.1*). Vor dem Hintergrund dieser beiden Zielsetzungen werden Hypothesen formuliert (*Kapitel 4.2*), die mithilfe einer fragebogenbasierten quasiexperimentellen Untersuchung überprüft werden. Als Grundlage der Untersuchungen werden das Untersuchungsdesign und die Untersuchungsmethodik (*Kapitel 4.3*) erläutert und ein Überblick über den Untersuchungsgegenstand, die Bilanzierung und Prüfung von als Finanzinvestition gehaltenen Immobilien nach internationalen Normen, gegeben (*Kapitel 4.4*). Die Darstellung und Interpretation der Ergebnisse erfolgt getrennt für beide Zielsetzungen (*Kapitel 4.5*). Nach einer ausführlichen Auseinandersetzung mit den Einschränkungen der durchgeführten Untersuchung (*Kapitel 4.6*) werden Anregungen für die weitere Forschung gegeben (*Kapitel 4.7*).

Abschließend werden wichtige Erkenntnisse in einem gesonderten Abschnitt zusammengefasst (*Kapitel 5*).

---

[11] Bei der Darstellung der Informationsverarbeitungseffekte und der empirischen Studien, wird kein Anspruch auf Vollständigkeit erhoben, sondern es wurde aus der Vielzahl von Einflussfaktoren auf die Informationsverarbeitung eine Auswahl getroffen. Auswahlkriterium war die Relevanz für den Prüfungsprozess. Aus über drei Jahrzehnten Forschungsarbeit zur kognitiven Dimension der prüferischen Urteilsbildung existiert ein kaum überschaubarer Bestand an empirischen Studien; bereits 2006 lagen mehr als 1000 empirische Studien mit Bezug zum Prüfungswesen vor; vgl. Ruhnke (2006a), S. 230.

2 Problemlösen und Informationsverarbeitung

2.1 Wissenschaftstheoretische Vorüberlegungen

Die Betriebswirtschaft betrachtet als Realwissenschaft konkrete Phänomene der Erfahrungswelt und soll als angewandte Wissenschaft praxisrelevantes Wissen hervorbringen.[12] Ziel der betriebswirtschaftlichen Prüfungstheorie ist die Beschreibung und Erklärung von Prüfungen als reale Phänomene.[13] Eine Prüfungstheorie muss demnach in ihren Methoden auch empirisch orientiert sein. Empirische Orientierung bedeutet: Anknüpfungspunkt der theoretischen Auseinandersetzung müssen in der Betriebswirtschaftslehre letztlich Phänomene der Realität sein und für eine Abwendung des Spekulationscharakters muss eine Überprüfung an der Realität erfolgen. Dies soll allerdings keinesfalls eine Forderung für die ausschließliche Verwendung der empirischen Forschungsstrategie bzw. nach einem Methodenmonismus[14] sein.[15] Als angewandte Realwissenschaft beschäftigt sich die Betriebswirtschaftslehre sowohl mit realen Phänomenen der Erfahrungswelt als auch mit der Vermittlung von praxisrelevantem Wissen.[16] Hierbei verwundert es, dass obwohl die Prüfungslehre den ältesten Teildisziplinen der Betriebswirtschaftslehre zuzuordnen ist,[17] bislang keine Einigkeit über den Begriff und die Inhalte einer Prüfungstheorie[18] erzielt werden konnte.[19] Vielmehr lassen sich mehrere prüfungstheoretische Ansätze identifizieren, die sich jeweils zur Erforschung bestimmter Bereiche des Prüfungsprozesses eignen.[20] Bei den prüfungstheoretischen Ansätzen handelt es sich um „gewisse,

---

[12] Vgl. Schanz (1988), S. 9; Chmielewicz (1994), S. 34.
[13] Vgl. Ruhnke (2000), S. 193; ders. (2006b), S. 650.
[14] Gegen einen Methodenmonismus hat sich von Wysocki mehrfach nachdrücklich ausgesprochen; vgl. von Wysocki (1993), S. 911.
[15] Vgl. hierzu Richter (2002), S. 17
[16] Vgl. hierzu Schanz (1988), S. 9 ff.; Chmielewicz (1994), S. 34; Hax (1956), S. 469. Für eine ausführliche Diskussion der Prüfungstheorie; vgl. Ruhnke (2000) S. 191 ff.
[17] Vgl. Loitelsberger (1966), S. 17 ff.; Mann (1967), S. 393 ff.
[18] Unter einer Theorie wird allgemein ein System von miteinander verknüpften zeitrauminvarianten Aussagen (nomologischen Hypothesen) verstanden, die zur Erklärung und Voraussage des Verhaltens von Objekten herangezogen werden; vgl. stellvertretend Schnell/Hiller/Esser (2008), S. 54; Bortz/Döring (2006), S. 16 f.
[19] Vgl. Fischer-Winkelmann (1993), S. 1024. Siehe des Weiteren Ruhnke (2000), S. 191; Richter (1997), S. 251. Eine allgemeingültige Prüfungstheorie müsste in der Lage sein, den Prüfungsprozess auf der Grundlage nomologischer, d.h. raum- und zeitunabhängiger Hypothesen zu erklären. Dies ist aber aufgrund der hohen Komplexität der Abschlussprüfung, den regionalen Unterschieden der Rechnungslegungs- und Prüfungsnormen und den daraus resultierenden Unterschieden bei der Prüfungsdurchführung nicht möglich.
[20] Synonym finden auch die Begriffe Forschungsprogramme oder Paradigmen Verwendung; zur Kennzeichnung der Ansätze als Paradigmen siehe auch Albach (1993), S. 15 ff. sowie Behrens (1993),

zumeist inhaltliche und/oder methodologische Leitideen organisierte natürliche Beurteilungseinheiten."[21]

Prüfungstheorie und prüfungstheoretische Ansätze verfolgen dasselbe Ziel, nämlich die Erklärung und Prognose von tatsächlichem Prüferverhalten. Im Mittelpunkt stehen dabei in Abhängigkeit des gewählten Forschungsprogramms diejenigen Teilbereiche, für die der Ansatz das geeignete Instrumentarium darstellt. Die derzeit die Literatur prägenden Strömungen stellen zum einen entscheidungslogisch orientierte Ansätze sowie insbesondere erfahrungswissenschaftliche Ansätze dar.[22] Auffällig ist, dass auftretende Problemstellungen nicht durch einen bestimmten Forschungsansatz gelöst werden können, sondern, dass hier ein nebeneinander verschiedener Ansätze vorherrscht.[23]

Zur Betrachtung der kognitiven Aspekte des Prüfungsprozesses soll in der vorliegenden Arbeit der Informationsverarbeitungsansatz der kognitiven Psychologie als zentrales theoretisches Konzept herangezogen werden.[24] Dieser lässt sich unter die verhaltensorientierten Ansätze subsumieren.[25] Er kann außerdem den erfahrungswissenschaftlichen Ansätzen der Prüfungstheorie zugeordnet werden, denn er ermöglicht die Aufstellung empirisch über-

---

Sp. 4767. Des Weiteren ist auch die Aufstellung eines Bezugsrahmens als Vorstufe zu einer (erfahrungswissenschaftlichen) Prüfungstheorie zu nennen; vgl. Ruhnke (2006b), S. 652. Ein Bezugsrahmen ermöglicht die Systematisierung von Ergebnissen der empirischen Prüfungsforschung durch die Herausarbeitung von Untersuchungskategorien; vgl. ders. (2006a), S. 230. In dem von Ruhnke entwickelten Bezugsrahmen, der u.a. die Kategorien „Prüfungsaufgaben", „beteiligte Akteure" und „Beurteilung der Prüfungsqualität" enthält, ist für diese Arbeit der Bereich „kognitive Kategorien des Prüfungsprozesses" relevant; vgl. ders. (2000), S. 282.

[21] Ruhnke (2006b), S. 650; der abweichend den Begriff Forschungsprogramm verwendet. Vgl. darüber hinaus Bohnen (1975), S. 4 f.; Albert (1967), S. 14 ff.; Ruhnke (2000), S. 195.

[22] Als weitere zentrale Forschungsprogramme sind der meßtheoretische Ansatz, der systemorientierte Ansatz oder auch Ansätze der Institutionenökonomik zu nennen. Siehe hierzu u.a. Sieben/Bretzke (1973), S. 626 f.; Fischer-Winkelmann (1975), S. 127 ff.; Schanz (1997), S. 558 f.; Ruhnke (2000), S. 195 f.

[23] Vgl. z.B. Ruhnke (2000), S. 195. Wurden der empirisch-kognitiven und der verhaltensorientierte Ansatz in den ersten beiden Auflagen des Handwörterbuchs des Revisionswesens noch getrennt aufgeführt; vgl. Egner (1983), Sp. 1230 ff.; ders. (1992), Sp. 1566 ff.; Fischer-Winkelmann (1983), Sp. 1198 ff., ders. (1992), Sp. 1532 ff., ist der empirisch-kognitive Ansatz in der dritten Auflage entfallen bzw. aufgrund der großen inhaltlichen Überschneidungen in den verhaltensorientierten Ansatz integriert worden; vgl. Lenz (2002b), Sp. 1924 ff.

[24] Grundsätzlich kann der Prüfungsprozess auf zwei Ebenen betrachtet werden. Die Makroebene unterteilt den Prozess der Jahresabschlussprüfung in aufeinanderfolgende Phasen wie z.B. Auftragsannahme, Prüfungsplanung, Prüfungsdurchführung, Urteilsbildung und Mitteilung des Prüfungsurteils. Auf der Mikroebene hingegen wird die Urteilsbildung des Prüfers als kognitiver Prozess untersucht. Mit diesen setzt sich viele Male im Verlauf der einzelnen Makro-Prozessphasen der Prüfung wiederholenden Urteilsbildungsprozessen, die jeweils Informationsbeschaffungs- und Informationsverarbeitungsvorgänge beinhalten, beschäftigt sich diese Arbeit; vgl. Schreiber (2000), S. 10 f.

[25] Vgl. Lenz (2002b), Sp. 1926 ff.; Freidank (2007), S. 1119. Andere Autoren verwenden den Begriff „verhaltenswissenschaftlicher Ansatz"; vgl. z.B. Schreiber (2000), S. 49 f. und Marten/Quick/Ruhnke (2007), S. 50.

prüfbarer Hypothesen und er liegt einer großen Anzahl empirischer Studien über den prüferischen Urteilsbildungsprozess zugrunde.[26]

2.2 Der Informationsverarbeitungsansatz

Die kognitive Psychologie versucht, die grundlegenden Funktionen des menschlichen Denkens zu verstehen.[27] Seit den 50er Jahren des 20. Jahrhunderts hat die kognitive Psychologie den bis dahin in der Psychologie vorherrschenden behavioristischen Ansatz als maßgebliches Paradigma abgelöst.[28] Während der Behaviorismus die Erforschung des beobachtbaren menschlichen Verhaltens fokussiert und die mentalen Vorgänge als „blackbox" betrachtet, ist für die kognitive Psychologie die menschliche Informationsverarbeitung von zentralem Interesse.[29] Die damit einhergehende Auffassung vom Denken und Problemlösen als ein Informationsverarbeitungsprozess ist maßgeblich von der Entwicklung der Computerwissenschaften und insbesondere von der Forschung auf dem Gebiet der künstlichen Intelligenz geprägt worden.[30]

Mit dem INFORMATIONSVERARBEITUNGSANSATZ[31] will man Methoden der Lösungsfindung systematisch erfassen, um zum einen das tatsächliche Informationsverhalten und die verwendeten Problemlösungsverfahren[32] präzise zu beschreiben und um zum anderen Empfehlungen für ein effektives und effizientes Vorgehen beim Lösen von Problemen geben zu können. Somit beansprucht der Informationsverarbeitungsansatz sowohl deskriptive als auch normative Relevanz.

---

[26] Vgl. Marten/Quick/Ruhnke (2007), S. 47 sowie Lenz (2002b), Sp. 1930 ff. Eine Auswahl derjenigen Studien, die sich mit dem Einfluss von Verzerrungen auf den Prüfungsprozess beschäftigen, wird in Kapitel 3 der vorliegenden Arbeit berücksichtigt.

[27] Vgl. Engelkamp/Zimmer (2006), S. 1.

[28] Vgl. Anderson (2001), S. 18 ff. und Engelkamp/Zimmer (2006), S. 2 ff. Auslöser der „kognitiven Wende" war nicht ein Versagen des behavioristischen Konzepts bei der Erklärung von Phänomenen, sondern vielmehr eine Neuausrichtung der Forschungsinteressen. Eine Durchsicht psychologischer Artikel von 1979 bis 1988 widerspricht der These, dass die kognitive Wende einen Umbruch in der wissenschaftlichen Psychologie darstellt; so wurden zum einen mehr Artikel in behavioristischen als in kognitiven Fachzeitschriften veröffentlicht und zum anderen diese auch häufiger zitiert; vgl. Friman/Allen/Kerwin/Larzelere (1993), S. 658 ff.

[29] Vgl. Engelkamp/Zimmer (2006), S. 2 ff.

[30] Vgl. Brander/Kompa/Peltzer (1989), S. 13 ff. sowie Engelkamp/Zimmer (2006), S. 4.

[31] Teilweise wird in der Literatur auch der Begriff „Problemraumtheorie"[31] synonym verwendet; vgl. beispielsweise Knoblich/Öllinger (2006), S. 45 ff.; Engelkamp/Zimmer (2006), S. 636 ff.

[32] Vgl. zu den Problemlösungsverfahren, Kapitel 2.6.

Erkenntnisinteresse des Informationsverarbeitungsansatzes der kognitiven Psychologie von NEWELL/SIMON (1972)[33] ist der Ablauf des menschlichen Informationsverarbeitungsprozesses.[34] Dieser zerlegt die in einem Individuum ablaufenden kognitiven Prozesse in verschiedene Einzelschritte (Phasen), in denen Informationen verarbeitet werden. Es lassen sich in der Literatur kaum zwei identische Beschreibungen für den Ablauf des Informationsverhaltens finden.[35] Trotzdem kann im Wesentlichen von einem Konsens hinsichtlich der Prozessphasen gesprochen werden. Hierbei handelt es sich um die Phasen der Problemrepräsentation, der Informationsbeschaffung und der Urteilsbildung.[36] Eine der Haupteigenschaften dieses Prozesses ist dessen iterativer Charakter, d.h. der Prozess wird so lange durchlaufen, bis das gewünschte Anspruchsniveau des Problemlösers erreicht ist.

Newell und Simon betten das menschliche Informationsverarbeitungssystem[37] in zwei zentrale Konzepte ein: den AUFGABENRAHMEN[38] (*task environment*) und den PROBLEMABBILDUNGSRAUM (*problem space*). Der AUFGABENRAHMEN ist objektiv gegeben;[39] für den Bearbeiter ist eine vollständige Erfassung deshalb in der Regel nicht möglich.[40] Die subjektive Abbildung des Problems erfolgt dann als mentale Repräsentation des AUFGABENRAHMENS im PROBLEMABBILDUNGSRAUM.[41] Dieser bildet somit sowohl

---

[33] Vgl. Newell/Simon (1972), S. 787 ff.

[34] Da jeder Prüfungsprozess auf der Verarbeitung von Informationen beruht, kann für die Beschreibung und Erklärung der kognitiven Dimension des Prüfungsprozesses auf den Informationsverarbeitungsansatz der kognitiven Psychologie zurückgegriffen werden; vgl. Ruhnke (2006b), S. 653; Marten/Quick/Ruhnke (2007), S. 50. Zum Informationsverarbeitungsansatz siehe ausführlich Ruhnke (1990), S. 128 ff.

[35] Teilweise wird sogar von eigenen Theorien gesprochen; vgl. hierzu Beach/Frederickson (1989).

[36] Für eine ausführliche Darstellung der Phasen des Informationsverarbeitungsprozesses, siehe Schreiber (2000), S. 112 ff. Dieser unterteilt den Urteilsbildungsprozess abweichend in die Phasen Problemrepräsentation, Hypothesengenerierung, Informationsbeschaffung und Urteilsbildung.

[37] Das Informationsverarbeitungssystem besteht aus Kurzzeitgedächtnis, Langzeitgedächtnis, externem Speicher und einem Wahrnehmungsapparat; vgl. hierzu Kapitel 2.3.1. Außerdem erfolgt die Informationsverarbeitung seriell; vgl. Newell/Simon (1972), S. 791 ff.

[38] Abweichende Bezeichnungen finden sich u.a. bei Funke (2003), S. 65, der den Begriff „Aufgabenumgebung" verwendet. Andere Autoren übersetzen den Begriff „task environment" mit Problemraum und den Begriff „problem space" mit Suchraum; vgl. Brander/Kompa/Peltzer (1989) S. 120; Bösel (2001), S. 294 und S. 300.

[39] Der Aufgabenrahmen entspricht Kants „Ding an sich", vgl. Kant (1783), S. 62 f. Hierunter kann „die lediglich denkbare, aber unerkennbare, weil von aller Beziehung auf das menschliche Erkenntnisvermögen losgelöste ‚absolute Beschaffenheit' von Seiendem." verstanden werden; vgl. Bibliographisches Institut & F. A. Brockhaus (2006a), S. 38.

[40] Vgl. Newell/Simon (1972), S. 56 und 823 f.

[41] Da der Problemlöser nicht alle erforderlichen Informationen heranziehen kann, baut er ausgehend von den ihm zur Verfügung stehenden Informationen einen subjektiven Problemabbildungsraum auf und formuliert eine initiale Urteilshypothese; vgl. Kapitel 2.2.

Ausgangspunkt als auch Begrenzung für potentielle Problemlösungen.[42] Der PROBLEM-ABBILDUNGSRAUM muss sich innerhalb des AUFGABENRAHMENS befinden, da dieser alle möglichen Strukturen der subjektiven Problemabbildung im Problemabbildungsraum determiniert.[43]

Der Problemlösungsprozess wird als Suche im Problemabbildungsraum aufgefasst.[44] Schließlich wird die Problemlösung als Handlung umgesetzt, deren Konsequenzen (Feedback) wiederum auf den Aufgabenrahmen und den Problemabbildungsraum rückwirken.

In Abbildung 1 erfolgt eine zusammenfassende Darstellung des PROBLEMLÖSUNGS-MODELLS aus Sicht des Informationsverarbeitungsansatzes; hierbei bildet die PROBLEMRAUMTHEORIE von Newell und Simon die Grundlage.

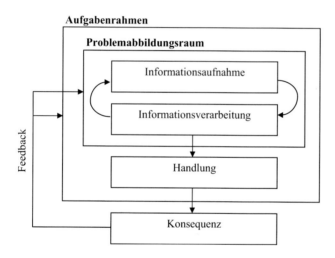

Abbildung 1:   Allgemeines Problemlösungsmodell (in Anlehnung an Hogarth (1987), S. 207 und Klose (1994), S. 40)

---

[42] Vgl. Newell/Simon (1972), S. 59.
[43] Vgl. ebd., S. 789
[44] „We postulate that problem solving takes place by search in a problem space."; Newell/Simon (1972), S. 809. Der Problemlösungsprozess wird in die Phasen Informationsaufnahme und Informationsverarbeitung untergliedert. Durch die Anwendung von (mentalen) Operatoren kann ein Zustand in den nächsten überführt werden. Die Problemlösung erfolgt durch die Bewegung im Problemabbildungsraum, indem der gegebene Ausgangszustand über eine variable Anzahl von Zwischenzuständen in den gewünschten Zielzustand überführt wird; vgl. Knoblich/Öllinger (2006), S. 46 f. und Engelkamp/Zimmer (2006), S. 636 f.

Eine der grundsätzlichen Annahmen des Informationsverarbeitungsansatzes ist das PRINZIP DER BEGRENZTEN RATIONALITÄT (*bounded rationality*).[45] Dieses Konzept wurde von Simon in den 50er Jahren entwickelt. In Abgrenzung zum „Homo Oeconomicus",[46] berücksichtigt dieses für den Informationsverarbeitungsansatz zentrale Prinzip,[47] dass Menschen bei komplexen Aufgabenstellungen immer nur eine beschränkte Menge an Informationen wahrnehmen, auswählen und für die Problemlösung in Betracht ziehen.[48] Sie sind daher nicht in der Lage, alle möglichen Handlungsalternativen und auch nicht alle potentiellen Folgen der Alternativen vorherzusehen.[49] Einer der Hauptgründe hierfür ist die Beschränkung des Kurzzeitgedächtnisses.[50] Da Menschen normalerweise nur in der Lage sind, zwischen fünf und neun Informationen in ihrem Kurzzeitgedächtnis zu speichern, ist die simultane Verarbeitung einer größeren Anzahl an Informationen nahezu ausgeschlossen.[51] Auch die computationalen Fähigkeiten sind stark eingeschränkt; im Vergleich zu Computern können Menschen keine komplexen rechenintensiven Fragestellungen schnell bewältigen.[52] Aufgrund dieser Restriktion und Zeitbeschränkungen fehlt es teilweise an Tiefe und Ausmaß bei der Problembewältigung.[53]

---

[45] Vgl. Simon (1955), S. 174 ff.; Simon (1957a), S. 81; Simon (1957b), S. 198. Vgl. auch Hogarth (1987), S. 63 ff.; Selten (1990), S. 649 ff.; Funke (2003), S. 66 f. sowie Marten/Quick/Ruhnke (2006), S. 96 f.

[46] Dieser ist stets bestrebt, seinen persönlichen Nutzen zu maximieren; hierbei sind ihm alle Handlungsalternativen mit den dazugehörigen Konsequenzen bekannt. Auch besitzt er eine konsistente Präferenzordnung sowie unbegrenzte Rechenkapazitäten; vgl. Simon (1955), S. 99.

[47] Zum Konzept der begrenzten Rationalität vgl. auch Hogarth (1987), S. 63 ff.; Selten (1990), S. 649 ff.; Funke (2003), S. 66 f. sowie Marten/Quick/Ruhnke (2006), S. 96 f.

[48] „Broadly stated, the task is to replace the global rationality of economic man with a kind of rational behavior that is compatible with the access to information and the computational capacities that are actually possessed by organisms, including man, in the kind of environments in which such organisms exist." Simon (1955), S. 99. Vgl. auch Newell/Simon (1972), S. 809 ff.

[49] Vgl. Marten/Quick/Ruhnke (2006), S. 97.

[50] Vgl. Gerrig/Zimbardo (2008), S. 238 ff. Im Gegensatz dazu wird angenommen, dass das Langzeitgedächtnis über nahezu unbeschränkte Kapazitäten verfügt.

[51] Vgl. Miller (1956) sowie Kapitel 2.3.1.

[52] Vgl. Simon (1990).

[53] Diesen Beschränkungen entgegnen Menschen durch unbewusste Mechanismen; vgl. Newell/Simon (1972); Payne/Bettman/Johnson (1993); Gigerenzer/Todd/ABC Group (1999). Hierzu wird Wissen im Langzeitgedächtnis gespeichert und organisiert; dadurch kann bei nichtausreichendem Kurzzeitgedächtnis auf weitere Informationen zurückgegriffen werden. Die Wissensorganisation in sogenannten Schemata ermöglicht es des Weiteren, dass direkt auf aufgabenspezifische Strategien oder Lösungen zurückgegriffen wird; insbesondere „highly knowledgeable people", also Personen mit hoher Expertise, sind hierzu in der Lage; vgl. u.a. Simon (1990). Gleichzeitig wird durch diese Form der Wissensorganisation, wie sie insbesondere bei Experten (vgl. ausführlich hierzu Kapitel 2.3.3) anzutreffen ist, die Effizienz der Problembearbeitung erhöht, so dass die genannten Einschränkungen abgemildert werden.

Die Problemraumtheorie trägt dem Konzept der begrenzten Rationalität in zweierlei Hinsicht Rechnung. Zum einen durch das Auseinanderfallen von Aufgabenrahmen und Problemabbildungsraum; diese Abweichung resultiert daraus, dass die subjektive Problemrepräsentation im Problemabbildungsraum durch die beschränkte Informationsaufnahmekapazität des Problemlösers nicht genau dem Aufgabenrahmen entsprechen kann.[54] Der zweite Aspekt betrifft den Problemlösungsprozess. Dieser kann als Suchvorgang im Problemraum verstanden werden, wobei im Problemraum neben dem Ausgangs- und dem Zielzustand alle durch Operatoren potentiell erreichbaren Zwischenzustände enthalten sind. Aus der riesigen Menge von Operatoren muss der Problemlöser nun aufgrund seiner beschränkten Informationsverarbeitungskapazität und auch aufgrund von zeitlicher Begrenzung eine Auswahl treffen, welche er anwenden möchte. Hierbei muss er sich heuristischer Verfahren bedienen, denn die Anwendung eines umfassenden Problemlösungsalgorithmus wird durch seine begrenzte Rechenkapazität i.d.R. nicht möglich sein.[55]

2.3 Denken als Informationsverarbeitung

2.3.1 Das menschliche Gedächtnissystem im Überblick

In diesem Abschnitt werden die Struktur des kognitiven Apparates sowie zentrale kognitive Prozesse und Funktionen skizziert. Das hierbei zugrunde liegende theoretische Paradigma ist der Informationsverarbeitungsansatz.[56] Denken wird hiernach in Phasen eingeteilt, in denen unterscheidbare Prozesse ablaufen. Ausgangspunkt ist die Annahme, dass der Mensch ein informationsverarbeitendes System darstellt. Es wird angenommen, dass in jeder Phase im menschlichen Gedächtnis Informationsverarbeitungsprozesse ablaufen.[57]

Die Bedeutung des Vorwissens wurde bereits in frühen Forschungsarbeiten über das Gedächtnis erkannt. JAMES (1890) unterschied zwischen dem primären und dem sekundären Gedächtnis. Im primären Gedächtnis befand sich hiernach die stets bewusste und daher leicht abrufbare Information. Die Information im sekundären Gedächtnis sollte, da sie sich

---

[54] Vgl. Funke (2003), S. 66 f.; Ruhnke (1990), S. 129.
[55] Vgl. Knoblich/Öllinger (2006), S. 46 f.; Engelkamp/Zimmer (2006), S. 637 ff. sowie Ruhnke (2000), S. 291. Zum Begriff der Heuristik siehe Kapitel 2.6.2 dieser Arbeit.
[56] Daneben existiert noch eine Vielzahl theoretischer Ansätze, die sich mit dem Denken auseinandersetzen. Für eine Übersicht; vgl. Mayer (1979).
[57] Das menschliche Gedächtnis wird üblicherweise definiert als aktiv wahrnehmendes kognitives System, das Informationen aufnimmt, enkodiert, modifiziert und wieder abruft; vgl. hierzu Gerrig/Zimbardo (2008), S. 231 ff.

nicht mehr im Bewusstsein befand, nur mit Aufwand und Unsicherheit erinnerbar sein, dafür aber lange Zeit erhalten bleiben.[58]

Erst Mitte des 20. Jahrhunderts wurde im Rahmen informationsverarbeitungstheoretischer Ansätze das Gedächtnis systematisch untersucht. Ein neueres Modell zur Beschreibung dieser Prozesse im menschlichen Gedächtnis ist das MEHR-SPEICHER-MODELL,[59] welches in Abbildung 2 dargestellt ist. Es eignet sich vor allem für die Beschreibung eines Prozesses, in dem permanente Wissensstrukturen aufgebaut werden.

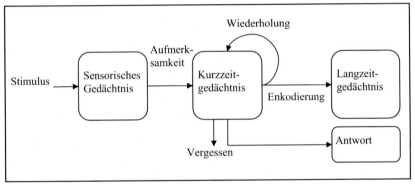

Abbildung 2: Mehr-Speicher-Modell des Gedächtnisses (in Anlehnung an Tarpy/Mayer (1978), S. 272)

Alle Informationen treffen zunächst im SENSORISCHEN GEDÄCHTNIS ein. Obwohl das sensorische Gedächtnis über nahezu unbegrenzte Kapazität verfügt, ist die Dauer der Speicherung sehr kurz; akustische Reize zerfallen automatisch nach 2 Sekunden und visuelle Reize sogar schon nach 0,25 Sekunden.

Der nächste Speicher ist das KURZZEITGEDÄCHTNIS. Aufgrund der Begrenztheit des Kurzzeitgedächtnisses können nur wenige Informationseinheiten simultan verarbeitet werden; nach Miller beträgt der Umfang der Kurzzeitgedächtnisspanne 7 +/- 2 *Chunks* und ist genetisch determiniert. Da dabei der spezifische Inhalt einzelner *Chunks* als unbedeutend für das Kurzzeitbehalten gesehen wird, kann dieser Engpass nach der CHUNKING-THEORY[60]

---

[58] Vgl. hierzu auch Gruber (1994), S. 53 und Solso/MacLin/MacLin (2008), S. 14 f.

[59] Das Modell geht zurück auf Atkinson/Shiffrin (1968). Eine sehr einfache Variante dieses Modells findet sich bereits bei James im Jahre 1890; vgl. James (1890).

[60] Die Chunking-Theory von Chase und Simon, häufig auch als Rekognitions-Assoziationstheorie bezeichnet, versucht die Frage zu beantworten, wie Wissen organisiert ist und wie schnell darauf zugegriffen werden kann; vgl. Chase/Simon (1973a) und Chase/Simon (1973b).

durch Bildung größerer, aus einer Vielzahl an Einzelinformationen zusammengesetzter Einheiten, sog. *Chunks*, überwunden werden. Ein *Chunk* kann hierbei als bekannte und wiedererkennbare Wahrnehmungskonfiguration verstanden werden.[61] Eine Informationsmenge kann nur dann einen *Chunk* bilden, wenn die durch einen Schlüsselreiz aktivierte Einzelinformation die anderen zugehörigen Einzelinformationen mitaktiviert, d.h. dass diese im Kurzzeitgedächtnis verfügbar sind.[62] *Chunking* ist ein wichtiger Vorgang der Kapazitätsentlastung, da eine Vielzahl von aktivierten Informationselementen dadurch auf eine geringere Anzahl reduziert wird.

AUFMERKSAMKEIT ist der Kontrollprozess, der festlegt, ob Informationen in das Kurzzeitgedächtnis übertragen werden oder nicht. Hierbei haben vor allem vom Langzeitgedächtnis ausgehende *top-down*-Prozesse eine entscheidende Rolle, da diese Vorwissen und Hypothesen im Hinblick über die aufgenommene Information bereitstellen und damit deren Erkennung als auch deren Weiterverarbeitung bestimmen.[63] Ohne Wiederholung ist auch hier die Dauer der Speicherung kurz, sie beträgt aufgrund der beschränkten Kapazität max. 18 Sekunden.[64] Es lassen sich zwei grundlegende Prozesse unterscheiden die auf die Informationen im Kurzzeitgedächtnis einwirken: WIEDERHOLUNG und ENKODIERUNG.

Durch WIEDERHOLUNG wird lediglich die im Kurzzeitgedächtnis gespeicherte Information präsent gehalten. Dies ist innerhalb eines Zeitraums nur für eine begrenzte Anzahl an Informationseinheiten möglich. Durch ENKODIERUNG hingegen erfolgt unter Zuhilfenahme von im Langzeitgedächtnis gespeicherten Informationen eine Strukturierung des Wissens, wodurch die Informationen langfristig gespeichert werden.[65]

Der letzte Speicher ist das LANGZEITGEDÄCHTNIS. Es unterscheidet sich von den anderen Speichern dahingehend, dass die Informationen in einer organisierten Weise gespeichert werden. Die Struktur des Langzeitgedächtnises gleicht einem vielfältig verknüpften Netzwerk. Sie umfasst mehrere Ebenen miteinander verbundener Gedächtnisinhalte.[66]

---

[61] Vgl. Gobet (1996), S. 60.
[62] Vgl. Wickelgren (1979) und Brander/Kompa/Peltzer (1989), S. 37.
[63] Vgl. hierzu u.a. Deutsch/Deutsch (1963).
[64] Vgl. hierzu Tarpy/Mayer (1978), S. 272; Brander/Kompa/Peltzer (1989), S. 23.
[65] Vgl. Brander/Kompa/Peltzer (1989), S. 24; Zimbardo/Gerrig (2008), S. 243 ff.
[66] Vgl. hierzu ausführlich Kapitel 2.3.3.

2.3.2 Wissensinhalte

Grundvoraussetzung einer erfolgreichen Problemlösung ist zweifellos das Vorhandensein einer umfassenden Wissensbasis. Während das nachfolgende Kapitel die Strukturierung und Vernetzung von Wissensinhalten fokussiert, soll zunächst auf die inhaltlichen Komponenten von Wissen eingegangen werden. Unter Wissen versteht man allgemein die Gesamtheit der im Gedächtnis gespeicherten Informationen,[67] auf die durch Abruf oder mentale Weiterverarbeitung zurückgegriffen werden kann.[68] Es lassen sich unter Bezug auf gängige Klassifikationen der Gedächtnisforschung verschiedene Typen des Wissens unterscheiden.[69] Nach den Gedächtnismodellen (ACT-Modell[70]) von Anderson[71] bestehen zwei Wissensformen.[72] Hierbei wird DEKLARATIVES von PROZEDURALEM Wissen abgegrenzt.[73]

Als DEKLARATIV gelten Inhalte, wenn sie sich auf Fakten beziehen. Es ist das Wissen eines Individuums über Begriffe und deren Beziehungen zueinander, über Sachverhalte, Ereignisse, Objekte und Personen und kann durch Mitteilung oder Lesen angeeignet werden.[74] DEKLARATIVES WISSEN ist Wissen, dessen wir uns bewusst sind und über das wir zu berichten im Stande sind (das Wissen des Sicherinnerns an Fakten und Ereignisse).[75]

DEKLARATIVES WISSEN kann anhand einer weiteren Dimension nochmals unterteilt werden. Diese Differenzierung erfolgt im Hinblick auf die Hinweisreize, die zur Wiedererkennung von Gedächtnisinhalten benötigt werden. Nach TULVING (1972) lassen sich epi-

---

[67] Vgl. Bode (1997), S. 458; Libby (1995), S. 181. Diese gespeicherten Informationen wurden entweder durch externe Informationen erworben oder durch schlussfolgerndes Denken selbst erzeugt; vgl. Rothe/Schindler (1996), S. 38; Russo Jr. (1994), S. 458 f.

[68] Vgl. u.a. Opwis (1992), S. 50. Ähnliche Definitionen finden sich bei Libby (1995), S. 181; Bode (1997), S. 458 f.; Rothe/Schindler (1996), S. 38 oder Russo Jr. (1994), S. 102 f.

[69] Vgl. hierzu insbesondere Anderson (1976).

[70] ACT steht für „Adaptive Control of Thought". Mittlerweile hat Anderson eine Weiterentwicklung des ursprünglichen Modells vorgestellt, das ACT-R-Modell. Da die für die vorliegende Arbeit relevante Unterscheidung zwischen deklarativem und prozedualem Wissen unverändert geblieben ist, wird kein Bezug zu dieser Weiterentwicklung hergestellt; vgl. Anderson (1993), S. 18.

[71] Vgl. Anderson (1983).

[72] Daneben existieren noch weitere in der Literatur weniger stark beachtete Modelle; vgl. Raaijmakers/Shiffrin (1992); stellvertretend sei an dieser Stelle auf das Modell von Shiffrin verwiesen; vgl. Shiffrin (1975), S. 193 ff.; Schneider/Shiffrin (1977), S. 1 ff. Für eine ausführliche Darstellung des ACT-Modells von Anderson; vgl. Schreiber (2000), S. 140 ff.

[73] Vgl. hierzu insbesondere die grundlegende Arbeit von Ryle (1949). Daneben existiert noch eine Vielzahl anderer Klassifikationen; so wird z.B. in der Verhaltensforschung angeborenes von erworbenem Wissen abgegrenzt; vgl. Chomsky (1965). Für einen weiterführenden Überblick über die in der Literatur einschlägigen Klassifikationen von Wissen; vgl. Romhardt (2001), S. 49 f.; Gerrig/Zimbardo (2008), S. 233 ff.

[74] Vgl. Arbinger (1997), S. 18, 22.

[75] Vgl. Gerrig/Zimbardo (2008), S. 234; Anderson (2001), S. 238.

sodische von den semantischen Formen deklarativen Wissens unterscheiden.[76] EPISO-
DISCHES WISSEN stellt Wissen über persönliche Erfahrungen und Erlebnisse dar und ist
somit zeit- und situationsbezogen kodiert.[77] In Abhängigkeit von der Art und Weise, wie
die Information enkodiert wurde, ist man in der Lage oder auch nicht, eine spezifische
Gedächtnisrepräsentation eines Ereignisses zu produzieren. SEMANTISCHES WISSEN bezeichnet hingegen das Wissen über die Bedeutung einzelner Worte und Begriffe. Dieses ist
zeit- und situationsunabhängig gespeichert und kann somit auch als allgemeines Wissen
bezeichnet werden (abstraktes Weltwissen).[78]

Unter PROZEDURALEM WISSEN versteht man Wissen, das sich auf Handlungsabläufe bezieht.[79] „Es wird genutzt, um sich perzeptuelle, kognitive und motorische Fähigkeiten
anzueignen, sie aufrechtzuerhalten und sie anzuwenden."[80] Ein Vorteil des prozeduralen
Wissens scheint darin zu liegen, dass die Handlungen automatisch und mit weniger kogni-
tivem Aufwand durchgeführt werden.[81] Allerdings bedarf der Erwerb von prozeduralem
Wissen der wiederholten Ausführung bzw. Übung und widersetzt sich häufig einer sprach-
lichen Formulierung.[82]

2.3.3 Wissensstrukturen

Eine Hauptfunktion des Gedächtnisses liegt darin, ähnliche Erfahrungen zusammenzu-
fassen, um Muster in der Interaktion mit der Umwelt aufzudecken. So kann auch die
Vernetztheit von Wissensstrukturen als deren wichtigste Eigenschaft angesehen werden,
denn ohne die Vernetzung der einzelnen Wissenskonzepte[83] bleibt das Wissen „träge" und

---

[76] Vgl. Tulving (1972), S. 381 ff. sowie Gerrig/Zimbardo (2008), S. 245. Deklaratives und prozedurales Wissen werden allerdings nicht immer als ein sich ausschließendes Begriffspaar angesehen.
So steht nach dem ACT-Modell von Anderson deklaratives Wissen stets am Anfang eines Lernprozesses. Durch häufiges Ausführen (Übung, Training) einer bestimmten Aktion/Handlung wird
durch die Phase der sog. *Wissenskompilation* prozedurales Wissen erworben. Die beiden Wissensarten stellen hiernach lediglich die Endpunkte einer Wissensskala dar; vgl. Vgl. Anderson
(1987), S. 192 ff.; zum ACT-Modell siehe auch Schreiber (2000), S. 240 ff.

[77] Das bedeutet, zum Abruf dieser Gedächtnisinhalte werden Hinweisreize, die etwas über den Zeitpunkt und den Inhalt aussagen, benötigt. Vgl. Schreiber (2000), S. 194 sowie
Brander/Kompa/Peltzer (1989), S. 46; Gerrig/Zimbardo (2008), S. 245.

[78] Vgl. Brander/Kompa/Peltzer (1989), S. 46; Arbinger (1997), S. 19.

[79] Vgl. Anderson (2001), S. 238, 241 ff; Koonce (1993), S. 60. Typische allgemeine Beispiele für
prozedurales Wissen sind Fahrrad fahren, Tanzen oder Schwimmen.

[80] Gerrig/Zimbardo (2008), S. 234.

[81] Vgl. Schreiber (2000), S. 241.

[82] Vgl. Arbinger (1997), S. 22; Anderson (2001), S. 238.

[83] Unter einem Konzept wird die mentale Repräsentation für Kategorien verstanden; sie dienen als
Bausteine von Gedächtnishierarchien; vgl. Gerrig/Zimbardo (2008), S. 258 f.

kann im Rahmen der Problemrepräsentation nicht oder nur schwierig abgerufen werden.[84] Die Vernetzung von Wissensstrukturen wird durch eine aktive und problemorientierte Anwendung von deklarativem bzw. Erfahrungswissen vorangetrieben.

Als SCHEMA bezeichnet man die kognitiven Strukturen, die Wissen über typische, mehr oder weniger komplexe Zustände, als Ursache-Wirkungszusammenhänge darstellen.[85] Sie können in allgemeinster Form als organisierte Wissenskomplexe, in denen typische Zusammenhänge eines Realitätsbereichs enthalten sind, charakterisiert werden.

„Schemata repräsentieren verallgemeinerte Erfahrungen, die mit Gegenständen oder Ereignissen gemacht worden sind. Sie kennzeichnen ein allgemeines Modell oder die Grundstruktur eines Realitätsbereichs. Sie repräsentieren nicht logische Definitionen für bestimmte Sachverhalte, sondern aus der Erfahrung abgeleitete Wissenskomplexe."[86]

Die Entwicklung des Konzepts der Schemata geht zurück auf Jean Piaget.[87] Ein SCHEMA repräsentiert Wissen über typische Zusammenhänge in einem Realitätsbereich. Es entwickelt und wandelt sich aufgrund von Erfahrung.[88]

SCHEMATA basieren auf gezieltem und bewusstem Lernen, welches i.d.R. jedoch zunächst zu unverknüpftem Wissen führt. Die Verbindungen zwischen den hierdurch aufgebauten einzelnen Konzepten sowie die Möglichkeit, Abstraktionen vorzunehmen werden insbesondere durch (praktische) Erfahrung hergestellt. Der Generalisierungs- bzw. Abstraktionsprozess der Gedächtnisstrukturen, bei dem neue Informationen zu den existierenden Schemata hinzugefügt werden, „wird vielfach als entscheidender Schritt zu einem konzeptionelleren Verständnis der Domäne und somit zu einer größeren Expertise angesehen."[89]

Hauptquelle für die Entwicklung von SCHEMATA ist die eigene Lebens- und Berufserfahrung. Gerade praktische Erfahrung schlägt sich in der Bildung und Verfestigung entsprechender Schemata nieder, wodurch diese leichter abrufbar sind und daher effektiv und

---

[84] Vgl. Gruber/Mandl (1996), S. 18. Frederick bezeichnet die Anhäufung von rein deklarativem Wissen als eine Art taxonomische Wissensorganisation, bei der keine Verbindung zwischen einzelnen Wissenseinheiten und/oder den unterschiedlichen Hierarchieebenen besteht; vgl. Frederick (1991), S. 241 ff.

[85] Zum Schema-Konzept; vgl. Schreiber (2000), S. 200 ff.; Waller/Felix Jr. (1984), S. 386 ff. sowie Gerrig/Zimbardo (2008), S. 258 ff.

[86] Wippich (1984), S. 57, im Original z.T. hervorgehoben.

[87] Vgl. Piaget (1981), S. 41 ff. Vgl. hierzu auch Gruber/Mandl (1996), S. 25 sowie ausführlich Schreiber (2000), S. 200 ff.

[88] Vgl. Brander/Kompa/Peltzer (1989), S. 44.

[89] Schreiber (2000), S. 202. Vgl. ferner Gruber/Mandl (1996), S. 25; Chi/Glaser/Rees (1982), S. 70 sowie Adelson (1984), S. 494.

effizient zur Problemlösung eingesetzt werden können.[90] Schließlich können sich durch praktische Erfahrungen auch spezifische Problemlösungsfähigkeiten sowie die mit dem Konzept der Schemata verwandten PROBLEMLÖSUNGSHEURISTIKEN[91] herausbilden und verbessern.

Bereits Anfang der 80er Jahre konnten u.a. CHI/FELTOVICH/GLASER (1981) zeigen, dass qualitative Unterschiede in der Wissensorganisation zwischen Experten und Novizen bestehen. Sie baten 16 Probanden (davon 8 fortgeschrittene und 8 unerfahrenere Physikstudenten), Probleme aus dem Bereich der Mechanik in Gruppen einzuteilen.[92] Sie stellten hierbei fest, dass die Novizen nach Bezugsobjekten und die Experten nach den physikalischen Grundgesetzen, die für die entsprechende Problemlösung von Bedeutung waren, klassifizierten. Während sich also Novizen an der Oberflächenstruktur orientierten, konzentrierten sich Experten an der Tiefenstruktur. Chi/Feltovich/Glaser schlossen weiter aus diesen Befunden, dass bei Experten im Vergleich zu Novizen unterschiedliche Schemata für Klassen der betrachteten Probleme existieren.[93]

2.4 Problembegriff und Klassifikation von Problemen

2.4.1 Problem versus Aufgabe

Im Rahmen der Prüfung sind Prüfer mit einer Vielzahl an Problemen konfrontiert. Ein PROBLEM kann im betriebswirtschaftlichen Kontext verstanden werden, als ein unerwünschter Ausgangszustand, der in einen erwünschten Endzustand transformiert werden soll. Allerdings existieren Barrieren, die eine Transformation verhindern.[94]

---

[90] Vgl. Schreiber (2000), S. 198 ff.; Waller/Felix Jr. (1984), 388 ff. und Gibbins (1984), S. 105 ff. und 120.

[91] Vgl. hierzu die Ausführungen in Kapitel 2.6.2.

[92] Zu den Problemen der Durchführung eines Experten-Novizen-Vergleichs mit Studierenden als Surrogat für Prüfer; vgl. Kapitel 4.3.1.3.

[93] Vgl. hierzu Chi/Feltovich/Glaser (1981) sowie zu qualitativ gleichwertigen Resultaten auch Schoenfeld/Herrmann (1982).

[94] Vgl. Dörner (1987), S. 10; Gans (1986), S. 310 f. Grundlagen dieser Definition finden sich schon in Dunckers Buch „Zur Psychologie produktiven Denkens" aus dem Jahre 1935. Hierin findet sich die Definition von Problemen: „Ein Problem entsteht z.B. dann, wenn ein Lebewesen ein Ziel hat und nicht weiß, wie es dieses Ziel erreichen soll. Wo immer der gegebene Zustand sich nicht durch bloßes Handeln (Ausführen selbstverständlicher Operationen) in den erstrebten Zustand überführen läßt, wird das Denken auf den Plan gerufen." Duncker (1935), S. 1. Duncker hebt hierbei das Denken als Finden unbekannter Operatoren bewusst vom Denken als bloße Reproduktion ab.

„Von Problemen ist also die Rede, wenn die Mittel zum Erreichen eines Zieles unbekannt sind, oder die bekannten Mittel auf neue Weise zu kombinieren sind, aber auch dann, wenn über das angestrebte Ziel keine klaren Vorstellungen existieren."[95]

Ein PROBLEM gilt als gelöst, wenn der Bearbeiter Kenntnis von der Herbeiführung des Zielzustandes erlangt. Die tatsächliche Herbeiführung des Endzustandes wird lediglich als Ausführung angesehen.[96] Diese Sichtweise ermöglicht es, die Lösung von Problemen als eine Verarbeitung von Informationen, zu betrachten.[97]

In Abhängigkeit der Existenz von Transformationsbarrieren wird in der deutschsprachigen Literatur überwiegend ein Problem von einer Aufgabe abgegrenzt.[98] Aufgaben werden hierbei als Anforderungen verstanden, für deren Bewältigung bekannte Methoden existieren, „beim Problemlösen aber muß (sic!) etwas Neues geschaffen werden."[99] Damit erfordert das Lösen von Problemen mehr als den Abruf gespeicherter Gedächtnisinhalte; vielmehr handelt es sich um einen Prozess, bei dem Informationen aus dem Gedächtnis und aus der (Aufgaben-) Umwelt miteinander verknüpft und verarbeitet werden.[100]

Um den Einfluss des menschlichen Entscheidungsträgers nicht unberücksichtigt zu lassen, haben BROMME/HÖMBERG (1977) die objektiven Problemmerkmale um eine subjektive Dimension ergänzt.[101] SUBJEKTIVE MERKMALE sind das (HINTERGRUND-)WISSEN, die UNBESTIMMTHEIT, die KOGNITIVE REPRÄSENTATION und das SPANNUNGSSYSTEM.[102]

---

[95] Dörner/Kreuzig/Reither/Stäudel (1983), S. 302 f. Polya (1962) formulierte dies kurz: „where there is no difficulty, there is no problem." Ähnliche Definitionen finden sich auch im anglo-amerikanischen Sprachraum, z.B. bei Smith (1988), S. 1491: „A problem is an undesirable situation that is significant to and may be solvable by some agent, although probably with some difficulty."

[96] Zwischen Kenntnis und Ausführung könnte z.B. aufgrund fehlender Mittel eine Barriere bestehen, die ein eigenes Problem darstellen würde; vgl. hierzu auch Gans (1986), S. 311.

[97] Vgl. Gans (1986), S. 311 sowie Parthey (1978), S. 14.

[98] Vgl. hierzu Dörner/Kreuzig/Reither/Stäudel (1983), S. 302f.; Dörner (1987), S. 10 f.; Brander/Kompa/Peltzer (1989), S. 11.

[99] Dörner (1987), S. 10 sowie Dörner/Kreuzig/Reither/Stäudel (1983), S. 303. Eine Aufgabe ist im Gegensatz zu einem Problem also dadurch gekennzeichnet, dass „bloßes Handeln" bzw. das „Ausführen selbstverständlicher Operationen" zur erwünschten Veränderung eines Zustands führt.

[100] Die durch verschiedene Theorietraditionen bedingte Unterscheidung zwischen „Problemlösen" und „Entscheiden" muss hierbei aufgegeben werden. Problemlösen als das übergeordnete Konzept umfasst verschiedene Teilprozesse, darunter das Entscheiden; vgl. hierzu Brander/Kompa/Peltzer (1989), S. 112. Auch bei Problemen, die lediglich einen Lösungsweg gedanklich konstruieren, steht am Ende zwar keine Entscheidung zwischen mehreren Alternativen, aber im gesamten Prozessverlauf sind Entscheidungen notwendig, so z.B. für die Auswahl der zur Entscheidung benutzten Informationen.

[101] Vgl. Bromme/Hömberg (1977), S. 76 ff.

[102] Vgl. hierzu auch Gans (1986), S. 301.

Das (HINTERGRUND-)WISSEN bezieht sich auf den Bestand an gespeicherten Informationen. In der UNBESTIMMTHEIT wird das Fehlen von Informationen berücksichtigt, die eine unmittelbare Transformation des Ausgangs- in den Zielzustand erlauben. Die Dimension der KOGNITIVEN REPRÄSENTATION spricht das Bewusstsein der Problemkomponente an, dass zum Auftreten des Problems erforderlich ist. Die erforderliche Motivation zur Zielerreichung wird durch die Unterschiede zwischen Ausgangs- und Zielzustand begründet (SPANNUNGSSYSTEM).[103]

Durch die subjektive Dimension wird der Einfluss des menschlichen Entscheidungsträgers ausgedrückt und somit darauf aufmerksam gemacht, dass ein Problem ohne die Betrachtung des Individuums nicht existieren kann.[104] Insbesondere die in einem Problem enthaltene Barriere ist an das Wissen der problemlösenden Person geknüpft.[105] Neben den aufgezeigten können zur Einteilung von Problemen auch weitere personale Merkmale notwendig sein; so setzt eine erfolgreiche Lösung verschiedener Probleme auch unterschiedliche Persönlichkeitsmerkmale des Bearbeiters voraus.[106] Ein Problem besteht demnach aus drei Dimensionen:

- der OBJEKTIVEN DIMENSION: sie umfasst den Ausgangs-, den Endzustand sowie die Operatoren (Handlungsalternativen),
- der SUBJEKTIVEN KOMPONENTE: da ohne Betrachtung des Individuums keine Aussage getroffen werden kann, ob ein Problem vorliegt oder nicht und
- der ZEITLICHEN DIMENSION: sie erlangt Bedeutung, wenn die Problemlösung innerhalb zeitlicher Restriktionen vollzogen werden muss.

Da man bei jeder Fragestellung in Abhängigkeit der Vorerfahrungen der Bearbeiter eine individuelle Einteilung vornehmen müsste, scheint die im anglo-amerikanischen Raum vorherrschende Charakterisierung als Aufgabe (*task*) für die generelle Fragestellung und Probleme (*problems*), deren Bearbeitung in Abhängigkeit des Bearbeiters mit mehr oder weniger Schwierigkeiten verbunden sind, für angezeigt.[107]

---

[103] Vgl. zu Motivation sowohl Kapitel 2.5.2.3.4 als auch Kapitel 3.3.2.2.
[104] Vgl. Gans (1986), S. 301. Er weist auch darauf hin, dass die objektiven und subjektiven Problemmerkmale nicht unabhängig voneinander sind, da sie sich teilweise bedingen, siehe hierzu Gans (1986), S. 301 f.
[105] Vgl. hierzu auch Dörner (1987), S. 14f.
[106] Ist bei Interpolationsproblemen eher analytisches/schlussfolgerndes Denken notwendig, verlangen Syntheseprobleme eher kreatives Denken; vgl. hierzu Brander/Kompa/Peltzer (1989), S. 119 ff.
[107] Ähnlich auch Schreiber (2000), S. 38, der Aufgaben als Oberbegriff von Problemen charakterisiert.

2.4.2 Problemtypen

Im Gegensatz zu einer relativen Einigkeit in der Definition des Begriffs „Problem" herrscht relative Uneinigkeit in der Bezeichnung der einzelnen Problemtypen. Die Kategorisierung in verschiedene Problemtypen ist zudem nicht immer widerspruchs- und überschneidungsfrei.[108]

Die STRUKTUR VON PROBLEMEN ist das in der kognitionspsychologischen Literatur weitverbreitetste Differenzierungskriterium.[109] SIMON/NEWELL (1958) definieren ein GUT-STRUKTURIERTES PROBLEM anhand folgender Merkmale:[110]

- Beschreibung durch numerische Ausdrücke möglich,
- Vorhandensein einer wohl-definierten Zielfunktion sowie
- Lösung mit Hilfe allgemeiner Problemlösungsverfahren (Algorithmen) möglich.

Alle Probleme, die diese Definition nicht erfüllen, sind definitionslogisch schlecht-strukturierte Probleme.[111]

SIMON (1973) nahm auf Grundlage dieser Definition eine Gruppierung der SCHLECHT-STRUKTURIERTEN PROBLEME vor:[112]

- schlecht repräsentierbare Probleme können nicht numerisch bzw. nicht eindeutig beschrieben werden,
- schlecht definierbaren Problemen fehlt die eindeutige Zielfunktion und
- bei schlecht lösbaren Problemen existiert kein allgemeiner Algorithmus zur Problemlösung.

In der psychologischen Forschung spielen zur Beschreibung der Struktur von Problemen insbesondere folgende Aspekte eine Rolle:

---

[108] Vgl. Brander/Kompa/Peltzer (1989), S. 122 ff.
[109] Vgl. Gans (1986), S. 305 sowie Schreiber (2000), S. 38. Daneben kommt insbesondere der Unterscheidung von wohl-definierten und schlecht-definierten Problemen große Bedeutung zu. Diese Definition geht zurück auf McCarthy (1956), er bezeichnete ein Problem dann als wohl-definiert, wenn es a priori eine Regel gibt, mit der festgestellt werden kann, ob ein beliebiger Zustand ein Endzustand ist oder nicht. Zur Abgrenzung von wohl-definierten und gut-strukturierten Problemen vgl. Gans (1986), S. 305 ff.
[110] Vgl. Simon/Newell (1958), S. 4 f. sowie Gans (1986), S. 305.
[111] Definitorisch handelt es sich hier um die Komplementmenge der gut-strukturierten Probleme, so auch Gans (1986), S. 305.
[112] Vgl. Simon (1973), S. 181 ff.

KOMPLEXITÄT (Anzahl von Elementen eines Problems), VERNETZTHEIT (Verknüpfungsgrad dieser Elemente), POLYETILIE (Zielkonflikte), INTRANSPARENZ (Unklarheit über die Beschaffenheit des Problems, schon die Beschreibung des Ausgangszustands ist mit Schwierigkeiten verbunden), UNSICHERHEIT (geringes Maß an Kontrolle über die Zielvariablen) und EIGENDYNAMIK (der Ist-Zustand wandelt sich auch ohne Eingreifen des Problemlösers).[113] Nach diesem Begriffsverständnis handelt es sich bei Komplexität um einen Teilaspekt der Problemstruktur.

Häufig wird jedoch unter KOMPLEXITÄT nicht nur die Anzahl der Elemente eines Problems gesehen.

So beschreibt FUNKE (1991), dass Komplexität von Eigenschaften wie Intransparenz, Polyetilie, Vernetztheit und Verspätungseffekten (das Ergebnis einzelner Handlungen ist nicht direkt beobachtbar) determiniert wird.[114]

BONNER (1994) sieht Komplexität (*task complexity*) als Überbegriff für Struktur (*task structure*) und Schwierigkeit (*task difficulty*):

„task characteristics that are elements of task complexity are classified as relating to either the amount of information or clarity of information."[115]

Das Element der Schwierigkeit bezieht sich hierbei auf die Menge der kognitiven Prozesse (*amount of cognitive processing a task requires*)[116] und das Strukturelement auf die Transparenz dieser Prozesse (*clarity of cognitive processing created by elements of the task*).[117]

Im Gegensatz zu Bonner (1994) betrachten FERNANDES/SIMON (1999) Struktur und Komplexität einer Aufgabe als zwei nebeneinander stehende Merkmale.[118] Häufig werden in der Literatur aber auch schlecht-strukturierte bzw. unstrukturierte Probleme mit komplexen Problemen völlig gleichgesetzt.[119] Aus pragmatischen Gründen wird im Rahmen der vorliegenden Arbeit dieser Vorgehensweise gefolgt.

---

[113] Vgl. Dörner/Kreuzig/Reither/Stäudel (1983), S. 26 f. und Brander/Kompa/Peltzer (1989), S. 122.
[114] Vgl. Funke (1991), S. 185 ff.
[115] Bonner (1994), S. 214; ähnlich auch Messier (1995), S. 215.
[116] Vgl. Bonner (2008), S. 160; vgl. auch Kahneman (1973) sowie Bonner (1994), S. 214 f.
[117] Vgl. Bonner (2008), S. 160; vgl. auch Simon (1973) sowie Bonner (1994), S. 214 f.
[118] Vgl. Fernandes/Simon (1999), S. 225 f.
[119] Vgl. Brander/Kompa/Peltzer (1989), S. 122. Dies ist auch häufig in anglo-amerikanischen Studien anzutreffen, wo „ill-structured tasks" mit „complex tasks" gleichgesetzt werden; vgl. exemplarisch Abdolmohammadi/Wright (1987), S. 3 f.

Unabhängig von der genauen Begriffsbestimmung von Struktur und Komplexität wird in der Literatur darüber diskutiert, ob Struktur bzw. Komplexität als Funktion der Aufgabe per se gesehen werden kann, oder ob es sich um ein relatives Konstrukt handelt, dessen Ausprägungen vom Problemlöser abhängen.[120] An den Problemtypologien von Dörner (1976) und Smith (1988) lässt sich zeigen, wie objektive Problemelemente und individuelle Merkmale des Entscheiders verknüpft sind.

DÖRNER (1976) richtet seine Einteilung von Problemen an der Art der Barriere aus, die eine Überführung des Anfangs- in den Zielzustand verhindert. Er unterscheidet Probleme im Hinblick auf die Merkmale „Klarheit der Zielkriterien" und „Bekanntheitsgrad der Mittel" und leitet hieraus drei Barrieretypen ab:[121]

		Klarheit der Zielkriterien	
		hoch	gering
Bekanntheitsgrad der Mittel	hoch	Interpolationsbarriere	dialektische Barriere
	gering	Synthesebarriere	dialektische Barriere und Synthesebarriere

Abbildung 3: Klassifikation von Barrieretypen (entnommen aus Dörner (1987), S. 14)

Beim INTERPOLATIONSPROBLEM kennt der Problemlöser zwar grundsätzlich die Mittel, er muss aber die richtigen Mittel oder eine Kombination der Mittel finden. Die Barriere besteht darin, dass es zu viele Kombinationen der Mittel gibt, um alle auszuprobieren und/oder die Mittel in einer bestimmten Reihenfolge eingesetzt werden müssen, um zum Ziel zu gelangen.

Ein SYNTHESEPROBLEM liegt vor, wenn der Anfangs- und der Endzustand bekannt sind, die Mittel, im Gegensatz zum Interpolationsproblem, jedoch unbekannt sind.[122] Hierbei ist die Menge der Handlungsmöglichkeiten nicht abgeschlossen, sondern für den Problemlöser noch offen, d.h. es kommt darauf an, im Verlauf der Problemlösung die notwendigen Mittel zu finden. Bei diesen Syntheseproblemen besteht die Gefahr, neue Situationen mit bekannten Mitteln lösen zu wollen und diese wie Interpolationsprobleme zu bearbeiten.

---

[120] Vgl. Bonner (1994), S. 214 f.; Richter (1999), S. 271; Schreiber (2000), S. 39; Bonner (2008), S. 159.

[121] Vgl. Dörner (1987), S. 10 ff.

[122] Dörner bezeichnet diesen Problemtypus als „Alchimistenproblem": Der Anfangszustand („Blei") und der Endzustand („Gold") sind bekannt, die Überführung ist aber unklar; vgl. Dörner (1987), S. 12.

Häufig ist zur Lösung dieses Problemtyps jedoch ein Lösen eingefahrener Denkgewohnheiten notwendig.[123]

Bei DIALEKTISCHEN PROBLEMEN besteht nur Klarheit bezüglich des Ausgangszustands. Weder der Zielzustand noch die Mittel für dessen Erreichung sind bekannt. „Die größere Anzahl von Problemen scheint dadurch gekennzeichnet, daß (sic!) allenfalls bestimmte Kriterien für den Zielzustand bekannt sind; oft aber noch nicht einmal solche formuliert werden können."[124] Dörner (1987) bezeichnet diesen Problemtypus als dialektischen Prozess, weil die Lösung meist über einen Entwurf für den Zielzustand (Hypothese), dessen Überprüfung auf Widerspruchsfreiheit und entsprechender Anpassung des Entwurfs geschieht.

Eine weitreichendere Konzeption zur Verknüpfung von objektiven und subjektiven Problemmerkmalen, welche sich nicht nur auf die zwei Dimensionen (Klarheit der Zielkriterien und Bekanntheit der Mittel) beschränkt, wurde von SMITH (1988) vorgebracht. Nach Smith kann die Problemstruktur folgendermaßen definiert werden:

„a measure of the adequacy of an individual's knowledge of how to solve it, adequacy reflecting deep structural aspects of the problem in respect of general human knowledge and capacities."[125]

Er unterscheidet vier Dimensionen:

- Klarheit des zu erreichenden Zielzustands, hierzu gehört auch die Unterteilung in wohl- und schlecht-definierte Probleme (*goal state conceptualization*);[126]
- Klarheit des Problemraums und der für die Problemlösung notwendigen Zwischenschritte (*problem space conceptualization*);[127]
- Individuelle Struktur des Wissens (*knowledge conceptualization*);
- Wissen des Problemlösers bezüglich des anzuwendenden Problemlösungsverfahrens (*process conceptualization*).

Die ersten beiden Dimensionen beziehen sich hierbei auf die Problemmerkmale per se, sind also unabhängig von der Person des Problemlösers. Die letzten beiden betonen gerade das subjektive Element von Problemstrukturen und somit den Zusammenhang zwischen

---

[123] Vgl. Brander/Kompa/Peltzer (1989), S. 116.
[124] Dörner (1987), S. 13.
[125] Smith (1988), S. 1498.
[126] Vgl. Fn. 109.
[127] „an ill structured problem can't be stated as precisely as a well structured problem, typically because all possible states of transformation aren't known." Smith (1988), S. 1493.

Problemlöser und Problem.[128] Auch bei Smith (1988) werden objektive Problemelemente und individuelle Merkmale des Entscheiders kombiniert:

„Thus, problem structure involves the problem-problem solver relationship and cannot be defined solely in terms of the problem."[129]

Aufgrund dieser Differenzierung können folgende Ausprägungen von Problemstrukturen unterschieden werden: gut-strukturierte (*structured*), schlecht-strukturierte (*structurable*) und unstrukturierte (*unstructured*).[130] Die Problemstruktur ist laut Smith: „a continuous rather than a dichotomous attribute of problems".[131]

Ein Problem gilt hiernach als GUT-STRUKTURIERT (*structured*), wenn der Bearbeiter ohne großen Aufwand mit Hilfe eines allgemeinen Problemlösungsalgorithmus eine brauchbare Lösungsstrategie identifizieren kann. Dies kann das Ergebnis früherer Erfahrung sein oder die Problemlösung kann vollständig transparent sein.

Ein Problem ist SCHLECHT-STRUKTURIERT (*structurable*), wenn durch zusätzliche Information eine Lösungsstrategie ermittelt oder das Problem in ein oder mehrere bearbeitbare Unterprobleme aufgeteilt werden kann. Hierbei können die Unterprobleme ihrerseits mit Hilfe eines Problemlösungsalgorithmus gelöst werden.

In UNSTRUKTURIERTEN Aufgabenstellungen (*unstructured*) sind selbst Experten nicht in der Lage, aufgrund eines fehlenden Problemlösungsalgorithmus eine geeignete Lösungsstrategie zu identifizieren. Stattdessen sind auch sie gezwungen, auf Heuristiken zurückzugreifen und somit sind ihre Beurteilungen Gegenstand des menschlichen Entscheidungsprozesses und unterliegen den üblichen Verzerrungen (*biases*).[132]

„Problems that are unstructured aren't necessarily unsolvable. Rather, because a credible solution strategy can't be identified, one is forced to employ less reliable methods and hope for the best."[133]

---

[128] Vgl. hierzu auch Schreiber (2000), S. 41.
[129] Smith (1988), S. 1497.
[130] Vgl. Smith (1988), S. 1499.
[131] Smith (1988), S. 1496. Auch die Definition von Simon (1978) stimmt hiermit überein, ist allerdings etwas weniger trennscharf; vgl. Simon (1978), S. 286. Er nennt als Merkmale eines schlecht- gegenüber einem gut-strukturierten Problem: Das Zielkriterium ist komplexer und weniger genau definiert; die zur Lösung notwendige Information ist nicht komplett in der Problembeschreibung enthalten und die Abgrenzung der relevanten Informationen ist hierbei sehr vage und es gibt keine einfache Methode (Algorithmus) zur Identifikation um aller Alternativen. Er weist hierbei explizit darauf hin, dass die Abgrenzung zwischen gut- und schlecht-strukturierten Problemen fließend ist.
[132] Vgl. hierzu Shanteau/Stewart (1992); Shanteau (1992).
[133] Smith (1988), S. 1499.

2.5 Der Prüfungsprozess als Problemlösungsmodell - eine erweiterte kognitionspsychologische Perspektive

2.5.1 Die Abgabe eines Prüfungsurteils als hypothesengesteuerter heuristischer Suchprozess

Im Folgenden soll das in Kapitel 2.2 beschriebene allgemeine Problemlösungsmodell des Informationsverarbeitungsansatzes der kognitiven Psychologie auf den Prüfungsprozess bezogen werden. Die Bildung eines Prüfungsurteils[134] wird hierbei als spezieller Fall des menschlichen Problemlösens betrachtet.

Ziel der Jahresabschlussprüfung ist es, ein Prüfungsurteil[135] über die Normenkonformität von Jahresabschluss und Lagebericht abzugeben.[136] Um ein Prüfungsurteil fällen zu können, muss der Prüfer, um an Prüfungsnachweise[137] zu gelangen, zunächst Prüfungshandlungen[138] durchführen. Auf Grundlage dieser Prüfungsnachweise trifft der Prüfer dann Prüfungsfeststellungen (über Prüfungsobjekte). Diese beschränken sich zunächst auf einzelne Prüffelder[139] oder Prüfungsobjekte. Durch Aggregation mehrerer Prüfungsfeststellungen kann der Prüfer schließlich ein abschließendes Prüfungsurteil abgeben.

Da es sich bei der Abschlussprüfung zum überwiegenden Teil um eine komplexe Prüfung handelt,[140] kann die Abgabe eines Prüfungsurteils häufig als schlecht- bzw. unstrukturiertes

---

[134] Zum Begriff des Prüfungsurteils vgl. z.B. Tesch (2007), S. 1121.

[135] Dieses Prüfungsurteil wird sowohl im Bestätigungsvermerk (vgl. § 322 HGB; IDW PS 400; Gelhausen (2002), Sp. 303 ff.) und im Prüfungsbericht (vgl. § 321 HGB; IDW PS 450; Plendl (2002), Sp. 1777 ff.) kommuniziert.

[136] Vgl. Leffson (1988), S. 8; Ruhnke (2002a), Sp. 1842; Marten/Quick/Ruhnke (2007), S. 213. Dabei ist neben der Effektivität auch die Effizienz Bestandteil der Zielfunktion. Dies bedeutet, dass die Prüfung unter Beachtung des Grundsatzes der Wirtschaftlichkeit zu erfolgen hat; vgl. IDW PS 200.9.

[137] Zum Begriff des Prüfungsnachweises vgl. z.B. Rammert (2007), S. 1090 f.

[138] Die Prüfungshandlungen werden in Risikobeurteilungen, Aufbau- und Funktionsprüfung sowie analytische Prüfungshandlungen und Einzelfallprüfungen als aussagebezogene Prüfungshandlungen unterteilt; vgl. Rammert (2007), S. 1090 f. und IDW PS 300.14-26.

[139] Zum Begriff des Prüffeldes siehe z.B. Schwibinger (2007), S. 1071 f. Meist erfolgt die Bildung der Prüffelder anhand der Posten des Jahresabschlusses, ergänzt um weitere Prüffelder, wie z.B. wirtschaftliche und rechtliche Verhältnisse oder Ereignisse nach dem Abschlussstichtag; vgl. ebd., S. 1071.

[140] In Bezug auf das Prüfungsobjekt kann generell zwischen einfachen und komplexen Prüfungen unterschieden werden; vgl. Marten/Quick/Ruhnke (2006), S. 631 f. Während bei einer einfachen Prüfung das Prüfungsobjekt nur eine Merkmalsausprägung umfasst, ist bei einer komplexen Prüfung eine Konstruktion des Soll-Objektes ex ante gar nicht möglich, bzw. ergibt sich das Soll-Objekt erst im Verlauf der Prüfung selbst (heuristisches prüferisches Vorgehen) vgl. Ruhnke (1990), S. 127; Marten/Quick/Ruhnke (2006), S. 361 f. Als Beispiel für ein einzelnes Merkmal wird hier der Betrag oder das Datum eines Buchungsbelegs angeführt. Der Prozess einer einfachen Prüfung kann aus prü-

Problem[141] angesehen werden, welches sich mit Hilfe des Informationsverarbeitungsansatzes auf sinnvolle Weise theoretisch erfassen lässt.[142]

Ebenso wie beim Modell von Newell und Simon lässt sich beim PRÜFUNGSBEZOGENEN PROBLEMLÖSUNGSMODELL der Problemlösungsvorgang in die Bereiche PROBLEMREPRÄSENTATION, HYPOTHESENGENERIERUNG, INFORMATIONSBESCHAFFUNG und URTEILSBILDUNG unterteilen.

Die PROBLEMREPRÄSENTATION erfolgt durch den Aufbau eines subjektiven Problemabbildungsraums, da der Prüfer nicht alle erforderlichen Informationen heranziehen kann. Auch formuliert er eine initiale Urteilshypothese, in der sich die Erwartungen des Prüfers zu bestimmten Eigenschaften des Prüfungsgegenstands widerspiegeln (HYPOTHESENGENERIERUNG).[143] Die INFORMATIONSBESCHAFFUNG besteht in der Durchführung von Prüfungshandlungen und dem Sammeln von Prüfungsnachweisen. Die URTEILSBILDUNG erfolgt nun durch die Würdigung und Gewichtung der vorhandenen Prüfungsnachweise. Aufgrund des Prinzips der begrenzten Rationalität kommen hierbei als Problemlösungsverfahren häufig Heuristiken zum Einsatz.[144] Der Problemlösungsprozess wird abgebrochen, wenn aufgrund der verarbeitenden vorliegenden Informationen ein Abbruchkriterium (Schwellenwert) erreicht ist, das die Formulierung eines normenkonformen Prüfungsurteils gewährleistet.[145]

---

fungstheoretischer Sicht mit dem messtheoretischen Ansatz als Soll-Ist-Vergleich beschrieben werden; vgl. von Wysocki (2002), Sp. 1886 ff.; Marten/Quick/Ruhnke (2006), S. 535 ff. sowie dies. (2007), S. 47 ff. Die tatsächliche Merkmalsausprägung bildet das Ist-Objekt, das dem entsprechenden Soll-Objekt gegenübergestellt wird. Eine hieraus resultierende Abweichung bildet die Grundlage für das Prüfungsurteil; vgl. von Wysocki (2002), Sp. 1886 f.; Marten/Quick/Ruhnke (2006), S. 536. Der messtheoretische Ansatz beschreibt den Prüfungsprozess lediglich in sachlogischer Hinsicht; deshalb ist dieser nicht für die empirische Prüfungsforschung zugänglich; vgl. Ruhnke (2006b), S. 653.

[141] Zu den Begriffen „komplexes Problem" und „schlecht- sowie unstrukturiertes" Problem, siehe Kapitel 2.4.2; vgl. des Weiteren Brander/Kompa/Peltzer (1995), S. 121 ff. und Bösel (2001), S. 298 f.

[142] Vgl. Ruhnke (1990), S. 127; ders. (2000), S. 290. Das auf den prüfungsbezogenen Urteilsbildungsprozess angewandte allgemeine menschliche Problemlösungsmodell versucht einerseits den Prüfungsprozess zu beschreiben und zu erklären, andererseits kann es als Bezugsrahmen für die empirische Prüfungsforschung dienen; vgl. Marten/Quick/Ruhnke (2006), S. 52 sowie dies. (2007), S. 47.

[143] Der Aufbau des sog. *problem space* sowie die Formulierung der Initialhypothese finden in den Phasen der Informationsaufnahme statt; vgl. Kapitel 0 insbesondere Abbildung 5.

[144] Vgl. hierzu Kapitel 2.6.2.

[145] Vgl. Ruhnke (2000), S. 291. Eine theoretische Erfassung der prüferischen Urteilsbildung als hypothesengesteuertem heuristischem Suchprozess lässt sich für komplexe Prüfungen im Sinne von aussagebezogenen Prüfungshandlungen auf Prüffeldebene anwenden. In leicht modifizierter Form

In Abbildung 4 wird der Informationsverarbeitungsansatz in Hinblick auf die Abgabe eines Prüfungsurteils modifiziert.[146]

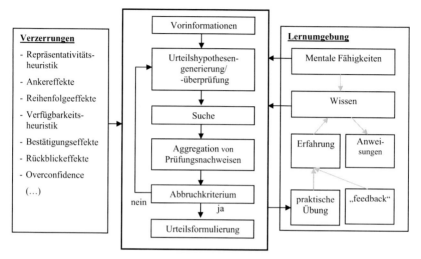

Abbildung 4: Prüfungsbezogenes Problemlösungsmodell (in Anlehnung an Ruhnke (1997), S. 324 sowie ders. (2000), S. 292)

2.5.2 Erweiterung des Informationsverhaltensansatzes um personelle, aufgabenspezifische und kontextuelle Faktoren

2.5.2.1 Erweitertes prüfungsbezogenes Problemlösungsmodell

Das auf den prüfungsbezogenen Urteilsbildungsprozess angewandte allgemeine menschliche PROBLEMLÖSUNGSMODELL versucht einerseits den Prüfungsprozess zu beschreiben und zu erklären, andererseits kann es als Bezugsrahmen[147] für die empirische Prüfungsforschung dienen.[148] Hinsichtlich des Verständnisses des Informationsverhaltens von Men-

---

ist auch eine Anwendung für die Zwecke der Systemprüfung möglich. Zur Systemprüfung als hypothesengesteuertem heuristischen Suchprozess; vgl. Gans (1986), S. 434 ff.; Marten/Quick/ Ruhnke (2006), S. 828 und dies. (2007), S. 52 und 283 ff.

[146] Die Urteilsbildung erfolgt hier als hypothesengesteuerter heuristischer Suchprozess, siehe hierzu Quick (2006), S. 781. Daneben wird in Abbildung 4 zusätzlich noch der Einfluss der Lernumgebung und von Verzerrungen auf die Urteilsbildung berücksichtigt.

[147] Vgl. ausführlich zum Bezugsrahmen Chmielewicz (1994), S. 85 ff.; Ruhnke (2000), S. 263 ff.

[148] Vgl. Marten/Quick/Ruhnke (2006), S. 52 sowie dies. (2007), S. 47. Bezugsrahmen haben zuerst eine forschungsstrategische Bedeutung. Sie erlauben eine vereinfachte Orientierung über komplexe reale Probleme, indem sie einzelne, sonst isoliert stehende Variablen und Erklärungsansätze in einen Gesamtzusammenhang einordnen, ihre relative Bedeutung aufzeigen sowie ihre Wirkungen sichtbar

schen weist dieses Modell allerdings einige Beschränkungen auf. Diese Beschränkungen betreffen insbesondere die Vernachlässigung der Aufgabencharakteristika realer Prüfungskontexte, und das weitgehende Ignorieren nicht-kognitiver personaler Variablen.[149] Zur Verdeutlichung der Relevanz dieser Faktoren soll im Folgenden das PRÜFUNGSBEZOGENE PROBLEMLÖSUNGSMODELL erweitert und ein systematischer Überblick über diese Faktoren gegeben werden.

In Abbildung 5 wird das ALLGEMEINE PROBLEMLÖSUNGSMODELL des Informationsverarbeitungsansatzes in Hinblick auf die Abgabe eines Prüfungsurteils modifiziert und um die Faktoren Aufgabenrahmen und Prüfungsumwelt erweitert. Zwischen der konstitutiven Ebene und den anderen beiden gibt es keine Wechselwirkungen (unidirektionaler Einfluss); dagegen können sich kognitive und aktivierende Prozesse gegenseitig beeinflussen.

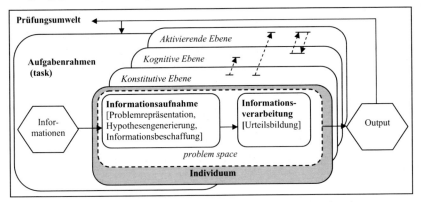

Abbildung 5:   Erweitertes prüfungsbezogenes Problemlösungsmodell (Bezugsrahmen)

Wie aus Abbildung 5 ersichtlich, haben im Wesentlichen drei Faktoren Einfluss auf die Informationsverarbeitung: die PRÜFUNGSUMWELT, die AUFGABE und der PROBLEMLÖSER (Individuum). Diese Faktoren des erweiterten Problemlösungsmodells werden nachstehend unter direkter Berücksichtigung der empirischen Prüfungsforschung[150] als auch damit

---

machen. Bezugsrahmen haben daneben aber auch eine große Bedeutung für die Praxis. Sie liefern Erkenntnisperspektiven für konkrete Entscheidungssituationen. Sie stellen ein Interpretationsmuster dar, das die Informationsbeschaffung und Urteilsbildung des Prüfers leiten kann. Diese Wirkungen sind umso höher einzuschätzen, je skeptischer die Möglichkeiten einer empirisch abgesicherten Prüfungstheorie eingeschätzt werden.

[149] Vgl. hierzu auch Schreiber (2000), S. 83.

[150] Im Rahmen der Untersuchung wurden mehr als 800 empirische Untersuchungen, die sich mit der Thematik im Prüfungsbereich auseinandersetzen, gesichtet. Aufgrund dieser Fülle werden hier nicht alle gesichteten empirischen Studien in die Fußnoten aufgenommen. Zudem beschränken sich die

einhergehender wesentlicher Informationsverarbeitungseffekte, welche sich den einzelnen Elementen zuordnen lassen, näher untersucht.

2.5.2.2 Skizzierung der Phasen des Informationsverhaltens

Ebenso wie beim Modell von Newell und Simon lässt sich beim erweiterten prüfungsbezogenen Problemlösungsmodell der Problemlösungsprozess auf individueller Ebene in die Bereiche PROBLEMREPRÄSENTATION, HYPOTHESENGENERIERUNG, INFORMATIONSBESCHAFFUNG und URTEILSBILDUNG unterteilen.[151]

Die Prüfungsaufgabe als zu lösendes Problem, bildet für den Wirtschaftsprüfer den Aufgabenrahmen (und somit den Ausgangspunkt des Problemlösungsprozesses). Dieser ist jedoch bei schlecht-strukturierten und komplexen Prüfungsaufgaben für den Prüfer nicht vollständig erfassbar. Deshalb schafft der Prüfer auf Basis von Vorinformationen einen subjektiven PROBLEMABBILDUNGSRAUM als gedankliche Repräsentation des Aufgabenrahmens (allgemeine Problemrepräsentation). Dieser enthält neben dem Ausgangszustand die Urteilsformulierung als Zielzustand und alle potentiell durchführbaren Prüfungshandlungen als Operatoren.

Der PROBLEMLÖSUNGSPROZESS ist nun wiederum als Suche im Problemabbildungsraum aufzufassen. Um diesen aufbauen zu können, muss zunächst gewährleistet sein, dass der Bearbeiter ein Problem als solches erkennt. Hierzu bedarf es als Startpunkt des menschlichen Informationsverhaltens der Konstruktion einer PROBLEMREPRÄSENTATION, welche es ihm ermöglicht, relevante Aspekte des Problems zu verstehen.[152]

Auslöser für jede Bearbeitung von Problemen sind Stimuli, die der Problemlöser wahrnimmt.[153] Der Wahrnehmungsprozess umfasst u.a. auch die Phase der Klassifikation,[154] hierbei werden die Eigenschaften der wahrgenommenen Gegenstände und Geräusche in

---

Darstellungen auf die wesentlichen Ergebnisse und die hiermit einhergehenden konzeptionellen Überlegungen. Auch eine kritische Würdigung der einzelnen Untersuchungen ist nicht beabsichtigt und erfolgt nur ausnahmsweise aus dem Blickwinkel der eingesetzten empirischen Forschungsmethode. Nicht berücksichtigt wird zudem die Frage, ob die Ergebnisse der zum größten Teil aus dem anglo-amerikanischen Raum stammenden Studien ohne Weiteres auf den Urteilsbildungsprozess eines Prüfers in Deutschland übertragbar sind.

[151] Zu den nachstehenden Ausführungen vgl. Ruhnke (2000), S. 292 ff. sowie Marten/Quick/Ruhnke (2007), S. 50 f.

[152] Vgl. Gibbins/Jamal (1993), S. 445 ff; Bedard/Chi (1993), S. 26; Koonce (1993), S. 58 ff.

[153] Vgl. Gibbins (1984), S. 105 f.

[154] Daneben umfasst der Wahrnehmungsprozess auch die sensorische und die perzeptuelle Phase. Vgl. hierzu Gerrig/Zimbardo (2008), S. 108 ff. sowie für eine Übersicht Schreiber (2000), S. 112 ff.

vertraute Kategorien eingeordnet.[155] Diese Phase dient insbesondere der Erfassung des Wahrgenommenen und ist stark abhängig von höheren geistigen Prozessen, wie Wissen und Wertsystemen.[156] Auch müssen bereits Informationen bewertet werden; so müssen teilweise qualitative Informationen in quantitative umgewandelt werden, z.B. muss die Beschreibung des Internen Kontrollsystems in einem quantitativen Risiko ausgedrückt werden. Diese Umformung ist eine der Stärken von Experten, da sie sich aufgrund ihres Wissens und ihrer Reflektionsfähigkeit im Umgang mit diesen Transformationen ein größeres Informationsverarbeitungswissen angeeignet haben.[157]

In dieser Phase wird vom menschlichen Informationsverarbeitungssystem kontrolliert (*top-down-Prozess*), welche Reize relevant sind und wie die als relevant identifizierten Reize weiterverarbeitet werden. Sofern nicht aufgrund von fehlerhaften Einschätzungen relevante Informationen aus der Aufmerksamkeit ausgeblendet werden, führt das Scheitern irrelevanter Anreize der Wahrnehmungsbarriere nicht zu Einschränkungen der Performance des Entscheiders, sondern im Gegenteil zu einer Steigerung an Effizienz und Effektivität. Hierdurch wird die Fähigkeit, die anderen relevanten Stimuli kontextbezogen weiterzuverarbeiten, erhöht und dadurch auch das Problem des Informationsüberschusses (*information overload*) reduziert.[158]

Mit Hilfe des Problemverständnisprozesses wird die Komplexität (Struktur) des Problems erkannt und mögliche Analogien aus früheren Problemlösungen herangezogen. Der Erfolg steht hierbei in unmittelbarem Zusammenhang sowohl mit den kontextuellen Faktoren als auch mit dem Wissen des Problemlösers und dessen Strukturierung. CHRIST (1993) konnte in ihrer Untersuchung zeigen, dass Erfahrung einen Einfluss auf die Problemrepräsentation hat. Erfahrene(re) Prüfer sind in der Lage, aufgrund ihrer Fähigkeit mehr abstraktes Wissen abzurufen, eine umfassendere Problemrepräsentation vorzunehmen und mehr Verbindungen zwischen den einzelnen Informationsitems herzustellen.[159] Eine Untersuchung von MOECKEL (1991) zeigt des Weiteren, dass erfahrenere Prüfer im Vergleich zu weniger er-

---

[155] Vgl. Brauchlin/Heene (1995), S. 52 ff.
[156] Vgl. Gerrig/Zimbardo (2008), S. 258 ff..
[157] Vgl. Einhorn (1972); Einhorn (1974); Elstein/Shulman/Sprafka (1978); Johnson/Hassebrock/Moller/ Prietula/Feltovich/Swanson (1981); Lesgold/Rubinson/Feltovich/Glaser/Klopfer/Wang (1988).
[158] Vgl. Russo Jr. (1994), S. 82. Das Problem des *information overload* resultiert insbesondere aus den begrenzten Wahrnehmungskapazitäten des Problemlösers; je schneller allerdings die Vorauswahl der Vorinformationen stattfindet, desto fokussierter kann der Problemlöser vorgehen.
[159] Vgl. Christ (1993), S. 304 ff.

fahrenen Prüfern besser in der Lage sind, Beziehungen zwischen Informationsitems in Arbeitspapieren zu identifizieren.[160] Das Problemverständnis und die Problemrepräsentation sind Grundlage aller weiteren Schritte des Problemlösungsprozesses. BEDARD/BIGGS (1991) und BIERSTAKER/BEDARD/ BIGGS (1999) weisen nach, dass Prüfer, die eine ungeeignete Problemrepräsentation aufstellen, nicht in der Lage waren, die Ursachen für Kennzahlenschwankungen zu erkennen.[161] Deshalb muss für eine erfolgreiche Problemlösung die Problemrepräsentation möglichst alle Schritte der Problemlösung umfassen. Erfolgreiches Problemlösen hängt unmittelbar von der Entwicklung differenzierter Problemrepräsentationen ab.[162] Abhängig von der Struktur der Aufgabe kann es anfänglich noch zu einer unvollständigen Problemrepräsentation kommen, welche mit jeder Iteration weiterentwickelt wird. Hierdurch werden die Voraussetzungen geschaffen, dass für die Problemlösung geeignete Hypothesen gebildet und die notwendigen Informationen gesammelt werden.[163] Da es sich um einen iterativen Prozess handelt, gilt eine wiederholte Bearbeitung einzelner Problemlösungsphasen sowie ein Zurückspringen auf vorherliegende Phasen als angemessen, solange insgesamt eine Tendenz fortschreitender Problembearbeitung in Richtung auf eine Lösung besteht.

Nach der Entwicklung einer Problemrepräsentation muss der Problemlöser geeignete Hypothesen zur Problemlösung aufstellen (HYPOTHESENGENERIERUNG), d.h. er muss sich Gedanken machen, wie das Problem gelöst werden soll. In Bezug auf den Suchprozess erhält das Modell von Newell und Simon (1972) eine bedeutende Konkretisierung. Im Zentrum steht dabei die Urteilshypothese.[164] Die initiale Urteilshypothese basiert auf Vorinformationen, wie z.B. den Kenntnissen aus der Vorjahresprüfung oder Kenntnissen über die aktuelle Branchensituation, in der sich der Mandant befindet. Im Verlauf des

---

[160] Vgl. Moeckel (1991), S. 282 ff.
[161] Vgl. Bedard/Biggs (1991), S. 83 ff. Bierstaker/Bedard/Biggs benutzten dieselbe Fallstudie und konnten zeigen, dass die Prüfer, die aufgrund von Hinweisen in der Lage waren, ihre Problemrepräsentation zu ändern, eine höhere Fehleraufdeckungsrate aufwiesen; vgl. Bierstaker/Bedard/ Biggs (1999), S. 26 ff.
[162] Vgl. Gibbins/Jamal (1993), S. 457. Einige Studien konnten keinen Einfluss der Problemrepräsentation auf den Erfolg der Problemlösung aufzeigen; vgl. hierzu Shields/Solomon/Waller (1987), S. 382 ff.; Kida (1984), S. 336 ff. und Bonner (1991), S. 262 ff. Ein Grund hierfür könnte sein, dass die Problemrepräsentation bei den untersuchten Teilnehmern keine großen Unterschiede aufwies.
[163] Vgl. Naegler (1976), S. 570 sowie Bonner/Pennington (1991), S. 10.
[164] Zur Urteilshypothese vgl. auch Gans (1986), S. 378 ff.

Prüfungsprozesses nimmt der Bestand an (Vor)-Informationen sukzessive um die neu gewonnenen Informationen zu. Die Urteilshypothese drückt die Erwartungen des Prüfers über Eigenschaften des Prüfungsgegenstands aus. So könnte die Urteilshypothese in Bezug auf einen Kontensaldo z.B. lauten „Die Forderung ist außerplanmäßig abzuschreiben." oder auch auf Ebene des Gesamtprüfungsurteils z.B. „Jahresabschluss und Lagebericht sind frei von wesentlichen Fehlern."[165]

Im Anfangsstadium erfolgt die Hypothesengenerierung weitgehend durch einen stimulusgeleiteten *bottom-up*-Prozess und ist noch recht rudimentär.[166] Wenn genügend Informationen zur Verfügung stehen und dadurch auch eine entsprechende Problemrepräsentation entwickelt wurde, kann die Hypothesengenerierung überwiegend *top-down*, d.h. Gedächtnis geleitet (*memory-driven*) erfolgen.[167] Bevor die auf Basis dieses intentionalen Suchprozesses erstellten Hypothesen im weiteren Verlauf des Problemlösungsprozesses bewertet bzw. getestet werden, müssen sie einer Konsistenzprüfung unterzogen werden:

„[…] then subject them to a plausibility assessment in which they reason backward to check the consistency of the hypotheses with the cues to determine whether they are viable enough to evaluate."[168]

Von großer Bedeutung für die Effektivität einer Prüfung ist auch die Flexibilität, mit der Prüfer auf eventuell unzweckmäßige Anfangshypothesen reagieren.[169]

Die während der Hypothesengenerierung ablaufende INFORMATIONSBESCHAFFUNG ist ein weiterer kritischer Aspekt der Informationsverarbeitung.[170] Hierbei führt der Prüfer Prüfungshandlungen durch, um Prüfungsnachweise zu erlangen, die die Urteilshypothese stützen oder widerlegen können. Diese Suche und Aggregation von Prüfungsnachweisen

---

[165] Zur Bedeutung der Urteilshypothese für das Prüfungsurteil; vgl. u.a. Ruhnke (2000), S. 293 f.

[166] Vgl. Schreiber (2000), S. 126.

[167] Erfolgt die stimulusgeleitete Informationssuche eher passiv, kann in diesem Fall von einer aktiveren Suche ausgegangen werden; vgl. Morill (1994), S. 32 f.; Bouwman/Frishkoff/Frishkoff (1987) sowie im Prüfungskontext Bedard/Mock (1992), S. 9 ff.

[168] Bonner (2008), S. 134; siehe auch Koonce (1993), S. 62; Gettys/Fisher (1979), S. 93 ff. sowie Schreiber (2000), S. 126.

[169] Dass dies mit erheblichen Schwierigkeiten verbunden ist, lässt sich aus den Ergebnissen zu den Rahmeneffekten vermuten; vgl. Kapitel 3.3.1.4. Heiman-Hoffman/Moser/Joseph (1995) haben in einer Studie herausgefunden, dass sowohl die Bildung einer unzweckmäßigen Anfangshypothese als auch die unzutreffende Wahl eines häufigen Fehlers im Rahmen der Hypothesengenerierung einen signifikant negativen Einfluss auf das letztlich gefällte Urteil hat; vgl. Heiman-Hoffman/Moser/Joseph (1995), insbesondere S. 771 ff. Vgl. hierzu auch Schreiber (2000), S. 131 f.

[170] Vgl. hierzu ausführlich Schreiber (2000), S. 142 ff.

wird erst dann abgebrochen, wenn der Prüfer mit der erforderlichen Sicherheit die Urteilshypothese bestätigen oder verwerfen kann und damit ein Prüfungsurteil abzugeben vermag.[171] Dabei muss der Prüfer potentielle Informationsquellen im Hinblick auf die Verlässlichkeit und Glaubwürdigkeit beurteilen,[172] um anschließend aufgrund der dann vorliegenden Informationen eine Entscheidung fällen zu können (angesprochen ist hier bereits die Phase der Urteilsbildung).[173]

In der empirischen Prüfungsforschung überwiegen Studien, die sich mit der Verlässlichkeit von Informationsquellen und hierbei insbesondere mit Faktoren wie Kompetenz[174] und Objektivität bzw. Integrität[175] befassen. Die Mehrzahl der empirischen Studien zeigt hierbei die erwarteten Ergebnisse. So schätzten die Prüfer Informationsquellen als besonders verlässlich ein, bei denen eine höhere Wahrscheinlichkeit bestand, dass diese unabhängig sind.[176] Auch wurden die Informationen kompetenter Quellen stärker in bei der Urteilsbildung berücksichtigt.[177]

Die URTEILSBILDUNG stellt die letzte Phase des iterativen Informationsverarbeitungsprozesses dar. Da die Würdigung der Informationen im Hinblick auf ihre Relevanz sowie ihren Urteilsbildungsbeitrag teilweise schon während der Phase der Informationsbe-

---

[171] Zum Konzept der hinreichenden Prüfungssicherheit siehe Marten/Quick/Ruhnke (2006), S. 646 f.; IDW PS 200.24-28; vgl. hierzu auch Lubitzsch (2008), S. 20 ff.

[172] Für einen detaillierten Überblick siehe Schreiber (2000), S. 142 ff. und 149 ff. Die Informationsquellenwahl wird in der Literatur auch sehr häufig aufgrund der Schwierigkeit der Trennung von Wahl und Einschätzung der Informationsquelle der Phase der Urteilsbildung zugeordnet; vgl. hierzu auch Schreiber (2000), S. 142 f. Im Folgenden wird von einem engen Verständnis des Begriffs der Phase der Urteilsbildung ausgegangen, d.h. die Einschätzung der Verlässlichkeit der Informationsquellen wird nicht mit eingeschlossen.

[173] In der Phase der Informationsauswahl haben sowohl die Suchtiefe, die Suchreihenfolge als auch die Art der Informationen, nach denen gesucht wird, einen Einfluss auf die Effektivität und Effizienz der Problembearbeitung; vgl. Ford/Schmitt/Schechtmann/Hults/Doherty (1989). Die einzelnen Begrifflichkeiten werden hierbei unterschiedlich ausgelegt; so kann z. B. sich die Suchtiefe auf eine tatsächliche Anzahl an Informationen oder auf eine anteilige Informationsauswahl beziehen. Auch die Suchintensität innerhalb einer oder zwischen verschiedenen Alternativen stellt einen Indikator für die Suchtiefe dar; vgl. Payne/Bettmann/Johnson (1993). Wie Johnson (1988) zeigt, tendieren „knowledgeable individuals" im Vergleich zu „less knowledgeable people" dazu, weniger Informationen in die Entscheidungsfindung einzubinden; gegenteilige Befunde finden sich bei Elstein/Shulman/Sprafka (1978) sowie Phelps/Shanteau (1978), S. 209 ff. Auch gibt es Hinweise, dass mit zunehmender Komplexität der Aufgabe die Intensität und der Umfang der Informationssuche abnimmt; vgl. Payne/Bettmann/Johnson (1993).

[174] Zur Operationalisierung von Kompetenz vgl. auch Kapitel 2.5.2.3.3.

[175] Objektivität wird hierbei regelmäßig dadurch operationalisiert, dass Informationen zum einen vom Mandanten und zum anderen von einer externen Quelle zur Verfügung gestellt werden. Da externe Informationen als vertrauenswürdiger gelten, sollte diesen auch ein höherer Urteilsfindungsbeitrag beigemessen werden; vgl. z.B. Reimers/Fennema (1999), S. 118 f.

[176] Vgl. die Ergebnisse bei Hirst (1994), S. 120ff.

[177] Vgl. hierzu u.a. Hirst (1994), S. 120 ff; Anderson/Koonce/Marchant (1994), S. 141 ff.

schaffung stattfindet,[178] kommt es in der Phase der Urteilsbildung insbesondere zu einer Fokussierung auf für die Überprüfung der aufgestellten Hypothesen relevanten Informationen. Während die Phase der Informationsaufnahme durch eine *bottom-up* geprägte Wahrnehmung gekennzeichnet ist, wird die Phase der Informationsverarbeitung überwiegend von einer *top-down* dominierten Klassifikation geprägt.[179]

Da sich der Prüfer sowohl bei der Suche nach als auch bei der Aggregation von Prüfungsnachweisen aufgrund der begrenzten Rationalität und der daraus resultierenden Unmöglichkeit, alle denkbaren und sinnvollen Prüfungshandlungen durchzuführen, häufig auf Heuristiken[180] stützt,[181] kann es in nahezu allen Phasen des Problemlösungsprozesses zu Verzerrungen kommen.[182]

2.5.2.3 Ergänzung des Informationsverhaltensansatzes durch (weitere) personale Einflussfaktoren

2.5.2.3.1 Überblick

Bei Betrachtung des INFORMATIONSVERHALTENS gemäß der kognitionspsychologischen Sichtweise lassen sich drei personale Ebenen unterscheiden: die KONSTITUTIVE EBENE (demographische Merkmale und mentale Disposition), die KOGNITIVE EBENE (Wahrnehmungs-, Erinnerungs-, Denk- und Lernprozesse) und die AKTIVIERENDE EBENE (Ein-

---

[178] Vgl. Egner (1980), S. 36 f.

[179] Vgl. hierzu u.a. die Studien von Hamilton/Wright (1982); Brown/Solomon (1990); Rosman/Seol/Biggs (1999). Vgl. hierzu auch Schreiber (2000), S. 158.

[180] Zum Begriff der Heuristik vgl. ausführlich Kapitel 2.6.2.

[181] So kann die Komplexität z.B. dadurch reduziert werden, dass sich der Prüfer zunächst auf die Prüfungsgegenstände konzentriert, bei denen ein Fehler am ehesten zu erwarten ist. Gleiches gilt auch für die Prüfungshandlungen, so wird der Prüfer auch zunächst die Prüfungshandlungen durchführen, bei denen er die höchste Fehleraufdeckungskraft erwartet. Dabei stützt sich der Prüfer z.B. auf bekannte Fehlerhäufigkeiten, Schwachstellen mit hoher Fehlerwahrscheinlichkeit oder bestimmte Fehlermuster. Bei Fehlermustern handelt es sich um typische Kombinationen von Merkmalen eines Prüfungsobjekts, die auf einen Fehler hinweisen können; vgl. Ruhnke (1990), S. 126 f. und ders. (1992), S. 691 ff.. Beispielsweise lässt sich bei der Überprüfung der Werthaltigkeit einer Forderung das typische Muster eines verspätet zahlenden Kunden von dem des gar nicht zahlenden Kunden unterscheiden. Charakteristisch für den gar nicht zahlenden Kunden sind u.a. eine unzustellbare Saldenbestätigung und auch sonst ein Kontaktabbruch des Schuldners; vgl. ebd., S. 693. Die nachfolgenden Prüfungshandlungen des auf Heuristiken basierenden Suchprozesses werden dann sukzessive nach Kenntnis der vorherigen Prüfungsschritte geplant. Durch diese flexiblen Rückkopplungsvorgänge kann eine akzeptable und effiziente Problemlösung generiert werden. Zur Problematik einer optimalen Lösung durch eine heuristische Vorgehensweise vgl. Kapitel 2.6.2. Ein Prüfungsurteil mit einer Prüfungssicherheit von 100 % wird allerdings von den Prüfungsnormen auch nicht gefordert; vgl. Marten/Quick/Ruhnke (2006), S. 394; Lubitzsch (2008), S. 20 ff. und IDW PS 200.24-28.

[182] Vgl. Marten/Quick/Ruhnke (2006), S. 774 und dies. (2007), S. 52 f. Für eine Darstellung und Zuordnung dieser Effekte zu den einzelnen Phasen vergleiche die Ausführungen in Kapitel 3.

stellungen, Motivation und Emotionen).[183] Die aktivierende Ebene bestimmt hierbei die Leistungsbereitschaft und ist somit als Basis jeglichen Anspruchsniveaus zu verstehen. Die anderen beiden Ebenen sind dann letztendlich auf Basis des durch die aktivierende Ebene determinierten Anspruchsniveaus für die Leistungsfähigkeit des Problemlösers ausschlaggebend.[184]

In Abbildung 6 werden die Ebenen des menschlichen Informationsverarbeitungssystems sowie deren Zusammenhänge dargestellt.

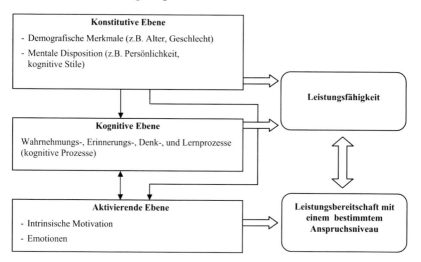

Abbildung 6: Personale Ebenen des menschlichen Informationsverarbeitungssystems (modifiziert entnommen aus Schreiber (2000), S. 84)

Die Unterscheidung von aktivierender und kognitiver Ebene ist hierbei allerdings aufgrund ihres wechselseitigen Einflusses nicht unproblematisch. „Da beide Prozeßarten (sic!) nicht in reiner Form existieren, sondern jeweils nur die eine oder die andere überwiegt"[185], können Effekte nicht immer eindeutig einer dieser Ebenen zugeordnet werden.[186]

---

[183] Vgl. hierzu auch Abbildung 5.
[184] Vgl. Pfohl/Zettelmeyer (1987), S. 154; Schreiber (2000), S. 85.
[185] Schreiber (2000), S. 85.
[186] Vgl. Kroeber-Riel/Weinberg (2009), S. 51 ff.

2.5.2.3.2 Konstitutive Ebene

Die KONSTITUTIVE EBENE umfasst neben den DEMOGRAFISCHEN MERKMALEN (wie z.B. Alter und Geschlecht) auch die MENTALE DISPOSITION (wie z.B. die Persönlichkeit). Während der Einfluss demografischer Merkmale auf das Informationsverhalten ein zentrales Forschungsgebiet der behavioristischen Informationsverhaltensforschung darstellt,[187] konzentrierte sich die Psychologie häufig auf das Gebiet der mentalen Disposition.

Die Persönlichkeitsforschung beschäftigt sich mit der Frage, warum Menschen in vergleichbaren Situationen unterschiedlich handeln.[188] Unter dem Konstrukt Persönlichkeit werden jene Charakteristika oder Merkmale des Menschen subsumiert, die konsistente Muster des Fühlens, Denkens und Verhaltens ausmachen.[189]

Als Modell zur Erforschung der Persönlichkeit hat sich das 5-FAKTOR-MODELL (*Big-Five*)[190] seit den 1980er Jahren sowohl in der psychologischen Forschung als auch betrieblichen Praxis etabliert.[191] Goldberg schrieb in Bezug auf das 5-FAKTOR-MODELL:

„Fortunately times change, and the past decade has witnessed an electrifying burst of interest in the most fundamental problem of the field - the search for a scientifically compelling taxonomy of personality traits. More importantly, the beginning of a consensus is emerging about the general framework of such a taxonomic representation."[192]

Die Entwicklung der *Big-Five* begann bereits in den 1930er Jahren mit dem lexikalischen Ansatz. Diesem lag die Auffassung zugrunde, dass sich Persönlichkeitsmerkmale in der Sprache niederschlagen. Auf der Basis einer Liste mit über 16.000 Adjektiven wurden im

---

[187] Häufig wurde das Alter indirekt als Bestimmungsfaktor für Erfahrung benutzt.

[188] Vgl. Gerrig/Zimbardo (1995), S. 504.

[189] Neben dieser Definition existiert noch eine Vielzahl weitere Definitionen. Jedoch herrscht in der Literatur Übereinstimmung, „dass zur wissenschaftlichen Erforschung der Persönlichkeit systematische Anstrengungen gehören, um Regelmäßigkeiten im Denken, Fühlen und offenen Verhalten von Menschen in ihrem Alltagsleben zu entdecken und zu erklären." Pervin/Cervone/John (2005), S. 31.

[190] Die frühen Arbeiten gehen insbesondere zurück auf Norman (1963), der sich wiederum auf die Forschung von Allport und Catell stützte; vgl. u.a. Allport/Allport (1921); Allport/Odbert (1936); Allport (1937) sowie Cattell (1949). Der Name „Big-Five" geht zurück auf Lewis Goldberg; vgl. Goldberg (1990).

[191] Vgl. hierzu McAdams (1992), S. 329 f. m.w.N. Daneben existiert noch eine Vielzahl weiterer Persönlichkeitsmodelle, z.B. der Myers-Briggs Personality Type Indicator (MBTI), welcher auf der Persönlichkeitstypologie von Jung (1968) basiert. Zum MBTI; vgl. Wildemann (1999) insbesondere S. 71 ff.; einen Zusammenhang zwischen MBTI und Big Five stellen McCrae/Costa (1989), S. 17 ff. sowie Eugere (1994), S. 27 f. her; für einen Überblick über die Ergebnisse empirischer Prüfungsforschung; vgl. Schreiber (2000), S. 292 ff. Ein Überblick weiterer einschlägiger Persönlichkeitsmodelle findet sich bei Amelang/Batusek (2001), S. 299 ff. und Simon (2006), S. 65 ff.

[192] Goldberg (1993), S. 26.

Zeitablauf mit Hilfe der Faktorenanalyse fünf sehr stabile, unabhängige und weitgehend kulturstabile Faktoren, die *Big-Five*, gefunden.[193] Das Modell der *Big-Five* hat sich in einer Vielzahl von Studien als äußerst robust erwiesen.[194]

Das Persönlichkeitsmodell der *Big-Five* postuliert fünf Hauptdimensionen der Persönlichkeit: EXTRAVERSION, LIEBENSWÜRDIGKEIT (*agreeableness*), GEWISSENHAFTIGKEIT (conscientiousness), NEUROTITIZISMUS (neuroticism) und OFFENHEIT (openness).[195] Merkmale der bipolaren Punktwerte dieser fünf Eigenschaften werden in der Literatur wie folgt charakterisiert (hohe Punktwerte vs. niedrige Punktwerte):

EXTRAVERSION: gesellig, aktiv, redselig, optimistisch, lebenslustig vs. ruhig, zurückhaltend, schüchtern.
LIEBENSWÜRDIGKEIT: gutmütig, vertrauensvoll, einfühlsam vs. kalt, feindselig.
GEWISSENHAFTIGKEIT: organisiert, fleißig, pünktlich, zuverlässig vs. sorglos, nachlässig, ungenau.
NEUROTITIZISMUS: nervös, unsicher, besorgt vs. ausgeglichen, entspannt.
OFFENHEIT: neugierig, kreativ, rebellisch vs. phantasielos, oberflächlich.[196]

Der Einfluss von Persönlichkeitseigenschaften nach dem 5-FAKTOR-MODELL wurde in der Prüfungsforschung nur sehr wenig behandelt. Zu nennen sind insbesondere die Studien von Stuart (1993) und Eugere (1994).

In die Untersuchung von STUART (1993) wurde GEWISSENHAFTIGKEIT als Kontrollvariable aufgenommen um auszuschließen, dass hierdurch und nicht durch die im Zentrum der Untersuchung stehenden unabhängigen Variablen (Strukturierungsgrad der Prüfungsunternehmen) die Ergebnisse der Studie beeinflusst wurden.[197] Sie konnte zeigen, dass sich der

---

[193] Auf Basis des lexikalischen Ansatzes wird versucht, grundlegende Einheiten der Persönlichkeit zu identifizieren, indem Worte analysiert werden, die Personen anwenden, um die Persönlichkeit von Individuen zu beschreiben. Cattell (1949) erstellte auf Basis einer Liste von 18.000 Adjektiven, welche von Allport/Odbert (1936) bereits auf 4.504 „Persönlichkeitsbegriffe" reduziert wurde, einen aus 16 grundlegenden Persönlichkeitsfaktoren bestehenden Fragebogen. Auf der Grundlage dieses Modells entwickelten Paul T. Costa und Robert R. McCrae einen heute international gebräuchlichen Persönlichkeitstest, welcher nur noch fünf Faktoren umfasst; vgl. Costa/McCrae (1985); McCrae/Costa (1987). Für einen weiterführenden historischen Abriss; vgl. Fehr (2006), S. 113.

[194] Vgl. Eugere (1994), S. 15 ff. und die dort angegebenen Quellen. Für eine Langzeitstabilität der Wesenszüge, auch über längere Zeitanschnitte hinweg, gibt es gute Belege; vgl. hierzu Block (1971); Conley (1985) und Caspi (2000).

[195] Vgl. Pervin/Cervone/John (2005), S. 322 und Fehr (2006), S. 116.

[196] Vgl. ebd. sowie Eugere (1994), S. 19 ff.; Amelang/Bartussek (2001), S. 366; Gerrig/Zimbardo (2008), S. 509.

[197] Vgl. Stuart (1993), S. 47 f., 60 ff. An der Untersuchung nahmen 81 Probanden (Seniors und Manager) mit durchschnittlich 43 Monaten Prüfungserfahrung teil; vgl. ebd., S. 78.

Grad an Gewissenhaftigkeit zwischen Prüfern aus strukturierten und unstrukturierten Prüfungsgesellschaften nicht signifikant unterscheidet.[198] Eine positive Korrelation zwischen Gewissenhaftigkeit und der Leistung der Prüfer konnte nur bei Routine-, nicht aber bei neuen Aufgaben nachgewiesen werden.[199]

EUGERE (1994) stellt in seiner Untersuchung keinen Zusammenhang zwischen Persönlichkeitseigenschaften und beruflicher Performance her, sondern sein Ziel ist es, zu überprüfen, ob die mehrfach in psychologischen Studien festgestellte Korrelation zwischen Offenheit und Kreativität auch für Prüfer Gültigkeit besitzt.[200]

Darüber hinaus zeigen die Studien von GRANLEESE/BARTLETT (1990 UND 1993), dass Prüfer introvertierter als die durchschnittliche Bevölkerung sind.[201] Insgesamt zeigt sich jedoch ein Trend zu mehr extravertierten Prüfern. In einer Befragung von 125 amerikanischen Prüfern (CPAs) sind 83% der Prüfer, die nach 1983 Partner wurden, extravertiert. Im Vergleich dazu tendierten nur 20% der Personen, die vor 1989 Partner wurden, zu diesem Typus.[202] Erklärt wird dieser Trend mit der zunehmenden Notwendigkeit zur Vermarktung der Prüfungsleistung durch den Prüfungspartner.[203]

---

[198] Vgl. ebd., S. 96 ff.

[199] Vgl. ebd., S. 113. Eine positive Korrelation zwischen Gewissenhaftigkeit und der beruflichen Leistung verschiedener Berufe konnten auch Barrick/Mount im Rahmen einer Meta-Analyse nachweisen; vgl. Barrick/Mount (1991), S. 5 ff. Die restlichen vier Persönlichkeitseigenschaften hatten nahezu keinen Einfluss auf die Performanceindikatoren, lediglich bei sehr interaktiv ausgerichteten Berufen, wie Managern und Vertriebsmitarbeitern konnte auch ein positiver Zusammenhang ermittelt werden.

[200] Vgl. Eugere (1994), S. 1 ff. In seiner Studie befragte er 1200 Partner der Big6-Wirtschaftsprüfungsgesellschaften; bei dieser Umfrage erhielt er 129 nutzbare Antworten (Rücklaufquote: 10,75%); vgl. ebd., S. 132. Die Vermutung einer positiven Korrelation konnte bestätigt werden; vgl. ebd., S. 172. Es zeigte sich auch, dass Prüfer im Vergleich zu Steuer- und Unternehmensberatern den höchsten Grad an Offenheit und Kreaviät aufwiesen; vgl. ebd., S. 177. Unterschiede im Grad der Offenheit zwischen Partnern unterschiedlicher Prüfungsfirmen oder bei unterschiedlichem Tätigkeitsschwerpunkt konnten indes nicht festgestellt werden; eine Prüfungsgesellschaft wies hierbei allerdings ein auffällig niedrigeres Niveau auf als die anderen, vgl. ebd., S. 147 ff., 218.

[201] Granleese/Bartlett (1990) befragten hierzu 90 männliche Mitglieder des Institute of Chartered Accountants in Ireland (ICAI); vgl. Granleese/Bartlett (1990), S. 961. Bestätigt wurde dieses Ergebnis bei einer Befragung von 348 irischen, englischen, schottischen und walisischen Prüfern; vgl. dies. (1993), S. 190.

[202] Vgl. hierzu Schloemer/Schloemer (1997), S. 32. Allerdings wurde zur Messung des Grades an Extraversion nicht das 5-Faktor-Modell, sondern der Myers-Briggs-Typen Indikator eingesetzt; vgl. hierzu auch Donle (2007), S. 103 f.

[203] Die Extraversion von Prüfern scheint insofern die Wahrscheinlichkeit, Partner zu werden positiv zu beeinflussen; vgl. Schloemer/Schloemer (1997), S. 27.

2.5.2.3.3 Kognitive Ebene

2.5.2.3.3.1 Kompetenz

Die personalen Merkmale auf der KOGNITIVEN EBENE sind im Gegensatz zu den Merkmalen der konstitutiven Ebene im Zeitablauf veränderbar. Durch Entwicklung aufgabenspezifischer kognitiver Fähigkeiten entwickelt man sich graduell zu einem Experten.[204] Hierbei ist im Wesentlichen die KOMPETENZ des Prüfers als Einflussfaktor von hoher Bedeutung.[205]

Bezogen auf den Prüfer wird das Konzept der KOMPETENZ in die beiden Komponenten WISSEN und KOGNITIVE FÄHIGKEITEN unterteilt.[206] Diese Unterteilung spiegelt die in Kapitel 2.3.2 dargestellte Unterscheidung von DEKLARATIVEM WISSEN auf der einen Seite („Wissen, dass", hier: Wissen) und PROZEDURALEM WISSEN („Wissen, wie", hier: Fähigkeiten) auf der anderen Seite wider.[207]

Für eine erfolgreiche Problemlösung ist stets ein ausreichendes Maß an ALLGEMEIN- und FAKTENWISSEN erforderlich.[208] So setzt eine erfolgreiche Abschlussprüfung neben Wissen allgemeiner Natur[209] auch regelmäßig Branchenkenntnisse sowie allgemeine, fach- und branchenspezifische Rechnungslegungskenntnisse voraus.[210]

---

[204] Vgl. ausführlich zu den Expertise-Determinanten Schreiber (2000), S. 193 ff. Vgl. hierzu auch die grundlegenden Arbeiten von Gruber (1994); Gruber/Mandl (1996), S. 18 ff; Rothe/Schindler (1996), S. 35 ff.; Gobet (1996), S. 58 ff; Krems (1996), S. 80 ff.; Mack (1996), S. 92 ff. sowie zur Entwicklung von Expertise Gruber (2001), S. 309 ff.

[205] Vgl. Abdolmohammadi/Shanteau (1992), insbesondere S. 168 f., die in ihrer Umfrage herausfanden, dass "knowledge" "knows what's relevant" und "experience" als Haupteinflussfaktoren von Expertise angesehen werden.

[206] Vgl. hierzu Bonner/Lewis (1990); Libby/Luft (1993), S. 432 ff.; Libby/Tan (1994); Schreiber (2000), S. 194 ff. und Gronewold (2006), S. 311 f. Für eine kritische Auseinandersetzung zur Funktion des Wissens beim Problemlösen vgl. Bertholet/Spada (2004), S. 66 ff.

[207] Vgl. Waller/Felix, Jr. (1984), S. 386. Ähnlich argumentieren auch Rothe/Schindler (1996), die zu folgendem Schluss kommen: „Ganz offensichtlich sind die wesentlichen Grundlagen für Expertise Art und Umfang des gedächtnismäßig gespeicherten Wissens sowie dessen Nutzung beim Lösen von Aufgaben und Problemen." Rothe/Schindler (1996), S. 35.

[208] Vgl. Bertholet/Spada (2004), S. 66 ff.

[209] So sind insbesondere für die Phasen der Problemrepräsentation und der Informationsbeschaffung Kenntnisse über das Verhalten der Informationsquellen und von den Zusammenhängen im alltäglichen Berufsleben relevant; vgl. Gronewold (2006), S. 314.

[210] Vgl. Biggs/Selfridge/Krupka (1993), S. 86 ff. Vgl. zur Rolle des Wissens beim komplexen Problemlösen Schaub/Reimann (1999), S. 169 ff.

Die aus der Psychologie stammende Unterteilung in ein semantisches und ein episodisches Gedächtnis ist für die empirische Prüfungsforschung indes nicht operabel.[211] Bei Prüfern dürfte kaum zu unterscheiden sein, welcher Wissensteil auf persönlichen Erfahrungen und Erlebnissen basiert und welcher Teil Wissen über die Bedeutung einzelner Worte und Begriffe widerspiegelt.[212] Die am stärksten differenzierte Systematisierung im Prüfungsbereich schlagen BEDARD/CHI (1993) vor.[213] Sie unterteilen die Wissensarten in: ALLGEMEINES PRÜFUNGSWISSEN (*general auditing*), FUNKTIONALES PRÜFUNGSWISSEN (*functional area*) z.B. EDV-Prüfung, RECHNUNGSLEGUNGSWISSEN (*accounting issue*), BRANCHENWISSEN (*specific industry*), ALLGEMEINWISSEN (*general world knowledge*) und PROBLEMLÖSUNGSFÄHIGKEIT (*problem-solving ability*).[214]

Trotz der Vielzahl an Vorschlägen für die Klassifikation von Wissensinhalten werden diese in empirischen Untersuchungen nur selten untersucht. Dies könnte m.E. insbesondere daran liegen, dass die zur Erhebung mit einem anerkannten und validierten Verfahren benötigte Zeitspanne in empirischen Untersuchungen nur äußerst selten zur Verfügung stehen[215] und zudem die Vorbehalte gegenüber einer Wissensabfrage der Mitarbeiter eines Unternehmens sehr hoch sind.[216, 217]

---

[211] Zur Unterteilung in ein semantisches und ein episodisches Gedächtnis; vgl. Kapitel 2.3.2.

[212] Vgl. Tulving (1972), S. 381 ff. sowie Gerrig/Zimbardo (2008), S. 245. Deklaratives und prozedurales Wissen werden allerdings nicht immer als ein sich ausschließendes Begriffspaar angesehen. So steht nach dem ACT-Modell von Anderson deklaratives Wissen stets am Anfang eines Lernprozesses. Durch häufiges Ausführen (Übung, Training) einer bestimmten Aktion/Handlung wird durch die Phase der sog. *Wissenskompilation* prozedurales Wissen erworben. Die beiden Wissensarten stellen hiernach die Endpunkte auf einer Wissensskala dar; vgl. Anderson (1987), S. 192 ff.

[213] Vgl. Bedard/Chi (1993), insbesondere S. 33.

[214] Weitere nicht so stark differenzierte Systematisierungen finden sich auch bei Danos/Eichenseher/Holt (1990), S. 93 f., die zwischen allgemeinem Prüfungswissen (*general auditing*), funktionalem Prüfungswissen (*functional area*), Rechnungslegungswissen (*accounting issue*), Branchenwissen (*specific industry*) sowie Mandatenwissen unterscheiden; bei Bonner/Lewis (1990), S. 2 ff., die zwischen „*general domain knowledge*", „*subspeciality knowledge*" und „*world knowledge*" unterscheiden und bei Waller/Felix Jr. (1984), S. 397 f., die zwischen „*knowledge of GAAP*", „*knowledge of GAAS*" und „*knowledge of client environment*" unterscheiden.

[215] Dies ist auch einer der Hauptkritikpunkte an der Studie von Coulter (1994). Zwar ist dies eine der wenigen Studien, die sich explizit mit der Messung von statistischem Wissen beschäftigt hat, jedoch verwendete er hierzu einen lediglich zwölf Fragen umfassenden Antwort-Wahl-Test (richtig vs. falsch) aus einem einführenden Statistiklehrbuch, woraus sich keine oder nur wenige Erkenntnisse über den Beitrag statistischen Wissens zur Problemlösung ableiten lassen dürften; vgl. Coulter (1994), S. 54.

[216] Die Vorbehalte könnten hierbei zum einen daher resultieren, dass die Unternehmen bei einer Abfrage des Wissens ihrer Mitarbeiter die Daten als sehr sensibel einstufen und somit diese nur in seltenen Fällen der Öffentlichkeit kommunizieren wollten. Zum anderen ist bei Verwendung von lehrbuchartigen Aufgaben bzw. Fallstudien, welche für eine Abfrage der Wissensinhalte notwendig sind, insbesondere bei erfahrenen Prüfern eine hohe Verweigerungshaltung zu erwarten; hiermit

41

Die differenzierteste Vorgehensweise im Prüfungsbereich nahmen BONNER/ LEWIS (1990) vor. Die 239 teilnehmenden Prüfer[218] bearbeiteten jeweils vier Fallstudien unterschiedlichen Schwierigkeitsgrades und wurden im Anschluss daran nach ihrem Wissen befragt. Hierbei unterschieden sie zwischen „general domain knowledge", „subspeciality knowledge", „world knowledge" und „general problem-solving ability". Zur Ermittlung der Bestandteile der einzelnen Wissenskomponenten bedienten sie sich einer Kombination aus Selbsteinschätzungen, Antwort-Wahl-Fragen aus Lehrbüchern und dem CPA-Examen sowie aufgabenspezifischer und branchenspezifischer Prüfungserfahrung.[219] Zur Bearbeitung sowohl der Fallstudien als auch der Wissenstests stand den Probanden eine Zeitspanne von 1,45 Stunden zur Verfügung. Die Ergebnisse weisen auf einen erwartungsgemäß positiven Zusammenhang zwischen Wissensinhalten und der Performance von Prüfern hin. Es hängt allerdings von der Aufgabe ab, welche Wissensart eine hohe Erklärungsrelevanz aufweist.[220]

Obwohl Wissen und dessen Organisation eine entscheidende Rolle für den Erfolg einer Problemlösung haben,[221] bedarf es hierzu noch weiterer KOGNITIVER FÄHIGKEITEN, die den Abruf des gespeicherten Wissens unterstützen und die Kombination unterschiedlicher In-

---

[217] geht im Zweifelsfall auch eine niedrige Motivation erfahrener Prüfer zur Bearbeitung von Lehrbuchaufgaben einher.

Schreiber (2000) vermutet zudem, dass in der Prüfungsforschung Wissensstrukturen im Vergleich zu Wissensinhalten eine höhere Bedeutung beigemessen wird, u.a. weil die Ausbildung differenzierter Wissensstrukturen entsprechende Wissensinhalte voraussetzt. Er weist in diesem Zusammenhang einschränkend darauf hin, dass auch hochentwickeltes Wissen in hoch organisiert sein kann und zudem tiefergehende Kenntnisse von Wissensinhalten für ein tiefergehendes Expertiseverständnis sehr interessant wären; vgl. Schreiber (2000), S. 195.

[218] Hiervon sind 179 Seniors (mit 3-60 Monaten Prüfungserfahrung), 60 Senior-Manager (mit 63-123 Monaten Prüfungserfahrung) und 30 Studenten.

[219] Vgl. hierzu Bonner/Lewis (1990), S. 9 f. Eine andere Vorgehensweise wählt z.B. Donadio (1992), der zur Messung aufgabenspezifischen Wissens ebenfalls Wissenstests anwendet. Zur Messung allgemeinen Domänenwissens verwendet er abweichend der Vorgehensweise von Bonner/Lewis die tatsächlichen im Prüfungsteil des CPA-Examens erzielten Ergebnisse; vgl. Donadio (1992), S. 13. Vgl. hierzu ausführlich Schreiber (2000), S. 196 m.w.N.

[220] So waren bei der Aufgabe zur Kennzahlenanalyse (task 2) sowohl die allgemeinen Problemlösungsfähigkeiten (PSTOT) als auch das Wissen über analytische Prüfungshandlungen (AUDAPS) und die Fähigkeiten der Kennzahlenanalyse (RAEVAL) signifikant; vgl. Bonner/Lewis (1990), S. 15. Hingegen bei der sehr fachspezifischen Aufgabe der bilanziellen Abbildung von Zinsswaps waren spezifische Wissenskomponenten signifikant (Wissen über Hedge-Accounting (FI); Erfahrung in der Arbeit mit Finanzinstituten (FIN); Weiterbildungsveranstaltungen und Anzahl der Klienten, die Zinsswaps halten (IRS)); vgl. ebd., S. 16.

[221] Nelson/Libby/Bonner (1995) und Bonner/Libby/Nelson (1996) zeigen, dass Prüfer, die sich mit einer nicht zu ihrer Wissensorganisation passenden Aufgabenstruktur konfrontiert sehen, bedingte Wahrscheinlichkeitsschätzungen treffen, die nach der Wahrscheinlichkeitstheorie weniger genau sind als bei Prüfern, die sich einer passenden Aufgabenstruktur gegenübersehen; vgl. Nelson/Libby/Bonner (1995), insbesondere S. 39 ff. und Bonner/Libby/Nelson (1996), insbesondere S. 233 ff.

formationen ermöglichen.[222] In der Literatur werden verschiedene kognitive Fähigkeiten vorgeschlagen, die für eine erfolgreiche Problemlösung notwendig sind.[223] Unabhängig von der genauen einzelnen Umschreibung handelt es sich hierbei stets um allgemeine geistige Fähigkeiten.[224] Hierzu gehört neben der Intelligenz und analytischem Denkvermögen auch eine ausreichende kognitive Belastbarkeit.[225]

Ein Einfluss von kognitiven Fähigkeiten und Erfahrung auf die Performance konnte in der empirischen Literatur bereits mehrfach nachgewiesen werden. So zeigte z.B. Bierstaker/Wright (2001) bei Aufgaben zu analytischen Prüfungshandlungen und bei der Prüfung interner Kontrollen, dass Fähigkeiten und Erfahrungen positiv mit der Performance von Prüfern korrelieren.[226]

Allerdings werden sowohl in der Expertiseforschung als auch in den meisten empirischen Studien zur Prüfungsforschung kognitive Fähigkeiten meist vernachlässigt, da von der Gültigkeit der Konvergenzhypothese ausgegangen wird. Diese besagt, dass mit zunehmender praktischer Erfahrung interindividuellen Unterschieden bei den kognitiven Fähigkeiten eine immer geringere Erklärungsrelevanz möglicher Performanceunterschiede zukommt.[227] In der empirischen Prüfungsforschung wird häufig angenommen, dass das erforderliche Mindestmaß an kognitiven Fähigkeiten bereits im Laufe der akademischen Ausbildung entwickelt werden konnte. Da die Varianz dieser Variablen bei in der Wirtschaftsprüfung

---

[222] Vgl. Gruber (1994), S. 74; Libby (1995), S. 181; Gruber (1999). Auch Boritz nimmt an: „problem-solving effectiveness is a function of both knowledge and general problem-solving-ability." Boritz (1992), S. 26.

[223] Vgl. die Übersicht bei Libby (1995), S. 184 f. sowie die Darstellungen bei Schreiber (2000), S. 234 ff.

[224] Auf die Bedeutung analytischer Fähigkeiten im Prüfungskontext weisen z.B. Vaasen/Baker/Hayes (1993), S. 368 hin.

[225] Hierbei ist eine ausreichende kognitive Belastbarkeit insbesondere zur Handhabung komplexer Probleme notwendig. Vgl. Bonner/Lewis (1990), S. 4 ff.; Donadio (1992), S. 29 ff. m.w.N. und S. 145 ff. sowie zur Intelligenz Mack (1996), S. 92 ff. und zu analytischem Denkvermögen Schreiber (2000), S. 231 ff.

[226] Sie befragten 78 Studenten und 66 Prüfer mit durchschnittlich 2 Jahren Prüfungserfahrung (zur Problematik der Verwendung von Studierenden als Surrogate für Prüfungsnovizen; vgl. Kapitel 4.3.1.3). Zur Auswertung verwendeten sie in der Fallstudie zu den analytischen Prüfungshandlungen einen Chi-Quadrat-Test; bei der Fallstudie zur Prüfung der internen Kontrollen eine Regressionsanalyse. Ihre Ergebnisse sowohl zum Einfluss von Fähigkeiten als auch von Erfahrung auf die Performance von Prüfern sind auf dem 5% Niveau signifikant; vgl. Bierstaker/Wright (2001), insbesondere S. 57. Vgl. des Weiteren für einen Zusammenhang von Fähigkeiten, Erfahrung und Performance bei Finanzanalysten, Clement/Koonce/Lopez (2007), S. 378 ff. sowie bei Professionals in der Unternehmensbewertung, Bradley (2009), S. insbesondere 30 ff.

[227] Vgl. hierzu auch Schreiber (2000), S. 233 m.w.N.

tätigen Personen hiernach eher gering ist, findet bei Überschreitung des Schwellenwertes eine Konzentration auf andere Faktoren[228] statt.[229]

Auch existieren im Prüfungsbereich nur sehr wenige Studien, die sich explizit mit der Entwicklung von PROZEDURALEM WISSEN und dessen Wirkung auf die Leistung von Prüfern beschäftigen. Die Ergebnisse hieraus ergeben zudem ein sehr unklares Bild bezüglich der Bedeutung prozeduralisierter Wissensstrukturen.

Sowohl in der Studie von BONNER/WALKER (1994) als auch in der Studie von HERTZ/SCHULTZ JR. (1999), wurde PROZEDURALES WISSEN durch unterschiedliche Schulungsmethoden experimentell erzeugt und es konnten Hinweise gefunden werden, dass die durch theoretische und praktische Übung erfolgte Wissenskompilation verantwortlich für die Effektivitäts- und Effizienzverbesserungen in einfach strukturierten Aufgabenstellungen ist.[230] Die Problematik der vorgenommenen Komprimierung des Entwicklungsprozesses von Expertise auf wenige Stunden und der damit einhergehenden Beschränkung der Untersuchungen auf einfache Probleme umging COMSTOCK (1991) in seiner Untersuchung, indem er die Annahme traf, dass erfahrene Prüfer aufgrund ihrer Berufspraxis und der bereits durchlaufenen Schulungen sowohl über DEKLARATIVES als auch über PROZEDURALES WISSEN verfügen.[231] Zur Überprüfung seiner Hypothesen ließ Comstock 37 (erfahrene)[232] Prüfer und 102 Studenten eine einfache und eine komplexe Aufgabe

---

[228] Da Kompetenz ein Konstrukt aus Wissen und kognitiven Fähigkeiten ist, kommt es in diesem Zusammenhang zu einer Fokussierung der Wissensentwicklung, so auch Rothe/Schindler (1996), S. 36.

[229] Vgl. Gruber/Mandl (1996), S. 23; Libby (1995), S. 184. Zur Kritik an dieser Vorgehensweise vgl. Schreiber (2000); der nach Auswertung u.a. der Studien von Bonner/Lewis (1990); Bonner/Walker (1994) und Pincus (1990) zu dem Ergebnis kommt, dass kognitive Fähigkeiten bei der Erklärung von Performanceunterschieden sehr wohl berücksichtigt werden sollten, da die Erkenntnisse vieler Studien der Schwellenwertannahme widersprechen; vgl. Schreiber (2000), S. 236.

[230] Vgl. die Studien von Bonner/Walker (1994) und von Hertz/Schultz Jr. (1999). In diesem Zusammenhang ist allerdings darauf hinzuweisen, dass die Studie von Bonner/Walker mit methodischen Schwierigkeiten verbunden ist: Die Bildung von prozeduralisierten Wissen wurde hier mit Hilfe eines 12 Fragen umfassenden Wissenstests gemessen; vgl. ebd., S. 162 ff. Da die Anwendung des durch weitere Erfahrung prozeduralisierten Wissens weitgehend unbewusst erfolgt, sind mit dessen Verbalisierung in der Regel Schwierigkeiten verbunden, so auch Hertz/Schultz Jr. (1999), S. 3; Comstock (1991), S. 12; Anderson, (1987), S. 197 und Gibbins (1984), S. 113. Bei einem Wissenstest handelt es sich jedoch um ein Verbalisierungsverfahren, weshalb bezweifelt werden kann, ob dieses Verfahren geeignet ist, prozedurales Wissen zu messen, so auch Hertz/Schultz Jr. (1999), S. 22 und Schreiber (2000), S. 244. Die Hinweise auf die veränderten Wissensstrukturen könnten auch auf die Erweiterung der deklarativen Wissensbasis zurückzuführen sein.

[231] Vgl. Comstock (1991), S. 20. Berufserfahrung diente hier somit als Indikator für die Wissenssammlung.

[232] Nähere Angaben zum genauen Ausmaß der Erfahrung der Untersuchungsteilnehmer können der Studie nicht entnommen werden.

bearbeiten.[233] Er konnte zeigen, dass Prüfer im Vergleich zu Studenten in komplexen Aufgabenstellungen aufgrund der aus der Berufspraxis gewonnenen prozeduralen Wissensbasis eine höhere Effektivität und Effizienz bei der Bearbeitung komplexer Aufgaben haben. Auch die Hypothese, dass sich bei rein deklarativen Aufgaben keine Unterschiede zwischen Studenten und Prüfern ergeben, da die prozeduralen Vorteile der Prüfer nicht zum Tragen kommen, wurde bestätigt.[234]

2.5.2.3.3.2 Flexibilität und Intuition

Darüber hinaus sind neben WISSEN und FÄHIGKEITEN zwei weitere Faktoren für die Expertiseentwicklung von großer Bedeutung: FLEXIBILITÄT und INTUITION. Sie spielen eine Rolle für das Erkennen von Zusammenhängen, die Identifikation potentieller Alternativen sowie für die Würdigung von Prüfungsnachweisen. Zwar bauen auch diese Faktoren auf Wissen und Erfahrungen auf, allerdings wird von ihnen ausgehend auch die Gewinnung neues Wissens und erweiterter Wissensstrukturen vorangetrieben. Sie dienen somit als Treiber des Erkenntnisprozesses.[235]

Das Hauptmerkmal von INTUITION besteht in einem weitgehend unbewussten Ablauf der Informationsverarbeitungsprozesse, während „kompetentes" Problemlösen mit überwiegend bewusst kognitiven Prozessen verbunden ist.

„Intuition is a name for rule-based cognitive processing where the rules consist of generally valid, experience-based heuristics, the details of which are not readily accessible to consciousness."[236]
Diese Definition verdeutlicht auf der einen Seite, dass INTUITION ein überwiegend unbewusster Prozess ist und zum anderen wird deutlich, dass diese durch Erfahrung beeinflusst wird.[237]

---

[233] Hierbei wurde nicht nur nach dem Schwierigkeitsgrad der Aufgabe, sondern zusätzlich auch danach unterschieden, ob die Aufgabe deklarativen oder prozeduralen Charakter hat und ob die Probanden parallel mit einer Ablenkungsaufgabe konfrontiert wurden; vgl. Comstock (1991), S. 30 ff.; siehe hierzu auch ausführlich Schreiber (2000), S. 246.

[234] Hypothese 2, welche bei gleichzeitiger Ausführung zweier Aufgaben, aufgrund der starken Belastung des Kurzzeitgedächtnisses vermutete, dass Prüfer größere Vorteile und eine höhere Effizienz und Effektivität bei der Bearbeitung dieser Aufgabe haben, konnte nicht bestätigt werden; vgl. Comstock (1991), S. 74 ff.

[235] Vgl. Schreiber (2000), S. 238 ff. sowie Gronewold (2006), S. 312.

[236] DeGroot (1986), S. 73 (im Original mit Hervorhebungen).

[237] Vgl. ausführlich zur Intuition als eigenständiges, von der Kompetenz abzugrenzendes Merkmal Schreiber (2000), S. 238 ff. m.w.N.

Personen kann nur dann eine hohe KOMPETENZ zugesprochen werden, wenn diese auch in der Lage sind, neuartige Probleme und unbekannte Situationen durch FLEXIBILITÄT zu bewältigen und ihr Wissen demnach flexibel anzuwenden.

„Kognitive Flexibilität (bzw. Rigidität) bezeichnet die Fähigkeit (bzw. Unfähigkeit) einer Person, ihr Verhalten an das Anforderungsprofil von Problemsituationen angleichen zu können."[238] Spezifisches Wissen ist hierbei notwendige, aber nicht hinreichende Bedingung für Flexibilität.

Die beiden kognitiven Prozesse, bei denen FLEXIBILITÄT eine besondere Relevanz erfährt, sind: ANALOGIETRANSFERS[239] und SELBSTREFLEXION.[240] ANALOGIETRANSFERS dienen einer zweckmäßigen Problemrepräsentation. So muss sich der Problemlöser nach der Identifikation eines für einen Analogietransfer geeigneten Problems Klarheit über Gemeinsamkeiten und Unterschiede sowie über die entsprechenden Anpassungen machen.[241] Durch das Vorhandensein einer Vielzahl von SCHEMATA wird der Problemlöser hierbei in die Lage versetzt, das relevante bzw. adaptierte Wissen über ein Analogproblem auf das ursprüngliche Problem zu übertragen. Um hierbei nicht die Neuartigkeit und Komplexität durch das Festhalten an bekannten Problemlösungsverfahren unbewusst zu vernachlässigen, muss der Problemlöser stets selbstreflexiv vorgehen, d.h. er muss stets versuchen, das bisherige und geplante Verhalten und die erzielten Resultate zu verstehen (SELBSTREFLEXION).[242]

2.5.2.3.4 Aktivierende Ebene

Die AKTIVIERENDE EBENE beinhaltet Faktoren, die in erster Linie nicht als kognitiv zu betrachten sind. Diese Faktoren sind für die Informationsverarbeitung jedoch ebenso wichtig. Es handelt sich hierbei um die Faktoren MOTIVATION und EMOTIONEN.[243]

---

[238] Krems (1996), S. 80.

[239] „Analogy is a reasoning mechanism used to extend knowledge to a particular problem that is on the surface unfamiliar, by using relations contained in problems which are well understood and which have been solved." Marchant (1989), S. 500 f.

[240] Vgl. ausführlich Schreiber (2000), S. 254 ff.

[241] Die Flexibilität besteht auf der einen Seite darin, die Möglichkeit eines Analogietransfers zu bemerken, und auf der anderen aus der Wissensbasis eine zweckmäßige Lösungsstrategie auszuwählen und anzupassen; vgl. Schreiber (2000), S. 255.

[242] Vgl. Dörner/Kreuzig/Reither/Stäudel (1983), S. 254 ff.

[243] Vgl. Brander/Kompa/Peltzer (1989), S. 9. Motivation lässt sich hierbei als zielgerichtete Emotion beschreiben; vgl. Kroeber-Riel/Weinberg (2009), S. 56.

Während die KOMPETENZ das „Können" im Hinblick auf eine akkurate Informationsverarbeitung betrifft, bezieht sich die MOTIVATION auf das „Wollen".[244] Zu einer Problembearbeitung kommt es nur dann, wenn ein Mensch durch bestimmte Reize aktiviert wird, ein Problem als solches zu erkennen und auch gewillt ist, dieses zu bearbeiten.[245] So ist nicht nur die Existenz eines Problems von der Motivation des Bearbeiters abhängig, sondern auch die Lösung dieses Problems.[246] Die Motivation muss dabei auch, insbesondere bei langwierigen und komplexen Problemen, im fortschreitenden Problemlösungsprozess aufrecht erhalten werden.

Ein wichtiger Faktor ist hierfür neben einem Mindestmaß an AUFMERKSAMKEIT auch die EINSTELLUNG[247] und das persönliche INVOLVEMENT des Problemlösers.[248] AUFMERKSAMKEIT kann verstanden werden als eine vorübergehende Erhöhung der Aktivierung, die zur Sensibilisierung des Individuums gegenüber bestimmten Reizen führt.[249] INVOLVEMENT bezeichnet hingegen die Aktivierung, mit der sich jemand einem Problem aufgrund einer persönlichen Beteiligung zuwendet.[250]

Bei MOTIVATION kann generell zwischen INTRINSISCHER und EXTRINSISCHER MOTIVATION unterschieden werden. Bei der INTRINSISCHEN MOTIVATION stellt die Aktivität selbst oder deren Ziel eine unmittelbare Bedürfnisbefriedigung dar.[251] Drei der wichtigsten Ausprägungen intrinsischer Motivation sind die Freude an der Arbeit, das Einhalten von Normen

---

[244] Gronewold (2006), S. 219.

[245] Vgl. Kroeber-Riel/Weinberg (2009), S. 55ff. und 167ff.; Schreiber (2000), S. 89 f.

[246] Vgl. Brander/Kompa/Peltzer (1989), S. 184.

[247] Blankeney/Holland/Matteson zeigen in einer Fallstudie, dass die negative Einstellung von Projektmanagern gegenüber den internen Prüfern zu einer Kommunikationsbarriere führen kann. „These difficult relationships can have dysfunctional consequences for all concerned. If a communication breakdown develops, then the auditor's job is made more difficult and job satisfaction is decreased. Moreover, the auditee's frustration is increased and he or she fails to obtain and use information which could improve performance. The organization is less effective and efficient than it would be if these relationships were less difficult and more constructive." Blankeney/Holland/Matteson (1976), S. 899. Darüber hinaus zeigen sie, wie bereits Studenten im Umgang mit Konfliktsituationen geschult werden sollten, ebd., S. 900 ff.

[248] Vgl. Gronewold (2006), S. 219 f.

[249] Vgl. Kroeber-Riel/Weinberg (2009), S. 61. Aktivierung ist ein Maß für die Wachheit, Leistungsfähigkeit und Reaktionsbereitschaft des Bearbeiters; vgl. ebd., S. 60 f.

[250] Vgl. ebd., S. 386. Beide Konzepte weisen neben einer kognitiven (Werte, Ziele, Interessen) auch eine affektive Komponente (Grad der Aktivierung, Aufmerksamkeit, Emotionen) auf, ebd., S. 370 ff.

[251] Vgl. Frey/Osterloh (2002), S. 24.

um ihrer selbst Willen[252] und das Erreichen selbstgesetzter Ziele.[253] Im Gegensatz dazu dient EXTRINSISCHE MOTIVATION einer mittelbaren oder instrumentellen Bedürfnisbefriedigung. Diese wird in der Regel von Faktoren der Prüfungsumwelt, wie z.b. monetären Anreizen, Rechenschaftspflicht (*accountability*) und Verantwortung determiniert.[254]

Menschen mit hoher INTRINSISCHER MOTIVATION sind stets bemüht, die ihnen übertragenen Aufgaben gut zu erfüllen, häufig reizt sie auch die Komplexität eines Problems. Im Prüfungsbereich existieren bisher nur wenige Studien, welche sich explizit mit der Untersuchung impliziter Motivation und deren Einfluss auf die Leistung von Wirtschaftsprüfern befassen,[255, 256] diese bestätigen aber durchweg die Hypothese, dass es eine positive Korrelation zwischen der Leistungsmotivation und der Prüfungsqualität gibt.[257]

Auch EMOTIONEN[258] spielen bei der Informationsverarbeitung eine wichtige Rolle, da sie oftmals den Antrieb für eine bestimmte Handlung geben. Sie erfüllen deshalb eine

---

[252] Dies können sowohl ethische Normen, denen man sich aus Einsicht in deren gute Begründungen verpflichtet fühlt, als auch Regeln des Teamgeists und der Fairness sein. Zahlreiche empirische Studien belegen, dass Fairness die Einstellung der Mitarbeiter zum Unternehmen und untereinander verändert; vgl. Alexander/Ruderman (1987); Folger/Konovsky (1989); Greenberg (1990).

[253] Vgl. Frey/Osterloh (2002), S. 24 f. m.w.N.

[254] Auf diese Faktoren, die die extrinsische Motivation beeinflussen, wird in Kapitel 3.3.2.2 näher eingegangen.

[255] Daneben existieren noch einige Studien im *Accounting*-Bereich, die sich überwiegend mit Aspekten der Fairness beschäftigen. Die Studie von Jeffrey (1992), die den Zusammenhang zwischen Erfahrung und *commitment*, als spezifische Ausprägungsform von Leistungsmotivation im Bereich Bankenprüfung untersucht, konnte zeigen, dass Erfahrung zu zweckmäßigeren Prüfungsergebnissen führt; ob hierfür allerdings Motivationseffekte oder überlegene Wissensstrukturen verantwortlich sind, bleibt nebulös; vgl. Jeffrey (1992), u.a. S. 804 f. und 808 ff. sowie vgl. Bonner (2008), S. 89 f. m.w.N.

[256] Vgl. u.a. die Studie Malone/Roberts (1996) sowie von Becker (1997). In der Studie von Malone/Roberts wurden 257 Probanden befragt und mit Hilfe einer Regressionsanalyse u.a. ausgewertet, ob es einen Zusammenhang zwischen der intrinsischen Motivation (*need for achievement*) und der Prüfungsqualität gibt. Die Erfassung der intrinsischen Motivation mit Hilfe einer direkten Abfrage von sechs Selbsteinordnungsfragen, welche auf eine reduzierte Prüfungsqualität hindeuten, ist indes methodisch sehr einfach gehalten; vgl. ebd., insbesondere S. 57.

Die Studie von Becker (1997) zeigt, dass intrinsische Motivation positiv die Qualität der Schätzung von Insolvenzwahrscheinlichkeiten beeinflusst; vgl. Becker (1997), insbesondere S. 14 f. Die Studie wurde von 41 Prüfern mit einer durchschnittlichen Prüfungserfahrung von 5,75 Jahren bearbeitet. Es konnte mit Hilfe einer Mediationsanalyse (multiple Regressionsanalysen) sowie einem Pfadmodell gezeigt werden, dass sich die Möglichkeit, selbst eine Auswahl zu treffen, positiv auf die intrinsische Motivation und diese wiederum positiv auf die Leistung von Prüfern auswirkt; vgl. ebd., insbesondere S. 11 ff.

[257] Eine zu starke Motivation kann indes sowohl zu Einengungen des Suchraumes und dadurch zu Lösungswegfixierungen (vgl. Brander/Kompa/Peltzer (1989), S. 184 f.) als auch zur Überschätzung des eigenen Wissens und der eigenen Fähigkeiten führen (vgl. hierzu Kapitel 3.3.3.3 sowie Schreiber (2000), S. 308 f.).

[258] Emotion kann hierbei definiert werden als „ein komplexes Muster körperlicher und mentaler Veränderungen, darunter physiologische Erregung, Gefühle, kognitive Prozesse und Reaktionen im Ver-

motivationale Funktion, in dem sie uns anregen, in Bezug auf ein erlebtes Ereignis zu handeln.[259] Auch geben sie unserem Handeln eine Richtung auf ein spezifisches Ziel hin und erhalten es aufrecht.[260] Sie können insbesondere durch die Beeinflussung der Informationsaufnahme und -verarbeitung erhebliche Auswirkungen auf den Urteilsbildungsprozess haben.[261] Auch der Problemlösungsprozess selbst erzeugt positive oder negative Emotionen, die ihrerseits wieder Einfluss auf den Lösungsfortschritt nehmen.[262]

Als zentral für die Forschung zur Rolle der Emotionen bei der Informationsverarbeitung gelten die Arbeiten von Gordon Bower.[263] Sein Modell geht davon aus, dass eine Emotion, die eine Person in einer bestimmten Situation erfährt, zusammen mit den begleitenden Ereignissen und Umständen als Teil des gleichen Kontextes im Gedächtnis gespeichert wird. Durch dieses Muster der Gedächtnisrepräsentation kommt es zu stimmungskongruenter Verarbeitung und zu stimmungsabhängigem Erinnern.[264] Auch gilt es mittlerweile als sicher, dass positive Emotionen einen positiven Einfluss auf kreatives Denken und die Effizienz der Informationsverarbeitung haben.[265] Allerdings kann durch Emotionen die Problemlösung auch systematisch verzerrt werden. Dies ist insbesondere in schlecht- und unstrukturierten Aufgabengebieten, bei denen der Problemlöser gezwungen ist, auf Heuristiken zurückzugreifen, der Fall. Bei dieser emotionsgeleiteten Heuristik (*affect heuristic*)[266] lassen sich Menschen bei der Beantwortung der Frage so sehr von ihren

---

halten als Antwort auf eine Situation, die als persönlich bedeutsam wahrgenommen wurde." Gerrig/Zimbardo (2008), S. 454.

[259] Hierdurch nehmen Emotionen auch einen direkten Einfluss auf die kognitiven Funktionen, da sie beeinflussen, worauf wir achten, wie wir uns und unsere Umgebung wahrnehmen und wie wir verschiedene Situationen interpretieren. So zeigen Ergebnisse der psychologischen Kognitionsforschung, dass emotionale Zustände Lernen, Erinnern, soziale Urteile und auch Kreativität beeinflussen; vgl. hierzu u.a. Forgas (1995) und ders. (2000).

[260] Vgl. Gerrig/Zimbardo (2008), S. 454 ff..

[261] Vgl. Brander/Kompa/Peltzer (1989), S. 181 ff.

[262] Vgl. Brander/Kompa/Peltzer (1989), S. 185.

[263] Vgl. hierzu Bower (1981), ders. (1991).

[264] Durch das gemeinsame Speichern von Emotionen und Situation werden stimmungskongruente Situationen tiefer und mit stärker elaborativen Assoziationen verarbeitet (vgl. Gilligan/Bower (1994)) und sind dann leichter abrufbar, wenn die Stimmung beim Abruf mit der Stimmung beim erstmaligen „Einspeichern" übereinstimmt (vgl. Eich (1995)).

[265] Vgl. hierzu allgemein Gerrig/Zimbardo (2008), m.w.N. In einer Studie konnte Moreno/Kida/Smith (2002) zeigen, dass Manager, die sich zwischen mehreren (kurzfristigen) Projektmitarbeitern entscheiden mussten, überwiegend denjenigen wählten, dessen Charakter neutral beschrieben war (im Vergleich zu dem negativ charakterisierten Mitarbeiter), auch wenn das Projekt dadurch weniger Gewinn erzielen würde.

[266] Vgl. hierzu z.B. Schwarz (2002) und Slovic/Finucane/Peters/MacGregor (2002).

Stimmungen und Emotionen beeinflussen, dass sie, anstatt eine ausführliche Informationssuche zu betreiben, die Antwort in Abhängigkeit von ihrer Gefühlslage treffen.[267]

Im Prüfungskontext haben Chung/Cohen/Monroe (2008) nachgewiesen, dass die Stimmung der Prüfer Bewertungsentscheidungen beeinflusst.[268] Prüfer, die zuvor in positive Stimmung versetzt worden waren, schätzten den Wert des Vorratsvermögens signifikant höher ein als Prüfer in neutraler oder negativer Stimmung.[269, 270]

2.6 Problemlösungsverfahren

2.6.1 Unterscheidung von Problemlösungsverfahren

Der Informationsverarbeitungsansatz beschreibt den Problemlösungsprozess so, als ob ein Individuum ein mehr oder weniger stark verzweigtes Computerprogramm abarbeitet. Die Prozesse der Informationsbeschaffung und der Informationsverarbeitung werden durch ein übergeordnetes Ablaufprogramm gesteuert, in dessen Verlauf Unterprogramme aufgerufen werden.[271] Solche Programme der Lösungsfindung sollen hier im Folgenden mit PROBLEMLÖSUNGSVERFAHREN bezeichnet werden. Im konkreten Fall ist jedes Problemlösungsverfahren abhängig vom Typ und der Art des betrachteten Problems.

Im Vorfeld der Betrachtung verschiedener PROBLEMLÖSUNGSVERFAHREN ist eine Definition derselben notwendig. In Anlehnung an Klein kann eine Entscheidungsmethode als ein systematisches Verfahren verstanden werden, „dass in intersubjektiv eindeutiger Weise zur Lösung von Entscheidungsaufgaben eine endliche Anzahl operational definierter Funktionen der Informationsverarbeitung festlegt."[272] In der Literatur findet sich eine Vielzahl

---

[267] Ein m.E. sehr einprägsames Beispiel dieser Verzerrung ist, dass Menschen an sonnigen Tagen eine höherere Lebensqualität wahrnehmen als an regnerischen Tagen; vgl. Schwarz/Clore (1983).
[268] Vgl. Chung/Cohen/Monroe (2008), S. 137 ff.
[269] Vgl. ebd., S. 145 f. Es handelt sich um Experiment 1, Hypothesen 2a und 2c. Die unterschiedliche Bewertung hatte zur Folge, dass das Urteil der positiv gestimmten Prüfer nur in 28% der Fälle eine Anpassungsbuchung erfordert hätte, während dies bei 75% der negativ gestimmten Prüfer der Fall gewesen wäre. Vgl. ebd., S. 146 f.
[270] In der Accounting-Forschung existieren weitere Studien, die sich mit dieser Thematik beschäftigen; vgl. hierzu die Studien von Kida/Smith/Maletta (1998); Kida/Moreno/Smith (2001) sowie Moreno/Kida/Smith (2002). Da aber keine dieser Studien den Einfluss zur Effektivität der Informationsverarbeitung herstellt, wird auf eine ausführliche Darstellung dieser verzichtet.
[271] Vgl. Brander/Kompa/Peltzer (1989), S. 124.
[272] Klein (1971), S. 31.

an Klassifizierungen von Problemlösungsverfahren.[273] GANS (1986) unterscheidet die Problemlösungsverfahren anhand bestimmter Vorgehenseigenschaften.

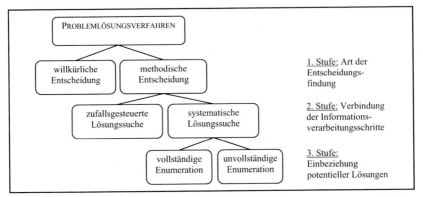

Abbildung 7: Unterscheidung von Problemlösungsverfahren (in Anlehnung an Gans (1986), S. 316)

Auf der ersten Stufe wird eine Unterscheidung nach der Art der Entscheidungsfindung vorgenommen. Bei einer WILLKÜRLICHEN ENTSCHEIDUNG wird eine Auswahl einer beliebig realisierbaren Lösung getroffen. Hierbei sind die Zielkriterien entweder nicht festgelegt oder nicht operabel. Bei METHODISCHEN ENTSCHEIDUNGEN werden zur Problemlösung bestimmte Verfahren eingesetzt.

Auf der zweiten Stufe wird anhand der Informationsverarbeitungsschritte zwischen zufallsgesteuerter und systematischer Lösungssuche unterschieden. Bei der SYSTEMATISCHEN LÖSUNGSSUCHE ist im Gegensatz zur ZUFALLSGESTEUERTEN LÖSUNGSSUCHE die Auswahl einer (Teil-)Lösung abhängig vom Ergebnis der bereits erfolgten Verfahrensschritte. Durch diesen iterativen Charakter wird stets auch der Inhalt der Vorinformation mit einbezogen.

Auf der dritten Ebene wird nach der Vernachlässigung möglicher Lösungen unterschieden. Bei Methoden der VOLLSTÄNDIGEN ENUMERATION werden sämtliche mögliche Lösungen generiert und miteinander verglichen. Sofern eine abgeschlossene Operatorenmenge vorliegt und das Zielkriterium operational ist, kann hierdurch stets eine eindeutige Lösung gefunden werden.[274] Allerdings kann die Anwendung der Verfahren der UNVOLLSTÄN-

---

[273] Vgl. u.a. Streim (1975), S. 148 ff.; Kruschwitz/Fischer (1981), S. 451 f.; Gans (1986), S. 316 f.

[274] Im Unterschied zu Gans wird hier nicht davon ausgegangen, dass die Methoden der vollständigen Enumeration zu einer optimalen Lösung führen. Optimal ist dasjenige Lösungsverfahren zu nennen, das mit dem geringsten Aufwand zur besten bzw. mit hoher Wahrscheinlichkeit zu einer guten Lösung führt; vgl. hierzu Klein (1971), S. 40. Er bezeichnet das Maß für den Wirkungsgrad eines Problemlösungsprogramms mit heuristischer Kraft.

DIGEN ENUMERATION notwendig werden, wenn die Erfassung aller Problemaspekte die kognitiven Kapazitäten des Problemlösers überfordert[275] oder ein Problem unter Zeitdruck zu lösen ist.[276] Aus diesen Gründen kommt den Verfahren der unvollständigen Enumeration erhebliche Bedeutung zu.

Ein gutes Beispiel hierfür findet sich in KIRSCH (1977), S. 156:

„Für jedes noch so komplizierte Nummernschloß (sic!) gibt es einen simplen Algorithmus, es zu öffnen: Man probiere der Reihe nach alle Nummernkombinationen durch. Der Aufwand hierfür ist jedoch so hoch, daß (sic!) die Verbreitung dieses Öffnungsverfahrens unter Einbrechern den Bankdirektoren keine Sorge bereitet."

2.6.2 Heuristische Verfahren

2.6.2.1 Begrifflichkeiten

Als Verfahren der Problemlösung bei unvollständiger Enumeration kommen neben der Anwendung von ALGORITHMEN auch die Verwendung von HEURISTIKEN in Frage.[277]

Ein ALGORITHMUS kann hierbei verstanden werden als ein Verfahren, welches durch folgende Eigenschaften gekennzeichnet ist:[278]

- DETERMINIERTHEIT: eindeutige Formulierung und Ausführbarkeit der Regeln.
- ENDLICHKEIT: Abbruch des Verfahrens nach endlich vielen Schritten.
- ALLGEMEINHEIT: Eignung zur Lösung einer Klasse von Entscheidungsaufgaben.
- LÖSUNGSGARANTIE: Entweder Angabe der Lösung oder Beweis der Nichtlösbarkeit als Ergebnis.

Da die Anwendung von Algorithmen in der Regel eine strukturierte Aufgabenstellung[279] erfordert, die Mehrzahl der rechnungslegungs- und prüfungsspezifischen Probleme jedoch

---

[275] Der Aufwand der Ermittlung aller Lösungen dürfte schon bei kleinem Operatoreninventar die Grenzen der verfügbaren Informationsverarbeitungskapazitäten sprengen; vgl. Gans (1986), S. 317. Als Beispiel dient hierfür regelmäßig das Schachspiel.
[276] Vgl. Hagen (1974), S. 100.
[277] Vgl. die Übersichtstabelle bei Gans (1986), S. 332.
[278] Vgl. hierzu Klein (1971), S. 33, Definition 1.4.; übernommen u.a. von Bromme/Hömberg (1977), S. 84; Gans (1986), S. 331.
[279] Zur Abgrenzung von strukturierten (d.h. gut- und schlecht-strukturierten) gegenüber unstrukturierten Aufgabenstellungen; vgl. Kapitel 2.4.2).

schlecht- oder unstrukturiert ist, sind als alternative heuristische Problemlösungsverfahren[280] notwendig.[281]

Unter einer HEURISTIK[282] kann hierbei ein Problemlösungsverfahren verstanden werden, dessen Merkmale

- die Abkürzung oder Steuerung des Lösungsweges und
- eine fehlende Lösungsgarantie (kein Konvergenzbeweis) sind.[283]

Es handelt sich hierbei also um vereinfachende Verfahren zur Problemlösung, sogenannte „Daumenregeln", die häufig auf leicht zu erhaltene Informationen zurückgreifen und unter geringem Verarbeitungsaufwand ein schnelles und hinreichend sicheres Urteil ermöglichen.[284]

Die Auswahl der Heuristik wird hierbei in Abgrenzung zu stark begründeten Algorithmen, die logisch zwingend zu einer Lösung führen, und willkürlichen Lösungsentscheidungen[285] unter schwacher Begründetheit getroffen.[286]

Im Gegensatz zu Algorithmen garantieren HEURISTIKEN keine Lösung,[287] oftmals ermöglichen sie auch keine optimale Problemlösung, sondern nur ein in Hinblick auf den geringeren Zeit- und Informationsverarbeitungsaufwand zufriedenstellendes Ergebnis. Das in der Literatur einprägsamste Beispiel für eine Heuristik ist m.E. die Frage, wie ein Baseballspieler einen Ball fängt. Richard Dawkins schrieb hierzu:

„Wenn ein Spieler einen Ball hoch in die Luft wirft und wieder auffängt, verhält er sich so, als hätte er eine Reihe von Differentialgleichungen gelöst, um die Flugbahn des Balls vorauszusagen.

---

[280] Die Begriffe Heuristik und heuristische Verfahren werden im Kontext dieser Arbeit synonym verwendet.

[281] Umgangssprachlich kann man Heuristiken mit Faustregeln gleichsetzen.

[282] Der Begriff Heuristik leitet sich vom griechischen Wort für „finden" ab; vgl. Brander/Kompa/Peltzer (1989), S. 124.

[283] Das Merkmal der Steuerung soll hier eine Problemlösungswirkung durch Veränderung der Vorgehensweise andeuten, beispielsweise durch Umgliederung des Problems oder Zerlegung des Problems in Teilprobleme; vgl. hierzu Gans (1986), S. 322. Allgemein zur Definition von Heuristiken; vgl. Klein (1971), S. 36; Kirsch (1977), S. 156; Ulrich (1976), S. 251.

[284] Vgl. Strack/Deutsch (2002), S. 353; Hertwig (2006), S. 461. Bezogen auf die Problemraumtheorie von Newell und Simon sind Heuristiken dadurch charakterisiert, dass sie die Zahl der Operatoren bzw. der möglichen Zustände innerhalb des Problemraums reduzieren, gleichzeitig den Suchprozess strukturieren und dadurch ein komplexes Problem bei begrenzter Rationalität handhabbar machen; vgl. Engelkamp/Zimmer (2006), S. 658.

[285] Vgl. Abbildung 7.

[286] Vgl. hierzu Gans (1986), S. 321 f.

[287] Vgl. Hertwig (2006), S. 461.

Er mag nicht wissen oder sich dafür interessieren, was eine Differentialgleichung ist, aber das beeinträchtigt seine Geschicklichkeit beim Ballspiel nicht im Geringsten. Auf einer unbewussten Ebene geschieht etwas, das funktionell den mathematischen Berechnungen entspricht."[288]

Anstatt also die Flugbahn zu berechnen und hierbei sowohl den Winkel der Flugbahn, Windgeschwindigkeit, -richtung sowie den Drall des Balles zu berücksichtigen, wenden die Fänger (Outfielder) beim Baseball einfache Regeln an. Wenn sich der Ball hoch in der Luft befindet, ist eine davon die Blickheuristik:[289]

„Fixiere den Ball, beginne zu laufen, und passe deine Geschwindigkeit so an, dass der Blickwinkel konstant bleibt."[290]

Der Baseballspieler berücksichtigt hierbei nur eine einzige Größe: den Blickwinkel.

Die Nachteile, die mit der Verwendung von Heuristiken einhergehen, sind insbesondere die fehlende Lösungsgarantie und, falls eine Lösung gefunden werden kann, die fehlende Garantie der optimalen Lösung.[291]

2.6.2.2 Heuristische Problemlösungsstrategien[292]

Welches heuristische Verfahren im konkreten Fall anzuwenden ist, bestimmt sich danach, welche Art von Problem vorliegt und über welche Ressourcen an Wissen, Fähigkeiten, Hilfsmittel, Zeit usw. der Bearbeiter verfügt. „Vom Typ des Problems hängt die Art und Weise seiner Bearbeitung und Lösung ab."[293]

Um die trivialste PROBLEMLÖSUNGSSTRATEGIE handelt es sich bei dem VERSUCH-IRRTUM-VERHALTEN, da es sich hier um das bloße „Ausprobieren" von Handlungsalternativen handelt.[294] Hierbei leitet der Problemlöser zunächst zufällig Schritte ein und überprüft, ob sich der gewünschte Zielzustand eingestellt hat oder nicht. Durch Misserfolge wird die Anzahl potenzieller weiterer Handlungsalternativen eingeschränkt, so dass das wahllose Versuch-

---

[288] Dawkins (1996), S. 166.
[289] Vgl. hierzu ausführlich Gigerenzer (2008), S. 17 ff. In Situationen, in denen der Ball noch nicht hoch in der Luft ist, muss die dargestellte Regel leicht modifiziert werden; vgl. hierzu auch McBeath/Shaffer/Kaiser (1995) und Shaffer/Krauchunas/Eddy/McBeath (2004).
[290] Gigerenzer (2008), S. 19.
[291] Vgl. Streim (1975), S. 147.
[292] Problemlösungsstrategien zeigen nur die grobe Struktur der Vorgehensweise auf. Problemlösungsmethoden beschreiben hingegen die einzelnen Lösungsschritte; vgl. Gans (1986), S. 333. Von einer Systematisierung der heuristischen Verfahren wird im Folgenden abgesehen. Für eine Übersicht vgl. Dörner (1987), S. 22 f.; Bromme/Hömberg (1977), S. 6 ff.; Gans (1986), S. 324 ff.
[293] Vogel/Parthey/Wächter (1970), S. 8.
[294] Häufig ist hier auch die Bezeichnung *trial and error-strategy* zu finden; vgl. Arbinger (1997), S. 51.

Irrtum-Verhalten in eine systematische Vorgehensweise übergeht.[295] Trotz der sehr einfachen Methodik dieser Strategie darf ihr Nutzen nicht unterschätzt werden. Gerade in anfänglichen Stadien der Problembearbeitung kann sich der Bearbeiter durch die Abschätzung der Auswirkungen unterschiedlicher Handlungsalternativen einen Überblick verschaffen.[296] Insbesondere bei für den Anwender neuartigen Problemen ist der Einsatz dieses heuristischen Verfahrens denkbar.

Die MITTEL-ZWECK-ANALYSE hat im von Newell/Shaw/Simon beschriebenen *General Problem Solver* (GPS)[297] eine exakte und testbare Formulierung gefunden und kann „als die heuristische Entscheidungsmethode des Menschen schlechthin gelten."[298] Aufgrund der vom jeweiligen Aufgabenrahmen unabhängigen Problemlösungstechniken des Programms ist dieses in der Lage, in jedem Aufgabenrahmen mit den gleichen Techniken zu arbeiten.

„Simply by acquiring new definitions of the term „expression", „differences", and "operators", the problem solver can use the functional heuristic to solve problems relating to quite different subject matter."[299]

Das Programm geht von einer genauen Definition des Ausgangs- und des Zielzustandes sowie der verfügbaren Operatoren aus. Während der Durchführung werden die Unterschiede zwischen den beiden Zuständen analysiert und nach Mitteln gesucht, die zur Beseitigung dieser Unterschiede geeignet erscheinen. Anschließend folgt eine erneute Bestimmung der Unterschiede zwischen aktuellem und gewünschtem Zustand sowie die erneute Auswahl eines geeigneten Operators. Die zur Lösung notwendigen Informationen erhält der Problemlöser hierbei aus der Aufgabenstellung und seiner Erfahrung.[300] Die für diesen Prozess kennzeichnenden Merkmale, wie der sukzessive Ablauf, die rekursive Struktur und der hierarchische Aufbau, finden sich, wenn auch manchmal in abgeänderter

---

[295] Vgl. Brander/Kompa/Peltzer (1989), S. 126; Marten/Quick/Ruhnke (2006), S. 394. Eine abweichende Einordnung der Versuch-und-Irrtum-Strategie nimmt Gans vor, der dieser keinen systematischen Charakter zuweist und deshalb diese der zufallsgesteuerten Lösungssuche zuordnet; vgl. Gans (1986), S. 333. Er trennt diese auch strikt von der Strategie des „Durchwurschtelns" *(muddling through)* ab. Diese ist dadurch gekennzeichnet, dass auf einen ersten Schritt zur Lösung des Problems Rückkopplungsinformationen folgen; vgl. auch Kirsch (1977), S. 160.

[296] Vgl. Arbinger (1997), S. 51 ff.

[297] Vgl. Newell/Shaw/Simon (1959); Einzelheiten zum General Problem Solver finden sich auch bei Newell/Simon (1972), S. 414 ff.; Klein (1971), S. 102 ff.; Kirsch (1977), S. 169 ff. Ablaufdiagramme der Mittel-Zweck-Analyse finden sich in Klein (1971), S. 108; Kirsch (1977), S. 177; Newell/Simon (1972), S. 417 und Dörner (1987), S. 73.

[298] Klein (1971), S. 103. Daneben kann als weiteres allgemeines Problemlösungsverfahren der *Advice Taker* von McCarthy genannt werden; vgl. McCarthy (1959), sowie Tonge (1960), S. 234.

[299] Newell/Shaw/Simon (1962), S. 91.

[300] Vgl. Klein (1971), S. 105.

Form, in nahezu allen heuristischen Programmen wieder; sie kennzeichnen zudem den Ablauf von organisatorischen Entscheidungsprozessen.[301]

Bei der STRATEGIE DER FAKTORISATION[302] werden schwierige (komplexe) Probleme in mehrere einfachere (Teil-)Probleme aufgeteilt;[303] diese Teilprobleme werden dann ihrerseits unabhängig voneinander gelöst. Die Aufteilung in mehrere Teilprobleme kann hierbei sowohl einer sukzessiven Ausführungsstrategie, bei der die Teilprobleme nacheinander formuliert und gelöst werden, als auch einer parallelen Ausführungsstrategie, bei der alle Teilprobleme gleichzeitig formuliert und gelöst werden, folgen.[304]

Ein weiteres heuristisches Verfahren besteht darin, dass sich der Problemlöser zunächst einen groben Überblick über die Problemstruktur verschafft, bevor er dann allmählich einzelne Elemente des Problems fokussiert (VARIATION DES AUFLÖSUNGSGRADES). Der AUFLÖSUNGSKEGEL VON BEER[305] in Abbildung 8 verdeutlicht, dass Überblick und Fokussierung einzelner Elemente ergänzende Sichtweisen sind, und es daher sinnvoll ist, den Auflösungsgrad im Verlauf des Problemlösungsprozess zu variieren.[306] Die Schwierigkeit besteht darin, den für die gesuchte Fragestellung angemessenen Auflösungsgrad zu finden. Da mit steigendem Auflösungsgrad auch die Anzahl unterscheidbarer Objekte im Realitätsbereich und damit die Komplexität anwächst, sollte der Auflösungsgrad zunächst sehr niedrig gehalten werden und erst im Falle eines Misserfolges erhöht werden.[307]

---

[301] Vgl. hierzu Kirsch (1968), S. 283 f. Für weitere Einzelheiten der jeweiligen Merkmale sowie zu Varianten der Mittel-Zweck-Analyse, siehe Klein (1971), S. 105 ff. sowie 115 f.

[302] Diese Strategie geht zurück auf March/Simon (1958), S. 192 ff. insbesondere S. 193 und wird von Newell/Shaw/Simon wie folgt beschrieben; „..., if we can obtain information that allows us to factor one large problem into several small ones - *and to know when we have successfully solved each of the small ones* - the search can be tremendously reduced. This guidance of the solution generator by information about the problem and its solution, and this factorization of problems into more or less independent subproblems, lie at the heart of effective problem solving processes." Newell/Shaw/Simon (1962), S. 77, Hervorhebungen im Original. Das zugrunde liegende heuristische Prinzip, welches Klein (1971) als Unterzielreduktion bezeichnet, lautet: ersetze ein schwieriges Problem durch eine Menge einfacherer Probleme; vgl. auch Gans (1986), S. 334.

[303] Die Problemzerlegung kann hierbei in Abhängigkeit von den Problemcharakteristika entweder horizontal durch Bildung nebengeordneter Teilprobleme oder vertikal durch Bildung von Unterproblemen erfolgen; vgl. hierzu ausführlich Kirsch (1977), 184 f. sowie Gans (1986), S. 334.

[304] Vgl. Imboden/Leibundgut/Siegenthaler (1978), S. 313.

[305] Vgl. Beer (1969), S. 114.

[306] Vgl. hierzu Dörner (1987), S. 18f.; Dörner/Kreuzig/Reither/Stäudel (1983), S. 41 ff. sowie Brander/Kompa/Peltzer (1989), S. 129.

[307] Vgl. Dörner (1987), S. 19. Auch im Falle großer Komplexität muss aufgrund der beschränkten Informationsverarbeitungskapazitäten und der begrenzten Zeit im Regelfall ein niedriger Auflösungsgrad gewählt werden.

„Es macht wenig Sinn, zum Beispiel ein DNS-Molekül in Termen von Quarks (Elementarteilchen) beschreiben zu wollen. Im Prinzip wäre dies vielleicht möglich; eine solche Beschreibung würde aber nichts von dem enthalten, was an der DNS „eigentlich" interessant ist."[308]

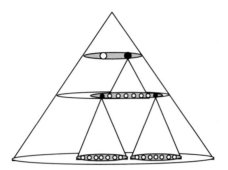

Abbildung 8: Der Auflösungskegel von Beer (in Anlehnung an Beer (1969), S. 114)

In einem engen Zusammenhang mit dieser Vorgehensweise steht die STRATEGIE DER STUFUNG. Charakteristisch hierfür ist die sukzessive Lösung des Problems durch eine Einengung des Lösungsbereichs. Auf jeder Stufe wird die Lösung dann innerhalb des eingeschränkten Lösungsbereichs gesucht.[309]

Als letzte Strategie soll die PLANUNGSHEURISTIK, die ebenfalls im *General Problem Solver* angewendet wurde, erläutert werden. Sie besteht im Wesentlichen aus den nachfolgenden drei Schritten:[310]

- Generierung eines vereinfachten Aufgabenrahmens mit Hilfe der Abstraktionsregeln,[311] dieser vereinfachte Aufgabenrahmen dient im Folgenden als Modell des ursprünglichen Problems.[312]
- Lösung des vereinfachten Problems.

---

[308] Schiff (1984) zitiert nach Brander/Kompa/Peltzer (1989), S. 129.
[309] Vgl. Klein (1971), S. 117; Scheuch (1977), S. 44; Gans (1986), S. 335.
[310] Vgl. zum Folgenden Simon (1960), S. 28 f.; Newell/Shaw/Simon (1959), S. 261 ff.; dies. (1962), S. 91 ff.; Klein (1971), S. 119 ff.
[311] Die Abstraktion des Aufgabenrahmens stellt ein eigenes Problem dar; vgl. Kirsch (1977), S. 199 f.
[312] Hierbei verwendet der Problemlöser häufig sog. Entdeckungsheurismen, die auch beim kreativen Problemlösen angewendet werden; vgl. Brander/Kompa/Peltzer (1989), S. 132. Hierbei handelt es sich z.B. um eine Analogiebildung; der Mensch benutzt als Planungsraum häufig nicht eine aus der ursprünglichen Aufgabe erzeugten vereinfachten Entscheidungsbaum, sondern ein ihm bekanntes Modell; für ein Beispiel siehe Klein (1971), S. 120.

- Übertragung der im abstrahierten Aufgabenrahmen gefundenen Lösung auf das ursprüngliche Problem, wobei der Lösungsweg des vereinfachten Problems als Richtschnur gilt.[313]

Der Vorteil der Planungsheuristik liegt wie auch bei der Strategie der Variation des Auflösungsgrades in der Einengung des zu durchsuchenden Problemraums. Nachteilig ist, dass die in Schritt 2 gefundene Folge von Operatoren zur Lösung des vereinfachten Problems meist nicht unmittelbar anwendbar sein dürfte, da der Planungsraum nur eine modellhafte Abbildung des Problemraumes darstellt.

---

[313] Vgl. hierzu ausführlich Klein (1971), S. 121 f.

3 Informationsverarbeitungseffekte von Wirtschaftsprüfern

3.1 Vorbemerkungen

Wie bereits ausführlich in Kapitel 2.2 erläutert bildet die Grundlage für die systematische Erforschung von Problemlösungsprozessen die von Newell/ Simon entwickelte „Theory of Human Information Processing".[314] Diesem Ansatz folgend, beinhalten kognitive Prozesse die Verarbeitung von Informationen und der Mensch wird als ein informationsverarbeitendes System betrachtet.[315]

Da Menschen bei ihrer Entscheidungsfindung immer nur eine beschränkte Menge an Informationen wahrnehmen, auswählen und für die Problemlösung in Betracht ziehen, sie folglich nicht alle möglichen Handlungsalternativen kennen und deren Folgen vorhersehen können,[316] sind sie in schlecht- und unstrukturierten Aufgabengebieten gezwungen auf Heuristiken[317] zurückzugreifen.[318]

Eng mit der Verwendung von Heuristiken ist die Beobachtung verbunden, dass der Gebrauch von in der Regel nützlichen und effizienten Heuristiken auch zu VERZERRUNGEN (*biases*)[319] führen kann.[320] Unter einer Verzerrung versteht man im Gegensatz zu einem zufälligen Fehler die systematische,[321] d.h. regelmäßig auftretende und in eine bestimmte Richtung gehende Abweichung von der „richtigen"[322] Lösung.[323]

---

[314] Für eine ausführliche Darstellung vgl. Newell/Simon (1972), S. 787 ff.
[315] Vgl. Schreiber (2000), S. 81.
[316] Vgl. ausführlich zum Prinzip der begrenzten Rationalität (*bounded rationality*) Kapitel 2.2.
[317] Vgl. ausführlich zum Begriff Heuristik sowie zur Abgrenzung von Heuristik und Algorithmus Kapitel 2.6.2.1.
[318] Vgl. Arlen (1998), S. 1787 f.; Jolls/Sunstein/Thaler (1998), S. 1471.
[319] Verzerrungen (*biases*) werden in der Literatur als Problemlösungsanomalien, Vereinfachungsfehler, Denkfehler oder auch in Analogie zu den visuellen Täuschungen als kognitive Illusionen bzw. kognitive Täuschungen (*cognitive illusions*) bezeichnet; vgl. hierzu u.a. Ruhnke (2000), S. 291; Pohl (2004c), S. 2 f. oder auch Klose (1994), S. 42.
[320] Vgl. Pohl (2004c), S. 2 f.; Hertwig (2006), S. 463.
[321] Systematischer Abweichung bedeutet hier, dass entscheidungsrelevante Faktoren nicht zufällig bei manchen Entscheidungen zu stark und bei anderen zu schwach berücksichtigt werden, sondern dass sie konsistent zu stark oder zu schwach berücksichtigt werden; vgl. Korobkin/Ulen (2000), S. 1085.
[322] Hierbei handelt es sich in der Regel um eine nach den Regeln der Logik, Wahrscheinlichkeitstheorie oder schließenden Statistik korrekte und daher „rationale" Lösung; vgl. Hertwig (2006), S. 463. Die Definition einer objektiv richtigen Lösung bleibt allerdings oftmals problematisch; vgl. hierzu Pohl (2004c), S. 2.
[323] Vgl. ebd., S. 7 f.

Die Problematik der Ermittlung einer Verzerrung, bzw. der als Referenzpunkt notwendigen erwarteten richtigen Problemlösung beschreiben CAVERNI/FABRE/GONZALEZ (1990) wie folgt:

„For a given task, the presence of a cognitive bias is relatively easy to assert if there is a normative model describing how the situation should be processed, and thus just exactly what the "correct" response is. [...] The assertion that a cognitive bias is present is not so easy to make when there is no normative model specifying the expected response in the reference situation. [...] Note that models, as elements of the theoretical framework of a study, are subject to discussion. [...] What is called a bias today may very well lose that status tomorrow if, say, the current framework appears too simplistic, naive, or based on some superficial apprehension of the situation and the involved processing. In such a situation, the notion of bias loses its relevance."[324]

Verzerrungen und die ihnen zugrunde liegenden Heuristiken bei Entscheidungen unter Unsicherheit sind seit den 70er Jahren Gegenstand der HEURISTICS-AND-BIASES-FORSCHUNG der kognitiven Psychologie, welche insbesondere von Amos Tversky und Daniel Kahneman geprägt wurde.[325]

„The core idea of the heuristics and biases program is that judgment under uncertainty is often based on a limited number of simplifying heuristics rather than more formal and extensive algorithmic processing. These heuristics typically yield accurate judgments but can give rise to systematic error."[326]

In Abgrenzung zur Heuristics-and-Biases-Forschung entstand in den 90er Jahren das Forschungsprogramm zu FAST-AND-FRUGAL-HEURISTICS. Hierbei wurde vor allem die starke Fokussierung des Heuristics-and-Biases-Programms auf die Verzerrungen, die die Schwächen der menschlichen Problemlösung betonen, kritisiert.[327] Im Gegensatz dazu betont Gerd Gigerenzer als wichtiger Vertreter des Fast-and-Frugal-Heuristics-Programms den Nutzen der „schnellen und einfachen Heuristiken", die als Anpassungen des Menschen an die spezifische Informationsstruktur einer bestimmten Umgebung angesehen werden.[328]

Da den Wahrscheinlichkeitsschlüssen auch im Prüfungsprozess eine entscheidende Rolle zukommt, dürften Heuristiken von hoher Relevanz für das Verständnis desselben sein.[329] Da insbesondere die mit der Verwendung von Heuristiken einhergehenden Verzerrungen in der Literatur als wichtige Quelle für das Verständnis der Informationsverarbeitung be-

---

[324] Caverni/Fabre/Gonzalez (1990), S. 8 f.
[325] Vgl. Hertwig (2006), S. 463.
[326] Gilovich/Griffin/Kahneman (2002), S. XV.
[327] Die Verwendung von Heuristiken schien aus dieser Sicht eher Probleme (in Form von Fehlurteilen/Verzerrungen) zu schaffen als der Problemlösung zu dienen.
[328] Vgl. Gigerenzer (2004), S. 62 ff.; Hertwig (2006), S. 465 ff.; Gigerenzer (2008), S. 11 ff.
[329] Vgl. auch Schreiber (2000), S. 161.

trachtet werden, sollen im Folgenden einige zentrale Effekte[330] anhand des in Kapitel 0 hergeleiteten erweiterten Problemlösungsmodells kategorisiert werden. Nach der Kategorisierung und Erläuterung der Kategorien werden, die den Kategorien zugeordneten Effekte einzeln vorgestellt.

„There are three related reasons for the focus on systematic errors and inferential biases in the study of reasoning. First, they expose some of our intellectual limitations and suggest ways to improve the quality of our thinking. Second, errors and biases often reveal the psychological processes that govern judgment and inferences. Third, mistakes and fallacies help the mapping of human intuitions by indicating which principles of statistics or logic are non-intuitive or counterintuitive."[331]

3.2 Kategorisierung zentraler Informationsverarbeitungseffekte[332]

In Bezug auf die VERZERRUNGEN bei der Informationsverarbeitung kann eine KATEGORISIERUNG im Wesentlichen zwei Zwecken dienen: zum einen werden die Verzerrungen systematisch dargestellt, da die Verzerrungen nach bestimmten gemeinsamen Merkmalen angeordnet werden; zum anderen kann die Kategorisierung als Ausgangspunkt für Überlegungen dienen, wie diese Verzerrungen vermieden werden können.

Trotz der seit mehr als 40 Jahren andauernden Auseinandersetzung sowohl der Prüfungsforschung als auch der kognitionspsychologischen Forschung auf dem Gebiet der Informationsverarbeitungseffekte existieren, insbesondere aufgrund der Schwierigkeiten einer eindeutigen Zuordnung, nur sehr wenige Kategorisierungsansätze. Zu nennen sind hier insbesondere die Kategorisierungen von Arkes, Kennedy, Pohl und Hogarth. Arkes und

---

[330] Tversky/Kahneman identifizierten Verankerung und Anpassung, Verfügbarkeit sowie Repräsentativität als drei wichtige Heuristiken, die zur Beurteilung von (subjektiven) Wahrscheinlichkeiten eingesetzt werden und die die Ursache einer Vielzahl von Verzerrungen ausmachten; vgl. dies. (1974), S. 1124 ff. In der Folge traten noch weitere typische Verzerrungen wie z.B. Rückblickeffekte, Overconfidence oder Bestätigungseffekte hinzu.

Da die Trennung zwischen Heuristik und Verzerrung nicht immer ganz eindeutig ist, so werden in der Literatur die Begriffe Repräsentativität, Verfügbarkeit und Verankerung zum Teil sowohl für die Beschreibung der jeweiligen Heuristik, als auch für die in bestimmten Situationen daraus entstehenden Verzerrungen verwandt, wird im Folgenden allgemein von Effekten gesprochen.

[331] Kahneman/Tversky (1982), S. 124.

[332] Die Begriffe „Kategorisierung" und „Klassifizierung" werden häufig synonym verwendet; vgl. Estes (1994), S. 4, welcher allerdings für eine Unterscheidung der beiden Begriffe plädiert: „Classification implies only that a collection of objects is partitioned into groups, but categorization carries the further implication that knowledge of the category to which an object belongs tells us something about its properties." Ebd. Die Kategorienbildung erfolgt häufig durch Gruppierung anhand gemeinsamer Merkmale und Eigenschaften oder anhand ähnlicher Funktionen der Objekte; vgl. Anderson (1991), S. 411. Hierdurch soll die Vorhersage weiterer Eigenschaften des Objekts ermöglicht werden: „Categorization permits us to understand and make predictions about objects and events in our world." Medin/Aguilar (1999), S. 104.

Kennedy nehmen eine Kategorienbildung anhand der Verzerrungsursache vor.[333] Pohl kategorisiert anhand des Entstehungsbereichs der Verzerrungen.[334] Hogarth hingegen nimmt eine Kategorienbildung anhand der Entstehungsphase der Verzerrungen vor, indem er die Verzerrungen den verschiedenen Phasen des Informationsverarbeitungsansatzes zuordnet.[335] Eine m.E. notwendige Erweiterung des Problemlösungsmodells und damit ein Loslösen von der konzeptionell bedingten Beschränkung des Informationsverarbeitungsansatzes auf kognitive Aspekte (wie in Abbildung 5) findet allerdings nicht satt. Die Klassifikation der Verzerrungen auf einer übergeordneten Ebene und damit die Erweiterung des Modells von Hogarth ist notwendig, da eine Vielzahl von Verzerrungen dadurch eindeutiger den jeweiligen Kategorien zugeordnet werden kann und somit ceteris paribus auch die Überschneidungen reduziert werden. So stellen z.B. Motivation und Zeitdruck häufig durch die Prüfungsumwelt induzierte Verzerrungen dar, welche auf das Individuum „als Ganzes" wirken und somit nicht mehr eindeutig einer einzelnen Phasen des Problemlösungsmodells zuzuordnen sind. In diesem Kontext stellt auch HOGARTH (1987) fest:

„Biases can, of course, also occur as a result of interactions between the different stages of information processing."[336]

Auffällig bei einer Betrachtung der Kategorisierungen ist die große Heterogenität, welche sowohl die Kategorienbildung als auch die entsprechende Zuordnung der Verzerrungen zu den Kategorien betrifft. Zum einen resultieren diese sicherlich aus den unterschiedlichen

---

[333] Arkes unterteilt die Verzerrungen in „strategy-based errors", „association-based errors" sowie „psychophysically based errors"; vgl. Arkes (1991), S. 486 f. Diese Kategorisierung anhand der den Verzerrungen zugrunde liegenden Ursachen soll den Ausgangspunkt für das sogenannte „Debiasing", d.h. eine Milderung oder Vermeidung der Verzerrungen, bilden; vgl. ebd., S. 486. Kennedy unterteilt in die Verzerrungskategorien „effort-related biases" und „data-related biases"; vgl. Kennedy (1993), S. 233; Kennedy (1995), S. 250. Auch diese Kategorisierung anhand der Verzerrungsursache bildet den Ansatzpunkt für das „Debiasing", das grundsätzlich durch die drei Mechanismen Verantwortlichkeit (*accountability*), Erfahrung (*experience*) und Gegenbeispiele (*counterexplanation*) erfolgen kann; vgl. Kennedy (1995), S. 251.

[334] Pohl nimmt eine Kategorisierung der kognitiven Illusionen in „illusions of thinking", „illusions of judgement" und „illusions of memory" vor; vgl. Pohl (2004a); Pohl (2004c), S. 3 ff. Er weist hierbei insbesondere aufgrund der Schwierigkeiten der Abgrenzungen zwischen den einzelnen Kategorien explizit darauf hin: „The following distinction should therefore be understood as a pragmatic proposal only." Pohl (2004c), S. 4.

[335] Vgl. Hogarth (1987), S. 208. Er unterteilt den Informationsverarbeitungsprozess in die Phasen Informationsaufnahme (*acquisition*), Informationsverarbeitung (*processing*), Urteil (*output*), Handlung (*action*) und Feedback; vgl. ebd., S. 206 f. Dies entspricht im Wesentlichen dem allgemeinen Problemlösungsmodell, wie es Kapitel 2.5.2.1 dieser Arbeit beschreibt.

[336] Hogarth (1987), S. 208.

Zielsetzungen der Kategorisierungen,[337] zum anderen aber auch aus der dieser Thematik immanenten Schwierigkeit.

Durch die in der vorliegenden Arbeit vorgenommene systematische und kritische Aufarbeitung der empirischen Studien zu den Informationsverarbeitungseffekten sowie deren Kategorisierung wird ein Überblick über die zusammenhängenden Aspekt und Probleme gewonnen und damit einen Beitrag zu einem tiefergehenden Verständnis des Informationsverhalten von Prüfern geleistet. Hierbei steht nicht die Vollständigkeit sondern die Systematisierung im Vordergrund. Zu diesem Zweck kategorisiert die vorliegende Arbeit Informationsverarbeitungseffekte anhand ihrer Entstehungsursache.

Die KATEGORISIERUNG DER INFORMATIONSVERARBEITUNGSEFFEKTE in Abbildung 9 erfolgt auf Basis des in Abschnitt 0 hergeleiteten erweiterten prüfungsbezogenen Problemlösungsmodells.[338] Die Kategorienbildung findet hierbei nach der Entstehungsursache statt: unterschieden wird nach Aufgabeneffekten, Effekten der Prüfungsumwelt sowie weiteren kognitiven Effekten. Jede dieser Kategorien unterscheidet sich nicht nur in der Entstehungsursache, d.h. z.B. werden Aufgabeneffekte hauptsächlich von der zu bearbeitenden Prüfungsaufgabe determiniert, sondern auch die Wirkung auf die einzelnen Phasen der Informationsverarbeitung variiert sehr stark.

---

[337] Während Pohl bei der Kategorisierung eine systematische Darstellung vornehmen will, soll die Kategorisierung bei Arkes und bei Kennedy als Grundlage für das „Debiasing" dienen.

[338] Zum erweiterten prüfungsbezogenen Problemlösungsmodell, das den Prüfungsprozess als hypothesengesteuerten heuristischen Suchprozess beschreibt, siehe Abbildung 5, in welcher das Modell grafisch dargestellt ist.

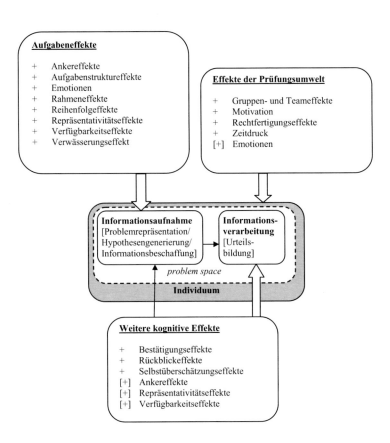

Abbildung 9: Kategorisierung der Verzerrungen anhand des erweiterten Problemlösungsmodells

So haben AUFGABENEFFEKTE nahezu ausschließlich eine Wirkung auf die Informationsverarbeitungsprozesse in der Phase der Informationsaufnahme. Dies lässt sich mit der Loskopplung der Phase der Informationsverarbeitung von den Aufgabencharakteristika begründen.[339]

Das Interaktionsverhältnis des Prüfers mit der PRÜFUNGSUMWELT hat wesentlichen Einfluss auf die Informationsverarbeitung. Eine scharfe Abgrenzung der Effekte der Prüfungsumwelt zu den Aufgabeneffekten kann allerdings aufgrund der Wechselwirkungen und der Einbettung der Aufgabe in die Umwelt nicht immer vorgenommen werden.

---

[339] Dies ist auch in Abbildung 5 dadurch gekennzeichnet, dass der Aufgabenrahmen die Phase der Informationsverarbeitung nicht umfasst.

Effekte der Prüfungsumwelt wirken sich auf das „Individuum als Ganzes" aus, d.h. die überwiegend aus der Prüfungsumwelt resultierenden Effekte können nicht einzelnen Phasen der Informationsverarbeitung zugeordnet werden, sondern wirken während des kompletten Informationsverarbeitungsprozesses. Von besonderem Interesse sind spezifische Umweltbedingungen der Prüfsituation und ihre möglichen Wirkungen auf die Informationsverarbeitung des Prüfers. Relevante Umweltfaktoren sind insbesondere der RECHTFERTIGUNGSDRUCK, ZEITDRUCK, MOTIVATION sowie GRUPPENEFFEKTE.

Der Kategorie der WEITEREN KOGNITIVEN EFFEKTE werden die Verzerrungen zugeordnet, die weitgehend unabhängig von der Prüfungsaufgabe und der Prüfungsumwelt sind, aber dennoch eine entscheidende Rolle im Rahmen der Informationsverarbeitung spielen.[340] Diese Effekte wirken sowohl auf die Phase der Informationsverarbeitung als auch schwach auf die Phase der Informationsaufnahme.[341]

3.3 Darstellung zentraler Informationsverarbeitungseffekte

3.3.1 Aufgabeneffekte

3.3.1.1 Ankereffekte

In vielen Situationen in denen Individuen mit Schätzungen konfrontiert werden, resultiert das Endergebnis aus einer Vielzahl von Anpassungen eines Ausgangswertes. Der Ausgangswert kann hierbei aus der Problemformulierung selbst oder aus einer teilweisen Berechnung resultieren. Als ANKEREFFEKT (*anchoring*) wird die starke Ausrichtung an Ausgangswerten beim Treffen von Wahrscheinlichkeitsschätzungen bezeichnet.[342]

Individuen setzen diese Heuristik ein, „wenn die Reizvorlage explizit oder implizit einen Hinweis auf eine erste Approximation gibt."[343] Ausgehend von diesem Anker lösen neue Beweise zwar Anpassungsprozesse in die richtige Richtung aus, jedoch ist in der Regel das

---

[340] Explizit sei an dieser Stelle darauf hingewiesen, dass es aufgrund der starken Vernetzung der einzelnen Kategorien und der hieraus resultierenden interkategoriellen Abhängigkeiten nicht immer möglich war, Überschneidungen zu vermeiden (insbesondere bei Ankereffekten, Emotionen, Repräsentativitäts- und Verfügbarkeitseffekten). Diese Überschneidungen wurden jedoch versucht auf ein Minimum zu reduzieren. Der entsprechende Effekt wird im nachfolgenden unter derjenigen Kategorie vorgestellt, bei der eine stärkere Ausprägung zu erwarten ist; so sind Repräsentativitäts- und Verfügbarkeitseffekte der Kategorie „weitere kognitive Effekte" zuzuordnen, können zum Teil aber auch aus der zu bearbeitenden Prüfungsaufgabe resultieren [diese Überschneidung sind in Abbildung 9 durch eckige Klammern gekennzeichnet].

[341] Dies soll durch die unterschiedliche Dicke der Pfeile verdeutlicht werden, siehe Abbildung 9.

[342] Vgl. Tversky/Kahneman (1974), S. 1128 ff.

[343] Jungermann/Pfister/Fischer (2005), S. 175.

Ausmaß der Anpassungen nicht zweckmäßig.[344]

„Different starting points yield different estimates, which are biased towards the initial values."[345] Auch bei der Berechnung des Ausgangswertes konnten KAHNEMAN/ TVERSKY (1974) Ankereffekte nachweisen. Hierzu befragte sie zwei Probandengruppen, welche innerhalb von 5 Sekunden die Lösung eines mathematischen Problems angeben sollten. Die erste Gruppe sollte das Produkt der Zahlenreihe 1, 2, 3, 4, 5, 6, 7 und 8 bilden, die zweite Gruppe das Produkt der inversen Zahlenreihe. Während der Mittelwert der ersten Gruppe 512 war, belief sich der Mittelwert der zweiten Gruppe auf 2.250. Die korrekte Antwort wäre 40.320 gewesen. Aufgrund des Zeitmangels konnten die Probanden nur wenige Rechenschritte durchführen und mussten das Ergebnis auf dieser Basis schätzen. Erklärt wird der Unterschied der beiden Gruppen durch die Verwendung der ersten Rechenoperationen als Anker, der als Reizvorgabe die Höhe der Schätzung beeinflusst.

Die Anker-Heuristik ist ein domänenunabhängiges Phänomen und konnte schon vielfach nachgewiesen werden.[346] Der ANKEREFFEKT, d.h. die Verzerrung in Richtung des Ankerwertes, kann unabhängig von der Relevanz und Plausibilität des Ankers auftreten; er scheint außerdem unbewusst zu erfolgen und lässt sich auch nicht durch eine hohe Motivation zu einem unverzerrten Urteil vermeiden.[347]

Auch Prüfer zeigten bei nahezu allen Experimenten das Verankern an einem Referenzwert. So konnten WRIGHT (1988), BEDARD (1989), MOCK/ WRIGHT (1993) und TAN (1995) zeigen, dass Prüfer sich zu stark an den Arbeitspapieren der Vorjahre orientierten.[348] Auch

---

[344] Vgl. exemplarisch Joyce/Biddle (1981a), S. 120 ff.; Biggs/Wild (1985), S. 607 ff.; Smith/Kida (1991), S. 473 ff. sowie Tversky/Kahneman (1974), S. 1128 ff. Tversky/Kahneman zeigten in einem Experiment, dass Versuchspersonen sogar zufällig generierte Werte bei der Schätzung des Anteils afrikanischer Staaten in der UNO berücksichtigten; vgl. Tversky/Kahneman (1974), S. 1124 ff. In diesem Experiment sollten die Teilnehmer den Prozentsatz der afrikanischen Staaten, die Mitglieder der UNO sind, schätzen, nachdem sie zuvor durch Drehen eines Glücksrads eine Zufallszahl zwischen 1 und 100 erhalten hatten. Hier führte die Beschäftigung mit dieser zufällig generierten Zahl dazu, dass die Schätzung an diese Zahl angenähert wurde; vgl. Tversky/Kahneman (1974), S. 1128. Trotz dieser innewohnenden Tendenz zur Verzerrung stellen Ankereffekte in bestimmten Situationen durchaus eine sinnvolle Heuristik dar; vgl. hierzu das sehr anschauliche Beispiel eines Autoverkaufs von Keren/Teigen (2004), S. 98.

[345] Vgl. Tversky/Kahneman (1974), S. 1128 ff.

[346] Vgl. für weitere Nachweise Coulter (1994), S. 6 sowie Arnold (1997), S. 54.

[347] Vgl. Mussweiler/Englich/Strack (2004), S. 186.

[348] Vgl. Wright (1988), S. 595 ff.; Bedard (1989), S. 113 ff.; Mock/Wright (1993), S. 49 ff.; Tan (1995), S. 126. Die Untersuchungsdesigns wichen hierbei allerdings stark voneinander ab; während Wright und Tan experimentelle Studien durchführten, bei denen es um ein „substantive audit program" sowie die Einschätzung des *Going-Concern* eine Unternehmens ging, leiteten Mock/Wright und Bedard ihre Erkenntnisse aus realen Daten ab. Bedard befragte hierfür mehrere erfahrene Prüfer

zum Ankereffekt durch ungeprüfte Buchwerte, der bei der Durchführung von analytischen Prüfungshandlungen[349] auftreten kann, sind mehrere empirische Studien durchgeführt worden.[350] Problematisch könnte diese Verzerrung insbesondere bei einem Verankern an ungeprüften Buchwerten bei analytischen Prüfungshandlungen werden, da es dem Prüfer nicht gelingt, eine unabhängige Erwartungshaltung zu bilden. Folglich ist zu erwarten, dass aufgrund der verzerrten Erwartungshaltung keine Abweichungen aufgedeckt und dadurch Fehler im Jahresabschluss übersehen werden können.[351]

3.3.1.2 Aufgabenstruktureffekte

Ein weitere Informationsverarbeitungseffekt sind sogenannte AUFGABENSTRUKTUR-EFFEKTE. Einer der Hauptfaktoren, der zur Verwendung von Heuristiken und damit dem Eintreten von Verzerrungen beiträgt, ist die Struktur von Problemen.[352] In schlecht- und

---

nach ihrer Vorgehensweise bei der Prüfungsplanung tatsächlicher Abschlussprüfungen und Mock/Wright wertete die im Rahmen von 159 realen Prüfungsmandaten erstellten Arbeitspapiere aus.

[349] Mit analytischen Prüfungshandlungen wird die Plausibilität von Jahresabschlussdaten beurteilt, indem sich Prüfer auf der Grundlage von Verhältniszahlen und Trends, eine unabhängige Erwartungshaltung bilden und diese anschließend mit den zu prüfenden Daten vergleichen. Bei auffälligen Abweichungen wird sowohl die Bildung und Überprüfung von Erklärungshypothesen als auch eine Aufdeckung von Fehlern durch Einzelfallprüfungen nötig. Zu analytischen Prüfungshandlungen siehe IDW PS 312; Kayadelen (2008), S. 25 ff.; Marten/Quick/Ruhnke (2007), S. 293 ff.

[350] Vgl. z.B. Kinney/Uecker (1982), S. 55 ff.; Biggs/Wild (1985), S. 607 ff.; Heintz/White (1989), S. 22 ff. sowie Koch (2004), S. 15. Biggs/Wild haben in ihrem Experiment, in dem sie zwei Gruppen von Wirtschaftsprüfern die für das aktuelle Jahr erwartete Bruttogewinnmarge sowie deren noch akzeptable Abweichung auf der Grundlage der Daten der beiden vorangegangenen Jahre bestimmen ließen, einen Ankereffekt nachweisen können (angesprochen Hypothese 1.1). Jede Gruppe erhielt als Basisinformation hierbei unterschiedliche Werte für die aktuellen ungeprüften Jahresabschlussdaten. Als Ergebnis konnten sie feststellen, dass die Prüfer ihre Erwartungen an den ungeprüften Buchwerten ausrichteten; vgl. Biggs/Wild (1985), insbesondere S. 608 ff. und 616. Auch Kinney/Uecker wiesen in ihrem Experiment eine zu starke Ausrichtung an ungeprüften Buchwerten bei analytischen Prüfungshandlungen nach; vgl. Kinney/Uecker (1982), S. 55 ff.

[351] Vgl. Heintz/White (1989), S. 36; Wild/Biggs (1990), S. 232 ff. Eher erwünscht hingegen ist ein Ausrichten an von Entscheidungshilfen gelieferten Werten; vgl. Kowalcyk/Wolfe (1998), S. 147 ff.

[352] Daneben kann auch die Struktur der Prüfungsnormen einen Einflussfaktor auf die Informationsverarbeitung haben; dieser Effekt wäre dann allerdings in Abbildung 9, der Prüfungsumwelt zuzuordnen. Insbesondere im angloamerikanischen Sprachraum existiert eine Vielzahl empirischer Studien, welche die Wirkung von Strukturvorgaben auf das tatsächliche Prüfungsgeschehen untersuchen. Diese deuten zwar daraufhin, dass Strukturvorgaben eine steuernde Wirkung auf die reale Prüfungsdurchführung entfalten, Aussagen über die Wirkungsrichtung lassen sich jedoch aufgrund der teilweise widersprüchlichen Befunde nicht treffen; vgl. u.a. Bowrin (1998), S. 62 f. Zu nennen ist in diesem Zusammenhang insbesondere die Arbeit von Cushing/Loebbecke, da sie den Startpunkt einer dezidierten strukturfokussierten Prüfungsforschung darstellt; vgl. Cushing/Loebbecke (1986), S. 32 ff. Die Autoren unterzogen die Prüfungshandbücher von zwölf Prüfungsgesellschaften einer Inhaltsanalyse und verglichen sie anschließend sowohl untereinander als auch mit einem auf Basis der Prüfungsnormen entwickelten (Ideal-)Modell eines normenkonformen Prüfungsprozesses. Zur Messung der Unterschiede identifizierten Cushing/Loebbecke 18 Elemente, bei denen sie annahmen, dass sie einen signifikanten Einfluss auf den Strukturierungsgrad der betrieblichen Normen haben; vgl. ebd., S. 33 f. Anschließend wurden die einzelnen Elemente hinsichtlich des Ausmaßes ihrer

unstrukturierten Aufgabenstellungen sind Prüfer häufig gezwungen, ihre Entscheidung intuitiv zu fällen und müssen somit auf Heuristiken zurückgreifen. Aufgrund der subjektiven, personenabhängigen Elemente der Problemstruktur,[353] kann diese nur in Zusammenhang mit den vorhandenen kognitiven Fähigkeiten sowie dem vorhandenen Wissen analysiert werden.[354]

So zeigen u.a. ABDOLMOHAMMADI/WRIGHT (1987) und TAN/NG/ MAK (2002), dass die Leistung von Prüfern in Abhängigkeit von der Struktur der zu bearbeitenden Prüfungsaufgabe variiert.[355]

ABDOLMOHAMMADI/WRIGHT (1987) vergleichen das Problemlösungsverhalten unterschiedlich erfahrener Prüfer innerhalb strukturierter, halb-strukturierter und unstrukturierter Aufgabengebiete.[356] Für die Überprüfung der zentralen Hypothese, dass Erfahrungseffekte im Prüfungsprozess positiv mit dem Grad der Aufgabenkomplexität zusammenhängen, führten Abdolmohammadi/Wright zwei Laborexperimente durch.[357]

Die unstrukturierte Fallstudie wurde von 159 Probanden (davon 96 Studenten und 63 Prüfern mit durchschnittlich 10,5 Jahren Prüfungserfahrung) bearbeitet.[358] Sowohl bei der Beurteilung der Vertretbarkeit eines eingeschränkten Bestätigungsvermerks sowie bei der

---

[353] Strukturvorgaben beurteilt (u.a. Umfang und Art des zur Verfügung gestellten Materials sowie die Abstimmung der Materialien). Durch Addition der den einzelnen Elementen zugewiesenen Beurteilungswerte zu einem Gesamtwert (*structure score for subject firms*), wurden die Prüfungsgesellschaften in vier Klassen (*highly structured, semistructured, partially structured, unstructured*) eingeteilt. Auf dieser Basis wurde im Rahmen zahlreicher Studien untersucht, ob ein Zusammenhang zwischen den Ausprägungen einer beobachtbaren Dimension (endogene Variable) und dem Strukturierungsgrad (exogene Variable) besteht; vgl. insbesondere Ruhnke (2000), S. 385 m.w.N.

[353] Vgl. hierzu die sog. „problem-problem solver relationship" bei Smith (1988), S. 1497; sowie Kapitel 2.4.2.

[354] Vgl. u.a. Ruhnke (2000), S. 307 f. sowie ausführlich zur Kompetenz des Problemlösers Kapitel 2.5.2.3.3.

[355] Vgl. hierzu auch die Übersichten bei Bonner (1994); für Aufgaben zur Kennzahlen-/Bilanzanalyse; vgl. ebd., S. 226; für eine Übersicht zur *Going-Concern*-Prüfung; vgl. ebd., S. 228.

[356] Die Abgrenzung der Problemstruktur folgt hierbei dem Modell von Gorry/Scott-Morton (1971); vgl. Abdolmohammadi/Wright (1987), S. 4. Zur Zuordnung der Fallstudien zu den Strukturkategorien (strukturiert, halb-strukturiert und unstrukturiert) wurden 105 Manager und Partner von sechs Prüfungsgesellschaften angeschrieben und gebeten verschiedene Prüfungsaufgaben hinsichtlich der Komplexität zu beurteilen. Auch sollten sie in diesem Kontext angeben, welchen hierarchischen Rang die Mitarbeiter, die diese Aufgabe bearbeiten typischerweise innehaben. Anhand der Mittelwerte, der Standardabweichung und des Medians bzgl. der beiden Kriterien wurden die Rückantworten von 88 Prüfern (Rücklaufquote 84%) den einzelnen Prüfungsaufgaben (*tasks*) zugeordnet; vgl. Abdolhohammadi/Wright (1987), S. 5 ff.

[357] Die Experimente wurden zum Teil in den Büros der Prüfungsfirmen, auf Weiterbildungsveranstaltungen oder berufsständischen Treffen durchgeführt; vgl. ebd., S. 7.

[358] Auf die Probleme einer Operationalisierung von Novizen durch Studierende weisen Abdolmohammadi/Wright (1987) explizit hin; vgl. ebd., S. 12.

Beurteilung des Erfordernisses einer Anpassungsbuchung konnten auf Basis eines Gruppenvergleichs[359] erfahrener und unerfahrener Prüfer signifikante Unterschiede[360] nachgewiesen werden.[361] Erfahrene Manager und Partner forderten signifikant seltener eine Anpassungsbuchung bzw. die Einschränkung des Bestätigungsvermerks.

Die halb-strukturierte und die strukturierte Fallstudie wurden von 115 Teilnehmern (davon 50 Studenten und 65 Prüfer mit durchschnittlich 3,57 Jahren Prüfungserfahrung) bearbeitet. Nach einer ausführlichen Information über das Interne Kontrollsystems eines Frachtunternehmens sollten die Probanden die Wirksamkeit der internen Kontrollen beurteilen, die erwartete und die noch tolerierbare Fehlerrate sowie die erforderliche Stichprobengröße bei 95-prozentiger Prüfungssicherheit angeben. Die ersten drei Entscheidungen sind der Kategorie halb-strukturiert und die Ermittlung des erforderlichen Stichprobenumfangs ist, da die Angabe direkt einer Tabelle entnehmbar ist, den strukturierten Aufgaben zuzuordnen.[362] Auch bei den halb-strukturierten und in der strukturierten Prüfungsaufgabe lassen sich durchweg signifikante Unterschiede beobachten.[363]

In der abschließenden Untersuchung wurde mit Hilfe der Rangkorrelation nach Spearman untersucht, ob ein Zusammenhang zwischen praktischer Prüfungserfahrung (gemessen in Monaten) und den Angaben zu den einzelnen Fallstudien existiert.[364] Überraschenderweise konnte nur bei der Fallstudie zur Angabe der maximalen tolerierbaren Fehlerrate ein signifikantes Ergebnis nachgewiesen werden.

---

[359] Vgl. zu den Vor- und Nachteilen eines Experten-Novizen-Vergleichs, Kapitel 4.3.5.1.

[360] Zur statistischen Analyse wurden t-Tests eingesetzt. Alle Ergebnisse sind auf dem $\alpha=0{,}05$ Niveau signifikant.

[361] Die Gruppierung erfolgte auf der Basis der ersten Umfrage; vgl. Fn. 356. Da mit der Bearbeitung dieses Aufgabentypus typischerweise lediglich Partner und Manager befasst sind, umfasst die Gruppe der erfahrenen Teilnehmer 41 Personen und die der unerfahrenen 111 Personen; vgl. Abdolmohammadi/Wright (1987), S. 8 und 9.

[362] vgl. ebd., S. 8.

[363] Die Gruppierung erfolgte auch auf der Basis der ersten Umfrage; vgl. Fn. 356. Die erfahrene Gruppe umfassten alle Probanden ab Senior-Ebene (57 Personen). Als statistische Verfahren wurden hierzu sowohl t-Tests als auch der Chi-Quadrat-Test eingesetzt; vgl. ebd., S. 10.
Zwar waren auch die Unterschiede bei der Ermittlung der Stichprobengröße (strukturierte Aufgabe) signifikant. Jedoch war dies auch so zu erwarten, da die Aufgabe nicht unabhängig bearbeitbar ist, sondern direkt von der Beurteilung der erwarteten und der maximalen noch tolerierbaren Fehlerrate (halb-strukturierte Aufgabe) abhängt. So folgern Abdolhohammadi/Wright: „It is reasonable to posit, however, that given the same EPER, MTER, and confidence level, experienced and inexperienced subjects would choose the same sample size from a given table , indicating no experience effect.", ebd., S. 11. EPER, MTER stehen hier für: *expected population error rate* und *maximum tolerable error rate*.

[364] Studenten wurden nicht in die Untersuchung einbezogen.

„The curious findings [...] mirror the results of some prior studies where, contrary to expectations, few or no experience effects are indicated for selected audit tasks."[365]

In einer weiteren Studie untersuchten TAN/NG/MAK (2002) den Effekt der Aufgabenstruktur auf die Performance von Prüfern und wie dieser Effekt durch einen unterschiedlichen Grad an Wissen und Rechtfertigung beeinflusst wird. So fanden sie, entsprechend ihren Erwartungen heraus, dass bei hohem Rechtfertigungsdruck die Performance bei Prüfern mit umfassender Wissensbasis (*high-knowledge auditors*)[366] mit steigender Aufgabenkomplexität nahezu konstant ist, bei Prüfern mit einem geringerer Wissensbasis (*low-knowledge auditors*) hingegen abnimmt; umgekehrt verhält es sich in Situationen mit niedrigem Rechtfertigungsdruck.[367] Mit ihrer Studie zeigen sie, dass eine dreiseitige Abhängigkeit zwischen Aufgabenkomplexität, Wissen und Rechtfertigung existiert. Auch kann belegt werden, dass das Model von BONNER (1994), welches eine zweiseitige Abhängigkeit von Aufgabenstruktur und Kenntnissen (*skills*) oder Motivation postuliert nur unter bestimmten Voraussetzungen Gültigkeit besitzt.[368]

BORITZ (1985) untersuchte, durch einen Vergleich der Reaktionen nach einer hierarchisch strukturierten Vorlage mit der Reaktion auf identische Reize, welche in einer einfachen Liste angeordnet sind, die (Aus-)Wirkung unterschiedlicher Datenstrukturierungsformate auf die Urteile von Prüfern.[369] Vierzig Wirtschaftsprüfer fünf unterschiedlicher Expertisestufen (Junior, Senior, Manager, Partner und Computer-Spezialist) sollten jeweils eine vorgegebene Prüfungsstrategie beurteilen und sowohl eine überarbeitete Strategie vorschlagen als auch ihre Schwierigkeiten im Umgang mit den erforderlichen Beurteilungsmaßnahmen angeben. In den 16 Fallstudien variierten neben dem Präsentationsformat auch die Art der Informationsverarbeitung (manuell vs. computergestützt) und die internen Kontrollen. Die Struktur der Aufgabe spielt hiernach eine entscheidende

---

[365] Abdolmohammadi/Wright (1987), S. 12.

[366] Die Einteilung in *high-* bzw. *low-knowledge auditor* wurde auf Basis von Wissenstest vorgenommen; vgl. Tan/Ng/Mak (2002), S. 87.

[367] Vgl. hierzu ebd., insbesondere S. 89 ff.

[368] Vgl. Bonner (1994), insbesondere S. 219 ff. Bonner setzt in ihrem Modell die Aufgabenstruktur ins Verhältnis zur Performance von Wirtschaftsprüfern. Hierbei unterscheidet sie drei Arten von Kenntnissen: hoch, mittel und niedrig. Bei Prüfern mit hohem Kenntnisstand sind innerhalb einer relevanten Bandbreite der Aufgabenstruktur keine Performanceunterschiede zu erwarten; bei Prüfern mit mittlerem und niedrigen Kenntnisstand ist zu erwarten, dass die Performance negativ mit den Kenntissen korreliert (jedoch bei mittlerem Kenntnisstand weniger stark als bei niedrigem); vgl. ebd., S. 219. In einer Auswertung bestehender Studien zu Kennzahlenanalysen und *Going-Concern-*Prüfungen zeigt sie (mit Hilfe einer Regressionsanalyse), dass Kenntnisse signifikant negativ mit der Aufgabenstruktur korrelieren; vgl. ebd., S. 226 und 228.

[369] Vgl. Boritz (1985), insbesondere S. 208 ff.

Rolle bei der Informationsverarbeitung; so trägt sie häufig dazu bei, dass unabhängig vom Bearbeiter keine großen Antwortunterschiede auftreten. Allerdings führen Strukturvorgaben zu großen wahrgenommenen Schwierigkeitsunterschieden; so konnte Boritz insbesondere große Unterschiede zwischen Seniors und Partnern nachweisen. Seniors empfinden im Gegensatz zu Partnern Aufgaben als einfacher, bei denen sie zunächst strukturierte Informationen zur Verfügung gestellt bekommen. Boritz vermutet, dass Seniors sich durch die Bearbeitung der strukturierten Aufgaben eine Art Rahmen (*framework*) erarbeiten konnten, während die gegebenen Strukturvorgaben die Partner aufgrund einer fehlenden Übereinstimmung mit den über längere Zeiträume durch Erfahrung erworbenen Strukturen eher blockiert haben.[370]

3.3.1.3 Emotionen

EMOTIONEN können als mehr oder weniger bewusst erlebte innere Erregungszustände definiert werden.[371] Sie haben durch die Beeinflussung der Informationsaufnahme und -verarbeitung erhebliche Auswirkungen auf den Urteilsbildungsprozess.[372] So zeigen die Ergebnisse der psychologischen Forschung z.B., dass Menschen mit positiver Stimmung die Eintrittswahrscheinlichkeit positiver (negativer) Ereignisse höher (niedriger) einschätzen als Menschen in neutraler Stimmung.[373]

Der Einfluss von EMOTIONEN auf die prüferische Urteilsfindung wurde bisher lediglich von CHUNG/COHEN/MONROE (2008) untersucht. Hierbei schätzten Prüfer, die zuvor in positive Stimmung versetzt worden waren, den Wert des Vorratsvermögens signifikant höher ein Prüfer, als Prüfer in neutraler oder negativer Stimmung.[374] Auch in der Accounting-Forschung existieren, aufgrund des relativ neuen Forschungszweigs, bisher nur sehr wenige Studien, die sich mit dieser Thematik beschäftigen.[375]

---

[370] Vgl. Boritz (1985), S.193 ff., insbesondere S. 212 f.
[371] Vgl. Gronewold (2006), S. 219. Die Bedeutung von Emotionen für die Informationsverarbeitung wurde bereits ausführlich in Kapitel 2.5.2.3.4 diskutiert.
[372] Vgl. Brander/Kompa/Peltzer (1985), S. 181 ff. sowie Bonner (2008), S. 89 ff. m.w.N.
[373] Vgl. Wright/Bower (1992), S. 280 ff. sowie Johnson/Tversky (1983), S. 23 ff.
[374] Vgl. Chung/Cohen/Monroe (2008), S. 137 ff., insbesondere S. 145 f. Die unterschiedliche Bewertung hatte zur Folge, dass das Urteil der positiv gestimmten Prüfer nur in 28% der Fälle eine Anpassungsbuchung erforderte, während dies bei 75% der negativ gestimmten Prüfer der Fall gewesen wäre. Vgl. ebd., S. 146 f.
[375] Eine der neuesten Studie in diesem Bereich von Moreno/Kida/Smith untersucht den Einfluss von Emotionen bei der Investitionsplanung. Bevor die Probanden (*n*=121) ein Investitionsprojekt in Abhängigkeit davon, ob es Gewinne abwarf oder verlustträchtig war, beurteilen sollten, wurden diese entweder in neutrale (Kontrollgruppe), positive oder negative Stimmung (Versuchsgruppen)

3.3.1.4 Rahmeneffekte

Die Beeinflussung des Entscheidungsverhaltens durch die Art der Formulierung der gegebenen Informationen bezeichnet man als RAHMENEFFEKT.[376] Der Entscheidungsprozess im Rahmen der *prospect theory* von KAHNEMAN/TVERSKY (1979) unterscheidet zwei Phasen, zunächst die RAHMUNGSPHASE (*editing phase*) und darauf aufbauend die BEWERTUNGSPHASE (*evaluation phase*). Die RAHMUNGSPHASE dient einer vorbereitenden Analyse der Alternativen mit dem Ziel einer vereinfachten Darstellung des Entscheidungsproblems.[377] In Abhängigkeit von der Wortwahl kann sich ein unterschiedliches Problemverständnis und somit in der Folge auch (aufgrund dieses abweichenden Rahmens) ein unterschiedliches Urteil ergeben.

Die Untersuchung des RAHMENEFFEKTES ist im Prüfungsbereich von großer Bedeutung, weil sowohl die Prüfungsnormen als auch die Prüfungshandbücher der Wirtschaftsprüfungsgesellschaften positive und negative Formulierungen hinsichtlich verschiedener Aufgabenbereiche enthalten.[378] Bisherige Untersuchungen des Rahmeneffektes im Prüfungsbereich konzentrieren sich hierbei entweder auf die Frage, welchen Einfluss die Formulierung der Fragestellung auf die Entscheidung hat[379] oder ob die Gestaltung der Arbeitspapiere einen Einfluss auf die Urteilsbildung hat.[380]

In der Studie von KIDA (1984) sollten die Probanden, wie in der Mehrzahl der empirischen Untersuchungen zum Rahmeneffekt, eine *Going-Concern*-Beurteilung vornehmen.[381]

---

versetzt. Die Ergebnisse bestätigten die Hypothese, dass es einen signifikanten Einfluss von sowohl positiven als auch negativen Emotionen auf die Entscheidungsfindung bei Managern gibt. Während die meisten Manager (75,55%) der Kontrollgruppe sich analog zur *prospect theory* verhielten, d.h. in Gewinnsituationen waren sie risikoscheu und bei drohenden Verlusten risikofreudig, deuten die Ergebnisse daraufhin, dass sich die Manager der Versuchsgruppen kontrovers zur *prospect-theory* verhielten (nur 31,3% der Manger der Versuchsgruppe verhielten sich konsistent zur prospect theory); vgl. Moreno/Kida/Smith (2002), S. 1336 ff., insbesondere S. 1342. Zu nennen sind des Weiteren die Studien von Kida/Smith/Maletta (1998) und Kida/Moreno/Smith (2001).

[376] Vgl. Kahneman/Tversky (1984), S. 341 ff.; Tversky/Kahneman (1981), S. 453 ff.; Tversky/Kahneman (1986), S. 251 ff.
[377] Vgl. Kahneman/Tversky (1979), S. 274.
[378] Vgl. hierzu Emby/Finley (1997), S. 60 sowie Schreiber (2000), S. 121.
[379] Vgl. hierzu exemplarisch die Studie von Kida (1984), für weitere Nachweise siehe Fn. 389.
[380] Vgl. Tan/Yip-Ow (2001).
[381] Vgl. Kida (1984); O'Clock/Devine (1995); Trotman/Sng (1989). Kritisch zu *Going-Concern*-Beurteilungen als experimentelle Aufgabe bei der Untersuchung von Rahmeneffekten; vgl. Schreiber (2000), S. 123.

Angeschrieben wurden 80 Partner und Manager.[382] Diese bekamen eine Liste von 20 Informationen über ein hypothetisches Unternehmen, wovon die eine Hälfte der Firmeneigenschaften auf das Versagen, die andere auf eine kontinuierliche Viabilität desselben hinwiesen. Die Probanden sollten die Informationen angeben, die darauf hinweisen, dass das Unternehmen in den nächsten zwei Jahren überleben bzw. nicht überleben wird. Zusätzlich sollten eine Hälfte der Probanden die Wahrscheinlichkeit eines Unternehmenszusammenbruchs und die andere Hälfte die Überlebenswahrscheinlichkeit angeben. Zwar konnte ein signifikanter Unterschied hinsichtlich der Auswahl der positiven Informationen nachgewiesen werden,[383] dennoch wurden insgesamt von beiden Gruppen mehr negative als positive Informationen als relevant erachtet. Hinsichtlich der Beurteilung konnten keine signifikanten Gruppenunterschiede identifiziert werden.[384]

Insbesondere die Ergebnisse, dass beide Probandengruppen mehr negative als positive Informationen als relevant erachten, deuten somit auf einen starken Einfluss professioneller Skepsis des Prüfers hin.[385]

Der Einfluss von Erfahrung (wie auch die Möglichkeit des *Debiasing* generell) ist in der Forschung bislang kaum berücksichtigt worden. Da nicht davon auszugehen ist, dass mit zunehmender Erfahrung auch die professionelle Skepsis tendenziell steigt, kann Erfahrung in diesem Sinne auch keine abmildernde Wirkung auf den Rahmeneffekt haben.[386]

---

[382] "…80 packets of the main experimental materials were mailed to partners and managers in five international firms. […] An overall usable response rate of 55% again was obtained, resulting in 20 Ss [Ss=subjects, Anmerkung des Verfassers] in the failure group and 24 Ss in the viability group." Kida (1984), S. 335.

[383] So gaben die Prüfer die die positive Formulierung (Hypothese zur Überlebenswahrscheinlichkeit) erhalten hatten, signifikant mehr positive Informationen an (durchschnittlich 3,58 im Vergleich zu 1,80 positiven Informationen der anderen Gruppe); vgl. Kida (1984), S. 336.

[384] Vgl. Kida (1984), S. 336.

[385] Vgl. Gronewold (2006), S. 358. Ähnliches gilt auch für die Bestätigungseffekte; während es sich bei Rahmeneffekten um vorgegebene Hypothesen und Formulierungen handelt, ist für den Bestätigungseffekte die eigene Hypothese des Prüfers entscheidend; vgl. Kapitel 3.3.3.1. In diesem Zusammenhang ist insbesondere die Studie von Trotman/Sng (1989) zu erwähnen, welche eine um Kennzahleninformationen erweiterte Replikation der Studie von Kida (1984) darstellt. Sie weisen sowohl einen negativen Einfluss professioneller Skepsis (da ein negativer Nachweis, entweder frame oder Kennzahl, für eine zu starke Berücksichtigung negativer Merkmale ausreichend ist) als auch den Rahmeneffekt nach, Trotman/Sng (1989), S. 570 ff.

[386] In diesem Kontext sei insbesondere auf die Studien von Emby/Finley (1997) sowie Trotman/Sng (1989) hingewiesen, bei denen durch Fokusierung der Aufmerksamkeit des Prüfers auf den Inhalt und weniger auf die Form bzw. zusätzliche Angaben zur Diagnostizität der Informationen Rahmeneffekte gemildert werden konnten.

3.3.1.5 Reihenfolgeeffekte

Einen wichtigen Einfluss auf die Informationsverarbeitung hat auch die Reihenfolge, in der die Informationen aufgenommen werden.[387] Hier können Verzerrungen auftreten, wenn bei unterschiedlicher Reihenfolge der Prüfungsnachweise das Gesamturteil ohne inhaltliche Begründung variiert.[388] Dabei sind vor allem NEUHEITSEFFEKTE (*recency*-Effekte)[389] von Bedeutung, bei denen die jeweils zuletzt verarbeitete Information zu stark gewichtet wird und sich dadurch überproportional auf den Überzeugungsgrad auswirkt.[390, 391] Diese können jedoch (ausnahmsweise) dann als zweckmäßig angesehen werden, wenn die zuletzt zugegangenen Informationen aufgrund eines besseren Kenntnisstands am Ende der Urteilsbildung eine höhere Relevanz besitzen.[392] Meistens sollten jedoch rationalerweise die Einschätzungen von Information unabhängig vom Zeitpunkt des Informationszugangs sein.

NEUHEITSEFFEKTE können sowohl bei der Bildung der Urteilshypothese als auch bei der Aggregation der Prüfungsnachweise zu einem Gesamturteil von Bedeutung sein. In der Phase der Hypothesengenerierung sind für den Prüfer vor kurzem aufgetretene Fehler

---

[387] Vgl. Hogarth/Einhorn (1992), S. 15 ff.; Lenz (2002b), Sp. 1932 ff. Anfang der 90er Jahren haben Hogarth/Einhorn aufbauend auf der Verankerungs- und Anpassungs-Heuristik ein Modell zur Überzeugungsanpassung (*belief-adjustment model*) entwickelt, das die Verarbeitung der neuen, auf den Anker folgenden Informationen zu einem Gesamturteil beschreibt; vgl. Hogarth/Einhorn (1992), S. 1 ff. Während bei konsistent positiven d.h. die Ursprungsvermutung stützenden, oder negativen (ihr widersprechende) Informationen keine Reihenfolgeeffekte erwartet werden, sollen nach diesem Modell, bei variierender Abfolge unterschiedliche Urteile gebildet werden. In Bezug auf den Prüfungsprozess bedeutet dies, dass ein aufgrund von Vorinformationen gebildeter Überzeugungsgrad für die Richtigkeit einer Hypothese anhand neuer Prüfungsnachweise solange angepasst wird, bis die erforderliche Prüfungssicherheit erreicht ist; vgl. Ruhnke (2002b), S. 211.

[388] Vgl. Schreiber (2000), S. 170; vgl. hierzu auch Koch/Wüstemann (2008), S. 7 f.

[389] Bei diesem sog. *recency*-Effekt werden die zuletzt verarbeiteten Informationen zu stark gewichtet, d.h. der Einfluss eines Prüfungsnachweises steigt allein dadurch, dass er zuletzt berücksichtigt wird. Während das *belief-adjustment model* (vgl. Fn. 387) den *recency*-Effekt mit einem Kontrasteffekt, der durch die Abfolge von positiven und negativen Informationen entsteht, erklärt (vgl. Hogarth/Einhorn (1992), S. 14), kann diese Verzerrung auch mit Hilfe der Verfügbarkeits-Heuristik erklärt werden. Danach ist der zuletzt erlangte Prüfungsnachweis stärker im Gedächtnis verfügbar und erhält dadurch bei der Verarbeitung ein größeres Gewicht.

[390] Vgl. Messier/Tubbs (1994), S. 59 f. Der Gegensatz zu *recency*-Effekten sind *primacy*-Effekte; hier werden die zuerst zugegangenen Informationen stärker gewichtet als die nachfolgenden; vgl. Schreiber (2000), S. 170; Gronewold (2006), S. 358.

[391] Die Übergewichtung der zuletzt eingegangenen Informationen bei einer Abfolge inkonsistenter Informationen tritt insbesondere ein, wenn Entscheidungen sequentiell getroffen werden; vgl. hierzu die Ergebnisse des Experiments von Trotman/Wright (1996), S. 175 ff. Für eine Übersicht siehe Trotman/Wright (2000), S. 169 ff. Bei der Prüfungsbeurteilung dürfte sich im Regelfall um eine schrittweise bzw. „step-by-step" (*SbS*)-Verarbeitung handeln; vgl. Gibbins (1984), S. 103 ff.

[392] Vgl. Schreiber (2000), S. 170; Koch (2004), S. 12.

leichter verfügbar, so dass diese bevorzugt Gegenstand der Hypothese werden können.[393] Bei der Urteilsbildung kann die Neuheitsverzerrung (*recency bias*) auftreten, wenn die Informationen sequenziell verarbeitet werden und sowohl positive als auch negative Prüfungsnachweise vorhanden sind.[394]

Es zeigte sich, dass Prüfer generell dem recency bias unterliegen,[395, 396] wenn auch im Vergleich zu anderen Versuchsgruppen in geringerem Umfang.[397]

Da die Problemkomplexität, welche nach dem *belief-adjustment model* das Auftreten von *recency*-Effekten beeinflusst, auch subjektive Elemente umfasst, müsste Erfahrung tendenziell zu einer Verringerung von REIHENFOLGEEFFEKTEN führen.[398] Dieser Zusammenhang konnte u.a. von TROTMAN/WRIGHT (1996) empirisch bestätigt werden.[399] In ihrer Studie befragten sie 96 Wirtschaftsprüfer (Seniors und Manager mit einer durchschnittlichen Prüfungserfahrung von 5,4 Jahren) sowie 64 Studenten (Undergraduate Students). Während

---

[393] Libby hat *recency*-Effekte auch für die Bildung von Erklärungshypothesen im Rahmen analytischer Prüfungshandlungen untersucht; in diesem Kontext konnte kein signifikanter Zusammenhang nachgewiesen werden; vgl. Libby (1985), S. 652 sowie S. 658 ff.

[394] Vgl. Hogarth/Einhorn (1992), S. 15 f.

[395] So hat u.a. Asare in einer Studie *recency*-Effekte bei der Beurteilung der Unternehmensfortführung nachgewiesen; vgl. Asare (1992), S. 379 ff. In dem Experiment erhielt eine Gruppe von Prüfern zunächst zwei positive, d.h. für eine *Going-Concern* sprechende Informationen und anschließend zwei negative, d.h. auf eine Insolvenz hindeutende Informationen. Eine zweite Gruppe bekam die Informationen in der umgekehrten Reihenfolge zur Verfügung gestellt. Das Experiment ergab, dass die Prüfer, die zuletzt die auf eine Insolvenz hindeutenden Informationen erhielten, diese stärker gewichteten und somit auch häufiger zu dem Ergebnis kamen, dass die Annahme der Unternehmensfortführung nicht gegeben war.

[396] *Recency*-Effekte traten insbesondere bei sequentieller (SbS)-Verarbeitung auf. Für Nachweise bei analytischen Prüfungshandlungen; vgl. Ashton/Ashton (1988), S. 623 ff.; bei *Going-Concern*-Prüfungen; vgl. Asare (1992), S. 379 ff.; Ashton/Kennedy (2002), S. 221 ff.; Favere-Marchesi (2006), S. 69 ff.; bei Experimenten zur Vorratsabschreibungen; vgl. Krull/Reckers/Wong-on-Wing (1993), S. 143 ff.; Ashton/Ashton (1990), S. 1 ff.; und bei Beurteilung des internen Kontrollsystems; vgl. Ashton/Ashton (1990), S. 1 ff. Ferner konnten Tubbs/Messier/Knechel zeigen, dass bei SbS-Verarbeitung der *recency bias* stärker ausfällt als bei „end-of-sequence" (*EoS*)-Verarbeitung, wonach das Urteil erst nach Wahrnehmung aller Informationen gebildet wird; vgl. Tubbs/Messier/Knechel (1990), S. 452 ff.

[397] Einen geringeres Auftreten bei Prüfern zeigt insbesondere Trotman/Wright, (1996), S. 175 ff.; Monroe/Ng (2000), S. 153 ff.; vgl. hierzu auch Koch (2004), S. 13.

[398] Neben Erfahrung mindern insbesondere auch der Verantwortlichkeits- und Rechtfertigungsdruck; vgl. Kennedy (1993), S. 240 ff.; Cushing/Ahlawat (1996), S. 113 f. und die professionelle Skepsis; vgl. Reckers/Schultz (1993), S. 136 ff. das Auftreten von *recency*-Effekten. Im Gegensatz zu risikoerhöhenden Signalen bewirken Gruppenprozesse keinen Minderung der *recency*-Effekte; vgl. Reckers/Schultz (1993), S. 140. Ashton/Kennedy (2002) konnten zudem zeigen, dass auch eine *self-review* die Verzerrungen durch Reihenfolgeeffekte verringert; vgl. Ashton/Kennedy (2002), S. 221 ff. Siehe des Weiteren hierzu Ruhnke (2000), S. 418, der den Einfluss von Erfahrung und Verantwortung auf Neuheitseffekte im Rahmen der *Going Concern*-Prüfung untersucht.

[399] Vgl. Trotman/Wright (1996), S. 186 ff. Auch weitere Studien kamen zu ähnlichen Ergebnissen; vgl. Kennedy (1993), S. 243; Krull/Reckers/Wong-on-Wing (1993) und Messier/Tubbs (1994), S. 60 ff. Für weitere Nachweise siehe auch Ruhnke (2000), S. 299 insbesondere Fn. 361.

bei den erfahrenen Managern weder bei der einfacheren Aufgabe zur Einschätzung des Internen Kontrollsystems noch bei der als komplexer eingestuften Aufgabe zur *Going-Concern*-Prüfung Reihenfolgeeffekte auftraten,[400] wurde die Urteilsbildung sowohl der Seniors als auch der Undergraduate Students durch Reihenfolgeeffekte beeinflusst.[401] Auch MESSIER/TUBBS (1994) konnten zeigen, dass bei Managern (durchschnittliche Berufserfahrung 7,0 Jahre, $n=72$) signifikant weniger Neuheitseffekte auftreten als bei der Vergleichsgruppe der Seniors (durchschnittliche Berufserfahrung 3,52 Jahre, $n=78$).[402]

Insgesamt kann aufgrund zahlreicher empirischer Belege davon ausgegangen werden, „daß (sic!) aufgabenbezogene Erfahrungen sowie die Verpflichtung zur Dokumentation geeignet sind, den neuheitsinduzierten Verzerrungen entgegenzuwirken."[403]

Neben den Neuheitseffekten liefert das *belief-adjustment model* auch Erklärungen für sogenannte MINDERUNGSEFFEKTE.[404] Diese Verzerrungen treten dann auf, wenn Informationen nicht sequenziell (*step-by-step*), sondern simultan (*end-of-sequence*) zur Verfügung stehen bzw. verarbeitet werden und dies zu einer zu verringerten Anpassung des Überzeugungsgrads führt.[405]

ASHTON /ASHTON (1988) haben den MINDERUNGSEFFEKT in Bezug auf die Gewichtung der Prüfungsnachweise bei aussagebezogenen Prüfungshandlungen nachweisen können.[406] Die Anpassung des Überzeugungsgrades wurde in Hinblick auf die Ordnungsmäßigkeit des Bilanzpostens „Forderungen" experimentell untersucht.[407] Die Probanden erhielten die Ausgangsinformation, dass die Prüfung des Internen Kontrollsystems eine Fehlerwahr-

---

[400] Dies gilt unabhängig davon, ob die Informationen simultan oder sequentiell zur Verfügung gestellt wurden; vgl. Trotman/Wright (1996), S. 187 f.

[401] Vgl. Trotman/Wright (1996), S. 186 ff. War in der komplexen Aufgabe zur *Going-concern*-Prüfung noch ein hohes Maß an Erfahrung zur Minderung des *recency bias'* notwendig, zeigte sich in der einfacheren Aufgabe bereits der gleiche Effekt bei geringeren Erfahrungswerten.

[402] Vgl. hierzu Hypothese 1 bei Messier/Tubbs (1994), S. 60 ff.

[403] Ruhnke (2000), S. 419. Auch die Dokumentation von Prüfungsnachweisen kann dazu führen, dass die dokumentierten Informationen besser im Gedächtnis verfügbar sind und deshalb auch stärker bei der Entscheidungsfindung gewichtet werden (Dokumentationseffekt); vgl. hierzu Koonce (1993), S. 59 ff.

[404] Vgl. Ashton/Ashton (1988), S. 625 f. Die von ihnen verwendete Bezeichnung „dilution effect" wird im Rahmen dieser Arbeit in einem anderen Kontext verwendet; vgl. Kapitel 3.3.1.8.

[405] Vgl. ebd., S. 625 f. und 636 sowie Ruhnke (2000), S. 299. Für Nachweise hierfür; vgl. die Experimente zur Einbringlichkeit von Forderungen, Messier/Tubbs (1994), S. 57 ff.; zur Beurteilung des internen Kontrollsystems; vgl. Butt/Campbell (1989), S. 471 ff. und zur *Going-Concern*-Prüfungen; vgl. Arnold/Collier/Leech/Sutton (2000), S. 109 ff.

[406] Vgl. Ashton/Ashton (1988), S. 623 ff. Die folgenden Ausführungen beziehen sich auf Experiment 3.

[407] Zur nachfolgenden Beschreibung des Experiments vgl. ebd., S. 637.

scheinlichkeit von 0,5 ergeben hatte. Einer Gruppe wurde dann nacheinander der Eingang von vier positiven oder vier negativen Saldenbestätigungen mitgeteilt, wobei nach jedem neuen Prüfungsnachweis der angepasste Überzeugungsgrad vermerkt werden sollte. Die zweite Gruppe erhielt die Information der vier Saldenbestätigungen simultan und hatte daher nur einmal den Überzeugungsgrad anzupassen. Das Experiment zeigte, dass der Überzeugungsgrad bei der simultanen Verarbeitung derselben Prüfungsnachweise deutlich geringer angepasst wurde als bei sequentieller Verarbeitung und damit eine unterschiedliche Gewichtung derselben Informationen erfolgte.[408]

Minderungseffekten kommt auch beim *Review*-Prozess eine große Bedeutung zu, da bei der Durchsicht der Arbeitspapiere ebenfalls eine simultane Verarbeitung der dokumentierten Prüfungsnachweise erfolgt.[409]

3.3.1.6 Repräsentativitätseffekte

REPRÄSENTATIVITÄTSEFFEKTE können als die zu starke Berücksichtigung hervorstechender Merkmale bei Wahrscheinlichkeitsschätzungen bei gleichzeitiger Vernachlässigung anderer Faktoren beschrieben werden.[410]

"A person who follows this heuristic evaluates the probability of an uncertain event, or a sample, by the degree to which it is: (i) similar in essential properties to its parent population; and (ii) reflects the salient features of the process by which it is generated."[411]

Bedeutung hat diese Heuristik insbesondere bei Fragestellungen, die sich mit der Schätzung von Wahrscheinlichkeiten beschäftigen, mit welcher ein Ereignis durch einen bestimmten Prozess erzeugt wurde. Obwohl dieses Vereinfachungsverfahren in vielen Situationen zu brauchbaren Ergebnissen führt, kann es bei hoher Entscheidungsrelevanz der vernachlässigten Faktoren, zu systematischen Abweichungen vom Rationalverhalten und somit zu fehlerhaften Urteilsbildungsprozessen kommen.[412] Dies ist insbesondere dann der Fall, wenn durch die Fokussierung auf die Repräsentativität andere Faktoren, die zwar die Wahrscheinlichkeit, nicht aber die Repräsentativität, beeinflussen, nicht ausreichend

---

[408] Vgl. ebd.
[409] Vgl. Tubbs/Messier/Knechel (1990), S. 454 f.
[410] Vgl. Tversky/Kahneman (1971), S. 105 ff.; dies. (1974), S. 1124 ff.; dies. (1982), S. 84 ff.; dies. (1983); S. 293 ff.; Kahneman/Tversky (1972), S. 430 ff.; dies. (1973), S. 237 ff.
[411] Kahneman/Tversky (1972), S. 431.
[412] Vgl. Biddle/Joyce (1982), S. 168 sowie Koch/Wüstemann (2008), S. 9 ff.

berücksichtigt oder fundamentale Grundsätze der Wahrscheinlichkeitstheorie missachtet werden.[413]

Faktoren, die oftmals vernachlässigt werden, sind die Vernachlässigung von STICH-PROBENGRÖßEN (*sample size neglect*),[414] die VERNACHLÄSSIGUNG VON BASISRATEN (*base rate neglect*),[415] der KONJUNKTIONSEFFEKT (*conjunction fallacy*)[416] und die ZUVERLÄSSIG-KEIT DER INFORMATIONSQUELLE (*source reliability neglect*)[417]. Diese sollen im Folgenden näher erläutert werden.

3.3.1.6.1 Vernachlässigung der Stichprobengröße

Da Prüfer im Rahmen der Einzelfallprüfungen regelmäßig auf die Prüfung von Stichproben angewiesen sind,[418] ist für sie die Verzerrung der VERNACHLÄSSIGUNG DER STICHPROBENGRÖßE von besonders großer Relevanz.[419] UECKER/KINNEY (1977) haben in einer Studie untersucht, ob auch Prüfer dieser Verzerrung unterliegen und die Stichprobengröße vernachlässigen.[420] In ihrem Experiment haben 112 CPAs unterschiedlich große Stichproben mit verschiedenen Fehleranteilen in der Stichprobe im Hinblick darauf beurteilt, ob sie mit der erforderlichen 95%igen Sicherheit einen Rückschluss auf einen Fehleranteil von maximal 5% in der Grundgesamtheit erlaubten.[421] 54% der teilnehmenden CPAs überschätzten hierbei kleine Stichproben, die einen relativ geringen Fehleranteil aufwiesen.[422]

---

[413] Vgl. Biddle/Joyce (1982), S. 168; Strack/Deutsch (2002), S. 360; Hertwig (2006), S. 464.

[414] Die Anwendung der Repräsentativitäts-Heuristik kann dazu führen, dass der Umfang einer Stichprobe nicht genügend berücksichtigt wird und dadurch falsche Schlüsse von der Stichprobe auf die Grundgesamtheit gezogen werden; vgl. Tversky/Kahneman (1971), S. 105 ff.; dies. (1974), S. 1125; Kahneman/Tversky (1972), S. 432 ff.

[415] Vgl. Kahneman/Tversky (1973), S. 238 ff.; Tversky/Kahneman (1974), 1124 f.; Bar-Hillel (1980), S. 222.

[416] Vgl. Tversky/Kahneman (1983), S. 292 ff. Beim „klassischen" Linda-Beispiel gaben Tversky und Kahneman den Versuchspersonen eine kurze Personenbeschreibung von Linda und ließen sie die Wahrscheinlichkeiten dafür beurteilen, dass sie Bankangestellte bzw. Bankangestellte und Feministin ist. Da die Beschreibung stark dem Stereotyp einer Feministin entsprach, schätzte eine Mehrzahl der Probanden den letzteren Fall (fälschlicherweise) als wahrscheinlicher ein; vgl. ebd., S. 297.

[417] Vgl. Tversky/Kahneman (1982), S. 91 ff.

[418] Vgl. Marten/Quick/Ruhnke (2007), S. 310 f.

[419] Vgl. Smith/Kida (1991), S. 482 sowie Koch/Wüstemann (2008), S. 9 ff.

[420] Vgl. Uecker/Kinney (1977), S. 269 ff.

[421] Vgl. ebd., S. 271 f.

[422] Vgl. ebd., S. 274.

Es zeigt sich aber, dass bei Prüfern im Vergleich zu gewöhnlichen Versuchspersonen die VERNACHLÄSSIGUNG DER STICHPROBENGRÖßE in geringerem Umfang auftritt. Während nur ungefähr 20% der Probanden korrekt erkannt haben, dass die relative Verteilung zwischen neugeborenen Jungen und Mädchen in kleineren Krankenhäusern im Vergleich zu großen Krankenhäusern eher extremer ausfällt,[423] gaben bei der Übertragung dieses Beispiels in einen Prüfungskontext fast die Hälfte der Prüfer eine normativ richtige Antwort.[424]

3.3.1.6.2 Vernachlässigung der Basisrate

Ein Beispiel für die VERNACHLÄSSIGUNG VON BASISRATEN ist die Ermittlung von a posteriori-Wahrscheinlichkeiten nach dem Theorem von Bayes.[425] JOYCE/BIDDLE (1981b)[426] konnten in einem Experiment zeigen,[427] dass die Prüfer bei der Einschätzung der *fraud*-Wahrscheinlichkeit bei positivem Testergebnis die Basisrate nicht in ausreichendem Maße berücksichtigten.[428] Insbesondere bei niedriger Basisrate und hoher fehlerhafter Positivrate (*false positive rate*) des Tests führte dies zu einer starken Überschätzung der *fraud*-Wahrscheinlichkeit.[429]

3.3.1.6.3 Konjunktionseffekte

Als weitere Verzerrung, die durch die Anwendung der Repräsentativitäts-Heuristik entstehen kann, haben TVERSKY/KAHNEMAN (1983) den KONJUNKTIONSEFFEKT untersucht.[430] Beim KONJUNKTIONSFEHLER werden fundamentale Annahmen der Wahrscheinlichkeitstheorie verletzt.[431] Die Verbundenheit von Ereignissen und die daraus resultierende

---

[423] Vgl. Kahneman/Tversky (1972), S. 430 ff.
[424] Vgl. Swieringa/Gibbins/Larsson/Sweeney (1976), S. 168 sowie auch Koch (2004), S. 10.
[425] Zum Bayesschen Theorem siehe z.B. Birnbaum (2004), S. 44 f.; Marten/Quick/Ruhnke (2006), S. 93.
[426] Vgl. Joyce/Biddle (1981b), S. 323 ff. Im Folgenden geht es um Experiment 1.
[427] In diesem Experiment wurden die Prüfer gebeten, die *fraud*-Wahrscheinlichkeit auf der Grundlage eines *fraud*-Tests, der das Persönlichkeitsprofil des Managers mit einem typischen „fraud-Profil" abglich, anzugeben. Zusätzlich bekamen die Probanden eine positive Trefferquote (*hit rate*) und eine verfälschte Trefferquote (*false positive rate*), in der fälschlicherweise *fraud* angezeigt wird sowie eine Basisrate für *fraud* (z.B. einer von 100 Managern begeht *fraud*) zur Verfügung gestellt.
[428] Vgl. ebd., S. 332 ff.
[429] Vgl. ebd.
[430] Vgl. Tversky/Kahneman (1983), S. 293 ff. Für weiteren Erklärungsansätze für den Konjunktionsfehler, die ausgehend von Tversky und Kahnemans Aufsatz entwickelt und untersucht wurden, siehe Fisk (2004), S. 27 ff.
[431] Angesprochen sind hier das Extensionalitätsprinzip und die Konjunktionsregel; vgl. Tversky/Kahneman (1983), S. 294. Das Extensionalitätsprinzip besagt, dass ein Ereignis X nicht wahrscheinlicher sein kann als ein anderes Ereignis Y, wenn Ereignis Y das Ereignis X einschließt.

geringere Wahrscheinlichkeit deren gleichzeitiger Erfüllung wird ignoriert (*conjunction fallacy*).[432]

Eine derartige Verknüpfung von Einzelfallwahrscheinlichkeiten dürfte im Prüfungskontext bei einer Vielzahl von Prüfungshandlungen gegeben sein. So z.B. bei der Einschätzung des Prüfrisikos im risikoorientierten Prüfungsansatz. Die Ursache dafür, dass Prüfer das allgemeine Prüfungsrisiko überschätzen, könnte in dieser Verzerrung begründet sein.[433]

FREDERICK /LIBBY (1986) führten eine Studie zum Einfluss der Expertise des Prüfers auf den Konjunktionseffekt durch.[434] Aufbauend auf den Experimenten von Tversky und Kahneman sollten die Probanden vor dem Hintergrund bestimmter Schwächen des Internen Kontrollsystems die Fehlerwahrscheinlichkeit bestimmter Kontensalden beurteilen.[435] Wie von den Autoren erwartet, traten bei den Prüfern ebenso wie bei der Gruppe der Studenten Konjunktionsfehler auf. So wurde z.B. vielfach die Fehlerwahrscheinlichkeit der Konjunktion „Forderungen und Umsatzerlöse" signifikant gegenüber den jeweiligen einzelnen Konten überschätzt.[436] Des Weiteren lassen sich aufgrund der unterschiedlichen Ergebnisse von Experten und Novizen bei den Konjunktionsfehlern Rückschlüsse auf das vorhandene Detailwissen der Experten über Zusammenhänge von bestimmten Schwächen im Internen Kontrollsystem und Fehlern in der Rechnungslegung ziehen.[437]

---

[432] Nach der Konjunktionsregel kann das gemeinsame Auftreten von Ereignis Y und Ereignis X nicht wahrscheinlicher sein als seine Bestandteile, also Y und X alleine; vgl. Tversky/Kahneman (1983), S. 294.
Bei den von Tversky und Kahneman durchgeführten Experimenten schätzten über 80% der Versuchspersonen die Wahrscheinlichkeit der Konjunktion höher ein als die Wahrscheinlichkeit eines oder sogar beider Bestandteile; vgl. Tversky/Kahneman (1983), S. 295 f., 297 und 299.

[433] Vgl. Daniel (1988), S. 177 sowie Koch (2004), S. 8 f. Auch schätzten Prüfer in einem Experiment die Wahrscheinlichkeit eines Erfolgs zu hoch ein, wenn hierfür mehrere unsichere Ereignisse gleichzeitig eintreten mussten; vgl. Joyce/Biddle (1981a), S. 133 ff.

[434] Vgl. Frederick/Libby (1986), S. 270 ff. Die Wahrscheinlichkeitsbeurteilungen der Prüfer wurde in einem Experten-Novizen-Vergleich (vgl. Kapitel 4.3.5.1), bei dem Studierende als Surrogat für Novizen dienten, durchgeführt.

[435] Vgl. ebd., S. 275 ff. In der Prüfungspraxis hat die Beurteilung der Fehlerwahrscheinlichkeiten von Abschlussposten aufgrund von festgestellten Schwächen im internen Kontrollsystem u.a. hohe Bedeutung für die Festlegung von Art und Umfang der durchzuführenden aussagebezogenen Prüfungshandlungen.

[436] Vgl. Frederick/Libby (1986), S. 281 ff.

[437] Vgl. ebd., insbesondere S. 284 f.

3.3.1.6.4 Zuverlässigkeit der Informationsquelle

Wird bei der Urteilsbildung der Repräsentativität von Informationen eine zu große Bedeutung eingeräumt, kann dies dazu führen, dass die RELEVANZ DER INFORMATIONEN und die VERLÄSSLICHKEIT DER INFORMATIONSQUELLEN[438] vernachlässigt werden.[439]

In einem Experiment ließen JOYCE/BIDDLE (1981b) zwei Gruppen von Prüfern bei einer Fallstudie die Ausfallwahrscheinlichkeit einer Forderung beurteilen.[440] Dabei erhielt eine Gruppe die relevanten Informationen von einer unabhängigen Kreditagentur, die andere Gruppe erhielt dieselben Informationen von einem Mitarbeiter des Schuldnerunternehmens. Das Experiment ergab bei beiden Gruppen keinen Unterschied bei der Wahrscheinlichkeitsbeurteilung des Ausfalls der Forderung.[441] Allerdings berücksichtigten dieselben Prüfer bei einem weiteren Experiment, sehr wohl die unterschiedliche Verlässlichkeit der Informationsquellen.[442]

Für den Wirtschaftsprüfer ist die Beurteilung der Verlässlichkeit der als Prüfungsnachweise dienenden Informationen von großer Bedeutung.[443] So fordern die Prüfungsnormen[444] im Rahmen der kritischen Grundhaltung des Wirtschaftsprüfers eine Würdigung der Überzeugungskraft der erlangten Prüfungsnachweise.[445] Dabei hängt der Grad der Verlässlichkeit der Prüfungsnachweise sowohl von ihrer Art als auch von ihrer Quelle ab.[446]

Während in dem Experiment von Joyce/Biddle Hinweise gefunden wurden, dass Prüfer die Verlässlichkeit von Informationsquellen vernachlässigen,[447] kamen spätere Studien zu dem Ergebnis, dass Kompetenz, Integrität und Objektivität der Quellen starke Berücksichtigung

---

[438] Vgl. Bamber (1981), S. 397 ff. Hier wird die Aussagekraft in Abhängigkeit von der Zuverlässigkeit in einem Modell dargestellt.

[439] Vgl. Tversky/Kahneman (1974), S. 1126. Tversky und Kahneman bezeichnen diese Verzerrung aufgrund des zu großen Vertrauens hervorstechender Informationen als „illusion of validity".

[440] Vgl. Joyce/Biddle (1981b), S. 339 ff.

[441] Vgl. ebd., S. 341 und S. 347.

[442] Angesprochen ist hier: Experiment 3b; Joyce/Biddle (1981b), S. 344 ff. und S. 347 f.

[443] Vgl. Koch (2004), S. 9 f. sowie Gronewold (2006), S. 42 ff.

[444] Zum Begriff der Prüfungsnormen siehe z.B. Ruhnke (2002a), Sp. 1841 ff.; Ruhnke (2006c), S. 626 ff.

[445] Vgl. ISA 500.9.

[446] Vgl. u.a. Marten/Quick/Ruhnke (2006), S. 625.

[447] In diesem Experiment (angesprochen hier: Experiment 3a) wurden Informationen zur Ausfallwahrscheinlichkeit einer Forderung vom Prüfer unabhängig von der Zuverlässigkeit der externen Informationsquelle beurteilt; vgl. Joyce/Biddle (1981b), S. 323 ff.

bei der Urteilsbildung finden.[448] So zeigen ANDERSON/KADOUS/KOONCE (2004) in einer Studie, dass Prüfer in Fällen, in denen für die Unternehmensleitung ein Anreiz zum „earnings management" bestand,[449] auf Hinweise sehr sensibel reagierten und einem unerwarteten Anstieg der Umsatzerlöse mit einem hohen Maß an Skepsis begegneten.[450]

3.3.1.7 Verfügbarkeitseffekte

VERFÜGBARKEITSEFFEKTE (*availability bias*) bewirken, dass Ereignisse umso wahrscheinlicher eingeschätzt werden, je mehr Beispiele für ein Ereignis erinnert werden können und je leichter diese abrufbar oder vorstellbar sind.[451] Dies gilt auch für das gemeinsame Auftreten mehrerer Ereignisse. Je stärker diese Ereignisse in der Erinnerung miteinander verknüpft sind, desto häufiger wird ein gemeinsames Auftreten erwartet (*illusory correlation*).[452]

Die Verfügbarkeit kann einen wichtigen Hinweis für die Beurteilung der Häufigkeits- bzw. Wahrscheinlichkeitsverteilung liefern, da die Leichtigkeit, mit der Informationen erinnert werden können, im Zusammenhang mit der Häufigkeit ihres Auftretens steht.[453] Der Gebrauch dieser Heuristik führt jedoch dann zu Verzerrungen, wenn die Verfügbarkeit durch Faktoren wie Prägnanz des Ereignisses, regelmäßige öffentliche Berichterstattung oder das Auftreten des Ereignisses in jüngster Vergangenheit, beeinflusst wird.[454]

Die Anwendung der VERFÜGBARKEITSHEURISTIK kann u.a. dazu führen, dass der Prüfer in seinem Urteilsbildungsprozess leicht verfügbare Informationen bevorzugt berücksichtigt und auf die Einholung anderer, eventuell aussagekräftigerer Prüfungsnachweise verzichtet,

---

[448] Vgl. Rebele/Heintz/Briden (1988), S. 43 ff.; Smith/Kida (1991), S. 482 und Koch/Wüstemann (2008), S. 11 f.; siehe ferner Gronewold (2006), S. 226 ff. Daneben manipuliert Goodwin (1999), S. 1 ff., auch die Zuverlässigkeit interner Informationsquellen. Ebenso Beachtung fanden die Kompetenz und Unabhängigkeit interner Informationsquellen bei analytischen Prüfungshandlungen; vgl. Anderson/Koonce/Marchant (1994), S. 137 ff.; Hirst (1994), S. 113 ff.

[449] Ein Hinweis könnte hierbei z.b. ein geplanter Börsengang oder die Gefahr, „debt covenants" zu verletzten darstellen; vgl. Anderson/Kadous/Koonce (2004), S. 16.

[450] Vgl. Anderson/Kadous/Koonce (2004), S. 11 ff.

[451] Vgl. Tversky/Kahneman (1973), S. 207 ff.; dies. (1974), S. 1127 f. Tversky/Kahneman unterscheiden „Availability for retrieval" für den Abruf aus dem Gedächtnis und „Availability for construction" für die Bildung/Vorstellung von Beispielen. Vgl. darüber hinaus Jungermann/Pfister/Fischer (2005), S. 173 sowie Keren/Teigen (2004), S. 97.

[452] Vgl. Tversky/Kahneman (1974), S. 1128.

[453] Vgl. Tversky/Kahneman (1974), S. 1127; Strack/Deutsch (2002), S. 355.

[454] Vgl. Strack/Deutsch (2002), S. 358; Keren/Teigen (2004), S. 97; Tversky/Kahneman (1974), S. 1127.

wenn diese schwerer zu erlangen sind.[455] LIBBY (1985) konnte in einer Studie zeigen, dass die Einschätzung der Fehlerhäufigkeit bei Hypothesenbildung von der Abrufbarkeit der Information abhängt.[456] Auch scheinen insbesondere unerfahrene Prüfer nicht in der Lage zu sein, irrelevante Prüfungsfeststellungen der Vorjahre zu ignorieren.[457]

Auch die Dokumentation von Prüfungsnachweisen bzw. das schriftliche Fixieren von Einschätzung bestimmter Sachverhalte durch den Prüfer, kann dazu führen, dass diese Informationen im Gedächtnis besser verfügbar sind und deshalb auch stärker gewichtet werden.[458]

3.3.1.8 Verwässerungseffekte

Für die Effektivität und vor allem auch für die Effizienz einer Prüfung ist es von entscheidender Bedeutung,[459] welche Informationen Prüfer als relevant erachten und somit in ihrem Informationsverhalten berücksichtigen. Eine Schwierigkeit mit der Prüfer in ihrer täglichen Arbeit konfrontiert sind, ist die Auswahl bzw. die Identifikation dieser relevanten Informationen. Sowohl in der psychologischen Forschung[460] als auch in der Prüfungs-

---

[455] Vgl. Ruhnke (2000), S. 296 f.

[456] Vgl. Libby (1985), S. 648 ff. Hierbei sollte eine Gruppe von Wirtschaftsprüfern für eine auffällige Abweichung bestimmter Finanzkennzahlen Erklärungshypothesen bilden, d.h. angeben, welche Fehler in der Rechnungslegung die Abweichung verursacht haben könnten. Die Erklärungshypothesen bilden dann die Grundlage für weitere aussagebezogene Prüfungshandlungen zur Aufdeckung des Fehlers. Außerdem erhielten sie eine Liste mit 10 Fehlern, deren relative Häufigkeit sie angeben sollten. Eine weitere Gruppe hatte lediglich die Häufigkeit der auf der Liste angegebenen Fehler einzuschätzen. Die hohe Korrelation der Häufigkeitseinschätzungen der Fehler mit der Häufigkeit der jeweiligen Bildung einer Erklärungshypothese sowie die große Streuung bei der Einschätzung der Fehlerhäufigkeit stellen Indikatoren für die Existenz des Verfügbarkeitseffekts (*availability bias*) dar; vgl. Libby (1985), S. 657 f. und 663 f.

[457] Vgl. Bedard/Wright (1994), S. 62 ff. Allerdings führt dieser Effekt nicht zu Verzerrungen, wenn die Erfahrungswerte stark mit tatsächlichen Fehlerhäufigkeiten übereinstimmen; vgl. Libby (1985), S. 648 ff.

[458] Vgl. Koonce (1992), S. 59 ff. In dieser Untersuchung sollten Wirtschaftsprüfer die Plausibilität einer Erklärung des Managements für eine auffällige Kennzahlenabweichung beurteilen (Hypothese 1 und 2). Vor der Wahrscheinlichkeitsbeurteilung sollte eine Gruppe zunächst schriftlich die Gründe die für diesen „non-error-cause" in den Arbeitspapieren festhalten. Eine andere Gruppe sollte gar keine Dokumentationen vornehmen und eine dritte Gruppe hatte vor der Wahrscheinlichkeitsbeurteilung sowohl Gründe dafür, als auch Gründe, die dagegen sprechen, festzuhalten. Das Experiment zeigte, dass die Wirtschaftsprüfer die Erklärung des Managements, d.h. den „non-error-cause", für wahrscheinlicher hielten, wenn sie ihn zuvor schriftlich dokumentiert hatten. Die Wahrscheinlichkeit nahm hingegen ab, wenn die Prüfer neben den Gründen, die dafür sprachen, auch dagegen sprechende Gründe dokumentiert hatten.

[459] Die Studie von Davis zeigt, dass zwischen erfahrenen als auch unerfahrenen Prüfern zwar keine Effektivitätsunterschiede feststellbar sind, jedoch hinsichtlich der Effizienz (die erfahrenen Prüfer verwendeten zu ihrer Entscheidungsfindung weniger Informationen) Unterschiede identifiziert werden konnten; vgl. Davis (1996), S. 28 f.

[460] Vgl. Nisbett/Zukier/Lemley (1981), S. 248 ff.; Zukier (1982), S. 1164 ff.

forschung konnte ein VERWÄSSERUNGSEFFEKT (*dilution effect*) hinsichtlich des Urteilsbildungsbeitrages relevanter Informationen mehrfach nachgewiesen werden.[461]

Nach den Ergebnissen mehrere Studien berücksichtigen Prüfer mit zunehmender Erfahrung die Relevanz von Informationen besser, d.h. es gelingt ihnen besser relevante Informationen zu fokussieren und die für die Entscheidungsfindung irrelevanten Informationen auszublenden.[462] Trotz der überwiegenden empirischen Bestätigung dieses Effektes existieren sehr wenige Studien die den *dilution effect* im Prüfungskontext direkt untersuchen.[463]

3.3.2 Effekte der Prüfungsumwelt[464]

3.3.2.1 Gruppen- und Teameffekte

Da Prüfungen regelmäßig als Gruppenleistungen erbracht werden, müssen auch Gruppenprozesse bei der Betrachtung des Informationsverhaltens berücksichtigt werden (GRUPPEN- UND TEAMEFFEKTE).[465] Ein Vorteil dieser interpersonellen Prozesse besteht in der Bildung eines Wissenspools, wodurch mehr Hypothesen und Lösungsvorschläge generiert und nicht-zielführende Ansätze potentiell eher verworfen werden (sog. *Pooling*-Effekt).[466]

---

[461] Vgl. für den Bereich fraud: Hackenbrack (1992), S. 126; Hoffman/Patton (1997), S. 227 ff.; für den Bereich Risikobeurteilung Glover (1997), S. 213 ff. und für den Bereich *Going-Concern*-Beurteilung Shelton (1999), S. 217 ff. und Joe (2003), S. 109 ff.

[462] Vgl. Davis (1996), S. 28 ff.; Shelton (1999), S. 217; Comstock (1991), S. 50 und 75; Bedard/Mock (1992), S. 5 und 12 ff.; Bedard/Chi (1993), S. 28 f. und Mills (1992), S. 33 f. Für gegenteilige Befunde siehe Shanteau (1993), S. 53, der keinen Einfluss von Erfahrung aufzeigt.

[463] Für die Existenz dieser Verzerrung; vgl. die in Fn. 461 angegebenen Studien. Lediglich in der Studie Asare/Wright (1995) waren Prüfer in der Lage irrelevante Informationen weitgehend zu ignorieren, während Studenten diese bei ihrer Urteilsbildung berücksichtigten. Durch die Einbeziehung von relevanten und irrelevanten Informationen wird auch das Forschungsdesign weitaus realistischer; vgl. hierzu auch Schreiber (2000), S. 170.

[464] Der Einfluss von Normen und berufsrechtlichen Vorschriften auf die Urteilsbildung von Wirtschaftsprüfern wird, da diese ihrerseits wiederum von einer Vielzahl an Variablen, wie z.B. Aufgabenkomplexität und Präsentationsformat abhängig sind, in diesem Abschnitt nicht explizit behandelt; vgl. hierzu Fn. 352. Als einschlägige Studien im Prüfungsbereich sind insbesondere zu nennen: Trompeter (1994); Zimbelman (1997); Hronsky/Houghton (2001) und Ng/Tan (2003).

[465] Vgl. hierzu Bonner (2008), S. 233 ff. m.w.N. So wird in diversen Normen explizit eine Diskussion innerhalb des Prüfungsteams gefordert; vgl. u.a. ISA 315.10 und ISA 222.A13. In einer Befragung von Gibbins/Emby gaben 93,3% aller Prüfer an, während des Prüfungsprozesses mit anderen Prüfern zu interagieren; insbesondere in den frühen Phasen der Urteilsbildung findet hierbei eine regelmäßige Konsultation statt; lediglich 6,7% der Befragten gaben an, ausschließlich nach der Entscheidungsfindung und der entsprechenden Handlung einen anderen Prüfer zu kontaktieren; vgl. Gibbins/Emby (1984), S. 207 ff. insbesondere S. 208. Vgl. hierzu auch die Studien von Arnold/Sutton/Hayne/Smith (2000); King (2002) und Murthy/Kerr (2004).

[466] Vgl. Gibbins/Emby (1984), S. 204; Solomon/Shields (1995), S. 162; Ismail/Trotman (1995), S. 347 ff. sowie Schreiber (2000), S. 104 m.w.N. Die Ergebnisse der Studie von Ismail/Trotman (1995) deuten darauf hin, dass sich durch Interaktion im Prüfungsteam sowohl eine größere Anzahl

Negative Auswirkungen, so z.B. die Dominanz eines Gruppenmitglieds oder die mit den Diskussionen einhergehenden Unterbrechungen, auf die Informationsverarbeitung von Wirtschaftsprüfern untersuchten u.a. BEDARD/BIGGS/MARONEY (1998).[467] Hierzu verglichen sie in einer Studie das Informationsverhalten von Individuen und Gruppen bei der Durchführung analytischer Prüfungshandlungen.[468] Aus dem Ergebnis, dass die Prüfergruppen im Ergebnis signifikant häufiger die richtige Fehlerhypothese als die einzelnen Prüfer generierten, folgerten die Autoren auf die Wirksamkeit des *Pooling*-Effekts. Einen Fehlerausgleichsmechanismus, in dem Sinne, dass unzweckmäßige Ansätze bzw. Hypothesen eher verworfen werden, konnten die Autoren indes nicht feststellen. Entgegen ihrer Erwartungen stellten sie sogar fest, dass die Dominanz eines Gruppenmitglieds positiv mit einer erfolgreichen Hypothesengenerierung korreliert. Die Vorteile der Gruppen bei der Effektivität konnten aber durch die Schwächen in der Selektion der richtigen Hypothese nicht ausgenutzt werden.[469]

3.3.2.2 Motivation

Auch die MOTIVATION[470] des Prüfers hat Einfluss auf den Prüfungsprozess.[471] Diese wird in der Regel von Faktoren der Prüfungsumwelt, wie z.B. monetären Anreizen, allgemeinen gesellschaftlichen Erwartungen an das Verhalten des Prüfers und prüfungsorganisationsinternen Erwartungen an das Verhalten der Mitarbeiter determiniert.[472] Während sich eine

---

zweckmäßiger Hypothesen generiert wurde als auch die Wahrscheinlichkeit höher war die zweckmäßigen Hypothesen nicht zu verwerfen. So generierten die Prüfer durchschnittlich 5,45 plausible Hypothesen, nach Durchführung des *Review*-Prozesses wurden durchschnittlich 7,45 Hypothesen generiert (dabei zeigt sich, dass der *Review*-Prozess ohne Diskussion zu durchschnittlich 7,0 Hpothesen und der mit Diskussion zu durchschnittlich 7,9 Hypothesen führt); vgl. Ismail/Trotman (1995), insbesondere S. 351 ff.; vgl. hierzu auch ausführlich Kayadelen (2008), S. 252 f.

[467] Vgl. Bedard/Biggs/Maroney (1998), insbesondere S. 214 ff. Ausführlich zu den mit den durch Gruppenprozessen verursachten einhergehenden Nutzenverlusten vgl. Steiner (1972).

[468] Es wurden die verbalen Protokolle von acht Gruppen mit jeweils drei Prüfern ausgewertet. Diese wurden mit den Ergebnissen aus der Studie von Bedard/Biggs (1991), die die gleiche Fallstudie von elf einzelnen Prüfern bearbeiten ließen, verglichen. Methodisch ist hierzu anzumerken, dass die externe Validität beeinträchtigt sein könnte, da die Zusammensetzung der Gruppen mit jeweils gleichrangigen Prüfern nicht der Realität entspricht, so auch Johnson (1998), S. 238 und Schreiber (2000), S. 105.

[469] Als Hauptursache hierfür sehen die Verfasser die hohe Anzahl von Unterbrechungen während der Gruppenbesprechungen; so weisen die Gruppen, die die analytischen Prüfungshandlungen nicht-erfolgreich abschließen konnten auch die höchste Anzahl an Unterbrechungen auf; vgl. Bedard/Biggs/Maroney (1998), S. 223 ff.

[470] Behandelt wird in diesem Abschnitt die extrinsische Motivation. Zur Abgrenzung von intrinsischer und extrinsischer Motivation siehe Kapitel 2.5.2.3.4.

[471] Vgl. Schreiber (2000), S. 306 ff.

[472] Vgl. DeZoort/Lord (1997), S. 41 ff. sowie 67 ff. m.w.N.

hohe Leistungsmotivation[473] zumeist positiv auf die Urteilsqualität auswirkt,[474] kann die Motivation, zu bestimmten Schlussfolgerungen gelangen zu wollen, zu Verzerrungen führen.[475] Hier kann insbesondere Mandantendruck und die damit verbundene Angst vor einem Auftragsverlust den Prüfer motivieren, zu von den Mandanten erwünschten Ergebnissen zu kommen.[476]

Nahezu alle Umweltfaktoren haben einen direkten oder indirekten Einfluss auf die Motivation des Problemlösers.[477] So wirken u.a. die berufsrechtlichen Vorschriften sowie das in den letzten Jahren stets zunehmende Haftungs- und Sanktionsrisiko auf die Gewissenhaftigkeit und Sorgfalt des Prüfers und nehmen somit auch indirekt einen Einfluss auf dessen Motivation.[478] Andere Faktoren wie Zeitdruck,[479] die Prüfung als Gruppenleistung oder auch monetäre Anreize[480] haben dagegen einen direkten Einfluss auf die Motivation des Prüfers.[481]

3.3.2.3 Rechtfertigungseffekte

Die durch Verantwortlichkeit (*accountability*) hervorgerufenen RECHTFERTIGUNGSEFFEKTE können die Urteilsbildung beeinflussen.[482] Grundsätzlich resultieren Rechtfertigungs-

---

[473] Leistungsmotivation kann entweder aus intrinsischer Motivation begründet sein, und oder durch externe Faktoren hervorgerufen werden.
[474] Vgl. ausführlich Kapitel 2.5.2.3.4; siehe auch Schreiber (2000), S. 308.
[475] Vgl. Kunda (1990), S. 482 ff.
[476] Vgl. Ruhnke (2000), S. 302 ff.; ferner Gronewold (2006), S. 320 ff. und S. 342 f.
[477] Vgl. Gronewold (2006), S. 226 und insbesondere S. 328.
[478] Vgl. DeZoort/Lord (1997), S. 48, 52 ff. m.w.N. Für den Einfluss der berufsrechtlichen Regelungen vgl. Bonner (2008), S. 251 ff.
[479] Vgl. insbesondere die Studien von Walo (1995); Houston (1999); Bedard/Johnstone (2004).
[480] Der Einfluss monetärer Anreize auf die Informationsverarbeitung von Wirtschaftsprüfern wurde bislang in einer Vielzahl von Studien untersucht; vgl. hierzu Bonner (2008), S. 207 ff.; allerdings existieren nur sehr wenige Studien im Prüfungsbereich die einen direkten Einfluss untersuchen, in diesem Kontext sind lediglich Ashton (1990); Libby/Lippe (1992) und Boatsman/Moeckel/Pei (1997) zu nennen, die alle drei einen positiven Einfluss feststellten. Allgemein kann festgehalten werden, dass Studien, bei denen kein erwünschtes Ergebnis (desired conclusion) erzielt werden sollte, insgesamt einen positiven Einfluss monetärer Anreize feststellen; vgl. Trompeter (1994); Hackenbrack/Nelson (1996); Salterio (1996); Libby/Kinney (2000); Braun (2001); Moreno/Bhattacharjee (2003). Studien bei denen ein erwünschtes Ergebnis erzielt werden sollte, zeigen jedoch überwiegend, dass Prüfer dazu geneigt sind häufiger das erwünschte Ergebnis zu berichten als Prüfer ohne monetären Anreiz; vgl. z.B. Jiambalvo/Wilner (1985); Nelson/Kinney (1997).
[481] Für den Einfluss von Zeitdruck siehe Kapitel 3.3.2.4, für Gruppeneffekte siehe 3.3.2.1.
[482] Vgl. Tetlock/Skitka/Boettger (1989), S. 632 ff.; Lerner/Tetlock (1999), S. 255 ff. Unter Verantwortlichkeit kann hierbei die Erwartung, sich rechtfertigen zu müssen verstanden werden. So auch Gibbins/Newton, die Verantwortlichkeit definieren als „relationship driven by social, contractual,

effekte aus drei kognitiven Strategien.[483] Wenn die Ansicht des Rechtfertigungsadressaten vor der Urteilsbildung bekannt ist, so besteht die Tendenz zur unbewussten Anpassung an dessen Meinung (*acceptability heuristic*)[484]. Ist die Ansicht des Rechtfertigungsadressaten hingegen nicht bekannt, kann der Rechtfertigungsdruck entweder aufgrund des erhöhten kognitiven Aufwands zu einer sorgfältigeren und selbstkritischeren Urteilsbildung[485] oder zu einem defensiveren Verhalten, d.h. dem Bestreben, möglichst viele für die eigene Position sprechende Gründe zu finden, führen.[486]

Da sich der Prüfer in der Prüfungsrealität einer Vielzahl von internen, z. B. Prüfungsleiter oder interne Qualitätskontrollen, und externen Verantwortlichkeitsbeziehungen ausgesetzt sieht, z.B. Mandant, *Peer Reviewer* oder Aufsichtsrat des geprüften Unternehmens,[487] sind in Bezug auf den Prüfungsprozess alle drei Strategien relevant.[488] Während die Erhöhung des kognitiven Aufwands wegen der Verbesserung der Urteilsqualität positiv zu sehen ist, können die beiden anderen Verhaltensweisen als Verzerrungen angesehen werden.[489]

Um im Haftungsfall vor Gericht eine gut verteidigbare Position zu haben, führt die defensive Strategie dazu, dass vor allem das Prüfungsurteil stützende Informationen gesucht und dokumentiert werden.[490] Einen Beleg für diese Strategie liefern auch die Ergebnisse von KOONCE/ANDERSON/ MARCHANT (1995). So dokumentierten die an einer Studie teilnehmenden Prüfer nicht nur signifikant mehr Gründe zur Rechtfertigung ihrer Entscheidung,

---

hierarchical, or other factors, between the source (= principal) and the accountable person (= agent) in which the latter has incentives to behave as the former wishes." Gibbins/Newton (1994), S. 166.

[483] Vgl. zu den nachfolgenden Ausführungen ausführlich Tetlock/Skitka/Boettger (1989), S. 632 ff.

[484] Diese Vorgehensweise wird in der Literatur auch mit „attitude shift" bezeichnet; vgl. Schreiber (2000), S. 94.

[485] „Here people can be motivated to be complex, self-critical information processors who try to anticipate the objections of potential critics." Tetlock/Skitka/Boettger (1989), S. 633.

[486] Vgl. hierzu auch Gibbins/Newton (1994), S. 167 ff.; Schreiber (2000), S. 94 ff. jeweils mit m.w.N.

[487] Eine Untersuchung der verschiedenen Verantwortlichkeitsbeziehungen findet sich bei Gibbins/Newton (1994), S. 165 ff. Siehe für eine Darstellung der unterschiedlichen Verantwortlichkeitsbeziehungen auch Koonce/Anderson (1995), S. 369 ff.

[488] Ein Literaturüberblick findet sich bei DeZoort/Lord (1997), S. 62 ff. m.w.N. Für eine ausführliche Darstellung im Prüfungskontext vgl. Schreiber (2000), S. 94 ff. sowie Gronewold (2006), S. 328 ff.

[489] Vgl. Schreiber (2000), S. 97; Ruhnke (2000), S. 305 f.

[490] Vgl. ebd.; Schreiber (2000), S. 96 f.

wenn sie eine *Review* erwarten sondern die Bearbeitung der Fallstudie dauerte auch signifikant länger.[491]

Die Anwendung der *Acceptability*-Heuristik hat hingegen zur Folge, dass der Prüfer sein Urteil an die Ansichten des Managements oder die Präferenzen von Vorgesetzten anpasst.[492] Diesen Rechtfertigungseffekt konnte z.B. WILKS (2002) in Bezug auf den *Review*-Prozess nachweisen.[493] Er stellte fest, dass Prüfer sowohl bei der Interpretation von Prüfungsnachweisen, als auch bei der *Going-Concern*-Beurteilung stärker mit der Ansicht des *Reviewers* übereinstimmten, wenn ihnen diese vorher bekannt war.[494]

3.3.2.4 Zeitdruck

Auch ZEITDRUCK und der damit verbundene STRESS ist ein typischer Faktor des Prüfungskontextes, der zu Verzerrungen bei der Suche und Dokumentation von Prüfungsnachweisen sowie zum vorzeitigen Abbruch von Prüfungshandlungen und verminderter Urteilsqualität führen kann.[495]

Bis zu einem gewissen Grad können ZEITDRUCK und STRESS einen funktionalen Einfluss auf die Informationsverarbeitung haben, da sie u.a. als Leistungsanreiz gesehen werden.[496] Bei hohem Zeitdruck überwiegen jedoch regelmäßig die dysfunktionalen Einflüsse von Zeitdruck, da sich der damit verbunden Stress sowohl auf die Motivation als auch auf die Abrufbarkeit von Wissen negativ auswirkt.[497]

---

[491] Prüfer der *Review*-Gruppe dokumentierten durchschnittlich 15,90 Gründe und brauchten hierfür 64 Minuten; Prüfer der *Non-Review*-Gruppe notierten 11,68 Gründe in 53 Minuten; vgl. Koonce/Anderson (1995), S. 375 ff.

[492] Vgl. Koch/Wüstemann (2008), S. 14. Zudem variieren die Rechtfertigungsstrategien in Abhängigkeit von der Stellung einer Person innerhalb der Prüfungsorganisation; vgl. Emby/Gibbins (1987), S. 303 ff.

[493] Vgl. Wilks (2002), S. 51 ff.

[494] Vgl. ebd., S. 59 ff. Es handelt sich um Experiment 1, Hypothesen 1 und 2.

[495] Vgl. hierzu exemplarisch die Studien von McDaniel (1990) und Solomon/Brown (1992). Zum Effekt von Zeitdruck allgemein vgl. Ben Zur/Breznitz (1981), S. 89 ff.; ausführlich im Prüfungskontext vgl. Schreiber (2000), S. 92 f. und Gronewold (2006), S. 336 ff. jeweils m.w.N. sowie Ruhnke (2000), S. 301 f.

[496] So u.a. auch Glover (1997), der zeigt, dass Zeitdruck den Einfluss irrelevanter Informationen auf die Urteilsfindung abmildert. Keinen bzw. nur einen sehr geringen Einfluss von Zeitdruck konnten Bamber/Bylinski (1987) bei der Zeitbudgetierung von *Reviews* bzw. Asare/Trompeter/Wright (2000) bei analytischen Prüfungshandlungen feststellen.

[497] Vgl. Gronewold (2006), S. 337.

Im Prüfungsbereich konnten mehrfach Zeitdruck und Stress als qualitätsmindernde Faktoren ausgemacht werden.[498] So auch z.B. MCDANIEL (1990), die jedoch auch zeigt, dass sich Zeitdruck positiv auf die Effizienz auswirkt.[499]

Problematisch dürfte in der Prüfungspraxis auch sein, dass ZEITDRUCK nicht als konstante Größe angesehen werden darf, sondern u.a. abhängig von dem aktuellen Verlauf der Prüfung, der Interaktion mit dem Geprüften[500] und den Terminwünschen des Mandanten ist. Aufgrund mangelnder empirischer Untersuchungen dieser Änderungen und ihrer Wirkung auf das Informationsverhalten können diesbezüglich noch keine Aussagen getroffen werden.[501]

3.3.3 Weitere kognitive Verzerrungen

3.3.3.1 Bestätigungseffekte

Psychologische Experimente zeigen, dass die Stärke der Gewichtung von Informationen bei der Urteilsbildung neben der Leichtigkeit der Abrufbarkeit und Verständlichkeit der Information (VERFÜGBARKEITSEFFEKTE) auch von der Übereinstimmung mit der eigenen Hypothese (BESTÄTIGUNGSEFFEKTE) abhängig sein kann.

Menschen tendieren dazu nach Informationen zu suchen, die ihre Erwartungen erfüllen. Mit BESTÄTIGUNGSEFFEKTEN (*confirmation bias*) wird diese Übergewichtung von Informationen bezeichnet, die die eigene Hypothese bestätigen, während dagegen sprechende

---

[498] So führte Zeitdruck häufig u.a. dazu, dass Prüfungshandlungen zwar dokumentiert aber nicht durchgeführt wurden („premature signoff") sowie zur Vernachlässigung komplexer Zusammenhänge; vgl. Willet/Page (1996), S. 108 f. Vgl. auch Ruhnke (2000), S. 301 und Schreiber (2000), S. 93 jeweils m.w.N. In einer Untersuchung von Nourayi/Azad (1997) konnte Stress sogar als Motivator für die Vernachlässigung notwendiger Prüfungshandlungen identifiziert werden; vgl. Nourayi/Azad (1997), S. 42. Ähnliche Ergebnisse finden sich auch bei Alderman/Deitrick (1982), S. 58 ff.

[499] McDaniel (1990) untersuchte den Einfluss von Zeitdruck auf die Effektivität und Effizienz bei der Prüfung der Vorräte. Hierzu variierte sie den Zeitdruck in vier Stufen, von 45 Minuten (hoher Zeitdruck) bis zu 75 Minuten (niedriger Zeitdruck). Die 179 Probanden erhielten zur Prüfung der Vorräte entweder ein strukturiertes Prüfungsprogramm, welches detaillierte Prüfungshandlungen enthielt oder ein unstrukturiertes Prüfungsprogramm, in welchem keine Vorgaben zur Vorgehensweise gemacht wurden. So weist sie nach, dass sich Zeitdruck signifikant negativ auf die Performance auswirkt; dieser Effekt ist zudem bei strukturierter Vorgehensweise größer; vgl. ebd., insbesondere S. 278. Die erreichte Effizienz (definiert als der Effektivitätswert geteilt durch die aufgewendete Zeit) ist hingegen für die Gruppe mit hohem Zeitdruck im Vergleich zur Gruppe mit niedrigem Zeitdruck höher; vgl. ebd, insbesondere S. 281.

[500] Vgl. hierzu Richter (1999), S. 267; Schreiber (2000), S. 106 f. und Gronewold (2006), S. 340 ff. jeweils m.w.N.

[501] Vgl. hierzu auch Schreiber (2000), S. 93.

Informationen tendenziell vernachlässigt werden.[502] Dieser Effekt kann sowohl bei der Informationssuche[503] als auch der Interpretation und Gewichtung der Informationen auftreten[504] und rührt daher, dass das Suchverhalten auf die Verifikation der eigenen Hypothese ausgerichtet wird.

Die Gründe für den BESTÄTIGUNGSEFFEKT sind bisher weitgehend ungeklärt[505] und die Bedeutung dieser Verzerrung für den Prüfungsprozess ist umstritten.[506]

Aufgrund der für die Prüfungen charakteristischen Strafe-Belohnung-Asymmetrie,[507] welche sich in einer starken professionellen Skepsis von Wirtschaftsprüfern niederschlägt,

---

[502] Vgl. Oswald/Grosjean (2004), S. 93 f.; Gronewold (2006), S. 301. Dieses Verhalten konnte bei einer Vielzahl psychologischer Untersuchungen in den unterschiedlichsten Situationen nachgewiesen werden. Vgl. exemplarisch Lord/Ross/Leeper (1979), S. 2098 ff.

[503] Im Kontext der Informationssuche sind Bestätigungseffekte von einer positiven Teststrategie zu unterscheiden; vgl. Klayman/Ha (1987), S. 212; Peterson/Wong-On-Wing (2000), S. 257 ff; Oswald/Grosjean (2004), S. 81 ff. Bei der positiven Teststrategie werden diejenigen Umstände untersucht, bei denen erwartet wird, dass das gesuchte Ereignis eintritt. Diese Teststrategie stellt, solange sie eine Falsifizierung der Hypothese ermöglicht, keine Verzerrung dar, sondern ist in der Mehrzahl der Fälle eine sinnvolle Heuristik, die den Suchraum auf ein überschaubares Maß einzuschränken vermag; vgl. Klayman/Ha (1987), S. 225 sowie Oswald/Grosjean (2004), S. 82.

[504] Vgl. Oswald/Grosjean (2004), S. 93.

[505] Sowohl motivationale Aspekte, also das Bestrebens, eine erwünschte Hypothese zu bestätigen, als auch eine mangelnde Berücksichtigung alternativer Hypothesen spielen hierbei eine Rolle; vgl. Oswald/Grosjean (2004), S. 90.

[506] Vgl. z.B. Ruhnke (2000), S. 296; Schreiber (2000), S. 133 ff.; Gronewold (2006), S. 300 ff. sowie Koch/Wüstemann (2008), S. 8 f. So besteht auch beim Prüfungsprozess die Gefahr, dass die jeweils für die Hypothese sprechenden Prüfungsnachweise zu stark gewichtet werden; vgl. Knechel/Messier (1990), S. 402; Church (1990), S. 83 ff.; Asare/Wright (1997), S. 749 ff.; Bamber/Ramsey/Tubbs (1997), S. 249 ff.; Brown/Peecher/Solomon (1999), S. 1 ff.; jedoch existiert auch eine Vielzahl an Studien bei denen dies nicht oder nur sehr schwach (bzw. unter bestimmten Voraussetzungen) der Fall ist; vgl. Kida (1984); Ashton/Ashton (1988); Butt/Campbell (1989); Trotman/Sng (1989) sowie Smith/Kida (1991).

Ein Grund hierfür könnten die methodischen Schwächen einiger Studien sein. In Studien, in denen dem Prüfer eine bestimmte Hypothese vorgegeben wird (er diese also nicht selber gebildet hat), konnte entweder keine (vgl. Asare (1992), S. 379 ff.) oder nur eine schwache Verzerrung (vgl. Kida (1984), S. 332 ff.) festgestellt werden. Zudem sollte zur Messung der Verzerrung nicht die Ausgangshypothese, sondern die sukzessiv (durch Zugang der entsprechenden Informationen) angepasste Hypothese verwendet werden; vgl. Klayman/Ha (1987), S. 211 ff. sowie Koch (2004), S. 12. Peterson/Wong-On-Wing konnten unter Berücksichtigung dieser Anforderung zeigen, dass Bestätigungseffekte auftreten; vgl. Peterson/Wong-on-Wing (2000), S. 257 ff. Auch McMillan/ White zeigen, dass Bestätigungseffekte auftreten, wenn Prüfer die zu prüfende Hypothese selbst auswählen; vgl. McMillan/White (1993), S. 443 ff.

Ein weiterer Grund, weshalb Bestätigungseffekte bei Prüfern im Vergleich zu anderen Fachbereichen seltener auftritt, könnte an der professionellen Skepsis und damit an den besonderen Anforderungen an die Urteilsbildung beim Prüfungsprozess liegen; vgl. Gronewold (2006), S. 358; siehe ferner Schreiber (2000), S. 98 f.

[507] Vgl. Solomon/Shields (1995), S. 141. Angesprochen sind hier die asymmetrischen Folgen von „guten" und „schlechten" Leistungen von Prüfern; schlechte Leistungen, welche zu Strafen führen, haben hierbei weitaus größere Folgen als die aus den guten Leistungen resultierenden Belohnungen; vgl. hierzu Haynes (1993), S. 43 ff. und Coulter (1994), S. 5.

ist anzunehmen, dass mit zunehmender Prüfungserfahrung die professionelle Skepsis steigt[508] und hierdurch der Bestätigungseffekt vermindert wird. Allerdings zeigt sich, dass diese Tendenz in entsprechenden Experimenten mit Prüfern nur selten nachgewiesen werden kann.[509]

3.3.3.2 Rückblickeffekte

Will man eine Aussage bzgl. der Wahrscheinlichkeit und Absehbarkeit eines bereits eingetretenen Ereignisses treffen, so überschätzt man diese häufig, da bei der Urteilsbildung das Wissen über den tatsächlichen Ausgang unbewusst berücksichtigt wird.[510] Dieser RÜCKBLICKEFFEKT (*hindsight bias*) wurde erstmals von Fischhoff in der ersten Hälfte der 70er Jahre nachgewiesen.[511]

Hierfür gibt es mehrere Erklärungsmöglichkeiten.[512] Fischhoff ging von einer Überlagerung der eigenen vorherigen Einschätzung durch das Wissens über das Ergebnis aus.[513] Eine andere Erklärung besteht darin, dass die richtige Lösung als Anker dient, welcher nur unzureichend in Richtung der eigenen ex ante-Schätzung angepasst wird.[514]

---

[508] Die professionelle Skepsis von Prüfern kann neben der Berufserfahrung auch durch die Ausbildung bedingt sein. Libby/Frederick (1990) weisen darauf hin, dass insbesondere negative Ereignisse (wie z.B. Unternehmenszusammenbrüche, fraud und Fehler bei der Aufstellung des Jahresabschlusses) bei der akademischen Ausbildung im Fokus stehen. Anderson/Maletta (1994) konnten zeigen, dass die ausbildungsbedingte Skepsis zu einer stärkeren Gewichtung negativer Informationen führt. Im Rahmen einer empirischen Studie schätzten die Studenten das gefragte Kontrollrisiko höher ein, als die Probanden aus der Prüfungspraxis; vgl. Anderson/Maletta (1994), insbesondere S. 9 ff. Als einen möglichen Grund nannten sie, dass den unerfahrenen Versuchspersonen die tatsächlichen Häufigkeiten von Fehlern/Risiken noch nicht geläufig seien; vgl. Anderson/Maletta (1994), S. 2 f.

[509] Lediglich in der Studie von Kaplan/Reckers (1989) wirkt sich die Erfahrung von Prüfern mindernd auf den Bestätigungseffekt aus. Die weiteren Studien, die diesen Einfluss untersuchten konnten keinen Effekt aufgrund der Erfahrung nachweisen; vgl. McMillan/White (1993) sowie Bamber/Ramsey/Tubbs (1997).

[510] Vgl. hierzu u.a. Fischhoff/Beyth (1975), S. 1 ff. sowie Koch (2004), S. 16. Dies wird auch als „knew-it-along effect" bezeichnet; vgl. Pohl (2004b), S. 363.

[511] Vgl. Fischhoff (1975), S. 288 ff.; Fischhoff/Beyth (1975), S. 1 ff..

[512] Vgl. Hawkins/Hastie (1990), S. 320 ff.; Pohl (2004b), S. 371 ff.; Blank/Musch/Pohl (2007), S. 5 ff.

[513] Vgl. Fischhoff (1975), S. 297 f.; Pohl (2004b), S. 371.

[514] Vgl. Fischhoff/Beyth (1975), S. 13 f.; Hawkins/Hastie (1990), S. 321. Weitere Erklärungsansätze berücksichtigen z.B. motivationale Aspekte oder Gefühle der Kontrolle; vgl. Hawkins/Hastie (1990), S. 322 f. sowie Blank/Musch/Pohl (2007), S. 5.

Im Prüfungskontext ist dieser Effekt immer dann von Bedeutung, wenn das Prüfungsurteil bzw. der Urteilsbildungsprozess im Nachgang bewertet wird. Dies ist insbesondere bei einer *peer review* oder auch bei Gerichtsprozessen der Fall.[515]

Experimentell untersucht wurde die Situation der Beurteilung des Prüfers durch einen Kollegen im Rahmen einer *Review* von EMBY/GELARDI/LOWE (2002).[516] *Peer Reviewer*, die die Information erhielten, dass die Einschätzung der *Going-Concern*-Annahme fehlerhaft war und das Unternehmen kurz nach der Prüfung in Insolvenz ging, schätzten die Wahrscheinlichkeit einer möglichen Insolvenz höher ein als die Gruppe, der diese Information vorenthalten wurde.[517]

ANDERSON/JENNINGS/LOWE/RECKERS (1997) zeigen in einer Studie, dass auch Richter bei der Beurteilung einer Entscheidung des Wirtschaftsprüfers dem RÜCKBLICKEFFEKT unterliegen.[518] In einem Experiment sollten sie die Angemessenheit der Entscheidung des Prüfers, bei den Vorräten des wichtigsten Absatzproduktes des zu prüfenden Unternehmens, keine Abschreibungen vorzunehmen, beurteilen.[519] Eine Gruppe erhielt hierbei nur die dem Prüfer ursprünglich verfügbaren Informationen, die andere Gruppe erhielt zusätzlich noch die Information, dass in der nächsten Periode ein Großteil der Vorräte aufgrund eines Konkurrenzproduktes unverkäuflich wurde und somit das Unternehmen in finanzielle Schwierigkeiten geriet. Letztere Gruppe erachtete die Entscheidung des Prüfers, keine Abschreibung vorzunehmen, signifikant häufiger als nicht angemessen als die Gruppe, die nur die dem Prüfer zur Verfügung stehenden Informationen hatte.[520]

3.3.3.3 Selbstüberschätzungseffekte

Beim Prüfungsprozess kann des Weiteren auch die Überschätzung des eigenen Wissens und der eigenen Fähigkeiten, sog. SELBSTÜBERSCHÄTZUNGSEFFEKTE (*overconfidence*)

---

[515] Vgl. hierzu u.a. Koch (2004), S. 16. Zur *peer review* vgl. Marten/Quick/Ruhnke (2006), S. 555; dies. (2007), S. 147 und 541 ff.

[516] Vgl. Emby/Gelardi/Lowe (2002), S. 87 ff.

[517] Vgl. ebd., S. 96. Außerdem weisen sie den gegen die Unternehmensfortführung sprechenden Prüfungsnachweisen eine höhere Bedeutung zu und beurteilen die Qualität der einzelnen Prüfungshandlungen des ursprünglichen Prüfers als schlechter; vgl. Emby/Gelardi/Lowe (2002), S. 96 ff.

[518] Vgl. Anderson/Jennings/Lowe/Reckers (1997), S. 20 ff. "Auditors must make decisions without knowledge of an eventual outcome, but auditor liability is determined from a perspective that includes outcome knowledge. *Ex post*, litigants tend to blame auditors for failing to foresee and anticipate subsequent financial problems of their audit clients." Ebd., S. 20.

[519] Zur nachfolgenden Beschreibung des Experiments vgl. ebd., S. 25 ff.

[520] Vgl. ebd., S. 28 f. Es ist in der Literatur sogar die Empfehlung zu finden, diesen bias im Falle einer Überprüfung bereits in den Prüfungshandlungen zu antizipieren Lowe/Reckers (2000), S. 97 ff.

relevant sein. Hierbei schätzt der Prüfer sein Fachwissen und seine Urteilsqualität zu hoch ein.[521]

So stellen z.B. KENNEDY/PEECHER (1997) in einer Untersuchung fest, dass SELBSTÜBERSCHÄTZUNGSEFFEKTE sowohl in Bezug auf das eigene Fachwissen als auch bei der Einschätzung bezüglich des Wissens der Mitarbeiter auftreten.[522]

In weiteren Studien konnten auch ein Zusammenhang zwischen der Art der Aufgabe und dem Auftreten von Selbstüberschätzungseffekte nachgewiesen werden. Während bei schwierigen Aufgaben Selbstüberschätzungseffekte häufig auftreten, ist dies bei leichten Aufgaben selten der Fall. Bei diesem leichten Aufgabentypus wird sogar häufig das eigene Wissen unterschätzt, d.h. es tritt *Underconfidence*[523] auf.[524]

---

[521] Vgl. Lichtenstein/Fischhoff (1980), S. 149 ff.; Weinstein/Lachendro (1982), S. 195 ff. Dies konnte in zahlreichen empirischen Studien belegt werden. Für eine Übersicht siehe Jungermann/Pfister /Fischer (2005), S. 189. In diesem Experiment müssen Versuchspersonen Fragen zu unter schiedlichen Wissensgebieten beantworten und im Anschluss daran angeben, mit welcher Wahrscheinlichkeit sie ihre getätigte Angabe für richtig halten. *Overconfidence* liegt dann vor, wenn die Angabe bezüglich der Richtigkeit der Antworten im Durchschnitt höher ist als deren relative Häufigkeit; vgl. Jungermann/Pfister/Fischer (2005), S. 189; Hoffrage (2004), S. 236. Beispielhaft kann hierbei die Studie von Svenson genannt werden, in der 82 % der Befragten glauben, dass sie zu den besten 30% aller Autofahrer gehören; vgl. Svenson (1981), S. 143 ff. Vgl. ferner Koch/ Wüstemann (2008), S. 12 sowie zu den Folgen für den Prüfungsprozess Kennedy/Peecher (1997), S. 279 f.

[522] Vgl. Kennedy/Peecher (1997), S. 285 ff. Zur Untersuchung dieses Effektes haben die Probanden diverse Fragen aus den Gebieten Rechnungslegung und Wirtschaftsprüfung beantwortet und die Wahrscheinlichkeit eingeschätzt, dass die Antwort zutreffend ist; zur Beschreibung des Experiments vgl. ausführlich ebd., S. 283 ff. Die Untersuchung stellte Selbstüberschätzungseffekte sowohl in Bezug auf das eigene Fachwissen als auch bei der Einschätzung der Mitarbeiter fest. Dabei überschätzten die Vorgesetzten ihre Mitarbeiter umso mehr, je größer der Wissensunterschied aufgrund der unterschiedlichen Berufserfahrung war; vgl. Kennedy/Peecher (1997), S. 285 ff. In neueren empirischen Studien wurde dieser Effekt erneut bestätigt; vgl. Han/Jamal/Tan (2007); Messier/Owhoso/Rakovski (2008).

[523] Z.B. neigen Prüfer bei der Beurteilung von Insolvenzwahrscheinlichkeiten zu underconfidence; vgl Tomassini/Solomon/Romney/Krogstad (1982), S. 391 ff. Vgl. hierzu auch Koch (2004), S. 15.

[524] Vgl. zum sog. „hard-easy effect" Hoffrage (2004), S. 242; Moore/Kim (2003), S. 1121 ff. Auch die Ergebnisse von Han/Jamal/Tan zeigen "that audit managers' (seniors') overconfidence in audit seniors' (managers') technical knowledge is larger (smaller) for a high complexity task than for a low complexity task." Han/Jamal/Tan (2007), S. 2.

4 Empirische Untersuchung

4.1 Vorbemerkungen

Sowohl das in Kapitel 2 auf dem Informationsverarbeitungsansatz der kognitiven Psychologie basierende erweiterte prüfungsbezogene Problemlösungsmodell als auch die in Kapitel 3 vorgenommene Kategorisierung von im Rahmen der Informationsverarbeitung auftretenden Verzerrungen bilden den verhaltenswissenschaftlich theoretischen Hintergrund für die eigene empirische Untersuchung. Hierauf aufbauend werden Hypothesen formuliert, die mithilfe einer fragebogenbasierten quasiexperimentellen Untersuchung überprüft werden.

Erste Zielsetzung der empirischen Untersuchung ist die Beurteilung der Auswirkungen eines unterschiedlichen Expertisegrades auf die Urteilsbildung von Wirtschaftsprüfern innerhalb unterschiedlich strukturierter Aufgabenkategorien (FORSCHUNGSFRAGE 1[525]). Zweite Zielsetzung ist die Identifikation von Determinanten erfolgreichen Problemlösens; hierbei wird untersucht, in welchen Einflussfaktoren sich erfolgreiche von nicht-erfolgreichen Problemlösern unterscheiden (FORSCHUNGSFRAGE 2).

Als Untersuchungsobjekt wird die PRÜFUNG GESCHÄTZTER WERTE am Beispiel der PRÜFUNG VON ALS FINANZINVESTITION GEHALTENEN IMMOBILIEN verwendet. Mit der Prüfung von geschätzten Werten gehen erhebliche Schwierigkeiten einher; so werden unterschiedliche Wertfindungsmodelle angewandt und die in die Modelle einfließenden Daten und Annahmen sind ihrerseits mit einem hohen Grad an Subjektivität, Unsicherheit und Komplexität behaftet. Dies führt dazu, dass dieses Prüfungsgebiet eine Vielzahl unterschiedlich strukturierter Fälle umfassen kann und sich somit bestens für eine Differenzierung mehrerer unterschiedlich strukturierter Aufgabengebiete eignet.

Aus FORSCHUNGSFRAGE 1 lassen sich zum einen Empfehlungen für eine zweckmäßige Personaleinsatzplanung ableiten, z.B. die Zuordnung von Prüfern mit unterschiedlichen Expertisegraden zu unterschiedlich komplexen Prüffeldern. Zum anderen sind aus FORSCHUNGSFRAGE 2 auch Empfehlungen für die Aus- und Fortbildung von Wirtschaftsprüfern sowie für die Gestaltung von Einstellungstests ableitbar.

---

[525] Zur Definition einer Forschungsfrage sowie zur Abgrenzung zur Untersuchungsfrage; vgl. Gläser/Laudel (2009), S. 62 ff.

4.2 Formulierung der Hypothesen

4.2.1 Expertise und Entscheidungsperformance (Forschungsfrage 1)

Die verhaltensorientierte Prüfungsforschung, deren Ursprünge sich in der kognitiven Sozialpsychologie wiederfinden, beschäftigt sich schon seit Anfang der 70er Jahre intensiv mit der Frage, welche Einflussfaktoren die Leistung eines Prüfers determinieren. Bei einer Vielzahl an Untersuchungen stand hierbei die Untersuchung des Einflusses von EXPERTISE[526] im Fokus, da sie als zentraler kognitiver Einflussfaktor für die Effektivität von Informationsverarbeitungsprozessen angesehen wird.[527]

Ergebnisse der empirischen Prüfungsforschung haben vielfach ergeben, dass Experten[528] gegenüber Novizen über globalere Informationssuchmuster und eine stärker problemübergreifende Planungsstrategie verfügen[529] sowie Unterschiede hinsichtlich der Wissensorganisation aufweisen.[530]

Obwohl zu erwarten ist, dass Experten vermutlich auf allen Ebenen der Problemlösung Novizen überlegen sind, zeigt eine Durchsicht der Informationsverhaltensforschung der Betriebswirtschaftlichen Prüfungslehre, dass Experten teilweise erstaunliche Performancedefizite aufweisen.[531] Auch der Überblicksartikel von TROTMAN (1998) zeigt, dass die Ergebnisse hierbei nicht einheitlich sind.[532]

So weist ein Teil der Studien einen positiven Zusammenhang zwischen Expertise und der Leistung des Prüfers nach, ein anderer Teil zeigt hingegen, dass der Zusammenhang

---

[526] Vgl. ausführlich zum Konzept der Expertise Gruber (1994) und Gruber/Ziegler (1996). Zur Bedeutung des Expertisekonzepts aus Sicht der Betriebswirtschaftlichen Prüfungslehre; vgl. ausführlich Schreiber (2000), S. 183 ff.

[527] Bei Expertise handelt es sich um ein Konglomerat mehrerer personaler Variablen, wie bspw. Wissen und Fähigkeiten. Deshalb kann mit ihrer Untersuchung ein wesentlicher Teilbereich der Informationsverhaltensforschung abgedeckt werden; vgl. Schreiber (2000), S. 17.

[528] In enzyklopädischen Lexika als Sachverständige, Kenner oder Fachmänner bezeichnet; vgl. Bibliographisches Institut & F.A. Brockhaus (2006b), S. 651.

[529] Vgl. u.a. Bedard/Mock (1992), S. 1.

[530] Frederick/Heiman-Hofman/Libby zeigen, dass erfahrene Prüfer ihr Wissen über Fehlerhäufigkeiten in erster Linie aussagenbezogen und in zweiter Linie nach Transaktionskreisen organisieren. Studenten hingegen nehmen eine Kategorisierung nach dem Wortlaut vor; vgl. Frederick/Heiman-Hofman/Libby (1994), S. 17 f. Vgl. hierzu auch Nelson/Libby/Bonner (1995), S. 27 ff.; Trotman (1998), S. 117 ff. m.w.N. sowie allgemein Gemünden (1993), S. 863 ff.

[531] Vgl. hierzu u.a. Libby (1976a), S. 8 ff.; dies. (1976b), S. 23 ff.; Johnson (1988), S. 209 ff.; bei Bedard (1989), S. 113 ff.; Camerer/Johnson (1991), S. 100; Shanteau/Stewart (1992), S. 99; Earley (2002), S. 606 ff. sowie Schreiber (2000), S. 18 m.w.N.

[532] Vgl. Trotman (1998), insbesondere S. 129 ff. Vgl. hierzu auch Bedard/Chi (1993), S. 29 ff. m.w.N.

negativ ist bzw. dass kein Zusammenhang existiert. Camerer/Johnson bezeichneten dieses Phänomen als das „PROCESS-PERFORMANCE PARDOX".[533]

Gründe dieser kontraintuitiven Ergebnisse sind zum einen in den methodischen Schwächen, wie einer unzweckmäßigen Expertendefinition[534] sowie realitätsfernen Aufgaben, die zu einer geringen Motivation der Probanden geführt haben dürften, zu finden. Zum anderen werden häufig Aufgaben verwendet, die für eine Differenzierung zwischen Experten und Novizen nicht geeignet sind.[535] So wird teilweise die Aufgabenumwelt der Studien so konstruiert bzw. definiert, dass Experten nicht in der Lage sind, sich ausreichend gegenüber Novizen abzugrenzen. So kommen u.a. BONNER (1994) und SPENCE/BRUCKS (1997) zu dem Ergebnis, dass in strukturierten Aufgabengebieten Experten nicht die Möglichkeit gegeben wird, ihre Fähigkeiten zu demonstrieren, sondern generalistisches Wissen für diese Art der Problemlösung ausreichend ist.

Trotz der zum Teil widersprüchlichen empirischen Befunde besteht in der Literatur überwiegend Übereinstimmung, dass Effektivität und Effizienz bei der Bearbeitung von Problemen zentrale Merkmale von Experten sind, was sich auch in einer Vielzahl an Expertendefinitionen widerspiegelt.[536] Eine der differenziertesten Definitionen liefert Schreiber, der einen Experten als eine Person bezeichnet, die „auf der Grundlage hoher Kompetenz Probleme weitgehend intuitiv intern repräsentiert und bearbeitet, die Zweckmäßigkeit ihres Handelns selbstreflexiv verfolgt und flexibel auf veränderte Gegebenheiten im Problemraum reagiert."[537]

---

[533] Vgl. Camerer/Johnson (1991), S. 195 ff.

[534] Mangels einheitlicher Expertise-Definition erfolgt die Abgrenzung zwischen Experten und Novizen zumeist implizit durch die Wahl der untersuchten Personen. „Es verwundert daher nicht, daß (sic!) die Kriterien, nach denen Expertenstatus zugebilligt wird, von Studie zu Studie variieren." Gruber/Ziegler (1996), S. 8. So werden teilweise Personen mit langer Berufserfahrung als Experten bezeichnet, ein anderes Mal sind es Personen, die in ihrem Fachgebiet über eine große Reputation verfügen; vgl. hierzu Gruber (1994), S. 10 f.; Gruber/Ziegler (1996), S. 8 ff.

[535] So auch Abolmohammadi/Wright (1987), S. 1; Wright (1988), S. 597; Earley (2002), S. 599 f.

[536] Siehe hierzu u.a. die Expertise-Definition von Alba/Hutchinson (1987), S. 411: "ability to perform [...] task successfully" oder Bonner/Lewis (1990), S. 2: „task-specific superior performance". Aufgrund des Mangels einer einheitlichen Definition wird der Begriff Expertise sehr unterschiedlich interpretiert und das Fehlen einer einheitlichen Definition nach wie vor beklagt; vgl. Gruber (1994), S. 10; Gruber/Ziegler (1996), S. 9.

[537] Schreiber (2000), S. 193. Diese Definition verdeutlicht auch, dass Expertise im Wesentlichen aus drei Determinanten besteht: Kompetenz, Intuition und Flexibilität; vgl. hierzu ausführlich Kapitel 2.5.2.3.3. Üblicherweise wird dem Experten der Novize gegenübergestellt, also eine Person die neu auf einem Gebiet ist und der es aufgrund dessen an der entsprechenden Kompetenz, Intuition und Flexibilität mangelt; vgl. zum Experten-Novizen-Vergleich Kapitel 4.3.5.1.

Zur expliziten Berücksichtigung der Entscheidungsperformance von Prüfern in Abhängigkeit von der Aufgabenstruktur werden im Folgenden Probleme (auf einem Kontinuum) in die drei Kategorien gut-strukturiert, schlecht-strukturiert und unstrukturiert eingeteilt.[538] In Abhängigkeit von der zugrundeliegenden Struktur der Prüfungsaufgabe und des Expertisegrades werden unterschiedliche Performanceunterschiede erwartet.

In GUT-STRUKTURIERTEN AUFGABENGEBIETEN kann erwartet werden, dass auch das Wissen und die Fähigkeiten von Novizen zur Problemlösung ausreichend sind und sich prinzipiell dadurch keine Performanceunterschiede gegenüber Experten nachweisen lassen. Die Problemlösung erfolgt in dieser Problemkategorie sowohl von Experten als auch Novizen auf Basis von allgemeinem und fachspezifischem Wissen mit Hilfe eines generellen Problemlösungsalgorithmus oder durch einen Abgleich von bekannten Problemlösungsmustern.

Eine besondere Bedeutung innerhalb dieser Problemkategorie kommt der aktivierenden Ebene zu, welche die Leistungsbereitschaft determiniert.[539] Die intrinsische Motivation beeinflusst hierbei insbesondere die Problemsensibilität und die Durchführung der Problemlösung, d.h. eine intensive Problembearbeitung setzt voraus, dass ein Mensch durch bestimmte Reize aktiviert wird, ein Problem als solches zu erkennen und auch gewillt ist, dieses zu bearbeiten. So ist es möglich, dass Experten aufgrund ihrer langjährigen Erfahrung die gut-strukturierte Prüfungsaufgabe nicht als Problem ansehen und/oder mangels fehlender Motivationsanreize sowie mangelnder Aufmerksamkeit, welche zu einer Sensibilisierung des Individuums gegenüber bestimmten Reizen führen würde, zu einer unzufriedenstellenden Lösung gelangen.[540] Aufgrund dessen ist es auch möglich, dass in gut-strukturierten Aufgabengebieten teilweise keine Leistungsunterschiede zwischen Novizen und Experten festgestellt werden, bzw. Novizen sogar durchaus Experten (ausnahmsweise) überlegen sind.[541]

Obwohl Experten über eine tiefere Wissensbasis und eine überlegene Organisation des Wissens verfügen, kann in gut-strukturierten Aufgabengebieten u.a. aufgrund dieser Moti-

---

[538] Vgl. hierzu Smith (1988), S. 1498 ff. sowie ausführlich Kapitel 2.4.2.
[539] Während die Kompetenz das „Können" im Hinblick auf eine akkurate Informationsverarbeitung betrifft, bezieht sich die Motivation auf das „Wollen"; vgl. Kapitel 2.5.2.3.4.
[540] Vgl. Kroeber-Riel/Weinberg (2009), S. 61. Aktivierung ist ein Maß für die Wachheit, Leistungsfähigkeit und Reaktionsbereitschaft des Bearbeiters; vgl. ebd., S. 60 f.
[541] Vgl. hierzu Fn. 531 m.w.N.

vationseffekte keine Überlegenheit einer der beiden Kohorten hinsichtlich der Entscheidungsperformance postuliert werden. Insofern ist die entsprechende Hypothese ungerichtet zu formulieren.[542] Sie lautet:

H_{1a-1}: Die Leistung (Entscheidungsperformance) von Novizen und Experten in gut-strukturierten Aufgabengebieten unterscheidet sich.

In SCHLECHT-STRUKTURIERTEN AUFGABENGEBIETEN ist zu erwarten, dass Experten Novizen überlegen sind. Experten können mit Hilfe ihres durch Erfahrung gewonnenen allgemeinen und fachspezifischen Wissens das Problem umstrukturieren und sind so in der Lage, das Problem neu darzulegen und dessen Vielfältigkeit einzuschränken. Auch sollten sie, aufgrund ihrer Erfahrung und der Organisation ihres Wissens, nur mit wenigen zur Verfügung stehenden Informationen befähigt sein, eine Problemlösung zu generieren. Das Problem kann somit aus Expertensicht, intern als mehr oder weniger gut-strukturiert abgebildet werden.[543]

Experten gelingt es teilweise unter Rückgriff auf Heuristiken,[544] das Problem in gut-strukturierte Unterprobleme umzuformen und mit Hilfe des allgemeinen und fachspezifischen Wissens zu lösen. Novizen hingegen gelingt diese Umformung in der Regel nicht, stattdessen sind sie bereits in dieser Problemkategorie gezwungen, auf Heuristiken zurückzugreifen, wobei sie mangels Erfahrung nur zufällig eine geeignete Problemlösung generieren können. Insofern ist von folgender gerichteter Unterschiedshypothese auszugehen:

H_{1a-2}: Die Leistung (Entscheidungsperformance) von Experten ist in schlecht-strukturierten Prüfungsgebieten größer als die Leistung (Entscheidungsperformance) von Novizen.

---

[542] Die nachfolgend formulierten Forschungshypothesen sind sog. statistische Alternativhypothesen (H_1), wobei tatsächlich die entgegengesetzte Nullhypothese (H_0) getestet wird. Dies hat u.a. den Vorteil, dass bei Ablehnung der Nullhypothese die Höhe des Fehlers festgelegt ist (α-Fehler bzw. Fehler 1. Art); vgl. Bortz/Döring (2006), S. 494 ff. Allgemein zum Prinzip der Falsifikation vgl. Popper (1935), insbesondere S. 46 f.

[543] Zur Organisation der Wissensbasis vgl. Reitman (1965); Voss/Post (1988), S. 261 ff. und Schreiber (2000), S. 198 ff. So zeigte sich auch bei Prüfern die Tendenz, dass bei abstrakteren Aufgabenstellungen biases im üblichen Umfang auftreten (vgl. z. B. die sehr abstrakten Aufgaben bei Joyce/Biddle (1981a), S. 123 ff.), diese allerdings schwächer werden, je praxisnaher die gestellten Aufgaben sind (Smith/Kida (1991), S. 478 ff.). Auch Trotman/Wright zeigen in einer Studie zu *recency*-Effekten, dass diese Effekte bei Prüfungsassistenten zwar bei der für diese Erfahrungsstufe ungewohnten *Going-Concern*-Prüfung, nicht aber bei der für diese Erfahrungsstufe gewohnten Prüfungen des internen Kontrollsystems auftreten. Prüfungsleiter hingegen zeigen bei keiner der beiden Aufgaben einen entsprechenden bias; vgl. Trotman/Wright (1996), S. 187 ff..

[544] Vgl. ausführlich zum Begriff Heuristik sowie den heuristischen Problemlösungsverfahren Kapitel 2.6.

In UNSTRUKTURIERTEN AUFGABENGEBIETEN können hingegen auch Experten keine Lösungsalgorithmen verwenden. In diesen Fällen sind auch sie gezwungen, auf Heuristiken zurückzugreifen, wodurch ihre Beurteilungen Gegenstand des menschlichen Entscheidungsprozesses sind und somit den üblichen Verzerrungen unterliegen.[545] Es sollte ihnen allerdings aufgrund ihrer höheren Kompetenz gelingen, geeignetere Heuristiken zu verwenden; dies ist auch das Ergebnis einer Vielzahl empirischer Untersuchungen, bei denen Erfahrungseffekte einen abschwächenden Einfluss auf diverse Verzerrungen haben.[546, 547] Es kann somit erwartet werden, dass Experten auch in unstrukturierten Aufgabengebieten Novizen überlegen sind.

H1a-3: Die Leistung (Entscheidungsperformance) von Experten ist in unstrukturierten Prüfungsgebieten größer als die Leistung (Entscheidungsperformance) von Novizen.

---

[545] Vgl. exemplarisch Shanteau/Stewart (1992), S. 103 ff.

[546] Vgl. hierzu ausführlich Anlage 1 und Kapitel 3.3.

[547] Zur Unterstützung der Diskussion der Auswirkungen von Erfahrung auf die Fähigkeit, Heuristiken anzuwenden, kann auch das Rahmenkonzept von Kennedy (1993, 1995) herangezogen werden. Jane Kennedy veröffentlichte 1993 den Artikel „Debiasing Audit Judgment with Accountability: A Framework and Experimental Results". Hierin und in dem zwei Jahre später erschienenen Artikel „Debiasing the Curse of Knowledge in Audit Judgment" entwickelt die Autorin ein Rahmenkonzept für das Debiasing, welches Möglichkeiten zur Verbesserung der prüferischen Urteilsqualität aufzeigen soll. In ihrem Rahmenkonzept unterteilt Kennedy die Verzerrungen in *effort-related* und *data-related biases*. Durch Erfahrung können die *effort-related biases* gemildert werden, da mit zunehmendem Wissen die zu lösende Aufgabe leichter wird und deshalb auch mit geringerer Anstrengung ein hohe Entscheidungsperformance zu erzielen ist; vgl. Kennedy (1993), insbesondere S. 231 ff.; sowie dies. (1995), insbesondere S. 250 ff.

Die nachfolgende Abbildung 10 gibt einen zusammenfassenden Überblick über die erwarteten Problemlösungswege von Experten und Novizen.

	PROBLEMSTRUKTUR		
	gut-strukturiert	schlecht-strukturiert	unstrukturiert
EXPERTEN	Lösung des Problems auf Basis allgemeinen und fachspezifischen Wissens mit Hilfe eines Abgleichs von Problemlösungsmustern	Umformung des Problems in Unterprobleme mit Hilfe des allgemeinen und fachspezifischen Wissens, teilweise Rückgriff auf Heuristiken erforderlich	Lösung des Problems aufgrund von Analogieschlüssen oder Heuristiken
NOVIZEN	Lösung des Problems unter Zuhilfenahme des allgemeinen und fachspezifischen Wissens unter Berücksichtigung externer Informationen	I.d.R. keine Umstrukturierung des Problems möglich; Versuch das Problem zu vereinfachen, wofür häufig ungeeignete Heuristiken verwendet werden	

Abbildung 10: Übersicht über die erwartete Problemlösung von Experten und Novizen in Abhängigkeit von der Problemstruktur

Abbildung 11 verdeutlicht die zu erwartenden Performanceunterschiede von Experten und Novizen in Abhängigkeit von der Aufgabenstruktur und fasst die hergeleiteten Hypothesen grafisch zusammen.[548]

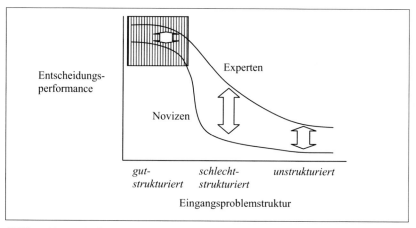

Abbildung 11: Grafische Darstellung der Hypothesen ($H1a-1$ bis $H1a-3$) (in Anlehnung an Spence/Brucks (1997), S. 235).

---

[548] Die drei Pfeile in der Abbildung verdeutlichen nochmals die drei Hypothesen $H1a-1$ bis $H1a-3$. Der gestrichelte Kasten verdeutlicht die ungerichtete Hypothese $H1a-1$ in gut-strukturierten Aufgabengebieten.

4.2.2 Determinanten erfolgreichen Problemlösens (Forschungsfrage 2)

4.2.2.1 Prüfungserfahrung

Aufgrund des mangelnden Bezugs zur Domäne Prüfung von geschätzten Werten und insbesondere zur Prüfung von Immobilien ist nicht zu erwarten, dass allgemeine Prüfungserfahrung einen signifikanten Einfluss auf den Problemlösungserfolg hat. Zum einen dürften verschiedene Prüfer im Verlauf ihres beruflichen Werdegangs praktische Erfahrung mit der Prüfung von geschätzten Werten in sehr unterschiedlichem Ausmaß und unterschiedlicher Intensität gemacht haben,[549] zum anderen werden viele Aufgaben, so auch die Prüfung von geschätzten Werten, nicht kontinuierlich während der gesamten Laufbahn eines Prüfers ausgeführt.[550]

Im Gegensatz hierzu kann erwartet werden, dass aufgabenspezifische Erfahrung einen positiven Einfluss auf die Leistung der Prüfer hat.[551] CHOO (1996) untersuchte den Zusammenhang zwischen aufgabenspezifischer Erfahrung und dem Einfluss auf die Qualität der *Going-Concern*-Beurteilung.[552] Die Ergebnisse der Hypothese, dass aufgabenspezifische Erfahrung von größerer Bedeutung für den Problemlösungserfolg ist als allgemeine Prüfungserfahrung, konnten bestätigt werden.[553] Ähnliche Ergebnisse konnten bei der Prüfung der Gemeinkostenzurechnung zum Vorratsvermögen in der Studie von BEDARD/BIGGS (1991)[554] und bei der Beurteilung von Kreditvergaben in der Studie von WRIGHT (2001)[555] ermittelt werden.[556]

---

[549] Vgl. Bouwman/Bradley (1997), S. 92 f. So hatten geschätzte Werte in der HGB-Rechnungslegung (insbesondere vor der Änderung durch das Gesetz zur Modernisierung des Bilanzrechts (BilMoG) im Jahr 2009) im Vergleich zur Rechnungslegung nach internationalen Normen eine vergleichbar geringere Bedeutung; vgl. hierzu ausführlich Böcking/Lopatta/Rausch (2005), S. 85 ff.

[550] Vgl. u.a. Libby (1995), S. 179 f.

[551] Vgl. hierzu auch Bonner (1990), S. 82 ff.

[552] In seinem Experiment befragte er 58 Prüfungsassistenten, die durchschnittlich 31,5 Jahre alt waren und über durchschnittlich 4,8 Jahre Prüfungserfahrung verfügten; vgl. Choo (1996), S. 342 f.

[553] Vgl. ebd., insbesondere S. 347 ff. Allgemeine Prüfungserfahrung hatte in dieser Untersuchung keinen Einfluss auf die Qualität der Aufgabenbearbeitung; vgl. ebd., S. 350, 353.

[554] Vgl. Bedard/Biggs (1991), S. 80 ff. Auch in dieser Studie stellt die aufgabenspezifische im Vergleich zur allgemeinen Prüfungserfahrung einen wesentlich geeigneteren Indikator für Expertise dar. In seiner Studie befragte er 79 Manager und 97 Seniors mit durchschnittlich 5,13 Jahren Prüfungserfahrung. Anzumerken ist, dass ein Zusammenhang zwischen aufgabenspezifischer Prüfungserfahrung hinsichtlich der Prüfung des Vorratsvermögens auf den Problemlösungserfolg nur nachgewiesen werden konnte, wenn diese Erfahrung in der näheren Vergangenheit gemacht wurde und nicht schon länger zurück lag.

[555] Vgl. Wright (2001). Er konnte in seiner Untersuchung (befragt wurden 34 Seniors, 35 Manager und 17 Senior Manger bzw. Junior Partner) mit Hilfe einer ANOVA nachweisen, dass Manager

Da der Prüfung von geschätzten Werten und *fair values* bei der Prüfung von IFRS-Abschlüssen eine große Bedeutung zukommt, ist anzunehmen, dass erfolgreiche Problemlöser eine durchschnittlich höhere Prüfungserfahrung von IFRS-Abschlüssen besitzen *(H1b)*.

H_{1b}:[557] Erfolgreiche Problemlöser weisen im Vergleich zu nicht-erfolgreichen Problemlösern einen höhere aufgabenspezifische Prüfungserfahrung auf.

4.2.2.2 Weiterbildungsveranstaltungen

Aufgrund der immanenten Schwierigkeiten[558] der Prüfung von geschätzten Werten müssen Prüfer zur Weiterentwicklung ihrer beruflichen Handlungskompetenz verschiedene Fortbildungsmaßnahmen besuchen.[559]

Der Besuch von IFRS-Grundseminaren sowie die Wissensvertiefung über Fortgeschrittenenseminare sollten grundsätzlich zu einer Wissenserweiterung und einer Festigung von bereits bestehendem fachspezifischem Wissen führen. Diese Erweiterung der Fähigkeiten und Fertigkeiten bzgl. der Fach- als auch Methodenkompetenz soll Prüfer in die Lage versetzen, eine qualitativ hochwertige Leistung anzubieten.[560]

Deshalb wird postuliert, dass erfolgreiche Problemlöser durchschnittlich eine höhere Anzahl an aufgabenspezifischen Fortbildungsmaßnahmen besucht haben.[561]

H_{1c}: Erfolgreiche Problemlöser haben im Vergleich zu nicht-erfolgreichen Problemlösern einen höhere Anzahl aufgabenspezifischer Weiterbildungsveranstaltungen besucht.

---

[556] signifikant weniger Fehler begehen als Seniors und Senior Managern/Junior Partnern signifikant weniger Fehler als Managern unterlaufen. Zudem waren die Prüfer mit höherer aufgabenspezifischer Prüfungserfahrung in der Lage, eine genauere Einschätzung bzgl. der Kreditvergaben zu geben; vgl. ebd., S. 151.

[557] Vgl. zum Einfluss aufgabenspezifischer Erfahrung bei Analystenprognosen Clement/Koonce/Lopez (2007), S. 378 ff.

[558] Die Hypothese wird sowohl insgesamt (*H1b*) als auch für die einzelnen Prüfungsgebiete getestet (*H1b-1* bis *H1b-3*). *H1b-1* bezieht sich hierbei auf gut-strukturierte Aufgabengebiete; *H1b-2* auf schlecht-strukturierte und *H1b-3* auf unstrukturierte Aufgabengebiete; dieses Vorgehen gilt analog für die folgenden Hypothesen (*H1c* bis *H1h*).

[559] Vgl. hierzu 4.4.2.

[560] Die berufliche Fachkompetenz umfasst dabei neben Fachkompetenz und Methodenkompetenz auch die Bereiche Sozialkompetenz und personale Kompetenz; vgl. Schaub/Zenke (2007), S. 226 ff.

[561] Vgl. zur Bedeutung von Wissen im Rahmen der Problemlösung Kapitel 2.5.2.3.3.

Als aufgabenspezifische Fortbildungsveranstaltungen wurden sowohl die in den letzten beiden Jahren besuchten Veranstaltungen zur Rechnungslegung oder Prüfung von geschätzten Werten als auch die Veranstaltungen, bei denen speziell als Finanzinvestition gehaltene Immobilien thematisiert wurden gezählt.

4.2.2.3 Persönlichkeitseigenschaften

Wie in Kapitel 2.5.2.3.3 gezeigt, wird die Expertise von Prüfern insbesondere von den drei Faktoren Kompetenz, Intuition und Flexibilität beeinflusst. Diese Ausführungen basieren auf der kognitionspsychologischen Forschung[562] und implizieren, dass nicht-kognitive (insbesondere dispositionale) personale Merkmale im Rahmen des Expertisekonzepts keine Rolle spielen. Deshalb soll im Folgenden untersucht werden, welchen Einfluss die einzelnen Persönlichkeitseigenschaften auf die Entscheidungsperformance von Prüfern besitzen.[563] Sollten die Ergebnisse darauf hindeuten, dass bestimmte Persönlichkeitsfaktoren einen Einfluss auf Problemlösungserfolge haben, sollten diese zumindest, um die Effekte von Expertise nicht zu verwässern, in zukünftigen Studien als Kontrollvariablen integriert werden.

Das seit den 80er Jahren die Persönlichkeitsforschung dominierende 5-FAKTOR-MODELL ermöglicht durch seinen robusten Charakter, verschieden in sich konsistente Gruppen von Probanden zu differenzieren. Die fünf grundlegenden Dimensionen sind Extraversion, Neurotizismus, Liebenswürdigkeit, Gewissenhaftigkeit und Offenheit.[564]

Eine positive Korrelation mit dem Problemlösungserfolg ist hierbei allerdings nur beim Faktor Gewissenhaftigkeit zu erwarten, da im Prüferberuf insbesondere Eigenschaften wie organisiert, sorgfältig, planend, verantwortlich, zuverlässig und überlegt handelnd eine besondere Bedeutung beizumessen ist. Auch BARRICK/MOUNT (1991) konnten in einer Meta-Analyse zeigen, dass Gewissenhaftigkeit ein zuverlässiger Indikator für beruflichen Erfolg über alle Berufssparten hinweg ist.[565] Dem folgend postuliert die gerichtete Hypothese:

---

[562] In der mittlerweilen fast 40-jährigen kognitionspsychologischen Prüfungsforschung haben sich diese Ergebnisse als weitgehend übertragbar erwiesen; vgl. Bedard/Chi (1993), S. 35; Herz/Schultz Jr. (1999), S. 1 f.

[563] Dies ist vor allem deshalb von großen Interesse, da schon verschiedentlich nachgewiesen wurde, dass die fünf Persönlichkeitsfaktoren weitgehend unabhängig von der Kompetenz einer Person sind; vgl. McCrae/Costa (1987), S. 81 f.; Barrick/Mount (1991), S. 3.

[564] Vgl. hierzu ausführlich Kapitel 2.5.2.3.2.

[565] Vgl. Barrick/Mount (1991), S. 5 ff. und 18 f.; siehe auch Stuart (1993), S. 60. Im Rahmen dieser Meta-Analyse werteten Barrick/Mount 117 Studien aus den Jahren 1952-1988 aus. Die hierbei verwendeten Studien wurden auf der Grundlage des 5-Faktor-Modells neu geordnet und die Untersuchungen in fünf Berufssparten mit ähnlichen Charakteristika eingeteilt. Die Ergebnisse zeigen, dass Gewissenhaftigkeit generell einen Einfluss auf die berufliche Performance über alle Berufssparten hinweg besitzt und der Faktor Offenheit für den Lernerfolg von Bedeutung ist. Bei den Faktoren Liebenswürdigkeit und Neurotizismus konnte keine und bei dem Faktor Extraversion nur bei interaktiven Berufsgruppen eine Korrelation ermittelt werden. Zur genauen Vorgehensweise vgl.

H1d: Erfolgreiche Problemlöser besitzen im Vergleich zu nicht-erfolgreichen Problemlösern durchschnittlich einen höheren Grad an Gewissenhaftigkeit.

Zwischen den restlichen vier Persönlichkeitseigenschaften (Extraversion, Neurotizismus, Liebenswürdigkeit, Offenheit) und dem Problemlösungserfolg konnte bisher kaum ein Zusammenhang nachgewiesen werden. Auch die Ergebnisse von BARRICK/MOUNT (1991) stimmen hiermit überein. Während für Neurotizismus, Liebenswürdigkeit und Offenheit im Wesentlichen kein Unterschied hinsichtlich des Problemlösungserfolgs nachgewiesen werden konnte,[566] kann lediglich bei besonders interaktiv ausgerichteten Berufen davon ausgegangen werden, dass erfolgreiche Problemlöser über einen höheren Grad an Extraversion verfügen.[567]

Um zu untersuchen, ob sich erfolgreiche Problemlöser von nicht-erfolgreichen Problemlösern in einer dieser vier Persönlichkeitseigenschaften unterscheiden, postulieren die ungerichteten Hypothesen *H1e* bis *H1h*:[568]

H1e: Erfolgreiche Problemlöser unterscheiden sich von nicht-erfolgreichen Problemlösern hinsichtlich des Grades an Extraversion.

H1f: Erfolgreiche Problemlöser unterscheiden sich von nicht-erfolgreichen Problemlösern hinsichtlich des Grades an Liebenswürdigkeit.

H1g: Erfolgreiche Problemlöser unterscheiden sich von nicht-erfolgreichen Problemlösern hinsichtlich des Grades an Neurotizismus.

H1h: Erfolgreiche Problemlöser unterscheiden sich von nicht-erfolgreichen Problemlösern hinsichtlich des Grades an Offenheit.

---

[566] Barrick/Mount (1991), S. 1 f. und 8 f. sowie Schreiber (2000), S. 289 f. In der Studie von Stuart (1993) konnte eine positive Korrelation zwischen Gewissenhaftigkeit und der Leistung der Prüfer nur bei Routine-, nicht aber bei neuen Aufgaben nachgewiesen werden; vgl. Stuart (1993), S. 113. Siehe auch Kapitel 2.5.2.3.2.

[566] Hinsichtlich des Faktors Neurotizismus kann davon ausgegangen werden, dass es einen Schwellenwert an emotionaler Stabilität gibt, bei dessen Überschreitung dieser Persönlichkeitsfaktor keinen weiteren Einfluss auf den Problemlösungserfolg hat; vgl. Schreiber (2000), S. 290.

[567] Vgl. auch die Ergebnisse von Barrick/Mount (1991), insbesondere S. 18 ff.

[568] In den Alternativhypothesen wird ein Unterschied postuliert, weil Nullhypothesen definitionsgemäß von keinem Unterschied/Zusammenhang ausgehen; vgl. hierzu u.a. Bühner/Ziegler (2009), S. 144.

4.3 Untersuchungsdesign

4.3.1 Methodik der empirischen Untersuchung

4.3.1.1 Auswahl der Forschungsmethode

Als empirische[569] Forschungsmethode bezeichnet man den planmäßigen und systematischen Versuch, wissenschaftliche Erkenntnisse zu gewinnen.[570] Etwas methodisch zu tun bedeutet, bei der Gewinnung von Erkenntnis zielgerichtet, systematisch und überlegt vorzugehen.

Vorherrschend bei der Datengewinnung im Rahmen der empirischen Prüfungsforschung sind INHALTSANALYSEN, BEFRAGUNGEN und vor allem LABOREXPERIMENTE[571].[572]

INHALTSANALYSEN kommen für die geplante Untersuchung nicht in Betracht. Zwar kann eine Analyse der realen Dokumentationen von Prüfern oder Mitarbeitern der Grundsatzabteilung von Wirtschaftsprüfungsgesellschaften zur Messung des Expertiseerwerbs durchgeführt werden,[573] problematisch an dieser Methodik ist allerdings, dass weder die Arbeitspapiere des Prüfers ein reales Abbild des Prüfungsprozesses darstellen, noch die *Review*-Anmerkungen vollständig erfasst sein werden.[574]

---

[569] Der Begriff „empirisch" stammt aus dem Griechischen und bedeutet „auf Erfahrung beruhen"; vgl. Bortz/Döring (2006), S. 2.

[570] Vgl. Ruhnke (2000), S. 233. Für eine Abgrenzung von Methode und Methodologie; vgl. ebd., S. 233, Fn. 1.

[571] Da es sich bei einem Experiment (aus dem lateinischen *experimentum* „Versuch", „Beweis", „Prüfung", „Probe") lediglich um eine Versuchsanordnung handelt, ist es prinzipiell bei allen Verfahren der Datenerhebung durchführbar, d.h. es kann sowohl bei einer Befragung, einer Beobachtung und ggf. auch bei einer physiologischen Messung zum Einsatz kommen. Das Experiment ermöglicht als einzige wissenschaftliche Versuchsanordnung zuverlässige Kausalaussagen (Ursache-Wirkungs-Beziehungen). Durch die experimentelle Methode werden lediglich diejenigen Erkenntnisse gewonnen, nach denen in der zuvor durch das experimentelle Design gestellten Hypothesen gefragt worden ist. Im Zusammenspiel mit einem Modell sind Experimente die Grundlage einer Theorie.

[572] Vgl. Ruhnke (1997), S. 313; Ruhnke (2000), S. 234; Lenz (2002a), Sp. 632; Ruhnke (2006a), S. 229.

[573] Vgl. hierzu die empirische Untersuchung von Salterio (1994), S. 517 ff. Dieser zeigt in seiner Studie, dass der Mitarbeitern einer Big-6-Prüfungsgesellschaft während ihrer Tätigkeitsdauer von sechs Monaten in der Grundlagenabteilung bei der Bearbeitung der an sie gerichteten Anfragen sowohl an Effizienz als auch an Effektivität zunahmen (Signifikanzniveau: $p \leq 0{,}10$). Allerdings blieb die Anzahl der benötigten Problemlösungsschritte (ein Unterkriterium der Effizienz) annähernd konstant.

[574] Für eine ausführlichere Beschreibung, siehe Schreiber (2000), S. 190 f. Auch eine Analyse anderer prüfungsspezifischer Dokumente, wie Jahresabschluss oder Bestätigungsvermerk und -bericht, scheidet aufgrund der Nichteignung für eine Untersuchung der Informationsverarbeitung ebenso aus.

BEFRAGUNGEN gelten als die in der empirischen Sozialforschung am häufigsten eingesetzte Methode.[575] Man unterscheidet hierbei zwischen schriftlichen (z.b. Fragebögen), und mündlichen Erhebungen (z.B. Interviews).[576] Die Vorteile von Befragungen liegen insbesondere im geringen Zeitaufwand und der im Vergleich zu Experimenten einfachen Konstruktion, da keine inhaltliche Beziehung hergestellt werden muss.[577] Sie weisen allerdings den Nachteil auf, Erkenntnisse nicht direkt anhand der (konstruierten) Realität zu erheben, sondern Selbstberichte über die wahrgenommene Realität zu erfassen. Die Informationsverarbeitung kann nicht als bewusster Prozess interpretiert werden, da sie automatisch abläuft, so dass ein detailliertes Abfragen des prozessbezogenen Wissens (z.B. der zur Entscheidungsfindung verwendeten Informationen und deren Kombination) nicht extrahierbar ist.[578] Insofern scheiden auch Befragungen zur Identifikation von Unterschieden in der Informationsverarbeitung von Experten und Novizen sowie Determinanten erfolgreichen Problemlösens aus.

LABOREXPERIMENTE[579] hingegen zeichnen sich aufgrund ihrer Wiederholbarkeit durch eine hohe interne Validität aus.[580] Probleme bestehen jedoch bezüglich der externen Validität. Zum einen sind die Forschungsergebnisse nur eingeschränkt generalisierbar, und zum anderen ist die Beurteilung der externen Validität auf Kenntnisse der Realität angewiesen,

---

[575] Vgl. u.a. Bortz/Döring (2006), S. 236; Schnell/Hill/Esser (2008), S. 321.
[576] Vgl. Bortz/Döring (2006), S. 236 ff.
[577] Vgl. zur Fragebogenkonstruktion Bortz/Döring (2006), S. 253 ff.
[578] Trotz der Nachteile, wie z.B. des subjektiven Kodierungsvorgangs oder auch der potentiellen Beeinflussung der Probanden durch die verbale Darstellung, fanden bisher verbale Protokolle als Prozessverfolgungstechniken am häufigsten Anwendung. Hierbei wird der Prüfer gebeten, während der Bearbeitung einer Aufgabe laut zu denken. Für die Analyse stehen somit die im Kurzzeitgedächtnis ablaufenden Schritte der Problembearbeitung zur Verfügung; vgl. hierfür exemplarisch Libby (1981), S. 76. Erschwerend ist die Annahme, dass die Bedeutung einzelner „cues" für den Entscheidungsprozess nur schwer durch Verbalisierung bestimmt werden kann; vgl. Libby/Lewis (1982), S. 280. Für einen Überblick vgl. u.a. Libby/Lewis (1982), S. 268; Choo (1989), S. 110 ff.
[579] Als Alternative können auch Felduntersuchungen durchgeführt werden. Felduntersuchungen unterscheiden sich von Laboruntersuchungen durch eine unterschiedliche Möglichkeit der Einflussnahme auf die Kontrolle untersuchungsbedingter Störvariablen. Während Laboruntersuchungen in einer Umgebung stattfinden, die eine Kontrolle der Störgrößen ermöglicht (vgl. Chmielewicz (1994), S. 113; Bortz/Döring (2006), S. 57), ist dies bei Felduntersuchungen nicht gegeben. Diese müssen im „natürlichen" Arbeitsumfeld des Prüfers, wie z.B. am Arbeitsplatz im geprüften Unternehmen, stattfinden und an eine reale Prüfungssituation anknüpfen. Dies ist i.d.R. jedoch schwierig realisierbar, da zwischen Prüfer und Mandanten ein sensibles Vertrauensverhältnis besteht; vgl. hierzu Ruhnke (2000a), S. 233 m.w.N.
[580] Mit interner Validität ist die Eindeutigkeit gemeint, mit der Untersuchungsergebnisse inhaltlich auf die Hypothesen bezogen werden. Diese stellt neben der externen Validität, die sich auf die Generalisierbarkeit der Ergebnisse einer Untersuchung auf die außerexperimentelle Realität bezieht, das zentrale Gütekriterium empirischer Forschung dar; vgl. hierzu Ruhnke (2006a), S. 229; Bortz/Döring (2006), S. 53, 502.

die gerade erforscht werden soll.[581] Man unterscheidet zwischen experimentellen und quasiexperimentellen Untersuchungen.[582] Der Hauptunterschied besteht hierbei in der möglichen Einflussnahme des Experimentators auf die Variation und Kontrolle der Einflussgrößen (unabhängigen Variablen). So ist es bei experimentellen im Gegensatz zu quasiexperimentellen Untersuchungen möglich, die Untersuchungsteilnehmer den Stufen der unabhängigen Variablen[583] randomisiert zuzuordnen. In quasi-experimentellen Untersuchungen werden häufig natürliche Gruppen untersucht, wohingegen bei experimentellen Untersuchungen eine randomisierte Gruppeneinteilung im Vordergrund steht.[584]

Eine weitere, bisher wenig eingesetzte Methode zur Gewinnung von Rückschlüssen auf das Informationsverhalten von Prüfern ist das EYE TRACKING.[585] Hierbei geht es darum, mithilfe entsprechender IT-basierter Systeme die Augen- bzw. die Blickbewegungen einer Testperson aufzuzeichnen und hinsichtlich verschiedener Fragestellungen auszuwerten.[586] Basis der Auswertung der mittels Eye Tracking gewonnenen Daten ist die Blickbewegungsforschung. Ziel dieser Forschungsrichtung ist es, aus den gezeigten Blickbewegungsverläufen die zugrundeliegenden Informationsverarbeitungsprozesse abzuleiten. Im Sinne der Kognitionspsychologie wird demnach versucht, durch geeignete Analyse- und Interpretationsschemata den von außen beobachtbaren Blickbewegungen entsprechende interne, subjektive Vorgänge und Ergebnisse zuzuordnen.[587]

Neben Eye Tracking Methoden, welche u.a. aus Gründen der fehlenden technischen Ausstattung ausscheiden, sind Laborexperimente (sowohl in schriftlicher als auch in mündlicher Form) gegenüber Befragungen bei der Identifikation von Unterschieden in der In-

---

[581] Vgl. Ruhnke (1997), S. 314.

[582] Zur Unterscheidung von experimentellen und quasiexperimentellen Untersuchungen vgl. Meyer (1996), S. 49 ff.; Bortz/Döring (2006), S. 53 ff. Zur Unterscheidung in Labor- und Felduntersuchungen vgl. ebd., S. 57 f.; Müller-Böling/Klandt (1994), S. 83.

[583] Synonym finden hier die Begriffe Untersuchungsbedingungen und Ursachenkomplexe Anwendung.

[584] Vgl. Meyer (1996), S. 50; Bortz/Döring (2006), S. 54

[585] Für einen Überblick siehe Duchowsky (2007), S. 15 ff. sowie die Pionierarbeit von Yarbus (1967). Für ein Beispiel für den Einsatz von Eye-Tracking bei einem Experten-Novizen-Vergleich vgl. Jarodzka/Scheiter/Gerjets/van Gog (2010).

[586] Einen Methodenüberblick liefert Duchowsky (2007), S. 51 ff. Häufig kommt hierbei die Methode der Elektrookulografie zum Einsatz. Bei diesem Messverfahren wird die elektrische Spannung gemessen, die zwischen zwei Elektroden auftritt, die neben dem Auge angebracht sind. Das Ruhepotential ist ein ständig bestehender elektrischer Spannungsunterschied zwischen Vorder- und Rückseite der Netzhaut, der dazu führt, dass die Hornhaut positiv und die Rückseite des Augapfels negativ geladen sind. Durch Bewegung der Augen nähert sich die Vorderseite des Auges der einen Elektrode an, während die Rückseite sich der anderen Elektrode annähert. Hierdurch kommt es zu einer messbaren Spannungsdifferenz zwischen den Elektroden; vgl. Duchowsky (2007), S. 52.

[587] Vgl. hierzu Duchowsky (2007), S. 205 ff.; Gollücke (2009), S. 3 ff.

formationsverarbeitung vorzuziehen. Da die nachfolgenden Untersuchungen u.a. auf die Identifikation von Unterschieden in der Informationsverarbeitung von Experten und Novizen ausgerichtet sind und diese Aufgabe ausschließlich Prüfern obliegt, kommt für die Untersuchungen nur ein quasi-experimentelles Untersuchungsdesign in Betracht.[588] Aufgrund des Vorteils, innerhalb eines kurzen Zeitraums mit wenig Personal eine größere Anzahl an Teilnehmern zu erreichen,[589] soll die nachfolgende Untersuchung in einer QUASI-EXPERIMENTELLEN SCHRIFTLICHEN UNTERSUCHUNG durchgeführt werden.

4.3.1.2 Längsschnitt- versus Querschnittstudie

In der empirischen Expertise-Forschung existieren grundsätzlich mehrere Möglichkeiten, das Einsetzen des Reorganisationsprozesses zu überprüfen. Diese sollen im Folgenden näher betrachtet werden.

Eine erste Möglichkeit zur Untersuchung der Veränderungen sind LÄNGSSCHNITTSTUDIEN. Um Aussagen über temporale Kausalität machen zu können, sind Längsschnittstudien erforderlich. Denn nur durch mindestens zwei Messzeitpunkte wird es möglich, Zusammenhänge kausal zu interpretieren (zumindest in einem temporalen Sinne). Hierbei wird der Expertiseerwerb ein- und derselben Person zu verschiedenen Zeitpunkten verfolgt. Auf einem Zeitstrahl kann dann ermittelt werden, zu welchem Zeitpunkt unter welchen Umständen und Bedingungen die Veränderungen stattfinden und welche personalen Merkmale hierfür (mit) ausschlaggebend sind. Insbesondere kombinatorische Effekte zwischen Begabung und Übung können so näher beleuchtet werden.[590] Zwar sind die Vorteile dieser Methode bekannt und ein solches Vorgehen wird häufig auch gefordert,[591] jedoch treten hierbei zahlreiche Probleme bei der praktischen Umsetzung auf. Eines der Hauptprobleme ist der mit der Durchführung von Längsschnittanalysen verbundene Zeitaufwand. Einerseits ist in den meisten Domänen ein Zeitraum von mehreren Jahren zum Erreichen von Expertise notwendig. Andererseits kann jedoch auch nach Ablauf des Zeitraums nicht

---

[588] Das Untersuchungsdesign ist deshalb quasiexperimentell, da die Gruppeneinteilung der Prüfer in Experten und Novizen nicht beliebig variierbar ist, sondern sie liegt in den befragten Personen begründet. Für eine ausführliche Übersicht zur Vorgehensweise in quasiexperimentellen Untersuchungen; vgl. ausführlich Cook/Campbell (1979), insbesondere S. 1 ff. sowie 37 ff.
[589] Vgl. Atteslander (2006), S. 147.
[590] Vgl. Gruber (1994), S. 18
[591] Vgl. Bedard/Chi (1993), S. 35.

sichergestellt werden, dass die ausgewählten Personen die Expertenstufe erreichen werden.[592]

Da die Beobachtung der Versuchsteilnehmer über einen längeren Zeitraum in der Regel nicht möglich ist, wird häufig eine Längsschnittsimulation durch Kombination von Training und natürlicher Entwicklung durchgeführt. Bei diesen sogenannten TRAININGSSTUDIEN werden die Probanden standardisierten Trainings unterworfen und im Anschluss daran mögliche Leistungsunterschiede festgestellt. Einschränkend hierzu ist anzumerken, dass diese Methodik aufgrund der Notwendigkeit, innerhalb kurzer Zeit vermittelbar zu sein, nur in weniger komplexen, gut-strukturierten Aufgabengebieten Anwendung finden kann.[593]

Ein Ausweg aus der Vielzahl an Praktikabilitätsproblemen, die Längsschnitt- und Trainingsstudien mit sich bringen, besteht in der Betrachtung von KONTRASTIVEN QUERSCHNITTSANALYSEN von Novizen und Experten als Modell für längsschnittliche Entwicklung. Dabei werden Probanden unterschiedlicher Expertisestufen beim Lösen domänenspezifischer Aufgaben beobachtet und Unterschiede festgestellt. Aus den Unterschieden im Informationsverhalten kann dann der Entwicklungsprozess von einer Expertisestufe zur nächsten approximiert werden.[594]

4.3.1.3 Studierende als Surrogate für Prüfer

In einer Vielzahl von Experimenten der kognitionspsychologischen Prüfungsforschung werden Studierende, da diese eine leicht verfügbare Alternative zu Praktikern darstellen,[595] als Surrogate für Prüfer herangezogen.[596] Als Hauptargument für diese Vorgehensweise

---

[592] Vgl. Gruber (1994), S. 18 f. Dieser nennt hier einschränkend, dass die Probanden sowohl über einen längeren Zeitraum motiviert sein müssten, als auch, dass man die „richtigen" Versuchspersonen auswählt. Dies ist insbesondere problematisch, da man bisher keine genauen Informationen über das Zusammenspiel zwischen Begabung und Expertise hat, geschweige denn, welche Kompensationsmöglichkeiten von Begabung und Übung zur Erreichung einer bestimmten Expertisestufe beitragen.

[593] Vgl. hierzu die Studien von Bonner/Walker (1994), S. 162 ff. sowie Herz/Schultz Jr. (1999), S. 7 ff. Sie untersuchten die Entwicklung proceduralen Wissens und seine Auswirkungen auf die Performance von Prüfern mit Hilfe von Trainingsstudien.

[594] Vgl. Gruber/Weber/Ziegler (1996), S. 169 sowie Schreiber (2000), S. 189.

[595] Aufgrund der bestehenden Nähe zwischen Forschung und Lehre können Studenten ohne großen Aufwand zur Teilnahme an empirischen Untersuchungen herangezogen werden; das Interesse und die Motivation der Studenten kann durch das Setzen schon von geringen monetären Anreizen weiter verstärkt werden.

[596] Vgl. u.a. Butt (1988); Marchant (1989); Frederick/Libby (1986).

wurde oftmals auf den Nachweis der hohen Ähnlichkeit bei den Informationsverarbeitungsprozessen von Studenten und Prüfern verwiesen.[597]

Der Einsatz Studierender als Surrogate für Prüfer in der empirischen Prüfungsforschung ist dennoch nicht unumstritten.[598] In ihrer Studie vergleichen ASHTON/KRAMER (1980) die Informationsverarbeitung von Studierenden ($n=30$) mit der von erfahrenen Prüfern ($n=63$). Hierfür replizierten sie das Experiment zur Prüfung des Internen Kontrollsystems von Ashton (1963).[599] Sie konnten zwar einen durchweg signifikanten Zusammenhang von Erfahrung und den untersuchten Informationsverarbeitungsprozessen nachweisen,[600] dennoch war dieser Zusammenhang relativ schwach.

Zur Untersuchung des Informationsverhaltens von Prüfern sind Studenten als Surrogate i.d.R. nicht geeignet.[601] Zum einen fehlt es der Gesamtheit der Studierenden an Homogenität im Hinblick auf das vorhandene prüfungsbezogene Wissen und zum anderen existieren große Unterschiede im Hinblick auf die Persönlichkeitseigenschaften zwischen Studierenden, die sich letztlich für die Prüfungspraxis entscheiden, und denen, die dies nicht tun.[602]

Aufgrund dieser Schwierigkeiten erscheint es vor dem Hintergrund insbesondere von Forschungsfrage 1, die Auswirkungen eines unterschiedlichen Expertisegrades auf die Urteilsbildung von Wirtschaftsprüfern zu untersuchen, zweckmäßiger, von einem Rückgriff auf Studierende abzusehen und die Untersuchung ausschließlich mit Prüfungspraktikern durchzuführen.

4.3.2 Überblick Untersuchungsdesign

Die nachfolgende Abbildung gibt einen Überblick über den Aufbau und den Ablauf der empirischen Untersuchung. Im Anschluss daran wird das genaue Vorgehen kurz skizziert.

---

[597] Vgl. hierzu Ashton/Kramer (1980), S. 3 m.w.N.
[598] Vgl. Copeland/Francia/Strawser (1973), S. 365.
[599] Vgl. zu weiteren Details insbesondere Ashton (1973) und ders. (1974b), S. 438 ff. Der Vergleich erfolgte anhand von 5 Dimensionen: „Cue Utilization Patterns", „Judgment Insight", „Order of Presentation of the Cases", „Judgment Consensus among the Auditors" und „Stability over Time"; vgl. Ashton/Kramer (1980), S. 5.
[600] Die Untersuchung erfolgte mit Hilfe einer Pearson-Korrelationsanalyse; vgl. Ashton/Kramer (1980), S. 10 (insbesondere Abbildung 4).
[601] Angesichts der Ergebnisse der Expertiseforschung können bestenfalls Studierende, die kurz vor dem Eintritt in ein Prüfungsunternehmen stehen als Surrogate für Berufsanfänger eingesetzt werden; vgl. hierzu Davis/Dwyer/Trompeter (1997), S. 46 ff. sowie Schreiber (2000), S. 282 m.w.N. Jedoch ist bei dieser Vorgehensweise die Generalisierbarkeit der Ergebnisse kritisch zu hinterfragen.
[602] Dies ist auch aus Gründen der externen Validität von großer Bedeutung; vgl. ausführlich zur Persönlichkeit Kapitel 2.5.2.3.2.

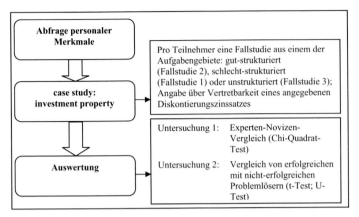

Abbildung 12: Überblick Untersuchungsdesign

In einem ersten Schritt sollten die Probanden vor der Bearbeitung der Fallstudie einen Fragebogen ausfüllen. Neben den DEMOGRAFISCHEN ANGABEN (Geschlecht und Alter) und den BERUFSEXAMINA werden unterschiedliche ERFAHRUNGSSURROGATE (allgemeine und IFRS-Prüfungserfahrung) abgefragt. Auch sollen die Probanden Angaben über die ANZAHL DER BESUCHTEN WEITERBILDUNGSVERANSTALTUNGEN der letzten beiden Jahre auf den Gebieten Prüfung und Rechnungslegung von geschätzten Werten und von als Finanzinvestition gehaltenen Immobilien angeben.

Darüber hinaus sollen die Teilnehmer auf einer fünfstufigen[603] bipolaren Likert-Skala mit den Endpunkten *sehr vertraut* (= 5) bis *nicht vertraut* (= 1) eine Selbsteinschätzung bezüglich ihrer Kenntnisse auf den Gebieten IFRS-Rechnungslegung, Prüfung von IFRS-Abschlüssen, Prüfung von geschätzten Werten und Prüfung von Immobilien vornehmen.[604] *Rating*-Skalen werden in den Sozialwissenschaften sehr häufig eingesetzt[605] und sie „geben (durch Zahlen, verbale Beschreibungen, Beispiele o.Ä.) markierte Abschnitte eines Merkmalskontinuums vor, die die Urteilenden als gleich groß bewerten sollen."[606]

---

[603] Einer Untersuchung von Matell/Jacoby zufolge ist die Anzahl der Skalenstufen für die Reliabilität und die Validität der Rating-Skala unerheblich; vgl. Matell/Jacoby (1971), S. 657 ff. Dennoch wird regelmäßig von Untersuchungsteilnehmern eine fünfstufige Skala bevorzugt; vgl. hierzu Rohrmann (1978), S. 222 sowie Lubitzsch (2008), S. 170.

[604] Die Kenntnisse der einzelnen Untersuchungsteilnehmer basieren auf einer Selbsteinschätzung (gemessen auf einer 5-Punkt-Likert-Skala; 1=*nicht vertraut*; 2=*wenig vertraut*; 3=*eher vertraut*; 4=*vertraut*; 5=*sehr vertraut*); vgl. Anlage 2.

[605] Vgl. Bortz/Döring (2006), S. 176.

[606] Bortz/Döring (2006), S. 177. Vgl. hierzu auch Abdolmohammadi (1991), S. 533 ff.

Des Weiteren wurden die PERSÖNLICHKEITSEIGENSCHAFTEN erfasst. Zur Messung der zentralen Persönlichkeitsdimensionen sind in den letzten Jahren eine Reihe von Instrumenten entwickelt worden. Eines der ersten Instrumente ist das von MCCRAE/COSTA (1992) vorgestellte NEO PERSONALITY INVENTORY-REVISED (NEO-PI-R).[607] Dieselben Autoren entwickelten mit dem NEO-FIVE-FACTOR-INVENTORY (NEO-FFI) eine Kurzskala zur Messung der fünf Persönlichkeitsdimensionen, die 60 Items umfasst und 15 Minuten Bearbeitungszeit erfordert.[608]

Für den Zweck der vorliegenden Untersuchung ist es notwendig, Persönlichkeitsmerkmale zusammen mit einer Vielfalt anderer Merkmale zu erfassen. Aufgrund der großen Anzahl an Messinstrumenten ist eine lange Fragebatterie nicht einsetzbar. Selbst kürzere Skalen wie das NEO-FFI und das BFI[609] sind noch zu umfangreich, um in die Untersuchung aufgenommen werden zu können. Aus Platz- und Zeitgründen ist es erforderlich, auf ökonomische und effiziente Skalen zurückzugreifen, die zumindest die grobe Struktur der Persönlichkeitseigenschaften robust und reliabel erfassen.[610] Aus diesen Gründen wurde auf den von Rammstedt/John im Jahr 2007 entwickelte Kurzversion des Big Five Inventory, den BFI-10 (BIG-FIVE-INVENTORY-10)[611] zurückgegriffen.[612] Mit der lediglich zehn Fragen umfassenden Kurzversion des Big Five Inventory haben Rammstedt/John eine Skala vorgelegt, deren Bearbeitungsdauer ca. eine Minute beträgt. Zur Beantwortung müssen die Teilnehmer auf einer fünfstufigen bipolaren Likert-Skala mit den Endpunkten *trifft voll und ganz zu* (=5) bis *trifft überhaupt nicht zu* (=1) zehn verschiedene Selbsteinschätzungen vornehmen.[613]

---

[607] Das Instrumentarium umfasst, bei jeweils acht Items pro Facette, insgesamt 240 Items, deren Beantwortung ca. 45 Minuten benötigt; vgl. McCrae/Costa (1992).
[608] Eine deutsche Fassung des NEO-FFI entwickelten Borkenau/Ostendorf (1993).
[609] Anfang der 90er Jahren stellten John/Donahue/Kentle (1991) mit dem Big-Five-Inventory (BFI) ein Instrumentarium vor, dessen 44 Items innerhalb von 5 Minuten beantwortet werden können. Eine deutschsprachige Version des BFI veröffentlichten Lang/Lüdtke/Asendorpf (2001).
[610] Hierbei besteht allerdings die Gefahr von Urteilsverzerrungen und Akquieszens („Ja-Sage"-Tendenz); vgl. Schnell/Hill/Esser (2008), S. 354 f.
[611] Eine alternative Kurzbatterie für den deutschsprachigen Raum haben Rammstedt/Koch/Borg/Reitz (2004) mit dem BFI-K (Big-Five-Inventory Kurzversion) entwickelt.
[612] Vgl. Rammstedt/John (2007), S. 203 ff.
[613] Vgl. hierzu Anlage 2.

In einer internationalen Studie überprüften RAMMSTEDT/JOHN (2007) mit insgesamt 2360 Probanden die Reliabilität und Validität des auf zehn Fragen verkürzten Fragebogens.[614]

"Overall, these findings show that the BFI-10 retains a substantial portion of the reliability and validity of the original BFI-44 and thus support for the construct validity of the BFI-10."[615] Dennoch weisen sie auch darauf hin, dass es bei der Durchführung dieses verkürzten Instrumentariums im Vergleich zum vollständigen BFI, insbesondere beim Faktor Liebenswürdigkeit, zu erheblichen Reliabilitätsverlusten kommen kann. Deshalb sollten diese kurzen Messverfahren nur in Situationen mit starker zeitlicher Restriktion als Substitute für reguläre Persönlichkeitstest angesehen werden.[616]

Da die Abfrage der Persönlichkeitsmerkmale in der vorliegenden Untersuchung lediglich einer von einer Vielzahl an Faktoren darstellt und die zur Verfügung stehende Zeit sehr begrenzt ist,[617] erscheint die Durchführung mit Hilfe des BFI-10 angemessen.

In einem zweiten Schritt sollen die Untersuchungsteilnehmer jeweils eine Fallstudie aus dem Bereich Prüfung von *investment properties* bearbeiten; die Fallstudien weisen einen unterschiedlichen Strukturierungsgrad (gut-strukturiert, schlecht-strukturiert, unstrukturiert) auf.[618] Hierbei wurden die Untersuchungsteilnehmer gebeten, sowohl eine Aussage hinsichtlich der Vertretbarkeit des vom Unternehmen verwendeten Diskontierungszinssatzes zu treffen (FRAGESTELLUNG 1) als auch diejenigen Informationen anzugeben, die als

---

[614] Hierbei wurden, um einen Einatz in „cross-cultural research" zu ermöglichen, sowohl eine deutsche als auch eine englischsprachige Version des Fragebogens getestet. Die Samplezusammensetzung sah hierbei wie folgt aus: US-Sample 1: 726 Studenten einer staatlichen Hochschule; US-Sample 2: 726 Studenten einer privaten Hochschule; US-Sample 3: 75 Hundebesitzer; German-Sample 1: 457 Studenten und German-Sample 2: 376 Studenten. Die Teilgruppen US-1, US-2, US-3 und G-1 füllten Fragebogen sowohl für den vollständigen BFI (BFI-44) als auch für den *BFI-10* aus. Zur Überprüfung der Wirkung, wenn die Fragen des BFI-10 nicht in den *BFI-44* integriert waren, bekamen die Probanden des Samples G2 lediglich ein „subset, rather than the the full 44-item set" zur Verfügung gestellt, Rammstedt/John (2007), S. 205. Zur Überprüfung der Reliabilität wurde der BFI des Weiteren von 176 Studenten des Samples US-1 8 Wochen später als nochmals 6 Wochen später erneut von 57 Studenten erhoben. Die Werte des NEO-PI-R standen von den Teilsamples US-1 (n=233) als auch von G-1 (n=184) zur Verfügung. Zur Überprüfung der externen Validität wurden *peer*-Ratings eingesetzt; so wurden 231 Probanden aus dem Sample US-1 und alle Probanden aus dem Sample US-3 von einem Freund sowie 158 Probanden des Samples G-1 von einem „dating partner" bewertet.

[615] Rammstedt/John (2007), S. 210.

[616] Vgl. Rammstedt/John (2007), S. 210 sowie Gosling/Rentfrow/Swann (2003).

[617] Zur Abfrage mehrere personaler Merkmale sowie zur Durchführung der Fallstudie stand ein maximaler *Timeslot* von 10-15 Minuten zur Verfügung; wobei die Durchführung der Fallstudie hierbei schon knapp 10 Minuten beanspruchte.

[618] Vgl. Anlage 3, Anlage 4 und Anlage 5.

relevant erachtet werden und deshalb einen Einfluss auf die Entscheidungsfindung hatten (FRAGESTELLUNG 2).

Ziel war es neben der Effektivität von Problemlösungen, welche mit Hilfe der Entscheidungsperformance der Probanden gemessen wird,[619] auch eine Aussage über mögliche Unterschiede hinsichtlich der Problemlösungswege erfolgreicher und nicht-erfolgreicher Problemlöser aufzuzeigen.[620] Aufgrund nur einer sehr kleinen Teilnehmeranzahl, die den Abschnitt der Fallstudie bzgl. der Angaben der relevanten Informationen vollständig bearbeitet hatte,[621] und der damit einhergehenden sehr begrenzten Aussagekraft dieses Untersuchungsteils musste im Folgenden auf eine Auswertung der Daten die Fragestellung 2 betreffend verzichtet werden.

In einem letzten Schritt werden die in Kapitel 4.2 aufgestellten Hypothesen zu Forschungsfrage 1 und Forschungsfrage 2 überprüft. Hierbei wird zunächst mit Hilfe eines Experten-Novizen-Vergleichs untersucht, wie sich die Informationsverarbeitung in Abhängigkeit von der Aufgabenstruktur und der Expertise des Bearbeiters unterscheidet (Forschungsfrage 1) und anschließend wird untersucht, welcher Faktor eine erfolgreiche Problemlösung determiniert (Forschungsfrage 2).

4.3.3 Voruntersuchung

Zur Überprüfung der in Kapitel 4.2 aufgestellten Hypothesen wurde jeweils eine Fallstudie in den Aufgabengebieten gut-strukturiert, schlecht-strukturiert und unstrukturiert entwickelt. Als Untersuchungsobjekt diente in allen drei Fällen die Prüfung von investment properties.[622] Die Fallstudien (gut-strukturiert, schlecht-strukturiert und unstrukturiert) wurden zunächst von vier in der Wissenschaft tätigen Personen bearbeitet. Im Anschluss

---

[619] Vgl. hierzu insbesondere Forschungsfrage 1 und Forschungsfrage 2.

[620] Die Untersuchung war zudem so angelegt, dass auch ein Effizienzmaß hinsichtlich des Problemlösungserfolgs abgeleitet werden kann. Während die Effektivität bzw. Entscheidungsperformance ein Maß für die Zielerreichung (Wirksamkeit) darstellt, kann die Effizienz als ein Maß für die Wirtschaftlichkeit (Kosten-Nutzen-Relation) von Entscheidungsprozessen angesehen werden. Eine mögliche Ermittlung hätte z.B. derart aussehen können, dass die Anzahl der zur Lösungsfindung verwendeten Informationen zu der Gesamtheit der zur Verfügung stehenden Informationen ins Verhältnis gesetzt wird; vgl. hierzu sowie zum Effizienzbegriff Gzuk (1988), S. 127 ff.

[621] So hat ein Teil der Untersuchungsteilnehmer gar keine Angaben zu den bei der Entscheidungsfindung berücksichtigten Informationen getätigt ($n=73$). Ein anderer Teil hat unabhängig von der Relevanz des jeweiligen Informationsitem alle angegebenen Informationen angekreuzt ($n=114$). Ursächlich hierfür ist vermutlich der Zeitdruck während der Durchführung der Studie. Dieser resultiert in dem hier vorliegenden Fall daraus, dass die Probanden im Nachgang zu ihrer Entscheidungsfindung, die von Ihnen verwendeten Informationen hätten replizieren müssen.

[622] Vgl. hierzu ausführlich Kapitel 4.4.

daran wurden sie zu ihren Problemen und Erfahrungen interviewt sowie gebeten, eine Einschätzung bezüglich der Einordnung in die drei Aufgabenklassen vorzunehmen. Darüber hinaus wurden diverse Verbesserungsmöglichkeiten erörtert.

Zur Einbeziehung prüfungserfahrener Untersuchungsteilnehmer wurde eine Folgeversion der Fallstudie sowohl von einem Manager, einem Senior Manager als auch einem Partner der assoziierten Wirtschaftsprüfungsgesellschaft mehrfach bearbeitet.[623, 624] Alle drei Bearbeiter sind Experten auf dem Gebiet der Prüfung von Immobilien. Auch mit ihnen wurden Verbesserungsmöglichkeiten erörtert. Darüber hinaus wurden sie gebeten, bei der Bearbeitung der Studien auf die Verständlichkeit (wording) und Plausibilität zu achten, als auch eine Einschätzung bezüglich der Bearbeitungsdauer, der Realitätsnähe und des Schwierigkeitsgrades abzugeben.

Auf Basis dieser Ergebnisse wurde das Untersuchungsdesign übersichtlicher gestaltet und zusätzliche Instruktionen eingefügt. Insbesondere wurden abstrakte Begriffe präzisiert sowie einige Begrifflichkeiten angepasst. Aus Zeitgründen wurden weiterhin einige nicht relevante Angaben ersatzlos aus den Fallstudien gestrichen.

Die Entscheidung, jeden Untersuchungsteilnehmer nur eine Fallstudie (entweder aus dem Gebiet gut-strukturiert, schlecht-strukturiert oder unstrukturiert) bearbeiten zu lassen, hat sich angesichts der zur Verfügung stehenden Zeit bewährt.[625] Dies gilt auch für die gewählte Vorgehensweise, bei der Durchführung der Untersuchung als Versuchsleiter anwesend zu sein, um eine standardisierte Instruktion geben zu können und eine hohe Rücklaufquote zu sichern.[626]

Auch wurde aus den Erkenntnissen der Vorstudie die ursprüngliche Einordnung der Fallstudien in die zugrundeliegenden Strukturkategorien (gut-strukturiert, schlecht-strukturiert

---

[623] Der Fragebogen wurde den Beteiligten zweimal mit der Bitte um Bearbeitung vorgelegt. Die zweite Befragung informierte zusätzlich über die Standpunkte und Lösungsbeiträge aller anderen Beteiligten, so dass jedem Gelegenheit gegeben wurde, seine eigenen Beiträge nach Kenntnisnahme der Antworten der anderen Kollegen nochmals zu überarbeiten. Diese Vorgehensweise entspricht der sog. Delphi-Methode. „The Delphi technique is a questionnaire method for organizing and sharing opinion through feedback." Bardecki (1984), S. 281. Durch dieses mehrstufige, häufig auf Konsens angelegte Design wird versucht, Fehleinschätzungen der Experten zu reduzieren; vgl. ausführlich zur Delphi-Methode Häder (2009), insbesondere S. 19 ff.

[624] Auch weitere Studien verwendeten Experten-Panels zur Überprüfung ihrer Studien, insbesondere im Hinblick auf die Entscheidungsperformance; vgl. u.a. Wright (2001); Libby/Libby (1989); Tan/Libby (1997) und Bonner/Pennington (1991).

[625] Die Aufteilung der Prüfer auf die Teiluntersuchungen erfolgte nach dem Zufallsprinzip. Die Fragebögen wurden vor Beginn der Veranstaltung auf den entsprechenden Plätzen verteilt.

[626] Vgl. Bortz/Döring (2006), S. 252.

und unstrukturiert) überprüft.[627] Bei allen drei Fallstudien wurden die Probanden gebeten, einen Diskontierungszinssatz, welcher der Ermittlung des *fair value*s einer als Finanzinvestition gehaltenen Immobilie dient, zu überprüfen. Eine Anpassung der Kategorienzuordnung war nicht notwendig, da überwiegend Konsens mit der ursprünglichen Zuordnung bestand:

In FALLSTUDIE 1[628] muss der Diskontierungszinssatz durch Gegenüberstellung mit einem Vergleichsobjekt abgeleitet werden. Hierzu war eine korrekte Interpretation der wenigen zur Verfügung stehenden Informationen notwendig, um anschließend durch eine Gegenüberstellung von der zu bewertenden Immobilie und einem Vergleichsobjekt zu dem Ergebnis zu kommen, dass ein zu niedriger Diskontierungszinssatz verwendet wurde und deshalb der vom Unternehmen verwendete Diskontierungszinssatz „nicht vertretbar" ist. Aufgrund der Schwierigkeit, auf Grundlage der wenigen zur Verfügung stehenden Informationen eine Entscheidung zu fällen, stuften alle Teilnehmer der Voruntersuchung die Fallstudie als schlecht-strukturierte Aufgabe ein.[629]

FALLSTUDIE 2[630] wurde auf Basis von Fallstudie 1 konzipiert, jedoch wurden zusätzlich Informationen eingefügt, die die Entscheidungsfindung vereinfachen: u.a. wurden dem Bearbeiter neben einem Vergleichsobjekt weitere Informationen zur Verfügung gestellt, die bei sonst identischen Objektmerkmalen auf ein geringeres Risiko des Vergleichsobjektes hindeuten, so z.B. ein niedrigeres Mietausfallwagnis des Vergleichsobjekts und längere Vertragslaufzeiten.[631] Durch diese zusätzlichen Informationen erhielten die Probanden weitere Lösungshinweise, dass der verwendete Diskontierungszinssatz zu niedrig gewählt wurde und deshalb eindeutig vom Prüfer mit „nicht vertretbar" zu bewerten ist.

Die Fallstudie wurde durchweg von allen Teilnehmern der Voruntersuchung leichter als Fallstudie 1 eingestuft. Die Kommentare hierzu waren jedoch zwiespältig; so wiesen ein Wissenschaftler und ein Teilnehmer aus der Prüfungspraxis darauf hin, dass die Fallstudie

---

[627] Hierbei wurden die Teilnehmer der Voruntersuchung gebeten, sowohl eine Reihenfolge bezüglich des Schwierigkeitsgrades der Fallstudien, eine Einschätzung bezüglich der Kategorie vorzunehmen als auch eine kurze Begründung für die Einordnung abzugeben.

[628] Vgl. Anlage 4.

[629] Alle Teilnehmer der Voruntersuchung wählten bezüglich des Schwierigkeitsgrades folgende Reihenfolge (von gut-strukturiert bis unstrukturiert): Fallstudie 2, Fallstudie 1 und Fallstudie 3.

[630] Vgl. Anlage 3.

[631] Fallstudie 2 wurde im Rahmen der Voruntersuchung durchweg einfacher als Fallstudie 1 empfunden, dennoch bestand auch Konsens, dass zur Problemlösung ein gewisses Maß an Urteilsvermögen notwendig ist.

aufgrund der Prüfung von *investment properties* zugrunde liegenden immanenten Schwierigkeit nicht den „sehr gut-strukturierten Aufgabengebieten" zuzuordnen sei; ein anderer Teilnehmer aus der Prüfungspraxis verwies jedoch explizit darauf, dass „bei dieser Fallgestaltung die allgemeinen Regeln der *fair-value*-Bilanzierung Anwendung finden" und insofern eine Zuordnung zur Kategorie gut-strukturierter Aufgabengebiete vorzunehmen sei.

Auf Basis dieser Hinweise sowie der Tatsache, dass es sich bei der Problemklassifizierung nicht um eine dichotome, sondern um eine kontinuierliche Skalierung handelt, wurde Fallstudie 2 den „schwach" gut-strukturierten Aufgabengebieten zugeordnet. Als schwach gut-strukturiert wird hierbei keine eigene Kategorie von Problemen verstanden, sondern der Zusatz „schwach" soll verdeutlichen, dass das Problem bereits Einzelmerkmale schlechtstrukturierter Probleme aufweist, es aber dennoch aufgrund der überwiegenden Eigenschaften gut-strukturierter Probleme noch innerhalb dieser Kategorie einzuordnen ist.

Zur Lösung von FALLSTUDIE 3[632] ist ein iteratives Vorgehen notwendig; zunächst hat das bilanzierende Unternehmen aufgrund fehlender vergleichbarer Immobilien auf Basis des *Discounted-Cashflow* (DCF)-Verfahrens eine Bandbreite von Diskontierungszinssätzen und entsprechenden Immobilienwerten ermittelt (Szenarioanalyse: *best-case*-Szenario: *fair value* der Immobilien = 19,5 Mio. €, bei einem Diskontierungszinssatz in Höhe von 5,75%; *worst-case*-Szenario: *fair value* der Immobilie = 18 Mio. €, bei einem Diskontierungszinssatz in Höhe von 6,5%). Üblicherweise ist nun der wahrscheinlichste Wert innerhalb der Bandbreite heranzuziehen. Zur Plausibilisierung bzw. Überprüfung des mit Hilfe des DCF-Verfahrens ermittelten Wertes wurde der *Sales Comparison Approach* angewendet, d.h. es hat ein Vergleich mit bekannten Transaktionen partiell vergleichbarer Immobilien der kürzeren Vergangenheit stattgefunden.[633] Hierbei hat sich gezeigt, dass die mit Hilfe des DCF-Verfahrens ermittelten Immobilienwerte und somit folglich auch die ursprünglich verwendeten kapitalmarktorientierten Diskontierungszinssätze nicht mit den Transaktionen der kürzeren Vergangenheit übereinstimmen, und deshalb einer Anpassung bedürfen.

Übereinstimmend stellten die Teilnehmer der Voruntersuchung fest, dass die durch das DCF-Verfahren und den *Sales Comparison Approach* gewonnenen Informationen für einen *fair value* der Immobilie i.H.v. 15 Mio. € sprechen, und somit der vom Unternehmen

---

[632] Vgl. Anlage 5.

[633] Der *Sales Comparison Approach* kann auch dazu verwendet werden, die Bewertungsergebnisse des DCF-Verfahrens zu überprüfen; vgl. hierzu White/Turner/Jenyon/Lincoln (2003), S. 94.

verwendete Diskontierungszinssatz i.H.v. 7,25% „noch vertretbar" ist. Auch herrschte Übereinstimmung hinsichtlich der Einordnung der Studie in die Kategorie unstrukturierter Aufgabengebiete.[634]

In Abbildung 3 wird die Zuordnung der Fallstudien in die Strukturkategorien gut-strukturiert, schlecht-strukturiert und unstrukturiert nochmals verdeutlicht.

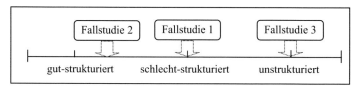

Abbildung 13:   Fallstudienzuordnung

4.3.4   Untersuchungsteilnehmer

Befragt wurden 300 Teilnehmer ($M(Alter)$=31,89; $SD(Alter)$=7,23; 186=männlich; 114=weiblich) von fünf Schulungen einer großen Wirtschaftsprüfungsgesellschaft. Die Erhebungen fanden von Juli bis September 2009 statt. Wie in Tabelle 4-1 illustriert, handelte es sich dabei in zwei Fällen um Assistenten-Schulungen, an denen unerfahrene Prüfer (n=180) im ersten oder zweiten Berufsjahr teilnehmen. Diese Schulungen werden zentralisiert für ganz Deutschland angeboten. Als Ergänzung hierzu wurden drei Pflichtschulungen für erfahrene Prüfer (n=120) ausgewählt. Die ausgewählten Schulungen fanden in den Niederlassungen Düsseldorf, Hamburg und Frankfurt am Main statt. Es wurde sichergestellt, dass keine Prüfer mehrfach befragt wurden. Vor der Bearbeitung wurde das Forschungsprojekt vorgestellt und die Teilnehmenden instruiert. Dabei wurde insbesondere darauf hingewiesen, dass:

- die Datenerhebung anonymisiert abläuft und somit eine rückwirkende Zuordnung zu einzelnen Untersuchungsteilnehmenden nicht möglich ist;
- eine vollständige Bearbeitung von besonderer Wichtigkeit ist, da die Fallstudien ansonsten für die Auswertung nicht berücksichtigt werden können;

---

[634] In diesem Zusammenhang wurde von einem Teilnehmer aus der Prüfungspraxis angemerkt, dass zur Lösung dieser Fallstudie ein tiefergehendes Verständnis von der Prüfung von *investment properties* notwendig sei, da zusätzlich eine Entscheidung zwischen Bewertungsergebnissen zweier (korrekt angewendeter) Methoden notwendig ist.

- die Teilnehmenden die Fallstudien selbstständig und nicht in Teamarbeit bearbeiten sollen, da sonst kein Rückschluss auf die personalen Merkmale möglich ist (dies wurde auch dadurch sichergestellt, dass die nebeneinandersitzenden Teilnehmer jeweils eine andere Fallstudie zu bearbeiten hatten).

Termin	Teilnehmerzahl	Ort	Typ
28./29./30. Juli 2009	85	Potsdam	Assistentenschulung
11./12./13. August 2009	95	Potsdam	Assistentenschulung
04. September 2009	50	Düsseldorf	Fortgeschrittenenschulung
11. September 2009	32	Hamburg	Fortgeschrittenenschulung
25. September 2009	38	Frankfurt/Main	Fortgeschrittenenschulung

Tabelle 4-1: Übersicht der Schulungstermine

Die Grundgesamtheit ist insofern eingeschränkt, als es sich um Prüfer einer einzigen Prüfungsgesellschaft handelt und deshalb Rückschlüsse aus dem Einfluss der Weiterbildungsveranstaltungen auf den Expertisegrad von Prüfern kritisch zu überprüfen sind.

4.3.5 Methodisches Vorgehen Forschungsfrage 1

4.3.5.1 Der Experten-Novizen-Vergleich

Zur Beurteilung der Auswirkungen eines unterschiedlichen Expertisegrades auf die Urteilsbildung von Wirtschaftsprüfern, werden Experten Novizen gegenübergestellt und mit Hilfe von kontrastiven Querschnittsanalysen auf potentielle Leistungsunterschiede untersucht. Interindividuelle Unterschiede fallen bei Leistungen herausragender Akteure am meisten auf. Aufgrund eines Vergleichs von Personen, die in bestimmten Merkmalen differieren (wie z.B. im Expertisegrad), können Rückschlüsse auf bedeutende Aspekte bei der Entwicklung bestimmter Fähigkeiten gezogen werden. Mit Hilfe dieser kontrastiven Vergleiche können insbesondere drei Ziele verfolgt werden:

- Hypothesen bezüglich Ähnlichkeiten und Unterschiede zwischen Novizen und Experten können getestet werden;
- durch Betrachtung des Experten-Novizen-Vergleichs als querschnittliche Approximation können Hinweise gewonnen werden, wie man Experte wird;

- durch eine breite Einbeziehung von Probanden eines bestimmten Expertisegrades in einer Domäne wird untersucht, was Expertise ausmacht und wodurch sich Expertenleistungen auszeichnen.[635]

Als Modell für die Entwicklung vom Novizen zum Experten kann vor dem Hintergrund, dass Experten am Anfang ihrer Expertise-Entwicklung genau jene Stadien durchlaufen haben, in dem sich die Novizen momentan befinden, ein kontrastiver Vergleich dienen. Dies bedeutet auch, dass sich der Informationsverarbeitungsprozess von Experten im Zeitverlauf umgestellt bzw. qualitativ verändert hat (so u.a. die Art und Weise der Auswahl und Kombination von Informationen oder die Wissensorganisation).[636] Diese Umstellung kann nicht als aktiver Prozess interpretiert werden, sondern kann begabungsbedingt oder durch Übung bedingt worden sein.[637]

4.3.5.2 Operationalisierung von Expertise

Da die Messung der EXPERTISE-DETERMINANTEN eine methodisch anspruchsvolle und aufwändige Vorgehensweise erfordert, ist es naheliegend, nach vereinfachten operalisierbaren Möglichkeiten zu suchen, die die Aussagekraft der Untersuchung nicht bzw. nur unwesentlich beeinträchtigen. Hierbei ist im Wesentlichen die Kompetenz des Prüfers als Einflussfaktor von hoher Bedeutung.[638]

In einer Vielzahl von Studien der empirischen Prüfungsforschung wurde Erfahrung als Proxy für Expertise verwendet. Dies hat insbesondere den Vorteil, dass diese z.B. durch die Anzahl der Jahre an Prüfungserfahrung gut messbar ist.[639] Eine Operationalisierung von Expertise allein auf Basis allgemeiner Berufserfahrung ist in diesem Zusammenhang aus mehreren Gründen nicht angezeigt. Zum einen wären die durch Berufserfahrung oder

---

[635] Vgl. Gruber (1994), S. 14 f. Für eine Übersicht im Accounting-Bereich vgl. Bouwman (1984), S. 325 ff.

[636] Vgl. Gruber (1994), S. 18. Für die mit dem Experten-Novizen-Vergleich einhergehende Probleme; vgl. ebd., S. 16 f.

[637] Zur Abgrenzung zwischen Expertise und Begabungsforschung; vgl. Gruber/Ziegler (1996), S. 7 ff.

[638] Bezogen auf den Prüfer wird das Konzept der Kompetenz in die beiden Komponenten Wissen und kognitive Fähigkeiten unterteilt; vgl. hierzu Bonner/Lewis (1990); Libby/Luft (1993); Libby/Tan (1994); Schreiber (2000), S. 194 ff.; Gronewold (2006), S. 311 f. sowie ausführlich Kapitel 2.5.2.3.3.1. Bezüglich kognitiver Fähigkeit wird in der folgenden Untersuchung davon ausgegangen, dass durch die hohen Zugangsvoraussetzungen zum Prüferberuf sowie eine bestimmte Prüfererfahrung ein gewisses Mindestmaß an kognitiven Fähigkeiten entwickelt werde konnte (Schwellenwertannahme), so dass der Anteil am Einfluss auf das Informationsverhalten keine bedeutende Rolle mehr spielen sollte; vgl. hierzu Libby (1995), S. 184; Gruber/Mandl (1996), S. 23.

[639] Vgl. hierzu insbesondere Libby/Luft (1993), die zeigen, dass Erfahrung aufgrund ihres Einflusses auf das Wissen der Prüfer in einem engen Zusammenhang mit Expertise steht.

hierarchischem Rang gebildeten Gruppen in sich nicht homogen. Sowohl die Intensität, mit der Prüfer während ihrer Laufbahn unterschiedliche Prüfungsaufgaben ausführen, als auch die wechselnden Tätigkeiten des Prüfers während des beruflichen Werdegangs wären nicht ausreichend berücksichtigt.[640] Zum anderen würde unter der Annahme des dynamischen Konzeptes der Expertise[641] deren aufgabenspezifische Komponente nicht sachgerecht widergespiegelt.[642]

Deshalb soll im Folgenden, wie häufig in der Prüfungsliteratur empfohlen,[643] eine Kombination aus mehreren Expertise-Surrogaten verwendet werden. Dabei müssen die Untersuchungsteilnehmer, welche als Experten klassifiziert werden, kumulativ die folgenden Bedingungen erfüllen.[644] Sie müssen:

- mindestens 30 Jahre alt sein;
- mindestens 5 Jahre allgemeine und 3 Jahre Prüfungserfahrung von IFRS-Abschlüssen aufweisen;[645]
- über ausreichend IFRS-Rechnungslegungswissen sowie Kenntnisse im Bereich Prüfung von IFRS-Abschlüssen (dies betrifft sowohl die Kenntnisse zur Prüfung von IFRS-Abschlüssen im Allgemeinen als auch die Kenntnisse zur Prüfung von geschätzten Werten und Immobilien im Speziellen) verfügen;[646]

---

[640] Vgl. hierzu u.a. Bouwman/Bradley (1992), S. 92 f.; Libby (1995), S. 179 f. sowie ausführlich Schreiber (2000), S. 283 f.

[641] Das dynamische Konzept geht davon aus, dass sich Expertise nicht nur mit zunehmender Erfahrung entwickelt, sondern bei fehlender Erfahrung auch wieder zurückentwickeln kann; vgl. Hansa (1994), S. 22.

[642] Dieser Vorgehensweise folgt auch Bedard (1992), der bei der Einteilung der Versuchspersonen 19 Manager für die experimentelle Beurteilung eines internen Kontrollsystems als Experten einstuft, während die restlichen 10 Manager den Novizen zugeordnet werden. Allgemeine Berufserfahrung war auch in diesem Fall nicht gleichbedeutend mit entsprechender aufgabenspezifischer Erfahrung; vgl. Bedard (1992), S. 208 f. Vgl. hierzu auch Lehmann/Normann (2006), S. 65 ff.

[643] Vgl. z.B. Schreiber (2000), S. 287 f.

[644] Allgemein zum Experten-Novizen-Vergleich; vgl. Kapitel 4.3.5.1.

[645] Auch Krems bezeichnet Expertise als die bereichs- und aufgabenspezifische Problemlösefertigkeit einer Person in einem Sachgebiet, die sie in die Lage versetzt, dauerhaft Hervorragendes zu leisten; vgl. Krems (1996), S. 81.

[646] Vgl. hierzu Tabelle 4-2. Die Kenntnisse der einzelnen Untersuchungsteilnehmer basieren auf einer Selbsteinschätzung (gemessen auf einer 5-Punkt-Likert-Skala; 1=*nicht vertraut*; 2=*wenig vertraut*; 3=*eher vertraut*; 4=*vertraut*; 5=*sehr vertraut*). Experten müssen hierbei über mindestens einen Mittelwert des Rechnungslegungs- und Prüfungswissens (Kenntnisse IFRS-Rechnungslegung, Prüfung von IFRS-Abschlüssen, Prüfung von geschätzten Werten und Immobilien) von 2,5 verfügen. Diese Trenngröße wurde gewählt, da sie dem Median der Untersuchungsteilnehmer entspricht.

- in den letzten beiden Jahren mindestens eine Weiterbildungsveranstaltung in den Bereichen geschätzte Werte oder Immobilien besucht haben.[647]

Vorteile dieser Operationalisierung sind darin zu sehen, dass Experten sowohl über ein gewisses Maß an Allgemeinwissen sowie domänenspezifischem und aufgabenspezifischem Wissen verfügen.[648] Zusätzlich trägt die durch theoretische (besuchte Weiterbildungsveranstaltungen) und praktische Übung (Prüfungserfahrung[649]) erfolgte Wissenskompilation zur Homogenität der beiden Gruppen (Novizen und Experten) bei.[650] Ein Überblick über die Klassifikation sowie einen Mittelwertvergleich ausgewählter Eigenschaften der beiden Kohorten gibt Tabelle 4-2.[651]

---

[647] So auch Schreiber (2000), S. 288, der fordert, dass neben der Prüfungserfahrung auch die Schulungsintensität in den untersuchten Bereichen in die Untersuchung mit einbezogen werden sollen.

[648] Auch Bonner/Lewis (1990), welche die bisher differenzierteste Untersuchung im Prüfungsbereich vornahmen, unterteilten Wissen analog in *general domain knowledge, subspeciality knowledge* und *world knowledge*. Auch setzten sie zur Ermittlung der Bestandteile der einzelnen Wissenskomponenten eine Kombination aus Selbsteinschätzungen, Antwort-Wahl-Fragen aus Lehrbüchern und dem CPA-Examen sowie aufgabenspezifischer und branchenspezifischer Prüfungserfahrung ein; vgl. hierzu Bonner/Lewis (1990), S. 9 f.

[649] Aufgabenspezifische Erfahrung hat sich in den bisher durchgeführten empirischen Untersuchungen, im Vergleich zu allgemeiner Prüfungserfahrung, als zweckmäßigeres Surrogat für Expertise erwiesen; vgl. z.B. Bedard/Biggs (1991); Choo (1996). In Abhängigkeit vom Aufgabentypus kann u.U. auch branchenspezifische Erfahrung als Surrogat verwendet werden. Da sich Prüfer innerhalb einer Branche regelmäßig mit unterschiedlichen Aufgabenstellungen beschäftigen, dürfte jedoch aufgabenspezifische Erfahrung i.d.R. einen geeigneteren Indikator darstellen; vgl. zum Einfluss branchenspezifischer Erfahrung, u.a. Bedard/Wright (1994); Jamal/Johnson/Berryman (1995); Wright/Wright (1997).

[650] Sowohl die Studie von Bonner/Walker (1994) als auch in die Studie von Hertz/Schultz Jr. (1999) zeigen, dass durch theoretische (besuchte Weiterbildungsveranstaltungen) und praktische Übung (Prüfungserfahrung) erfolgte Wissenskompilation verantwortlich für die Effektivitätsverbesserungen ist. Einschränkend muss darauf hingewiesen werden, dass dies nur für gut-strukturierte Aufgabenstellungen zutrifft.

[651] Zur Auswertung der Mittelwertvergleiche wurden einseitige t-Tests herangezogen; deren Voraussetzungen wie Unabhängigkeit und Intervallskalierung der Messwerte sowie die Normalverteilungsannahme (muss nicht überprüft werden, da die Stichprobe ausreichend groß ist) sind erfüllt. In Fällen, in denen Varianzhomogenität vorliegt, wurde der „normale" t-Test durchgeführt, in den restlichen Fällen wurde auf den modifizierten t-Test (auch als Welch-Test bezeichnet) zurückgegriffen; vgl. hierzu Kapitel 4.3.6 sowie Anlage 6.

	Novizen		Experten		t(df)	Sig. (2-seitig)
Anzahl (n)	218		78			
	M	SD	M	SD		
Alter	29,02	4,97	39,81	6,59	13,18(109,9)	<0,001**
allgemeine Prüfungserfahrung	2,80	3,97	13,42	6,45	13,65(98,69)	<0,001**
IFRS Prüfungserfahrung	1,31	1,90	6,53	2,50	16,76(110,75)	<0,001**
Besuchte WBV	0,29	0,64	2,94	1,69	13,50(85,10)	<0,001**
Rechnungslegungs- und Prüfungskenntnisse	2,35	0,65	3,47	0,59	13,37(294)	<0,001**

Tabelle 4-2: Eigenschaften und Mittelwertvergleich der Novizen- und Experten-Kohorte

Wie aus Tabelle 4-2 zu entnehmen ist, unterscheiden sich die beiden Kohorten (Novizen und Experten) in allen erhobenen Eigenschaften signifikant voneinander. So verfügen z.B. Experten (M=6,53; SD=2,50) im Vergleich zu Novizen (M=1,31; SD=1,90) über eine signifikant höhere durchschnittliche Prüfungserfahrung von IFRS-Abschlüssen ($t(df)$=16,76(110,75); p<0,001).

4.3.5.3 Statistische Vorgehensweise

Um die in Kapitel 4.2.1 hergeleiteten Hypothesen über die Unterschiede zwischen Merkmalen der Grundgesamtheit empirisch zu prüfen, wird einer ALTERNATIVHYPOTHESE (H_A) gewöhnlich die NULLHYPOTHESE (H_0) gegenübergestellt. Wie in Kapitel 4.5.1 beschrieben, entstammen die erhobenen Daten keiner Vollerhebung, sondern stellen nur einen Teil der Zielpopulation dar (Teilerhebung). Deshalb erfolgt die Absicherung eines postulierten Unterschieds vor zufallsbedingten Ergebnissen mit Hilfe von SIGNIFIKANZTESTS. Diese überprüfen, ob die Alternativhypothesen (H_{1a} bis H_{1h}) als statistisch (weitgehend) gesichert angenommen werden können oder die entsprechenden Nullhypothesen ($H0$) (vorläufig) beibehalten werden müssen. Da die in die Untersuchung der Entscheidungsperformance von Novizen und Experten einfließenden Daten allesamt ein kategoriales Messniveau aufweisen, wird zur Überprüfung der Hypothesen (H_{1a-1} bis H_{1a-3}) auf nonparametrische Tests (auch verteilungsfreie Tests genannt) zurückgegriffen.[652]

Unterschiede zweier Gruppen hinsichtlich kategorialer Variablen können in Form einer Kreuztabelle dargestellt und mit Hilfe des CHI-QUADRAT-TESTS ausgewertet werden.

---

[652] Da zur Überprüfung der Hypothese nicht ein Parameter, sondern die ganze Verteilung verwendet wird, spricht man von nonparametrischen Tests; vgl. Janssen/Laatz (2010), S. 270.

Dieser überprüft, ob die empirisch beobachtete Verteilung mit einer erwarteten Verteilung übereinstimmt.[653] Obwohl der Stichprobenumfang ausreichend groß wäre[654] und somit auch eine Berechnung mit Hilfe von asymptotischen Tests möglich gewesen wäre, werden exakte Tests berechnet.[655] Im Gegensatz zu asymptotischen Tests, welche beim Testen von Hypothesen eine approximierte Prüfgröße verwenden, stützt man sich bei exakten Tests nicht auf bekannte (approximierte) theoretische Testverteilungen, sondern es werden die Wahrscheinlichkeitsverteilungen der Prüfgröße eigens für die Daten einer vorliegenden Stichprobe berechnet.

Die Durchführung eines Signifikanztests ermöglicht es, eine Aussage zur Gültigkeit bzw. Ungültigkeit einer formulierten Hypothese zu treffen. Hierfür wird über ein Wahrscheinlichkeitsmodell die IRRTUMSWAHRSCHEINLICHKEIT[656] berechnet. „Die Irrtumswahrscheinlichkeit ist die bedingte Wahrscheinlichkeit, dass das empirisch gefundene Stichprobenergebnis zustande kommt, wenn in der Population die Nullhypothese gilt."[657] In der Grundlagenforschung ist ein SIGNIFIKANZNIVEAU (also die maximal tolerierbare Irrtumswahrscheinlichkeit) in Höhe von $\alpha=0,05$ üblich.[658] Dieses Signifikanzniveau wird auch für die eigene Untersuchung herangezogen, d.h. Unterschiede werden als signifikant bezeichnet, wenn die Irrtumswahrscheinlichkeit $p \leq 0,05$ ist. Darüber hinaus werden Unterschiede als hoch signifikant bezeichnet, wenn die Irrtumswahrscheinlichkeit $p \leq 0,01$ ist.[659]

Durch den Chi-Quadrat-Test kann überprüft werden, ob ein beobachteter Unterschied zwischen zwei Variablen statistisch belegbar ist oder nicht, es ist aber keine direkte Infor-

---

[653] Wenn die beiden erhobenen Variablen der Stichprobe abhängig sind, wird die Nullhypothese ($H0$) verworfen und die Alternativhypothese ($H1$) kann angenommen werden; vgl. Janssen/Laatz (2010), S. 270.

[654] Exakte Tests sind in Fällen notwendig, bei denen z.B. die erwarteten Häufigkeiten in den einzelnen Feldern der Kreuztabelle kleiner als fünf sind; vgl. hierzu u.a. Bortz (2005), S. 173 oder Janssen/Laatz (2010), S. 274.

[655] Für asymptotische Tests vgl. Janssen/Laatz (2010), S. 261 ff. und für exakte Tests ebd., S. 787 ff.

[656] Die Irrtumswahrscheinlichkeit entspricht der sog. α-Fehler-Wahrscheinlichkeit, d.h. der Wahrscheinlichkeit, dass die so genannte Nullhypothese ($H0$) abgelehnt wird, obwohl sie richtig ist.

[657] Bortz/Döring (2006), S. 25.

[658] Vgl. Bortz/Döring (2006), S. 26. Bei einem Vergleich von ermittelter Irrtumswahrscheinlichkeit (p) und Signifikanzniveau (α) weisen, wenn $p \leq \alpha$, die Ergebnisse auf einen signifikanten Zusammenhang hin. Statistische Signifikanz bedeutet, dass sich aufgrund einer geringen Irrtumswahrscheinlichkeit das Stichprobenergebnis nicht mit der Nullhypothese vereinbaren lässt. Deshalb wird sie zurückgewiesen und die Alternativhypothese angenommen; vgl. Bortz/Döring (2006), S. 25 f.

[659] Im Folgenden gilt: * = signifikant bei $p \leq 0,05$ und ** = signifikant bei $p \leq 0,01$.

mation zu entnehmen, wie groß dieser Unterschied ist.[660] Allerdings können auf seiner Basis Zusammenhangmaße errechnet werden, welche den Einfluss von Stichprobengröße und den Freiheitsgraden berücksichtigen. Das in der vorliegenden Untersuchung verwendete Zusammenhangmaß ist der PHI-KOEFFIZIENT.[661] Einer der Vorteile des Phi-Koeffizienten ist, dass die Werte für 2x2-Tabellen immer zwischen 0 und 1 liegen.[662]

Während der p-Wert über die statistische Signifikanz eines Hypothesen-Tests informiert, erhält man mit der Effektstärke (teilweise auch als Effektgröße bezeichnet) ein Maß für die Bedeutung der Unterschiede. Von einem schwachen Effekt spricht man üblicherweise bei Phi-Werten zwischen 0,1 und 0,3; von einem mittleren Effekt bei Werten zwischen 0,3 und 0,5 und von einem starken Effekt bei Werten größer als 0,5.[663]

4.3.6 Methodisches Vorgehen Forschungsfrage 2

Zur Identifikation von Einflussfaktoren, die eine erfolgreiche Problemlösung determinieren, werden erfolgreiche Problemlöser[664] den nicht-erfolgreichen Problemlösern gegenübergestellt und untersucht, in welchen Faktoren sich die beiden Gruppen unterscheiden. Diese Ermittlung soll in Empfehlungen für die Zusammensetzung von Prüfungsteams sowie der Ausgestaltung und Verbesserung von Fortbildungsmaßnahmen und Einstellungstests münden. Als statistisches Instrumentarium werden hierbei in Abhängigkeit des Vorliegens bestimmter Anwendungsvoraussetzungen sowohl t-TESTS als auch U-TESTS angewendet.[665]

Mit dem t-Test werden die Unterschiede der Mittelwerte zweier Gruppen auf Signifikanz geprüft. Sie werden zum Testen von Hypothesen über Erwartungswerte einer oder zweier Stichproben aus normalverteilten Grundgesamtheiten mit unbekannter Standardab-

---

[660] Vgl. Janssen/Laatz (2010), S. 270.

[661] Zur Berechnung des Phi-Koeffizienten wird Pearsons Chi-Quadrat durch die Stichprobengröße geteilt und die Quadratwurzel daraus gezogen. Alternativen hierzu wären Cramers V, das sich insbesondere für größere Tabellen eignet sowie der Kontingenzkoeffizient, bei dessen Interpretation es allerdings zu beachten gilt, dass der maximal erreichbare Wert unter eins liegt; vgl. hierzu u.a. Bortz/Döring (2006), S. 614 sowie Janssen/Laatz (2010), S. 278 ff.

[662] Ein Wert von Null zeigt an, dass kein Zusammenhang besteht und ein Wert von eins indiziert hingegen einen perfekten Zusammenhang.

[663] Vgl. Bortz/Döring (2006), S. 606; Bühner/Ziegler (2009), S. 181. Zusätzliche Erläuterungen für Zusammenhangs- und Kontingenztafelanalysen finden sich bei Wirtz/Nachtigall (2006), S. 92. Vgl. für allgemeine Darstellungen für Zusammenhangmaße und Effektstärken Cohen (1988), S. 215 ff. sowie ders. (1992), S. 156 ff.

[664] Als erfolgreiche Problemlöser werden im Folgenden diejenigen Untersuchungsteilnehmer verstanden, die eine korrekte Lösung generiert haben.

[665] Vgl. zu t-Tests u.a. Bühner/Ziegler (2009), S. 255 ff. sowie Janssen/Laatz (2010), S. 337 ff.

weichung verwendet. Als Anwendungsvoraussetzungen des t-Tests müssen neben der Unabhängigkeit der Messwerte verschiedener Personen sowie der Intervallskalierung der Messwerte auch die Normalverteilungsannahme und die Varianzhomogenität geprüft werden.

Die Überprüfung der Normalverteilungsannahme kann mit dem Kolmogorov-Smirnov-Test oder mit dem Shapiro-Wilk-Test geprüft werden. Aufgrund der Tatsache, dass eine Verletzung der Normalverteilungsannahme bei kleinen Stichproben stärker ins Gewicht fällt, kann der t-Test, sobald der Stichprobenumfang für beide unabhängigen Stichproben größer als 50 ist, appliziert werden.[666]

Die Varianzhomogenität wird i.d.R. mit dem Levene-Test überprüft. Er ist ein F-Test, der auf dem Vergleich der Varianzen zweier Stichproben beruht. In Fällen, in denen der Levene-Test ein signifikantes Ergebnis zeigt, liegt keine Varianzgleichheit vor. Damit müssen die Freiheitsgrade adjustiert und auf den modifizierten t-Test (den sog. Welch-Test) zurückgegriffen werden.[667]

Sind die Vorrausetzungen des t-Tests nicht erfüllt, werden nonparametrische Testverfahren, z.B. der U-Test von Mann-Whitney, durchgeführt.[668] Dieser überprüft als Rangsummentest die Tendenz der Verteilung zweier Stichproben. Dieser Test ist als nonparametrisches Verfahren als Pendant zum t-Test besonders für unabhängige, ordinalskalierte und nicht-normalverteilte Stichproben geeignet.[669]

---

[666] Vgl. u.a. Eckstein (2004), S. 112. Bühner/Ziegler (2009), S. 261 empfehlen generell: „In der Regel sollte der t-Test den nonparametrischen Verfahren vorgezogen werden, auch wenn eine Verletzung der Normalverteilungsannahme vorliegt."

[667] Die Ergebnisse des modifizieren Welch-Test werden in der SPSS-Ausgabe in der Zeile „Varianzen sind nicht gleich" ausgegeben; vgl. Eckstein (2004), S. 118. In Fällen, in denen das statistische Signifikanzniveau größer als das vorgegebene Signifikanzniveau ist (i.d.R. 5%), besteht kein Anlass an der Varianzhomogenität in den Grundgesamtheiten zu zweifeln; insofern muss in der SPSS-Ausgabe die Zeile „Varianzen sind gleich" betrachtet werden; vgl. hierzu ausführlich Bühner/Ziegler (2009), S. 261 ff.

[668] Vorrausetzung für den Mann-Whitney-Test ist, dass die getestete Variable mindestens ordinalskaliert ist; vgl. Janssen/Laatz (2010), S. 622.

[669] Vgl. hierzu u.a. Eckstein (2004), S. 119 ff.; Janssen/Laatz (2010), S. 622 ff.

4.4 Untersuchungsgegenstand

4.4.1 Die Abbildung von investment properties nach IAS 40

4.4.1.1 Ansatz und Bewertung

Die erste Fassung von IAS 40[670] wurde im Jahr 2000 veröffentlicht und ist in ihrer derzeit gültigen Fassung auf die Berichtsperioden, die am 1. Januar 2005 oder danach beginnen, anzuwenden.[671] *Investment properties* sind Gebäude, die zur Erzielung von Mieteinahmen und/oder zum Zwecke der Wertsteigerung gehalten werden. Ein wesentliches Merkmal der *Cashflows* von *investment properties* ist ihre Unabhängigkeit von anderen betrieblichen Leistungsprozessen.[672] Abzugrenzen hiervon sind insbesondere vom Eigentümer selbstgenutzte Immobilien, welche nach IAS 16 sowie zur Veräußerung gehaltene Immobilien, welche nach IFRS 5 erfasst werden.[673]

Entsprechend dem IFRS-Rahmenkonzept F.89 sind *investment properties* nur dann als Vermögenswerte anzusetzen, wenn es wahrscheinlich ist, dass der wirtschaftliche Nutzen und die Anschaffungs- oder Herstellungskosten verlässlich geschätzt werden können.[674]

Bei der Erstbewertung sind *investment properties*, in Abhängigkeit davon, ob sie erworben oder hergestellt worden sind, zu ihren Anschaffungs- bzw. Herstellungskosten inklusive Transaktionskosten/Anschaffungsnebenkosten anzusetzen.[675] Für die Folgebewertung existiert nach IAS 40.30 ein Wahlrecht. Die Folgebewertung soll entweder zu fortgeführten Anschaffungs- oder Herstellungskosten (*cost model*)[676] oder zum beizulegenden Zeitwert (*fair value model*) erfolgen.[677] Das Wahlrecht muss dabei für alle *investment*

---

[670] Zur Entwicklung des IAS 40; vgl. u.a. Helm (2001), S. 171 ff.

[671] Siehe IAS 40.85. Infolge der Änderung des IAS 1 (überarbeitet 2007) sowie der Improvements to IFRSs (vom Mai 2008) haben sich kleinere, insbesondere terminologische Änderungen ergeben, die ab dem 1. Januar 2009 anzuwenden sind.

[672] Vgl. IAS 40.7. Beispiele finden sich in IAS 40.8.

[673] Für Fragen zur Abgrenzung von selbstgenutzten und als Finanzinvestition gehaltenen Immobilien vgl. Huschke (2007), S. 28 f.

[674] Vgl. IAS 40.16.

[675] Vgl. IAS 40.20 ff. Für eine ausführliche Darstellung der Bilanzierung Baumunk (2009), S. 77 ff. Die Bewertung folgt hier den gleichen Grundsätzen wie bei selbstgenutzten Immobilien.

[676] Vgl. IAS 16 i.V.m. IAS 36.

[677] Ein Wechsel zwischen beiden Modellen kann in Übereinstimmung mit IAS 8 nur erfolgen, sofern hierdurch zuverlässigere und relevantere Informationen zur Verfügung gestellt werden; vgl. IAS 40.31. Diese Möglichkeit sieht das IASB jedoch bei einem Wechsel vom *fair value*-Model zum *cost*-Model als höchst unwahrscheinlich (*highly unlikely*) an. Für einen Vergleich zwischen der Be-

properties einheitlich ausgeübt werden.[678] Auch bei Anwendung des *cost models* ist nach IAS 40.79(e) der *fair value* in den *notes* anzugeben, es sei denn, eine hinreichend zuverlässige Ermittlung ist ausnahmsweise nicht möglich.[679]

Bei Anwendung des *cost models* bewertet das Unternehmen seine gesamten *investment properties* in Übereinstimmung mit IAS 16.30 zu seinen fortgeführten Anschaffungs- oder Herstellungskosten gemindert um planmäßige Abschreibungen und etwaigen Wertminderungsaufwand nach IAS 36.[680] Das bilanzierende Unternehmen muss jeden Abschlussstichtag die Nutzungsdauer, Abschreibungsmethode[681] und auch überprüfen, ob Indikatoren für eine Wertminderung vorliegen.[682]

Entscheidet sich das bilanzierende Unternehmen für das *fair value model*, so hat es all seine *investment properties* zum *fair value* zu bewerten.[683] Änderungen des *fair value* sind in der betreffenden Periode der Wertänderung ergebniswirksam nach IAS 40.35 zu erfassen.

Der *fair value* ist kein einheitlicher Bewertungsmaßstab, sondern die Ermittlung folgt einer hierarchisch angelegten mehrstufigen Vorgehensweise.[684] Der *fair value* soll die Marktbedingungen am Abschlussstichtag widerspiegeln (IAS 40.38) und ist als fiktiver Transaktionspreis[685] oder hypothetischer marktorientierter Wert[686] zu verstehen. Allgemein lässt sich der *fair value* definieren als

---

[678] wertung zu Anschaffungskosten und derjenigen zum beizulegendem Zeitwert siehe Böckem/Schurbohm (2002), S. 38 ff.

Vgl. IAS 40.30. Eine Ausnahme hiervon stellen sowohl mit Verbindlichkeiten verbundene *investment properties*, für die ein separates Wahlrecht besteht (vgl. IAS 40.32a), als auch in einem Operate-Lease gehaltene und als Finanzinvestition klassifizierte Immobilien, die zum *fair value* angesetzt werden müssen (vgl. IAS 40.34), dar.

[679] Vgl. IAS 40.53 ff. So besteht die widerlegbare Vermutung, dass der *fair value* einer Immobilie fortwährend bestimmbar ist und die Unmöglichkeit der zuverlässigen Ermittlung als Ausnahmefall anzusehen ist. „This arises when, and only when, comparable market transactions are infrequent and alternative reliable estimates of fair value [...] are not available." IAS 40.53. Liegt dieser Ausnahmefall vor, so ist die betreffende Immobilie nach dem *cost-model* gemäß IAS 16 zu behandeln. Darüber hinaus sind Angaben über die Gründe, warum der *fair value* nicht zuverlässig ermittelt werden konnte und, soweit möglich, Schätzbandbreiten in den *notes* anzugeben; vgl. IAS 40.78.

[680] Vgl. IAS 40.56.

[681] Vgl. IAS 16.51 und IAS 16.61.

[682] Vgl. IAS 36.12.

[683] Vgl. IAS 40.33.

[684] Vgl. IAS 40.45, .46. Vgl. hierzu auch stellvertretend Ruhnke/Schmidt (2003), S. 1039 f.; Blaufus (2004), S. 31 ff. und Ruhnke (2008), S. 281 ff.

[685] Vgl. Hoffmann/Freiberg (2009), § 16, Rz. 57.

„the amount for which an asset could be exchanged between knowledgeable, willing parties in an arm's length transaction."[687]

Im Idealfall (erste Stufe) handelt es sich um auf einem aktiven Markt notierte Immobilienpreise, die hinsichtlich Lage, Ausstattung, Zustand des Gebäudes und Vermietungssituation vergleichbar sind.[688] Da der Immobilienmarkt als stark unvollkommener Markt zu charakterisieren ist und deshalb die hierfür notwendigen Bedingungen[689] regelmäßig nicht gegeben sind,[690] muss auf der zweiten Stufe der Bewertungshierarchie regelmäßig auf Marktwerte, welche im Vergleich zum Marktpreis subjektive Vorstellungen beinhalten, zurückgegriffen werden (*mark-to-market*). Infrage kommen hierbei:

- Aktuelle Kaufpreise von Immobilien, die sich in Art, Zustand oder Lage unterscheiden, sind mit Hilfe von Korrekturverfahren (*adjustments*) auf die zu bewertende Immobilie anzupassen[691] oder
- Kaufpreise vergleichbarer Immobilien zurückliegender Perioden, welche unter Zuhilfenahme von Indexreihen an die zu bewertende Immobilie am Bilanzstichtag anzupassen sind.[692]

Lässt sich durch die Möglichkeiten der Datenbeschaffung auf einem aktiven Markt kein *fair value* ermitteln, muss dieser auf der dritten Stufe durch anerkannte Schätzverfahren

---

[686] Vgl. Zülch (2003), S. 175.

[687] Vgl. u.a. IAS 16.6; IAS 38.8 oder IAS 40.5. Der im Vorfeld der Verabschiedung des IAS 40 geforderten Anlehung an die Definition des Marktwertes u.a. des International Valuation Standard Commitee wurde weitgehend entsprochen; vgl. IAS 40.BC52, .BC53. Dem Wunsch nach Übernahme wurde jedoch nicht entsprochen; vgl. den Comment Letter des IVSC zum Exposure Draft 64; vgl. IVSC (1999), S. 3 f. Weitgehend identisch sind auch die Marktwertdefinition der Royal Institution of Chartered Surveyors (Red Book); vgl. Leopoldsberger/Thomas/Naubereit (2008), S. 498 sowie die Verkehrswertdefinition in § 194 BauGB.

[688] Vgl. IAS 40.45. IAS 40 selbst bietet keine Definition für einen aktiven Markt. Hilfsweise bietet sich über IAS 8.7 ff. i.V.m. IAS 36, 38 und 39 der Rückgriff auf die dort einschlägigen Definitionen an. Vgl. hierzu die Ausführungen von Baumunk (2009), S. 87 ff. und Huschke (2007), S. 40.

[689] Die Immobilien sind sich in Lage, Ausstattung, Zustand und Vermietungssituation ähnlich; in absehbarer Zeit lassen sich transaktionsbereite Käufer finden und die Immobilienpreise stehen der Öffentlichkeit oder stellvertretend dem Sachverständigen zur Verfügung.

[690] Für Immobilien existiert kein vergleichbarer Markt wie für Wertpapiere, aus dem der Marktpreis eindeutig und zuverlässig entnommen werden kann. Vgl. hierzu auch Zülch (2003), S. 30 ff. sowie Huschke (2005), S. 41 ff.

[691] Vgl. IAS 40.46(a).

[692] Vgl. IAS 40.46(b). Für eine ausführliche Darstellung der beiden Vergleichswertverfahren siehe Baumunk (2009), S. 90.

simuliert werden (*mark-to-model*).[693] Je weiter sich die Wertfindung hierbei von aktiven Märkten entfernt, desto größer wird der Charakter des *fair values* als geschätzter Wert.[694]

4.4.1.2 Die Ermittlung des fair value mit Hilfe von DCF-Verfahren

4.4.1.2.1 Grundlagen

Bezüglich der Wahl eines spezifischen Wertermittlungsverfahrens sowie der Bestimmung der in das Verfahren eingehenden Größen macht das IASB keine Vorgaben. Der *fair value* soll gemäß IAS 40.46 (c) i.V.m. IAS 40.40 auf der Basis verlässlicher, marktorientierter Schätzungen zur zukünftigen Ertragslage, wie sie sich aus der momentanen Sicht darstellt, ermittelt werden. Dabei sind sowohl die aktuelle Vermietungssituation der Immobilie als auch die Mieten von in Lage, Zustand und Ausstattung vergleichbarer Objekte zu berücksichtigen. Die so ermittelten *Cashflows* sind mit einem Zinssatz zu diskontieren, der die Erwartungen des Marktes bezüglich des Risikos dieser *Cashflows* reflektiert. In Frage kommen somit sowohl das in Deutschland normierte Ertragswertverfahren nach WertV[695] als auch das *Discounted Cashflow*-Verfahren (DCF-Verfahren)[696].[697]

Aufgrund der in der internationalen Bewertungspraxis dominierenden Stellung des DCF-Verfahrens im Rahmen der *fair value*-Ermittlung nach IAS 40[698] wird nachfolgend nicht weiter auf das Ertragswertverfahren eingegangen.[699]

---

[693] Vgl. IAS 40.46(c).

[694] Daneben existiert in der IFRS-Rechnungslegung noch eine Vielzahl an geschätzten Werten, bei denen es sich allerdings nicht um *fair values* handelt, z.B. der Fertigstellungsgrad bei der Bilanzierung langfristiger Fertigungsaufträge nach der *percentage of completion method* (IAS 11) oder auch der *value in use* bei der Bestimmung des erzielbaren Betrags nach IAS 36 (*impairment of assets*).

[695] Vgl. hierzu §§ 15-20 WertV. Eine detaillierte Beschreibung findet sich in Kleiber (2010), S. 1523 ff.; vgl. auch Huschke (2005), S. 50 f.

[696] Vgl. hierzu ausführlich Zülch (2003), S. 243 ff.; Huschke (2005), S. 47 ff.

[697] Daneben exisitiert noch eine Vielzahl an weiteren Verfahren, die allerdings allesamt mit erheblichen Problemen verbunden sind. Dies sind u.a. die aus dem angelsächsischen Bereich stammenden Verfahren *income method, investment method* und *direct capitalization method*; vgl. hierzu Kleiber (2004), S. 195 ff.; Kormaier (2006), S. 380 ff.

Auch kommen in Deutschland häufig Vergleichsfaktoren zur Anwendung (§ 13 III WertV). Bei diesen unter dem Begriff Makler-Methode bekannten Verfahren handelt es sich um ein Hybrid aus *mark-to-market* und *mark-to-model* Verfahren. Der *fair value* des Bewertungsobjektes wird hier durch Multiplikation des Rohertrages der zu bewertenden Immobilie mit einem Vervielfältiger, der aus Vergleichsobjekt(en) abgeleitet wird, geschätzt; vgl. hierzu Zimmermann/Heller (1995), Abschn. A.3, Rz. 3; sowie für die damit verbundenen Probleme; vgl. Vogels (1996), S. 14 f.; Huschke (2005), Fn. 266 und Baumunk (2009), S. 90 f.

[698] Vgl. u.a. Zülch (2003), S. 238; Beck (2004a), S. 501.

[699] Vgl. hierzu Leopoldsberger (1998), S. 209; Paul (2005), S. 564.

Das DCF-Verfahren ist den Barwertverfahren zuzuordnen und stellt sich formal wie folgt dar:[700]

$$fair\ value = \sum_{t=1}^{n} \frac{CF_t}{(1+i)^t} + \frac{RV}{(1+i)^n}$$

mit:

CF_t Zahlungsmittelüberschuss in der Periode t
(Einzahlungen in der Periode t abzgl. Auszahlungen in der Periode t)
i   Diskontierungszinssatz
n   Detailplanungsperiode in n Jahren
RV   Restwert (residual value)

Hierbei wird der Zeitwert des Geldes explizit berücksichtigt,[701] da für das bilanzierende Unternehmen ein Euro, den es heute besitzt, mehr wert ist, als ein Euro, der erst in der Zukunft zufließen wird. Die erwarteten *Cashflows* sind daher auf den Bewertungszeitpunkt zu diskontieren. Durch dieses Vorgehen werden die Zeitpräferenzen der Wirtschaftssubjekte abgebildet.

Die mit diesem Verfahren verbundenen Schwierigkeiten liegen weniger in der Berechnung, sondern vielmehr in der zuverlässigen Ermittlung der einzelnen Parameter. Die einzelnen Parameter, d.h. die zu identifizierenden Zahlungsmittelüberschüsse, der Restwert und der Diskontierungszinssatz werden im Folgenden dargestellt und auf die damit verbundenen Schwierigkeiten eingegangen.

4.4.1.2.2   Parameter des DCF-Verfahrens

4.4.1.2.2.1   Zahlungsmittelüberschuss

In die Ermittlung werden die *Cashflows* einbezogen, die für einen sachverständigen und transaktionsbereiten Marktteilnehmer wertrelevant sind. Diese ergeben sich aus der Differenz aus Zahlungsmittelzuflüssen und Zahlungsmittelabflüssen.

---

[700]   Für eine umfassende Darstellung des DCF-Verfahrens; vgl. Kruschwitz/Löffler (2006), S. 1 ff.
[701]   Zum Phänomen des *time value of money*; vgl. u.a. Damodaran (2001), S. 44 ff.

Als Einzahlungen werden im Rahmen der Bewertung von *investment properties* die jährlichen Brutto-Mieteinzahlungen aufgefasst, welche sich aus den Netto-Mieteinzahlungen[702] zuzüglich der umlagefähigen Betriebskosten[703], vermindert um das jährliche Mietausfallwagnis und möglichen Leerstand, errechnen. Die Auszahlungen bestehen hauptsächlich aus den jährlichen Betriebskosten[704] und den sonstigen Vermietungskosten eines Jahres.[705] Hierbei ist zwischen vertraglich fixierten und vertraglich nicht-fixierten Zahlungsströmen zu unterscheiden.[706] Vertraglich fixierte Zahlungen[707] werden in der Literatur als „sichere" Zahlungen angesehen,[708] obwohl auch diese hinsichtlich Höhe und des zeitlichen Anfalls mit Unsicherheiten behaftet sind, da sie u.a. in der Person des Mieters ein Ausfallrisiko beinhalten.[709] Ihre Bestimmung ist im Allgemeinen unproblematisch, da diese auf fast sicheren Erwartungen[710] basieren.

Mit Ausnahme rein gewerblich genutzter Objekte mit längeren Vertragslaufzeiten liegen im Regelfall vertraglich nicht-fixierte Zahlungsströme vor. Diese sind auf der Grundlage

---

[702] Die jährlichen Nettomieteinzahlungen setzen sich multiplikativ aus den auf die betrachtete Periode hochgerechneten Miete/m²/Monat und der Mietfläche zusammen.

[703] Vgl. hierzu § 1 BetrKV.

[704] Die nicht-umlagefähigen Betriebskosten bestehen hierbei aus den Verwaltungskosten, den Instandhaltungskosten sowie dem Mietausfallwagnis. Die umlagefähigen Betriebskosten stellen aus Sicht des Eigentümers einen durchlaufenden Posten dar, da die Umlage dieser Auszahlungen auf die Mieter zu Einzahlungen in gleicher Höhe führt; vgl. zu den „operating expenses" aus US-amerikanischer Sicht Appraisal Institute (2001), S. 512 ff.

Das Mietausfallwagnis umfasst gewöhnlich das Wagnis eines Zahlungsausfalls durch Mietrückstände oder Leerstand sowie die Kosten der Aufhebung des Mietverhältnisses, der Räumung oder einer Rechtsverfolgung auf Zahlung; vgl. Vogels (1996), S. 158. Da beim DCF-Verfahren jedoch die Kosten für erwartete Leerstände und Mietausfälle bereits in den Einzahlungen berücksichtigt werden, müssen zur Vermeidung einer Doppelerfassung nur die zusätzlich hierdurch entstehenden Kosten angesetzt werden.

[705] Die Bestimmung der Betriebskosten gestaltet sich im Vergleich zu den zu erwartenden Instandhaltungskosten als unproblematisch, da diese in der Regel in Gestalt der Betriebskostenabrechnung vorliegen. Instandhaltungskosten stellen die Kosten dar, die zur Erhaltung der vollen Gebrauchsfähigkeit und Vermietbarkeit aufgewendet werden müssen. Zwingend hiervon abzugrenzen sind Modernisierungskosten; hierunter werden Maßnahmen zur nachhaltigen Erhöhung des Gesamtgebrauchswertes oder der wirtschaftlichen Nutzung von langlebigen Bauteilen der Immobilie subsumiert; vgl. Engel/Esselmann (2005), S. 321 ff. und dies. (2006), S. 10 ff. IAS 40 schließt eine Berücksichtigung solcher werterhöhender Maßnahmen im Rahmen der *fair value*-Ermittlung explizit aus; vgl. IAS 40.51.

[706] Vgl. Starbatty (2001), S. 546.

[707] Vertraglich fixierte Zahlungen sind Zahlungen, die während der Dauer laufender Verträge dem Vermieter zufließen, z.B. Staffelmieten; entscheidend hierbei sind die Vertragsstrukturen sowie die Art der Mietanpassung; vgl. Paul (2001), S. 632; Zülch (2003), S. 257.

[708] Vgl. Zülch (2003), S. 233, 248 sowie Huschke (2007), S. 61, 127.

[709] Daneben beinhalten diese auch die mit dem Vermögenswert Immobilie verbundenen Risiken, wie Umweltrisiken oder außerordentliche Risiken.

[710] Zu fast sicheren Erwartungen vgl. Leffson (1987), S. 471.

einer detaillierten Standort-, Markt- und Gebäudeanalyse[711] zu schätzen und basieren auf wahrscheinlichen Erwartungen[712] über die der Bewertung zugrunde liegenden Informationen. Bei der Prognose künftiger Zahlungsströme kann sich der Bewerter, bei Vorliegen ausreichender empirischer Daten, auf quantitativ-statistische Verfahren[713] stützen.[714] Da die Verfügbarkeit dieser empirischen Daten aufgrund der Intransparenz des deutschen Immobilienmarktes selten erfüllt ist,[715] werden i.d.R. individuelle Schätzungen durch Immobiliensachverständige unumgänglich.

4.4.1.2.2.2 Restwert

Der mit Hilfe des *Discounted Cashflow*-Verfahren ermittelte *fair value* eines *investment property* besitzt als zukunftsorientierter Wert eine sehr hohe Relevanz.[716] Damit eine Information entscheidungsnützlich ist, muss sie sowohl relevant als auch verlässlich sein.[717] Mit einer zunehmenden detaillierten Planung der Cashflowströme in die Zukunft gewinnen diese immer mehr an Relevanz. Jedoch verringert sich gleichzeitig durch das bestehende Spannungsverhältnis deren Verlässlichkeit (*trade-off*).[718] Deshalb ist im Rahmen der Diskontierung der zukünftigen Zahlungsströme die Bestimmung des betrachteten Zeitraums von besonderer Bedeutung.[719]

---

[711] Vgl. hierzu ausführlich Väth/Hoberg (1998), S. 109 ff. sowie Zülch (2003), S. 248 ff.

[712] Vgl. Leffson (1987), S. 470.

[713] Zur quantitativen Marktanalyse; vgl. Isenhöfer/Väth/Hofmann (2008), S. 427 ff.

[714] Vgl. hierzu Kümmel (2002), S. 169.

[715] So müssten z.B. Informationen zur Mietpreisentwicklung bestimmter Regionen sowie das durchschnittliche Einkommen der einzelnen Mieter als Indikatoren für die Mieterbonität (über Datenbanken) zugänglich sein.

[716] Entscheidungsrelevanz ist weitgehend mit dem Begriff Informationsgehalt synonym. Am Kapitalmarkt ist eine Rechnungslegungsinformation dementsprechend entscheidungsrelevant, wenn diese zu einer Erwartungsänderung und folgerichtig zu einer veränderten Entscheidung führt. Entscheidungsrelevant sind Informationen auch, wenn diese bereits getroffene Entscheidungen bestätigen. In diesem Fall dienen sie dem Abbau von Unsicherheiten. Verlässlich ist eine Information hingegen, wenn sie keine wesentlichen Fehler enthält und frei von verzerrenden Einflüssen ist; vgl. u.a. Scott (2003), S. 58 ff.; Wagenhofer/Ewert (2007), S. 129 ff.; Ruhnke (2008), S. 38 ff.; von Torklus (2007), S. 70 f.

[717] Vgl. IASB Framework.26 ff. und .31 f.; Leffson (1971), S. 8; Jones (1999), S. 28 ff.; Streim/Bieker/Leippe (2001), S. 184. Vgl. hierzu auch die Ausführungen von Zülch (2003), S. 215 ff. sowie zur Reduktion auf die Anforderungen der Relevanz und Verlässlichkeit Huschke (2007), S. 84 ff. insbesondere S. 92 sowie S. 115 ff. und Streim/Bieker/Leippe (2001), S. 184.

[718] Vgl. hierzu im immobilienspezifischen Kontext Huschke (2007), S. 115 ff.

[719] Aus theoretischer Sicht wäre eine exakte Schätzung der Cashflowströme für die gesamte Nutzungsdauer der Immobilie ideal; hiermit würde allerdings mit zunehmendem Planungshorizont auch die Schätzunsicherheit ansteigen.

Typischerweise ist in der Bewertungspraxis eine Detailplanungsperiode von fünf bis zehn Jahren üblich.[720] Sofern jedoch z.b. konkrete Informationen über weit in die Zukunft reichende Mietvertragsmodalitäten oder sonstige bewertungsrelevante Informationen vorliegen, sollte der Detailplanungszeitraum ausgedehnt werden.[721]

Im Anschluss an die Detailplanungsperiode folgt die Rentenperiode. Aufgrund der beschränkten Detailschätzungsphase muss an deren Ende ein Restwert (*residual value*) der Immobilie angesetzt werden. Der Restwert errechnet sich als die ewige Rente[722] der Zahlungsmittelüberschüsse am Ende der Detailplanungsperiode.[723] Dieser ist ein vergleichbar hoher Wert, der maßgeblichen Einfluss auf die Höhe des *fair value* der Immobilie nimmt und somit von besonderer Bedeutung ist.[724] Dies ist des Weiteren problematisch, weil am Ende der Detailplanungsphase per Definition mit einer erhöhten Prognoseunsicherheit zu rechnen ist, die den Restwert bzw. die relevanten Zahlungsmittelüberschüsse nur innerhalb einer Bandbreite ermitteln lässt.

4.4.1.2.2.3 Diskontierungszinssatz

Die geschätzten *Cashflows* und der Restwert der Immobilie sind nach IAS 40.46 (c) mit einem risiko- und fristenäquivalenten Zinssatz zu diskontieren. Dieser Diskontierungszinssatz soll durch Diskontierung der künftigen Zahlungsmittelüberschüsse auf den Bewertungszeitpunkt einen Vergleich mit anderen Finanzanlagen ermöglichen. Hierzu muss er alle nicht im Zähler (d.h. entweder in den Einzahlungen oder Auszahlungen) bereits berücksichtigten Wachstumserwartungen und Risiken beinhalten.[725] Letztendlich sollen mit Hilfe des DCF-Verfahrens unter Verwendung eines geeigneten Diskontierungszinssatzes die zum Bewertungszeitpunkt vorherrschenden Marktverhältnisse

---

[720] Vgl. Beck (2004b), S. 352; Zülch (2003), S. 246 m.w.N. Die explizite Berücksichtigung der in der jeweiligen Detailplanungsperiode anfallenden Cashflows stellt einen erheblichen Vorteil gegenüber einperiodischen Verfahren dar. Anzumerken ist, dass auch für diesen Zeitraum, insbesondere in Fällen, in denen keine mietvertraglichen Vereinbarungen existieren (was regelmäßig der Fall sein dürfte), zahlreiche Probleme bestehen, zuverlässige Informationen zu prognostizieren.

[721] Vgl. hierzu Paul (2001), S. 626 und 629.

[722] Formal ergibt sich der Restwert aus folgender Formel: $RV = \frac{CF_{n+1}}{i}$;

mit CF_{n+1} = Zahlungsmittelüberschuss des ersten Vermietungsjahres nach der Detailplanungsphase.

[723] Vgl. Baum (1991), S. 20 f.

[724] Vgl. Zülch (2003), S. 308 ff.

[725] Vgl. Paul (2001), S. 632; Beck (2004b), S. 360; Paul (2005), S. 585.

und die Erwartungen der Marktteilnehmer ausgedrückt werden, um einen simulierten Marktwert des *investment property* zu erhalten.[726]

Insbesondere vor dem Hintergrund der hohen Bedeutung des Diskontierungszinssatzes[727] ist kritisch zu sehen, dass für dessen Ermittlung kein einheitliches Vorgehen existiert.[728] So wird die Wahl des Diskontierungszinssatzes „als die größte Schwäche des DCF-Verfahrens bezeichnet."[729] Wünschenswert wäre eine einheitliche Vorgehensweise, nach der objektive Diskontierungszinssätze entsprechend der objektspezifischen Nutzungsart und der Risikostruktur der betrachteten Immobilie berechnet werden können.[730]

Idealerweise lässt sich der Diskontierungszinssatz aus vergleichbaren Immobilientransaktionen der jüngsten Vergangenheit ableiten.[731] Ein solcher, alle Risiken beinhaltender Diskontierungszinssatz wird im US-amerikanischen Raum als *„overall risk yield"*[732] und im britischen Raum mit *„all risk yield"* bezeichnet.[733] Dieser wird allerdings regelmäßig, mangels Verfügbarkeit vergleichbarer Transaktionen, nicht gegeben sein. Sofern jedoch Transaktionen vergleichbarer Immobilien jüngster Vergangenheit vorliegen, erscheint eine Bewertung mit Hilfe des Vergleichswertverfahrens angezeigt, so dass ohnehin eine Berechnung durch das DCF-Verfahren nicht nötig wäre.[734]

Somit ist ein Rückgriff auf alternative Diskontierungszinssätze notwendig. Als marktgestütze Diskontierungszinssätze kommen insbesondere die Anfangsrendite, der interne Zinssatz, der Liegenschaftszinssatz sowie ein kapitalmarktorientierter Zinssatz in Betracht.[735]

---

[726] Abzugrenzen hiervon ist insbesondere der Entscheidungswert, da bei diesem ein subjektives Investitionskalkül im Vordergrund steht. So differenziert auch das IVSC in GN 9 explizit zwischen Markt- und Investitionswert; vgl. GN 9.5.4 (Stand: 2007).

[727] Vgl. Zülch (2003), S. 305. Allerdings sind die Auswirkungen der Wahl unterschiedlicher Zinssätze im Rahmen einer Sensitivitätsanalyse gut ersichtlich; vgl. ebd., S. 305. Vgl. ferner Behrendt/Baumunk (2001), S. 11 und Copeland/Weston/Shastri (2005), S. 881 ff.

[728] Vgl. Beck (2004b), S. 360; Paul (2001), S. 632.

[729] Behrendt/Baumunk (2001), S. 11.

[730] Vgl. Behrendt/Baumunk (2001), S. 11; Zülch (2003), S. 259; Huschke (2007), S. 63.

[731] Vgl. Behrendt/Baumunk (2001), S. 11; White/Turner/Jenyon/Lincoln (2003), S. 31.

[732] Vgl. Appraisal Institute (2001), S. 489.

[733] Vgl. White/Turner/Jenyon/Lincoln (2003), S. 31.

[734] Vgl. Zülch (2003), S. 272; Beck (2004b), S. 361; Huschke (2007), S. 139.

[735] Diskontierungszinssätze stellt hierbei einen Oberbegriff für Zinssätze und Renditen dar; vgl. hierzu Ruhnke/Schmidt (2005), S. 590 f. und ausführlich Huschke (2007), Fn. 364.

Die ANFANGSRENDITE[736] ergibt sich aus dem Verhältnis von *Cashflow* des ersten Vermietungsjahres und den vom bilanzierenden Unternehmen entrichteten Kaufpreis. Unter der Voraussetzung Vollvermietung zum Marktniveau entspricht die Anfangsrendite dem risikoorientierten Diskontierungszinssatz.[737] Zur Eignung der Anfangsrendite als geeigneter Diskontierungszinssatz herrscht in der Literatur keine einhellige Meinung; so erscheint laut Huschke „die Verwendung der Anfangsrendite als Diskontierungszinssatz aufgrund dieser notwendigen Voraussetzung (Vollvermietung zum Marktniveau) zumindest fragwürdig."[738] Anderer Meinung ist insbesondere Zülch, der darauf hinweist: „Grundsätzlich ist davon auszugehen, daß (sic!) Immobilien im ersten Jahr voll zu Marktniveau vermietet sind."[739]

Der INTERNE ZINSSATZ stellt eine Ableitung der internen Rendite aus den Kaufpreisen vergleichbarer Immobilien der jüngsten Vergangenheit dar.[740] Aufgrund der Heterogenität und Intransparenz des Immobilienmarktes ist die Ermittlung einer vergleichbaren Immobilientransaktion der jüngeren Vergangenheit allerdings nahezu ausgeschlossen, weshalb der interne Zinssatz als Diskontierungszinssatz nur bedingt geeignet erscheint.[741]

Der LIEGENSCHAFTSZINS, als der öffentlich verfügbare immobilienspezifische Zinssatz, ist nach § 11 WertV der Zinssatz, mit dem sich der Verkehrswert von Grundstücken im Durchschnitt verzinst.[742] Dieser beinhaltet bereits die Erwartungen des Marktes einschließlich der Inflationserwartungen, müsste aber noch, um einen sachgerechten Diskontierungs-

---

[736] Anfangsrenditen werden von großen Maklerunternehmen (z.B. Jones Lang LaSalle) oder aber auch immobilienfinanzierenden Banken (z.b. der Uni Credit Group) veröffentlicht.
[737] Vgl. White/Turner/Jenyon/Lincoln (2003), S. 32.
[738] Huschke (2007), S. 138.
[739] Zülch (2003), S. 261. Siehe hierzu auch Beck (2004b), S. 361.
[740] Vgl. hierzu ausführlich Zülch (2003), S. 263 f.; White/Turner/Jenyon/Lincoln (2003), S. 37; Huschke (2007), S. 139.
[741] Vgl. Zülch (2003), S. 264. Die Berechnung ist nur mit Hilfe eines Iterationsverfahrens möglich, bei dem die DCF-Formel nach dem Zinssatz aufgelöst wird. Sofern jedoch Kaufpreise vergleichbarer Immobilien der jüngsten Vergangenheit vorliegen, erscheint eine Bewertung mittels Vergleichswertverfahrens durch Zu- und Abschläge angezeigt; vgl. hierzu Kleiber (2010), S. 1632.
[742] Für eine Beschreibung zur genauen Ermittlung des Liegenschaftszinssatzes vgl. Huschke (2007), S. 145 ff. sowie Leopoldsberger/Thomas/Naubereit (2008), S. 484 f.; Kleiber/Simon/Weyers (2002), S. 993 f. sowie zur Verwendung des Liegenschaftszinssatzes als Diskontierungszinssatz Kleiber (2010), S. 1403.

zinssatz darzustellen, um spezielle Risiken (z.B. den Standortbezug oder die Bonität der Mieter, etc.) angepasst werden.[743]

Als Alternative bietet sich die Verwendung eines KAPITALMARKTORIENTIERTEN ZINS-SATZES an. Dieser ergibt sich aus der Ableitung aus einem risikolosen Zinssatz[744] zuzüglich eines objektspezifischen Risikozuschlags[745].[746] Im Risikozuschlag sind sämtliche mit dem *investment property* verbundenen Risiken enthalten, die nicht durch die zukünftigen Zahlungsüberschüsse berücksichtigt wurden.[747] Dieses Vorgehen wird als Risikozuschlagsmethode bezeichnet.[748]

Hierbei kann der Basiszinssatz nahezu ermessensfrei ermittelt werden. Da ein Rückgriff auf das in der Unternehmensbewertung übliche CAPM-Modell aufgrund der Intransparenz des Immobilienmarktes nicht möglich ist, erfordert die Bestimmung des Risikozuschlags regelmäßig eine subjektive Einschätzung der nicht in den Ein- und Auszahlungen berücksichtigten Risiken.[749] Aufgrund des fehlenden Standort-, Gebäude- und Mieterbezuges der betrachteten Immobilie scheidet folglich die Vorgabe eines einheitlichen Risikozuschlags aus, und der Risikozuschlag muss durch einen Immobiliensachverständigen geschätzt werden.[750]

---

[743] Eine unangepasste Übernahme des Liegenschaftszinssatzes würde die standortspezifische Marktentwicklung vernachlässigen und somit keinen geeigneten Diskontierungszinssatz darstellen; vgl. Huschke (2007), S. 149.

[744] Hierbei handelt es sich in der Regel um Anleihen der öffentlichen Hand in Deutschland mit einer Restlaufzeit von 10 Jahren (vgl. hierzu stellvertretend Münchehofel/Springer (2004), S. 259), welche in den Monatsberichten der Deutschen Bundesbank sowie tagesaktuell auf deren Webseite veröffentlicht werden; vgl. www.deutschebundesbank.de, Link: „Statistik".

[745] Im Risikozuschlag sind die sog. allgemeinen Risiken enthalten, wie z.B. ein Zuschlag aufgrund der geringeren Fungibilität gegenüber Wertpapieren; sogenannte spezielle Risiken, wie z.B. Mietausfallrisiken, sind bereits bei der Bestimmung der Zahlungsmittelüberschüsse berücksichtigt worden; vgl. Paul (2005), S. 592.

[746] Dies ist notwendig, um eine Vergleichbarkeit zwischen dem risikobehafteten Investitionsobjekt und damit den Cashflows und dem risikolosen Diskontierungszinssatz herzustellen.

[747] Vgl. GIF (2006), S. 14.

[748] In der Literatur wird hierfür stellenweise auch der Begriff „intersubjektive Zuschlagsmethode" verwendet; vgl. Paul (2005), S. 580.

[749] So besteht u.a. zumeist kein Rückgriff auf objektspezifische ß-Faktoren. Für eine intensive Diskussion, weshalb das CAPM nicht problemlos auf einen immobilienspezifischen Kontext übertragbar ist; vgl. Zülch (2003), S. 264 ff. und Huschke (2007), S. 140 ff.

[750] Bei der Ermittlung des *fair value* sind Finanzierungskosten und Steuerzahlungen nicht zu berücksichtigen, weil sich sonst in Abhängigkeit der Bewertungssituation ein anderer Bewertungsmaßstab ergeben würde; z.B. der Nutzungswert (value in use) oder der Wert, den eine Immobilie für einen einzelnen oder eine Gruppe von Investoren mit festgelegten Anlagezielen besitzt (*investment value*); vgl. Zülch (2003), S. 139.

Im Rahmen von DCF-Verfahren kommt der Bestimmung des Diskontierungszinssatzes eine hohe Bedeutung zu, da bereits eine geringe Variation erheblich das Bewertungsergebnis beeinflusst.[751] Allerdings lässt sich im Gegensatz zu den Zahlungsmittelüberschüssen der Einfluss des Parameters Diskontierungszinssatz auf den ermittelten *fair value* mit Hilfe von Sensitivitätsanalysen relativ unproblematisch transparent machen.[752]

4.4.1.3 Analyse der Bilanzierungspraxis

Zur Analyse, welches Folgebewertungsmodell in der Bilanzierungspraxis angewendet wird und welche Methode zur Ermittlung des *fair value* verwendet wird, wurden 200 zufällig ausgewählte Konzernbilanzen[753] für das Geschäftsjahr 2008 des Prime und General Standards auf die Existenz des Bilanzpostens *investment properties* hin untersucht.[754] Hierbei konnten 69 Unternehmen identifiziert werden, die Anlageimmobilien nach den Vorschriften des IAS 40 bilanzieren.[755]

Es wird deutlich, dass zu den Anwendern des IAS 40 vor allem große Unternehmen zählen. So befinden sich im Sample 49 dem *Prime Standard* zugehörige Unternehmen, was einem Anteil von 71% entspricht. Zwar wurden im Vergleich zum *General Standard* auch mehr Abschlüsse untersucht, die Anwenderquote im *Prime Standard* liegt jedoch mit 41,18% deutlich über der im *General Standard* (24,69%).

66 der untersuchten Unternehmen (94,29%) haben für die Folgebewertung der Anlageimmobilien das Anschaffungskostenmodell gewählt und nur drei Unternehmen (4,35%)

---

[751] Vgl. Vater (2002), S. 459.

[752] Der Einfluss einer Variation des Parameters Zahlungsmittelüberschüsse ist hingegen nur schwer zu simulieren, weshalb mögliche Fehler bei der Bestimmung dieser nur schwer feststellbar sind; vgl. Vater (2002), S. 459; Huschke (2007), S. 62.

[753] Nicht berücksichtigt wurden Unternehmen, deren Konzernsitz außerhalb Deutschlands ist und aus Gründen der speziellen Rechnungslegungsvorschriften auch Banken, Versicherungen und Finanzdienstleistungsunternehmen. Bei letzteren ist das Halten von Immobilien zu Vermietungs- und/oder Wertsteigerungszwecken (vor allem bei Finanzdienstleistungsunternehmen), da diesem Sektor auch Immobiliengesellschaften und REIT-AGs zugeordnet werden, regelmäßig Teil des Kerngeschäfts; vgl. hierzu ausführlich Vaupel (2008). Die Bilanzierung von *investment properties* nach IAS 40 ist zwar auch für diese Unternehmen bei Erfüllen aller Ansatzkriterien Pflicht, die diesbezüglichen Abschlussinformationen fallen allerdings ungleich umfangreicher aus als bei Unternehmen, die das Halten von Anlageimmobilien lediglich als Nebenzweck betreiben.

[754] Gemäß IAS 1.68b sind Anlageimmobilien zwingend als eigener Posten in der Bilanz auszuweisen. Auf einen fehlerhaften Ausweis des Bestandes, beispielsweise zusammengefasst mit anderen Posten unter den sonstigen langfristigen Vermögenswerten, wurde hierbei keine Rücksicht genommen. Von den 200 untersuchten Unternehmen sind 119 im Prime Standard und 81 im General Standard gelistet.

[755] Siehe Anlage 7.

wenden das *fair value*-Model an.[756] Auffällig ist, dass es sich hierbei um zwei im *General Standard* notierte Unternehmen handelt, wohingegen unter den *Prime Standard*-Unternehmen, die den Großteil des Untersuchungssamples ausmachen, nur ein Anwender zu verzeichnen ist.[757] Im internationalen Vergleich ist das *fair value*-Model bei der Immobilienbewertung innerhalb der EU-Länder sogar dominant.[758]

Die Pflichtangabe des *fair value* in den *notes* nach IAS 40.79(e) wird, bis auf eine Ausnahme, von allen Unternehmen erfüllt.[759] Die zur Ermittlung verwendeten Methoden hingegen werden nicht in allen Fällen offengelegt. Tabelle 4-3 liefert eine Übersicht über die von den Unternehmen zur Bestimmung angewandten Verfahren.[760] Es zeigt sich, dass die Ermittlung des *fair value* durch Simulation eines Marktwertes anhand von DCF- und/oder Ertragswertverfahren (modellbasierte *fair values*), in der Praxis die am häufigsten verwendete Methode darstellt.[761] Die Ermittlung durch Ableitung aus beobachtbaren Marktpreisen vergleichbarer Immobilien (*mark-to-market*-Verfahren) wird etwa von einem Viertel der Sampleunternehmen genannt. In vier Fällen erfolgt ein Bezug auf das Vorliegen aktueller Kaufangebote für die Vermögenswerte. Auffällig ist die hohe Anzahl der Unternehmen, die zwar den *fair value* in den *notes* angeben, die Ermittlungsmethode jedoch nicht offenlegen.

---

[756] Vgl. hierzu Anlage 7.

[757] Dieses einseitige Ergebnis kann daraus resultieren, dass bei der Auswahl des Untersuchungssamples der Sektor „Financial Services" nicht berücksichtigt wurde, denn wie empirische Erkenntnisse belegen, kommt der Folgebewertung zum *fair value* besonders für die diesem Sektor zugeordneten Unternehmen eine sehr hohe Bedeutung zu; vgl. Müller/Wobbe/Reinke (2009), S. 253; Petersen/Zwirner (2008), S. 223 f. Für REIT-AGs wird die *fair value*-Bewertung durch § 12 Abs. 1 S. 2 REITG zur Pflicht; vgl. Kühnberger (2007), S. 1211 ff.

[758] Vgl. Muller/Riedl/Sellhorn (2008), S. 31.

[759] Vgl. Stoehr & Co. AG (GB 2008), S. 56 mit dem Hinweis: „In Ermangelung vergleichbarer Marktdaten kann der beizulegende Zeitwert am Bilanzstichtag nicht verlässlich bestimmt werden. Auf die Einholung von Bewertungsgutachten von unabhängigen Dritten wurde aus Kosten-Nutzen-Gesichtspunkten und aufgrund des untergeordneten Einflusses der Renditeimmobilien auf die Vermögens-, Finanz- und Ertragslage verzichtet."

[760] Hierbei sind Mehrfachnennungen möglich, da entweder der *fair value* verschiedener Immobilien mittels unterschiedlicher Methoden ermittelt wurde oder mehrere Verfahren kombiniert Anwendung fanden; vgl. hierzu die Übersicht in Anlage 7.

[761] Die dabei zugrunde gelegten Annahmen wurden in dieser Untersuchung nur auf ihre Gegebenheit geprüft, soweit die *fair value*-Ermittlung ausschließlich durch Simulationsverfahren erfolgte. Hier soll auf die Ergebnisse von Müller/Wobbe/Reinke (2009), S. 254 verwiesen werden. Deren Analyse der Abschlüsse von 63 IAS 40-Anwendern des Jahres 2007 (allerdings inklusive Banken, Versicherungen und Finanzdienstleistern) ermittelt 23 Unternehmen, die das DCF-Verfahren zur Bestimmung des beizulegenden Zeitwerts ihres Anlageimmobilienbestandes verwenden. Von diesen 23 Unternehmen machen zehn Angaben zur Cashflow-Berechnung machen, 13 Unternehmen geben den verwendeten Diskontierungssatz an und drei treffen eine Aussage zur Detailplanungsphase.

Ermittlungsmethoden	Nennungen
Marktpreise (z.B. Kaufangebote)	4
Mark-to-market-Verfahren	
Vergleichswertverfahren	17
Bodenrichtwerttabellen	8
Mark-to-model-Verfahren	
DCF-Verfahren	17
Ertragswertverfahren	19
keine Angabe[762]	22

Tabelle 4-3: Ermittlungsmethoden des *fair value*

Die angabepflichtige Information des Umfangs der Bewertung durch einen externen, sachverständigen Gutachter gem. IAS 40.75(e) wird nur von knapp der Hälfte (47,83%) der untersuchten Unternehmen getätigt.[763] Von den 33 Unternehmen, die eine diesbezügliche Angabe machen, treffen 14 die Aussage, dass kein Bewertungsgutachten eingeholt wurde, der Umfang der externen Bewertung also gleich Null sei. Die restlichen 19 Unternehmen lassen den beizulegenden Zeitwert im Schnitt in einem Umfang von 71,09% durch Gutachten bestimmen, wobei in 9 Fällen eine vollumfängliche externe Bewertung erfolgt. Das Wort „sachverständig" oder eine gleichbedeutende Vokabel taucht in diesem Zusammenhang lediglich bei vier Unternehmen auf, in der überwiegenden Zahl der Fälle wird allein auf die externe Stellung oder die Unabhängigkeit des Gutachters Bezug genommen. Weitere, nach IAS 40 allerdings auch nicht geforderte Ausführungen, bezüglich Person und Qualifikation des Gutachters oder gar eine explizite Angabe der für das Ermittlungsgutachten aufgewendeten Kosten finden sich in keinem der untersuchten Abschlüsse.

4.4.2 Die Prüfung von geschätzten Werten nach ISA 540

Die wachsende Bedeutung von *fair values* in der Rechnungslegung nach International Financial Reporting Standards (IFRS) macht es notwendig, sich eingehender mit der Frage der Prüfung von *fair values* zu befassen.[764] Der *fair value* tritt in unterschiedlichen Ausprägungsformen auf.[765] So sehen die Rechnungslegungsnormen vorzugsweise einen Markt-

---

[762] Hierbei wurden auch fünf Unternehmen die angaben, den *fair value* auf Basis anerkannter Bewertungsmethoden zu ermitteln, aufgrund mangelnder Spezifizierung der verwendeten Methode dieser Kategorie zugeordnet; vgl. Anlage 7.

[763] Vgl. hierzu die Tabelle in Anlage 8. Bei 36 der 69 untersuchten Unternehmen ist keine Angabe bezüglich einer externen Begutachtung zu finden.

[764] Geschätzte Werte sind Näherungswerte, die immer dann bedeutsam sind, wenn eine exakte Ermittlung nicht möglich ist. Eine bedeutende Gruppe unter den geschätzten Werten sind *fair values*; vgl. ISA 540.7(a) und IDW PS 314.2.

[765] Vgl. hierzu ausführlich Kapitel 4.4.1.1.

preis vor. Sollte dieser nicht verfügbar sein, werden in kleinerem oder größerem Umfang Schätzungen notwendig. Je weiter man sich bei der Wertfindung von aktiven Märkten entfernt, desto größer wird das Ausmaß an Schätzungen der *fair values*. Unter den Begriff „fair value" lässt sich demnach eine Bandbreite unterschiedlich gewonnener Wertansätze subsumieren; wobei der Begriff „Marktpreis" das eine und der Begriff „geschätzter Wert" das andere Extrem bildet.[766]

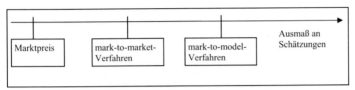

Abbildung 14: fair value und Ausmaß an Schätzungen

Die Prüfung von geschätzten Werten ist Gegenstand von IDW PS 314 n.F. „Die Prüfung von geschätzten Werten in der Rechnungslegung einschließlich von Zeitwerten"[767], der ISA 540 „Auditing Accounting Estimates, including Fair Value Accounting Estimates, and Related Disclosure"[768] in eine nationale Norm transformiert. Hintergrund der Herausgabe dieses Standards war, dass von Ermessen geprägte Schätzungen in der internationalen Rechnungslegung zunehmend an Bedeutung gewinnen. Diesem erhöhten inhärenten Risiko, dass der Jahresabschluss nicht mehr frei von bewussten oder unbewussten Verzerrungen ist, soll durch eine stärker geschäftsrisikoorientierte Vorgehensweise entgegengewirkt werden.[769]

Ziel des Wirtschaftsprüfers ist es, ausreichend geeignete Prüfungsnachweise zu erlangen, dass die geschätzten Werte in der Rechnungslegung als auch die dazugehörigen Offenlegungspflichten angemessen (*reasonable*) sind (ISA 540.6). Auch bei der Prüfung von

---

[766] Vgl. Marten/Quick/Ruhnke (2007), S. 398.

[767] Verabschiedet vom Hauptfachausschuss (HFA) des IDW am 09.09.2009.

[768] Am 13.02.2008 hat der International Auditing and Assurance Standards Board (IAASB) der International Federation of Accountants (IFAC) die im Rahmen des Clarity-Projekts überarbeitete Version seines International Standard on Auditing (ISA) 540 (Revised and Redrafted) „Auditing Accounting Estimates, Including Fair Value Accounting Estimates, and Related Disclosures" veröffentlicht.
Die Neufassung von ISA 540 fasst die bisher geltenden ISA 540 „Auditing Accounting Estimates" und ISA 545 „Auditing Fair Value Measurements and Disclosures" zusammen. Dies wird damit begründet, dass die Rechnungslegungsvorschriften zunehmend *fair value*-Bewertungen vorsehen und eine Bewertung zum beizulegenden Zeitwert somit immer häufiger Anlass für Schätzungen des Managements ist.

[769] Vgl. ausführlich zur geschäftsrisikoorientierten Prüfung Ruhnke (2007), S. 155 ff. insbesondere S. 161.

fair values muss der Prüfer zur Gewinnung eines vertrauenswürdigen Urteils einen Vergleich von einem nicht durch den Prüfer selbst herbeigeführten Ist-Objekt mit einem vorgegebenen oder zu ermittelnden Soll-Objekt durchführen.[770] Hierbei handelt es sich lediglich im Fall der Prüfung von auf Marktpreisen basierenden *fair values* um den Vergleich eines Ist-Objektes mit einem Soll-Objekt. Im Falle geschätzter *fair values* muss der Prüfer beurteilen, ob sich der vom Unternehmen behauptete Wert im Rahmen des Ermessensspielraums bewegt, den die angewandten Rechnungslegungsnormen zwangsläufig eröffnen (ISA 540.6a).

Die Ausführungen des ISA 540 folgen dem allgemeinen Strukturmodell einer geschäftsrisikoorientierten Abschlussprüfung. Die nachfolgende Abbildung gibt einen Überblick über den Prüfungsablauf anhand der Strukturvorgaben des geschäftsrisikoorientierten Ansatzes:

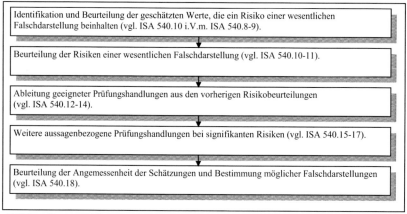

Abbildung 15: Prüfungsprozess nach ISA 540

Zur IDENTIFIKATION UND BEURTEILUNG DER GESCHÄTZTEN WERTE, DIE EIN RISIKO EINER WESENTLICHEN FALSCHDARSTELLUNG ENTHALTEN, muss sich der Prüfer zunächst, wie in ISA 315.5-6 und .11-12 gefordert, ein Verständnis des Geschäfts und des Geschäftsumfelds des Mandanten inklusive des Internen Kontrollsystems machen.[771] Im Anschluss daran muss der Prüfer ein Verständnis über die angewendeten Rechnungslegungsnormen, die Vorgehensweise zur Identifikation sowie die Berechnung von geschätzten Werten sei-

---

[770] Vgl. hierzu Leffson (1988), S. 13.
[771] Zur Kernidee der geschäftsrisikoorientierten Prüfung vgl. Bell/Marrs/Solomon/Thomas (1997), S. 14 ff.; Link (2006), S. 190 ff. sowie Ruhnke (2007), S. 154.

tens der Unternehmensleitung erlangen. Hierzu gehören auch die zur Ermittlung der geschätzten Werte verwendete Methode, die relevanten internen Kontrollen, der potentielle Rückgriff auf Experten, die der Berechnung zugrundeliegenden Annahmen,[772] Änderungen der Schätzmethode gegenüber dem Vorjahr und mögliche Beurteilungen von Schätzunsicherheiten durch die Unternehmensleitung.[773] Darüber hinaus hat der Prüfer auch die Schätzungen aus den Vorjahren auf Genauigkeit mit dem tatsächlichen Verlauf abzugleichen.

Zur BEURTEILUNG DER RISIKEN EINER WESENTLICHEN FALSCHDARSTELLUNG muss der Prüfer den Grad der Schätzunsicherheiten beurteilen (Aussagenebene). Hohe Schätzunsicherheiten können z.b. bestehen bei Schätzungen zukünftiger *Cashflows*, bei denen aufgrund eines starken Zukunftsbezugs hohe Unsicherheiten bezüglich der Höhe und des zeitlichen Anfalls bestehen oder aber auch bei Verwendung eines eigenentwickelten Bewertungsmodells, bei dem es keine beobachtbaren Einflussgrößen gibt.[774] Bei signifikanten Zweifeln an der Unternehmensfortführung sind die Anforderungen in ISA 570 zu beachten (Abschlussebene).[775]

Zur BESTIMMUNG DER NOTWENDIGEN PRÜFUNGSHANDLUNGEN aus den vorherigen Risikobeurteilungen muss der Prüfer sowohl bei signifikanten als auch bei nicht signifikanten Risiken bestimmen, ob die einschlägigen Rechnungslegungsnormen korrekt und stetig angewandt wurden und ob etwaige Methodenänderungen gegenüber der Vorperiode plausibel sind.[776] Darüber hinaus hat der Prüfer zumindest eine der folgenden Arten von Prüfungshandlungen durchzuführen:

---

[772] ISA 540 unterscheidet offenbar zwischen Daten und Annahmen. Vgl. hierzu die unterschiedlichen Beurteilungskriterien in ISA 540.A27 sowie ISA 540.A31 ff. Daten müssen demnach richtig, vollständig und relevant sein; Annahmen hingegen relevant, zuverlässig, neutral, verständlich und vollständig; vgl. hierzu auch Marten/Quick/Ruhnke (2007), S. 403 ff.; Ruhnke/Schmidt (2003), S. 1046 ff.; Ruhnke/Schmidt (2005), S. 585 ff. Auch ist zu beurteilen, ob die Annahmen insgesamt und die einzelnen Annahmen zueinander widerspruchsfrei sind; vgl. ISA 540.A31. Zudem muss der Wirtschaftsprüfer beurteilen, ob die Annahmen frei von unternehmensspezifischen Einflüssen sind; vgl. ISA 540.A79-A81. Für ein ausführliches Beispiel zur Prüfung von geschätzten Werten im Immobilienkontext vgl. Ruhnke/Schmidt (2005), S. 589 ff.

[773] Vgl. ISA 540.8.

[774] Vgl. ISA 540.A47.

[775] Vgl. ISA. 540.A51.

[776] Vgl. ISA 540.12.

- Berücksichtigung von nach dem Abschlussstichtag eingetretenen Ereignissen, da diese die seitens der Unternehmensleitung vorgenommenen Schätzungen bestätigen oder widerlegen können;[777]
- Testen der Eignung des Prozesses zur Berechnung des Schätzwertes durch die Unternehmensleitung unter besonderer Berücksichtigung der Angemessenheit des verwendeten Verfahrens und der zugrundeliegenden Annahmen;[778]
- Überprüfung des Vorhandenseins und der Wirksamkeit der internen Kontrollen;[779]
- Zur Überprüfung der Punktschätzung des Managements muss der Prüfer eine unabhängige Punktschätzung oder eine Bandbreite von Schätzergebnissen ermitteln. Hierbei muss der Prüfer zwar die gesetzten Annahmen der Unternehmensleitung in sein Kalkül mit einbeziehen, er muss aber dennoch eine unabhängige Erwartungshaltung bezüglich des Schätzwertes entwickeln; verdeutlicht wird dies durch die konsequent vorgenommene Unterscheidung zwischen den Schätzungen der Unternehmensleitung und denen des Prüfers.[780]

Bei SIGNIFIKANTEN RISIKEN hat der Prüfer WEITERE AUSSAGENBEZOGENE PRÜFUNGSHANDLUNGEN vorzunehmen.[781] Im Fokus steht auf der einen Seite die Beurteilung des Prüfers, wie die Unternehmensleitung mit den Schätzunsicherheiten und den Auswirkungen auf den Jahresabschluss umgeht und auf der anderen, ob die getätigten (Anhang-)Angaben angemessen sind (*the adequacy of related disclosures*).[782] Der Prüfer muss feststellen, wie die Unternehmensleitung alternative Annahmen berücksichtigt hat und ob die zugrundegelegten signifikanten Annahmen[783] angemessen sind.[784] Ein mögliches

---

[777] Vgl. ISA 540.13a i.V.m. ISA 540.A62-66.

[778] Vgl. ISA 540.13b i.V.m. ISA 540.A68-83. Sofern kein spezifisches Bewertungsverfahren vorgegeben ist, kann der Prüfer dieses z.B. anhand der typischen Bilanzierungspraxis der entsprechenden Branche plausibilisieren.

[779] Vgl. ISA 540.13c i.V.m. ISA 540.A84-86.

[780] Vgl. ISA 540.13d i.V.m. ISA 540.A87-95. Ruhnke (2007) weist in diesem Zusammenhang auf die Wichtigkeit der Entwicklung einer unabhängigen Erwartungshaltung bezüglich des zu beurteilenden Schätzwertes hin; so lassen sich z.B. in schlecht-strukturierten Aufgabenstellungen durch unabhängige Schätzungen Bestätigungseffekte vermeiden (vgl. hierzu auch Kapitel 3.3.3.1). Auch neigt der Abschlussersteller dazu, bei Vorliegen komplexer Informationen, keine Suche nach alternativen Schätzmethoden zu betreiben, falls die von ihm verwendete Methode zu eindeutigen Ergebnissen führt; vgl. Ruhnke (2007), S. 162 mit Verweis auf Martin/Rich/Wilks (2006), S. 293 ff. m.w.N.

[781] Vgl. ISA 540.15-17 i.V.m. ISA 540.A102-118.

[782] Vgl. ISA 540.A102.

[783] "An assumption used in making an accounting estimate may be deemed to be significant if a reasonable variation in the assumption would materially affect the measurement of the accounting estimate." ISA 540.A107.

[784] Vgl. ISA 540.A103.

Instrumentarium der Unternehmensleitung zur Berücksichtigung alternativer Annahmen sind Sensitivitätsanalysen. Mit Hilfe dieser lassen sich diejenigen Annahmen identifizieren, durch deren Variation der Schätzwert wesentlich beeinflusst wird (signifikante Annahmen).[785] Zusätzlich haben die gesetzlichen Vertreter gegenüber dem Prüfer eine schriftliche Erklärung abzugeben, die sich auf die Angemessenheit der verwendeten signifikanten Annahmen bezieht. Sollte die Unternehmensleitung keine alternativen Annahmen und Ergebnisse (explizit) berücksichtigt haben, muss sie (die Unternehmensleitung) dem Prüfer darüber Rechenschaft ablegen, wie sie mit den Schätzunsicherheiten umgegangen ist.[786] Ist, aus Sicht des Prüfers, die Unternehmensleitung nicht angemessen mit den Schätzunsicherheiten, die auf signifikante Risiken hindeuten, umgegangen, muss der Prüfer, wenn notwendig, selbst eine Bandbreite ermitteln, um die Angemessenheit des Schätzwertes zu beurteilen.[787] Diese Notwendigkeit besteht z.B., wenn der Prüfer zu dem Schluss kommt, dass die Unternehmensleitung bei der Ermittlung des Schätzwertes die eigenen Interessen zu stark berücksichtigt hat.[788]

Abschließend muss der Prüfer die ANGEMESSENHEIT DER SCHÄTZUNGEN UND DER RELEVANTEN OFFENLEGUNGSPFLICHTEN BEURTEILEN und MÖGLICHE FALSCHDARSTELLUNGEN bestimmen.[789] Eine Falschdarstellung liegt vor, wenn die Punktschätzung des Prüfers von der der Unternehmensleitung abweicht, bzw. wenn die Punktschätzung der Unternehmensleitung außerhalb von der vom Prüfer ermittelten Bandbreite liegt. Die Höhe der Falschdarstellung ergibt sich im ersten Fall aus der Abweichung der beiden Punktwerte und im zweiten Fall beträgt die Höhe zumindest die Differenz zwischen der Punktschätzung und den am nächstgelegenen Punkt der vom Prüfer berechneten Bandbreite. Hat die Unternehmensleitung eine Schätzung bzw. ein Schätzverfahren gegenüber der Vorperiode aufgrund veränderter subjektiver Umfeldfaktoren geändert, so muss der Prüfer eine eigeninteressengeleitete Beeinflussung durch die Unternehmensleitung prüfen. ISA 540 unterscheidet, zum einen um den Effekt der im Prüfungsverlauf nicht berichtigten Falschdarstellungen besser einzuschätzen und zum anderen eine klare Kommunikation mit den

---

[785] Durch Sensitivitätsanalysen können die verwendeten Annahmen in einer Bandbreite variiert und damit die Auswirkungen auf den Schätzwert ermittelt werden; bei zu großer Streuung ist zu beurteilen, ob von einer verlässlichen Ermittlung des Schätzwerts ausgegangen werden kann.
[786] Vgl. ISA 540.A105.
[787] Vgl. ISA 540.16 i.V.m. ISA 540.A111 f.
[788] ISA 540.A111: „Indicators of management bias in the making of accounting estimates may exist."
[789] Vgl. ISA 540.18 i.V.m. ISA 540.A116-119.

der Unternehmensüberwachung betrauten Personen zu ermöglichen,[790] drei Arten von Falschdarstellungen:

- Falschdarstellungen, die eindeutig feststellbar sind (*factual misstatements*);
- Falschdarstellungen, die aus einer abweichenden Beurteilung von Prüfer und Unternehmensleitung resultieren (*judgmental misstatements*) und
- Falschdarstellungen, die auf einer Hochrechnung beruhen (*projected misstatement*).[791]

Der Prüfer muss die Unternehmensleitung auffordern, diejenigen Prüfungsdifferenzen zu korrigieren, die mehr als völlig unbedeutend sind (*not clearly trivial*)[792]. Dabei muss der Prüfer bei der Abgabe des Prüfungsurteils[793] unter Berücksichtigung der Wesentlichkeitsgrenze[794] entscheiden, ob die seitens des Mandanten nicht korrigierten Falschangaben aggregiert betrachtet zu Konsequenzen im Hinblick auf das Prüfungsurteil führen.[795]

Hinsichtlich der BERICHTERSTATTUNG des Unternehmens hat der Prüfer zu beurteilen, ob die getätigten Angaben im Einklang mit den Anforderungen der anzuwendenden Rechnungslegungsnormen stehen.[796] Darüber hinaus muss der Prüfer bei Schätzwerten, die mit signifikanten Risiken verbunden sind, beurteilen, ob die Berichterstattung über die Schätzunsicherheit ausreichend ist. Wird der Grad der Schätzunsicherheit nicht angemessen dargestellt oder ist die Darstellung irreführend, so bestimmt der Prüfer anhand der Regelungen des ISA 705 die Konsequenzen für den Bestätigungsvermerk.[797]

Die allgemeinen Regelungen zu den Dokumentationserfordernissen des Prüfers in ISA 230 und 330.28 ff. werden durch ISA 540.23 und .A128 schätzspezifisch konkretisiert. Der Prüfer soll in Bezug auf mit signifikanten Risiken verbundene Schätzwerte dokumentieren, ob die Werte und die zugehörigen Angaben seiner Einschätzung nach angemessen sind.[798]

---

[790] Vgl. ISA 450.A3.
[791] Vgl. hierzu auch Ruhnke (2009), S. 63.
[792] Vgl. ISA 450.5, 450.A2.
[793] Vgl. zum Bestätigungsvermerk Wittekind (2006), S. 126 ff.
[794] In die Beurteilung der Wesentlichkeitsgrenze fließen sowohl quantitative als auch qualitative Kriterien ein; vgl. z. B. Marten/Quick/Ruhnke (2007), S. 224 ff. Zu den unterschiedlichen Wesentlichkeitsgrenzen siehe ISA 320.10 ff
[795] Vgl. auch ISA 450.10 ff.
[796] Vgl. insbesondere ISA 540.19 f. und A120 ff. Auch freiwillige Angaben dürfen nicht irreführend sein.
[797] Vgl. hierzu insbesondere ISA 540.A123.
[798] Vgl. ISA 540.A128.

Die Dokumentation von Hinweisen auf eine interessengerichtete Aufstellung des Abschlusses durch die Unternehmensleitung (*management bias*)[799] unterstützt den Prüfer bei der Ausrichtung seiner Prüfungshandlungen und der Beurteilung, ob der Jahresabschluss als Ganzes frei von wesentlichen Falschdarstellungen ist.[800]

4.5 Ergebnisse und Interpretationen

4.5.1 Charakteristika der Untersuchungsteilnehmer

Von den 300 Untersuchungsteilnehmern mussten vier Fragebögen aufgrund unvollständiger Angaben von der Analyse ausgeschlossen werden.[801] Insgesamt wurden 296 Antwortbögen in die Auswertung einbezogen, hiervon sind 95 gut-strukturierten, 105 schlecht-strukturierten und 96 unstrukturierten Fallstudien zuzuordnen.[802]

Nachfolgend werden die personalen Merkmale der Untersuchungsteilnehmer näher beleuchtet. Die Stichprobe weist ein relativ junges DURCHSCHNITTSALTER von 31,86 Jahren auf (*MD*=29; *SD*=7,23; *Min*=23; *Max*=56). Dies lässt sich dadurch erklären, dass ein großer Anteil (ca. 60%) der Untersuchungsteilnehmer in Assistentenschulungen, bei welchen eine Teilnahme insbesondere im ersten Berufsjahr stattfindet, befragt wurden.[803]

37,8% der Probanden sind weiblich (*n*=112) und 62,2% männlich (*n*=184).[804] Die Verteilung zwischen Alter und Geschlecht deutet allerdings darauf hin, dass Frauen insbesondere in jungen Jahrgängen stark und in den älteren Jahrgängen eher schwach vertreten sind;[805] so befinden sich in der Stichprobe lediglich acht Frauen (im Vergleich zu 33

---

[799] Vgl. ISA 540.A124-125.
[800] In Bezug auf den Bestätigungsvermerk gelten die allgemeinen Regelungen in ISA 700, 705 und 706.
[801] Des Weiteren mussten bei der Auswertung der Persönlichkeitsmerkmale zwei weitere Fragebögen ausgeschlossen werden, da die Angaben hierfür ebenso unvollständig waren.
[802] Die Auswahl erfolgte hierbei zufällig, da die Fallstudien vor Schulungsbeginn an die entsprechenden Plätze gelegt wurden.
[803] Für eine Übersicht; vgl. Tabelle 4-1 sowie Anlage 9.
[804] Exemplarisch sei an dieser Stelle auf die Studie von French/Meredith (1994) über Frauen in der Wirtschaftsprüfung in den USA hingewiesen. Sie konstatieren, dass der Anteil weiblicher Beschäftigter von 25% im Jahr 1970 auf 49,6% im Jahr 1988 gestiegen ist; vgl. French/Meredith (1994), insbesondere S. 231. Für aktuellere Daten vgl. http://www.genderdax.de/index.php?cid=gdaxg: hier wird darauf verwiesen, dass der Anteil weiblicher Beschäftigter zweier großer Wirtschaftsprüfungsgesellschaften in Deutschland aktuell zwischen 45 und 49% beträgt.
[805] Vgl. Anlage 10.

Männern) die älter als 40 Jahre sind.[806] Potentielle Gründe hierfür führt die Umfrage von Barker/Monks[807] aus dem Jahr 1994 an. Als typische Karrierehindernisse im Bereich Wirtschaftsprüfung für Frauen werden die erwarteten Arbeitszeiten, die Inflexibilität der Organisation, die Doppelbelastung durch Beruf und Familie sowie die Diskriminierung von Frauen angeführt.[808]

Auch die Quote der BERUFSTRÄGER ($n=105$) i.H.v. von 35,5%[809] ist als hoch anzusehen, da in der Prüfungspraxis durchschnittlich Quoten zwischen 20 und 32% anzutreffen sind.[810]

Tabelle 4-4 zeigt, dass die Untersuchungsteilnehmer durchschnittlich über eine PRÜFUNGSERFAHRUNG von über fünfeinhalb Jahren ($M=5,60$; $SD=6,67$) sowie über zweieinhalb Jahre ($M=2,68$; $SD=3,10$) spezifische Erfahrung in der Prüfung von IFRS-Abschlüssen verfügen. Die hohen Standardabweichungen deuten insbesondere bei diesen Erfahrungswerten darauf hin, dass die Stichprobe heterogen ist. Da die vorliegende Arbeit sich mit der Messung von Expertise-Effekten sowie Einflussdeterminanten erfolgreichen Problemlösens beschäftigt, kann eine in diesen Punkten heterogene Stichprobe als zielführend angesehen werden. Ähnliches gilt auch für die in den letzten beiden Jahren besuchten Weiterbildungsveranstaltungen.

---

[806] Dies entspricht einem Frauenanteil von 19,5%, welcher noch deutlich über dem Frauenanteil der bei der WPK registrierten Frauen mit 13,6% liegt; vgl. WPK (2010), S. 3. Auch French/Meredith zeigen, dass der Frauenanteil der zertifizierten *Chartered Public Accountants* im Jahr 1984 lediglich 16% beträgt; vgl. French/Meredith (1994), S. 232.

[807] Barker/Monks befragten im Jahr 1994 358 Teilnehmer einer Weiterbildungsveranstaltung des *Institute of Chartered Accountants in Ireland*. Die Rücklaufquote betrug 58%, 155 Männer sowie 55 Frauen antworteten; vgl. Barker/Monks (1998), S. 814.

[808] Vgl. Barker/Monks (1998), S. 815 ff. m.w.N.

[809] 105 der Untersuchungsteilnehmer verfügen entweder über das Steuerberater- und/ oder das Wirtschaftsprüferexamen; 30,1% der Untersuchungsteilnehmer verfügen über das Steuerberaterexamen ($n=89$) und 28,7% über das Wirtschaftsprüferexamen ($n=85$).

[810] So beträgt die Quote der Berufsträger bei Deloitte 21,6%, bei Ecovis 20% und bei Rödl&Partner 31,6%; vgl. Brauner (2008), S. 47, 75 und 129.

	allgemeine Prüfungserfahrung (in Jahren)	IFRS-Prüfungserfahrung (in Jahren)	besuchte Weiterbildungsveranstaltungen	
M	5,60	2,68	0,99	
MD	2,00	1,00	0,00	
SD	6,665	3,100	1,55	
Min	0	0	0	
Max	28	13	8	
	Kenntnisse IFRS-Rechnungslegung	Kenntnisse Prüfung IFRS	Kenntnisse Prüfung geschätzte Werte	Kenntnisse Prüfung von Immobilien
M	3,14	2,92	2,45	2,08
MD	3,00	3,00	2,00	2,00
SD	0,903	1,025	1,034	1,097
Min	1	1	1	1
Max	5	5	5	5

Tabelle 4-4: Stichprobencharakteristika

Die Abfrage der KENNTNISSE der Probanden auf den Gebieten IFRS-Rechnungslegung, Prüfung von IFRS-Abschlüssen, der Prüfung von geschätzten Werten und der Prüfung von Immobilien erfolgte auf einer fünfstufigen Likert-Skala. Sowohl die Ausnutzung der kompletten Bandbreite als auch die abnehmenden durchschnittlichen Mittelwerte sowie Mediane von den Kategorien „Kenntnisse Prüfung Kenntnisse IFRS"; „Kenntnisse Prüfung geschätzte Werte" und „Kenntnisse Prüfung von Immobilien" deuten darauf hin, dass es sich jeweils um speziellere Prüfungsgegenstände handelt; so erfolgt in der Prüfungspraxis die Prüfung von geschätzten Werten und die Prüfung von Immobilien zunehmend, in Abhängigkeit des Schätzanteils, mit der Unterstützung von Experten aus Fachabteilungen.[811, 812]

Wie Tabelle 4-5 zeigt, sind die PERSÖNLICHKEITSWERTE der Untersuchungsteilnehmer in den Dimensionen Extraversion, Verträglichkeit und Offenheit nah am Skalenmittelwert. Die ersten beiden Faktoren beschreiben hierbei in erster Linier eine Dimension interpersonellen Verhaltens, so signalisieren hohe Extraversionswerte z.B., dass die Personen tendenziell eher gesellig, selbstsicher und aktiv sind; introvertierte Personen werden hingegen

---

[811] Zu erwähnen ist, dass jeweils ein Wirtschaftsprüfer sowohl zu den Kenntnissen zur IFRS-Rechnungslegung als auch zu den Kenntnissen zur Prüfung von IFRS angaben, dass er hiermit „nicht vertraut" sei sowie zwei Wirtschaftsprüfer erklärten, „wenig vertraut" mit diesen beiden Kategorien zu sein; vgl. Anlage 13 und Anlage 14.

[812] Auch der Anstieg der Standardabweichung lässt sich diesem Sachverhalt zuschreiben; je größer die Standardabweichung, desto heterogener sind die Untersuchungsteilnehmer; vgl. hierzu auch Anlage 15; Anlage 16; Anlage 17 und Anlage 18.

eher Eigenschaften wie Ausgeglichenheit, Zurückhaltung und Konzentrationsfähigkeit zugesprochen. Dass Prüfer durchschnittlich weder das eine noch das andere Extrem der Dimension interpersonellen Verhaltens aufweisen, überrascht nicht; so kommt es gerade im Prüferberuf darauf an, sowohl Probleme intensiv zu bearbeiten als auch ausgiebig darüber nachzudenken und die letztlich getroffene Entscheidung gegenüber dem Mandanten zu rechtfertigen.

	EXTRAVERSION	VERTRÄGLICH-KEIT	GEWISSEN-HAFTIGKEIT	NEURO-TIZISMUS	OFFENHEIT
Mittelwert	3,44	2,98	4,04	2,48	3,26
Median	3,5	3,0	4,0	2,5	3,5
Standardabweichung	0,83	0,64	0,63	0,75	0,90
Minimum	1,0	1,5	2,0	1,0	1,5
Maximum	5,0	5,0	5,0	4,5	5,0

Tabelle 4-5: Persönlichkeitseigenschaften des Untersuchungssamples

Das Konstrukt des NEUROTIZISMUS spiegelt die individuellen Unterschiede in der emotionalen Stabilität von Menschen wider. Niedrige Werte, wie hier im Untersuchungssample, deuten darauf hin, dass es sich bei Prüfern um emotional stabile Menschen handelt, die sich selbst als ruhig und ausgeglichen beschreiben und auch in Stresssituationen nicht leicht aus der Fassung zu bringen sind. Auch zeigt sich, dass die männlichen Untersuchungsteilnehmer (M=2,40; SD=0,74) signifikant niedrigere Neurotizismuswerte ($t(df)$=2,38(235,07); $p(2\text{-}seitig)$=0,02) aufweisen als ihre weiblichen Kollegen (M=2,61; SD=0,74).[813] Auch in weiteren empirischen Studien hat sich gezeigt, dass die weiblichen Versuchspersonen signifikant höhere Neurotizismuswerte aufweisen als männliche.

„Gender differences on traits related to N (Neurotizism, Anmerkung des Verfassers) have been consistently reported, with women scoring higher than men."[814]

---

[813] Zur Auswertung wurde der t-Test herangezogen; vgl. hierzu u.a. Bühner/Ziegler (2009), S. 255 ff. sowie Janssen/Laatz (2010), S. 337 ff. sowie Kapitel 4.3.6. Da beide Stichprobenumfänge größer als 50 sind, kann von der Normalverteilungsannahme ausgegangen werden. Die Ergebnisse sind Tabelle 4-6 sowie ausführlich Anlage 11 und Anlage 12 zu entnehmen. Einschränkend muss darauf hingewiesen werden, dass alle Untersuchungsteilnehmer insgesamt durchschnittlich sehr niedrige Neurotizismuswerte aufzeigen.

[814] Costa/Terracciano/McCrae (2001), S. 322. Auch Shuqin/Wang/Rocklin (1995) kommen in einer Metaanalyse zu dem Ergebnis, dass Frauen höhere Neurotizismuswerte aufweisen als Männer; so auch Lynn/Martin (1997) und Dehne/Schupp (2007), S. 25. Die Frage, warum u.a. die emotionale Stabilität bei Männern in Selbsteinschätzungen höher ausfällt, haben Costa/Terraccino/McCrae (2001) in einer kulturvergleichenden Untersuchung analysiert. Sie stellten fest, dass sich stereotypenkonforme geschlechtsspezifische Unterschiede überraschenderweise in individualistischen orientierten europäischen und amerikanischen Kulturen am stärksten zeigen. Sie nehmen an, dass in individualistischen Kulturen das eigene Verhalten auf Eigenschaften zurückgeführt wird, während

Neurotizismus (Mittelwerte)					
männlich (n=182)		weiblich (n=112)			
M	SD	M	SD		p
2,40	0,74	2,61	0,74		0,02*
Wirtschaftsprüfer (n=84)		Kein Wirtschaftsprüfer (n=211)			P
2,32	0,74	2,54	0,74		0,02*

Tabelle 4-6: Ergebnisse t-Test: Neurotizismus

Des Weiteren besitzen auch, wie Tabelle 4-6 zu entnehmen ist, examinierte Wirtschaftsprüfer (M=2,32; SD=0,74) gegenüber ihren Kollegen ohne das Wirtschaftsprüferexamen (M=2,54; SD=0,74) einen signifikant niedrigeren Neurotizismuswert ($t(df)$=3,36(292); $p(2\text{-}seitig)$=0,02).[815]

Die hohen durchschnittlichen Werte des Faktors GEWISSENHAFTIGKEIT (M=4,04; SD=0,63) deuten darauf hin, dass die Untersuchungsteilnehmer organisiert, sorgfältig, ehrgeizig und pflichtbewusst handeln. Es zeigt sich, dass Frauen im Untersuchungssample (M=4,20; SD=0,61) einen durchschnittlich signifikant höheren $t(df)$=3,37(236,76); $p(2\text{-}seitig)$=0,001) Gewissenhaftigkeitswert besitzen als Männer (M=3,95; SD=0,62).[816]

Gewissenhaftigkeit (Mittelwerte)				
männlich (n=182)		weiblich (n=112)		
M	SD	M	SD	p
3,95	0,62	4,20	0,61	0,001**

Tabelle 4-7: Ergebnisse t-Test: Gewissenhaftigkeit

4.5.2 Forschungsfrage 1: Expertise und Entscheidungsperformance

4.5.2.1 Ergebnisse

4.5.2.1.1 Gut-strukturiertes Aufgabengebiet

Die ungerichtete Hypothese H$_{1a\text{-}1}$ postuliert, dass sich die Entscheidungsperformance von Experten und Novizen in gut-strukturierten Prüfungsgebieten unterscheidet. Die statistische Formulierung lautet:

---

es in kollektivistischen Kulturen hingegen als Rollenkonformität interpretiert wird. Somit wirkt sich die Interpretation des eigenen Verhaltens auf das Selbstbild aus und beeinflusst somit das Antwortverhalten des Selbsttests; vgl. Costa/Terraccino/McCrae (2001).

[815] Vgl. hierzu ausführlich Anlage 12.

[816] Allerdings muss auch hier darauf hingewiesen werden, dass alle Untersuchungsteilnehmer insgesamt durchschnittlich hohe Werte der Gewissenhaftigkeitsdimension aufzeigen.

H1a-1: μ Anfänger $\neq \mu$ Experten

H0: μ Anfänger $= \mu$ Experten

Die Analyse ergab, dass in gut-strukturierten Aufgabengebieten signifikante Unterschiede zwischen der Leistung von Novizen (M=0,29) und Experten (M=0,56) bestehen ($\chi^2_{0,95(1)}$=6,03; p(2-seitig)=0,02; Phi=0,25).[817] H_{1a-1} kann aufgrund des signifikanten Ergebnisses auf einem Signifikanzniveau von p(2-seitig)$\leq$0,05 angenommen werden.

$H1a$-1: Zwischen der Leistung von Experten und Novizen besteht ein Unterschied	Gut-strukturiertes Aufgabengebiet				
Gruppierung	Novizen	Experten	$\chi^2_{0,95(1)}$	p (2-seitig)	Phi
Entscheidungsperformance[818]	0,29	0,56	6,31	0,02*	0,25

Tabelle 4-8: Ergebnisse Chi-Quadrat-Test (Hypothese H1a-1)

4.5.2.1.2 Schlecht-strukturiertes Aufgabengebiet

Die gerichtete Hypothese H1a-2 postuliert, dass Experten in schlecht-strukturierten Prüfungsgebieten eine höhere Entscheidungsperformance aufweisen als Novizen. Die statistische Formulierung lautet:

H1a-2: μ Experten $> \mu$ Novizen

H0: μ Experten $\leq \mu$ Novizen

Aus Tabelle 4-9 können die Ergebnisse des Chi-Quadrat-Tests zu Hypothese H_{1a-2} entnommen werden. Lediglich 15 der 78 Novizen kamen zu einer vertretbaren Lösung, wohingegen die Fallstudie von 17 der 27 Experten richtig gelöst wurde. Wie aus der nachfolgenden Tabelle ersichtlich, existiert ein hoch signifikanter Unterschied (($\chi^2_{0,95(1)}$=18,10; p(1-seitig)<0,001; Phi=0,42) in der Entscheidungsperformance von Experten (M=0,63) und Novizen (M=0,19).[819] Auch H_{1a-2} kann somit angenommen werden.

---

[817] Vgl. hierzu Anlage 19.
[818] Unter Entscheidungsperformance wird im Folgenden der Anteil richtiger Lösungen verstanden (Mittelwert); z.B. haben 20 von 70 teilnehmenden Novizen eine vertretbare Lösung bei der Fallstudie erreicht (20/70 = 0,29); vgl. hierzu auch Anlage 19.
[819] Vgl. hierzu Anlage 20.

H_{1a-2}: Die Leistung von Experten ist größer als die Leistung von Novizen	Schlecht-strukturiertes Aufgabengebiet				
Gruppierung	Novizen	Experten	$\chi^2_{0,95(1)}$	p(1-seitig)	Phi
Entscheidungsperformance	0,19	0,63	18,10	<0,001**	0,42

Tabelle 4-9: Ergebnisse Chi-Quadrat-Test (Hypothese H1a-2)

Die Entscheidungsperformance von Experten ist folglich in schlecht-strukturierten Aufgabengebieten hoch signifikant besser als die Entscheidungsperformance von Novizen. Die Effektstärke wird mit Phi=0,42 als moderat klassifiziert.

4.5.2.1.3 Unstrukturiertes Aufgabengebiet

Hypothese H_{1a-3} postuliert, dass die Entscheidungsperformance von Experten in unstrukturierten Aufgabengebieten größer ist als die Entscheidungsperformance von Novizen. Die statistische Formulierung lautet:

H_{1a-3}: $\mu_{Experten} > \mu_{Novizen}$

H_0: $\mu_{Experten} \leq \mu_{Novizen}$

Die Analyse ergab, dass Novizen (M=0,37) und Experten (M=0,35) sich in Bezug auf ihre Entscheidungsperformance nicht signifikant unterscheiden ($\chi^2_{0,95(1)}$=0,052; n.s.).[820] Außerdem weisen die Mittelwerte eher einen Trend in der Hypothese entgegengesetzten Richtung auf. Hypothese H_{1a-3} kann aufgrund des nicht signifikanten Ergebnisses bei einem Signifikanzniveau von α=0,05 nicht angenommen werden.

H_{1a-3}: Die Leistung von Experten ist größer als die Leistung von Novizen	Unstrukturiertes Aufgabengebiet				
Gruppierung	Novizen	Experten	$\chi^2_{0,95(1)}$	p(1-seitig)	Phi
Entscheidungsperformance	0,37	0,35	0,05	0,51	k.A.

Tabelle 4-10: Ergebnisse Chi-Quadrat-Test (Hypothese H1a-3).

4.5.2.2 Interpretation der Ergebnisse

Lediglich in in gut- und in schlecht-strukturierten Prüfungsgebieten bestehen statistisch signifikante Unterschiede zwischen der Leistung von Experten und der von Novizen. Insofern können H_{1a-1} und H_{1a-2} angenommen werden.[821] Der schwache Effekt (Phi=0,25)

---

[820] Vgl. hierzu Anlage 21.
[821] Vgl. hierzu auch Anlage 22, welche die Fehlerbalken für das 95%ige Vertrauensintervall um die Mittelwerte der beiden Kohorten in Abhängigkeit von der Struktur der jeweiligen Prüfungsaufgaben

bei gut-strukturierten als auch der moderate Effekt (*Phi*=0,42) in schlecht-strukturierten Prüfungsgebieten unterstützen die Vermutung, dass mit zunehmender Problemstruktur die Leistung von Experten im Vergleich zu der von Novizen weniger stark beeinträchtigt wird, da diese in der Lage sind, auch Probleme höherer Komplexität umzuformen und mit Hilfe bekannter Algorithmen zu lösen.[822]

Eine mögliche Erklärung für die signifikant bessere Entscheidungsperformance von Experten in gut-strukturierten Aufgabengebieten ist darin zu sehen, dass das vorliegende Problem, obwohl ein Problemalgorithmus für dessen Lösung existiert und die Problemlösung nicht mehrere Problemlösungsschritte erfordert, aufgrund des spezifischen Charakters der Prüfungsaufgabe „Prüfung von Immobilien" und den damit einhergehenden individuellen Schwierigkeiten zur Strukturierung des Problemraums bereits einzelne Merkmale schlecht-strukturierter Probleme aufweist. Da es sich bei der Problemklassifizierung nicht um eine dichotome, sondern um eine kontinuierliche (stetige) Skalierung handelt und die Fallstudie, wie bereits in Kapitel 4.3.3 ausführlich erläutert, tendenziell eher schwach gut-strukturierten Aufgabengebieten zuzuordnen ist, fällt es Novizen bereits bei diesem Aufgabentypus schwer, eine geeignete Problemlösung zu generieren. Deshalb sind sie gezwungen, auf Analogieschlüsse oder Heuristiken zurückzugreifen. Mangels ausreichender Wissensbasis und unzureichender Organisation ihres Wissens gelingt es Novizen hierbei nur zufällig, auf Basis von Heuristiken zu einer zufriedenstellenden Problemlösung zu gelangen.

Aus den nicht-signifikanten Ergebnissen der unstrukturierten Aufgabengebietes und der Tatsache, dass die Verwendung von Heuristiken als Problemlösungsverfahren in dieser Kategorie notwendig ist zu schließen, dass Novizen geeignetere Heuristiken als Experten generieren, kann jedoch aus mehreren Gründen nicht gefolgert werden. Zum Einen ist dieser Unterschied statistisch nicht signifikant, d.h. das Ergebnis kann auch zufällig zustande gekommen sein. Eine weitere Erklärung für dieses unerwartete Ergebnis ist, dass die Prüfung von Immobilien bei komplexen Sachverhalten nicht allein durch die Wirtschaftsprüfer vor Ort vorgenommen wird, sondern die Prüfung solcher Sachverhalte regelmäßig in enger Abstimmung mit Spezialisten der Immobilienbewertung und

---

[822] verdeutlicht. Das Konfidenzintervall ist der Unsicherheitsbereich für die Schätzung eines bestimmten, nicht bekannten Parameters. Ein 95%-Konfidenzintervall beispielsweise enthält den gesuchten Parameter mit einer Wahrscheinlichkeit von 95%.
Vgl. hierzu auch Abbildung 11.

-beratung[823] getroffen werden. Hierdurch verfügen auch erfahrenere Prüfer nicht über die für die Problemlösung notwendigen Voraussetzungen, wie aufgabenspezifische Erfahrung und eine problemspezifische Wissensbasis in einem ausreichenden Maße.

Abbildung 16 fasst die Ergebnisse zu den Hypothese H_{1a-1} bis H_{1a-3} grafisch zusammen.

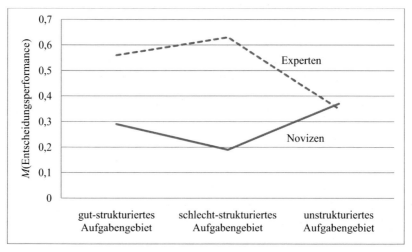

Abbildung 16: Ergebnisübersicht H_{1a-1} bis H_{1a-3}

Auffällig an Abbildung 16 sind insbesondere der Anstieg der Entscheidungsperformance von Experten beim Übergang von gut-strukturierten zu schlecht-strukturierten Aufgabengebieten sowie der Anstieg der Entscheidungsperformance von Novizen beim Übergang von schlecht-strukturierten zu unstrukturierten Aufgabengebieten.

Zur Interpretation des nicht signifikanten, d.h. möglicherweisen zufälligen Anstiegs[824] in der Entscheidungsperformance von Experten beim Übergang von gut-strukturierten zu schlecht-strukturierten Prüfungsgebieten, können insbesondere Motivationseffekte in Betracht gezogen werden.[825] Wie aus Abbildung 6 ersichtlich, bedarf es für eine erfolgreiche Problemlösung neben einer entsprechenden Leistungsfähigkeit des Problemlösers als wei-

---

[823] Aufgrund der Kernkompetenz der Immobilienberater (neben der Real Estate Due Diligence und Bewertung umfasst diese auch Beratungsleistungen bei Veräußerung oder Akquisition großer Immobilienportfolios) verfügen diese über umfassende Kenntnisse sowohl über die Bilanzierungsvorschriften von *investment properties* als auch über die für die Ermittlung des *fair value* immanent wichtige Kenntnisse der sehr intransparenten Immobilienmärkte.

[824] Vgl. Anlage 23.

[825] Der Anstieg ist zudem sehr gering; in schwach gut-strukturierten Aufgabengebieten beträgt die Entscheidungsperformance 0,56 und in schlecht-strukturierten 0,63; $\chi^2_{0,95(1)}$=0,261; n.s.

tere notwendige Voraussetzung auch das Vorhandensein einer Leistungsbereitschaft mit einem bestimmten Anspruchsniveau.[826] Da die intrinsische Motivation häufig von der Komplexität eines Problems determiniert wird, ist es in gut-strukturierten Prüfungsgebieten denkbar, dass die intrinsische Motivation von Experten zu wenig ausgeprägt ist, da sie das Problem als zu einfach ansehen.[827]

Der signifikante Anstieg[828] der Entscheidungsperformance von Novizen von schlecht- zu unstrukturierten Prüfungsgebieten könnte darauf zurückzuführen sein, dass Novizen stärker als Experten Zustimmungstendenzen (Akquieszenz) folgen und diese ihre Entscheidung eher an der sozialen Erwünschtheit[829] orientieren.[830] Unter Akquieszenz wird die Tendenz verstanden, bei Befragungen den vorgegebenen Statements unabhängig von ihrem Inhalt zuzustimmen. Ein Erklärungsansatz geht von einem Zusammenhang zwischen Zustimmungstendenzen und den Persönlichkeitseigenschaften des Problemlösers aus. Es wird unterstellt, dass Zustimmungstendenzen insbesondere bei Personen mit „geringer Ich-Stärke"[831] auftreten.[832] In einem weiteren Erklärungsansatz wird Akquieszenz zur Minimierung unüberschaubarer Konsequenzen und als Behauptungsstrategie von weniger privilegierten Personen verwendet.[833] Auch KRENZ/SAX (1987) kommen zu dem Schluss, dass Zustimmungstendenzen insbesondere dann bei Untersuchungsteilnehmern auftreten, wenn bei der Entscheidungsfindung Unsicherheit herrscht.[834] Es lässt sich feststellen, dass Akquieszenz und soziale Erwünschtheit insbesondere in unstrukturierten Aufgabestellungen bei Novizen auftreten können, da diese aufgrund fehlender Anhaltspunkte und mangels Erfahrung nur zufällig eine geeignete Problemlösung generieren können und deshalb i.d.R. mit der Bearbeitung der Aufgabe überfordert sind. Auch spricht für den Anstieg der Ent-

---

[826] Vgl. hierzu ausführlich Kapitel 2.5.2.3.4. Neben Emotionen wird die Leistungsbereitschaft hierbei insbesondere auch von der intrinsischen Motivation des Problemlösers beeinflusst.

[827] Vgl. hierzu Kapitel 4.2.1 sowie zu Motivationseffekten Kapitel 2.5.2.3.4 und Kapitel 3.3.2.2.

[828] Vgl. Anlage 24. In schlecht-strukturierten Aufgabengebieten beträgt die Entscheidungsperformance 0,19 und in unstrukturierten 0,37; $\chi^2_{0,95(1)}=5{,}91$; $p=0{,}02$.

[829] Soziale Erwünschtheit kann einerseits ebenfalls mit den Persönlichkeitseigenschaften in Verbindung gebracht werden und zum anderen auch von situationsspezifischen Merkmalen abhängen; wobei aufgrund erwarteter Konsequenzen tatsächliche Sachverhalte verschwiegen oder beschönigt werden; vgl. Bortz/Döring (2006), S. 23

[830] Vgl. zu Antworttendenzen, Bortz/Döring (2006), S. 236; Schnell/Hill/Esser (2008), S. 354 ff. Bei der Fallstudie des unstrukturierten Aufgabengebietes ist, im Gegensatz zu den beiden anderen Fallstudien, der vom Mandanten verwendete Zinssatz noch vertretbar.

[831] Schnell/Hill/Esser (2008), S. 355.

[832] Vgl. Bortz/Döring (2006), S. 236.

[833] Vgl. Schnell/Hill/Esser (2008), S. 355 sowie die dort angegebene Literatur..

[834] Vgl. Krenz/Sax (1987), S. 578 f.

scheidungsperformance von Novizen von schlecht- zu unstrukturierten Aufgabengebieten, dass mit zunehmender Prüfungserfahrung die professionelle Skepsis zunimmt, wodurch sich negative Nachweise stärker auf die Überzeugungsbildung von Experten auswirken.[835, 836]

Insgesamt kann zusammenfassend festgehalten werden, dass sich große Gemeinsamkeiten zwischen den Ergebnissen der Untersuchung in Abbildung 16 und dem erwarteten Verlauf in Abbildung 11 zeigen. Damit übereinstimmend zeigt sich, dass beim Übergang von gut- zu schlecht-strukturierten Aufgabengebieten mit ansteigender Problemstruktur die Unterschiede in der Entscheidungsperformance von Novizen und Experten zunehmen. Dies bestätigt auch der Anstieg der Effektstärke zwischen gut- (*Phi*=0,25) und schlecht-strukturierten (*Phi*=0,42) Aufgabengebieten.

Tabelle 4-11 fasst die Ergebnisse der Hypothesen abschließend zusammen:

Hypothesen (*Unterschiedshypothesen*)		angenommen	abgelehnt
H_{1a-1}	Novizen und Experten unterscheiden sich in gut-strukturierten Aufgabengebieten bezüglich der Entscheidungsperformance.	X	
H_{1a-2}	Die Entscheidungsperformance von Experten ist in schlecht-strukturierten Prüfungsgebieten höher als die Entscheidungsperformance von Novizen.	X	
H_{1a-3}	Die Entscheidungsperformance von Experten ist in unstrukturierten Prüfungsgebieten höher als die Entscheidungsperformance von Novizen.		X

Tabelle 4-11: Hypothesenübersicht Forschungsfrage 1

---

[835] Vgl. hierzu die Untersuchungen von Knechel/Messier Jr. (1990), S. 400 f. und 403; Morton (1993), S. 125; Reckers/Schultz Jr. (1993), S. 138 ff.; Coulter (1994), S. 73 ff. und 1119 ff.; Kerr/Ward (1994), S. 34; Caster/Pincus (1996), S. 7 f. und 12 f.; Reisch (1997), S. 83, 97 und 129 f.; Arnold/Collier/Lech/Sutton (2000), S. 120f. und 126 ff.; Monroe/Ng (2000), S. 163 f. Gegenteilige Ergebnisse sind der Studie von Anderson/Maletta (1994) zu entnehmen; diese zeigen, dass die professionelle Skepsis insbesondere ausbildungsbedingt ist und Erfahrung diesen Effekt sogar mildert; vgl. Anderson/Maletta (1994), S. 2 f. und 9 ff.

[836] In einem engen Zusammenhang hierzu steht die für das prüferische Vorgehen charakteristische Strafe-Belohnungs-Asymmetrie, wonach Strafen für Prüfer mit weitaus größeren Konsequenzen verbunden sind als die aus guten Leistungen resultierende Belohnung; vgl. Schreiber (2000), S. 98.

4.5.3 Forschungsfrage 2: Einflussdeterminanten erfolgreichen Problemlösens

4.5.3.1 Prüfungserfahrung

4.5.3.1.1 Ergebnisse

Die Auswertung von H_{1b}, welche postuliert, dass erfolgreiche Problemlöser eine höhere Prüfungserfahrung von IFRS-Abschlüssen besitzen, erfolgt mittels eines t-Tests.[837] Die statistische Formulierung lautet:

H_{1b}: μ erfolgreiche Problemlöser $>$ μ nicht-erfolgreiche Problemlöser

H_0: μ erfolgreiche Problemlöser $\leq$ μ nicht-erfolgreiche Problemlöser

Es zeigt sich, dass erfolgreiche Problemlöser (n=101; M=3,93; MD=3,0; SD=3,40) im Vergleich zu nicht-erfolgreichen Problemlösern (n=195; M=2.04; MD=1,0; SD=2,73) über eine signifikant höhere Prüfungserfahrung von IFRS-Abschlüssen verfügen (t(df)=4,82(167,90); p(1-seitig)<0,001).[838]

Zur weiteren Analyse wird H_{1b} in einem zweiten Schritt in Abhängigkeit von der zugrundeliegenden Aufgabenstruktur untersucht. Die Auswertung von H_{1b-1} bis H_{1b-3} erfolgt jeweils, da die Voraussetzungen der Normalverteilung in beiden Gruppen nicht gegeben und die beiden Stichproben auch nicht hinreichend groß sind,[839] mittels eines U-Tests von Mann-Whitney.

PRÜFUNGSERFAHRUNG	Gut-strukturiertes Aufgabengebiet			Schlecht-strukturiertes Aufgabengebiet			Unstrukturiertes Aufgabengebiet		
Gruppierung	Fallstudie 2 (H_{1b-1})			Fallstudie 1 (H_{1b-2})			Fallstudie 3 (H_{1b-3})		
Mittelwert	EP=0	EP=1	p	EP=0	EP=1	p	EP=0	EP=1	p
Anzahl (n)	61	34		73	32		61	35	
Ø IFRS Prüfungserfahrung	1,83	3,91	<0,001 **	1,53	5,13	<0,001 **	2,86	2,83	0,80

Tabelle 4-12: Prüfungserfahrung als Einflussfaktor (aufgabenspezifisch)

Wie Tabelle 4-12 zu entnehmen ist, verfügen erfolgreiche Problemlöser in gut-strukturierten und in schlecht-strukturierten Aufgabengebieten über eine signifikant höhere Prü-

---

[837] Vgl. hierzu Kapitel 4.3.6.
[838] Siehe Anlage 25.
[839] Die Überprüfung der Normalverteilungsannahme erfolgte mit Hilfe des Kolmogorov-Smirnov-Tests; vgl. Anlage 27.

fungserfahrung von IFRS-Abschlüssen (Fallstudie 2: $U=1.428,5$; $p(2\text{-seitig})<0,001$; Fallstudie 1: $U=1.894,5$; $p(2\text{-seitig})<0,001$). Die durchschnittliche Prüfungserfahrung von IFRS-Abschlüssen beträgt in gut-strukturierten Aufgabengebieten für erfolgreiche Problemlöser 3,91 Jahre ($Md=3,0$; $SD=3,61$) bzw. 1,83 Jahre ($Md=1,0$; $SD=2,59$) für nicht-erfolgreiche Problemlöser. Im Vergleich hierzu beträgt die durchschnittliche Prüfungserfahrung von IFRS-Abschlüssen erfolgreicher Problemlöser in schlecht-strukturierten Aufgabengebieten 5,13 Jahre ($Md=5,0$; $SD=3,22$) und die nicht-erfolgreicher 1,53 ($Md=1,0$; $SD=2,24$).

In unstrukturierten Aufgabengebieten verfügen die erfolgreichen Problemlöser ($M=2,83$; $Md=1,0$; $SD=3,07$) im Vergleich zu den nicht-erfolgreichen Problemlösern ($M=2,86$; $Md=1,0$; $SD=3,20$) erstaunlicherweise über keine durchschnittlich höhere Prüfungserfahrung von IFRS-Abschlüssen ($U=1.101,0$; $p(2\text{-seitig})=0,80$).

4.5.3.1.2 Interpretation

Sowohl in gut- als auch in schlecht-strukturierten Aufgabengebieten verfügen erfolgreiche Problemlöser über eine signifikant höhere Prüfungserfahrung von IFRS-Abschlüssen. Da bei der Prüfung von IFRS-Abschlüssen der Prüfung von geschätzten Werten eine zentrale Rolle zukommt, kann durch diese aufgabenspezifische praktische Übung eine umfassende Wissensbasis, welche für diese überlegene Performance verantwortlich ist, aufgebaut werden.

Als Erklärung für die auf den ersten Blick kontraintuitiven Ergebnisse in Fallstudie 3 lässt sich anführen, dass die Prüfung von IFRS-Abschlüssen für eine Kompetenzdifferenzierung in unstrukturierten Aufgabengebieten nicht hinreichend trennscharf zu sein scheint. Zwar kann durch die Prüfung von IFRS-Abschlüssen eine gute Wissensbasis über die Prüfung von geschätzten Werten angesammelt werden, aber insbesondere in unstrukturierten Aufgabengebieten lässt sich die hierdurch erworbene Kompetenz nicht unmittelbar auf die sehr spezifische Prüfungsaufgabe Prüfung von Immobilien anwenden. Dies wird auch dadurch verdeutlicht, dass der Prüfer vor Ort im Rahmen seiner Entscheidungsfindung regelmäßig Bewertungsspezialisten zur Prüfung konsultiert.

Tabelle 4-13 fasst die Ergebnisse nochmals zusammen.

Hypothesen (*Unterschiedshypothesen*)		angenommen	abgelehnt
H_{1b}	Erfolgreiche Problemlöser besitzen im Vergleich zu nicht-erfolgreichen Problemlösern eine höhere aufgabenspezifische Prüfungserfahrung auf.	X	
H_{1b-1}	Erfolgreiche Problemlöser besitzen in *gut-strukturierten Aufgabengebieten* im Vergleich zu nicht-erfolgreichen Problemlösern eine höhere aufgabenspezifische Prüfungserfahrung.	X	
H_{1b-2}	Erfolgreiche Problemlöser besitzen in *schlecht-strukturierten Aufgabengebieten* im Vergleich zu nicht-erfolgreichen Problemlösern eine höhere aufgabenspezifische Prüfungserfahrung.	X	
H_{1b-3}	Erfolgreiche Problemlöser besitzen in *unstrukturierten Aufgabengebieten* im Vergleich zu nicht-erfolgreichen Problemlösern eine höhere aufgabenspezifische Prüfungserfahrung.		X

Tabelle 4-13:   Hypothesenübersicht: Prüfungserfahrung als Einflussfaktor

4.5.3.2   Weiterbildungsveranstaltungen

4.5.3.2.1   Ergebnisse

Hypothese H_{1c} postuliert, dass erfolgreiche Problemlöser mehr aufgabenspezifische Weiterbildungsveranstaltungen besucht haben als nicht-erfolgreiche Problemlöser. Die statistische Formulierung lautet:

H_{1c}: μ erfolgreiche Problemlöser $>$ μ nicht-erfolgreiche Problemlöser

H_0: μ erfolgreiche Problemlöser $\leq$ μ nicht-erfolgreiche Problemlöser

Wie Anlage 26 zu entnehmen ist, besteht ein hoch signifikanter Unterschied ($t(df)$=3,65(145,76); $p(1\text{-}seitig)$<0,001) hinsichtlich der Anzahl der besuchten aufgabenspezifischen Weiterbildungsveranstaltungen. Erfolgreiche Problemlöser haben in den letzten beiden Jahren an durchschnittlich 1,5 *(MD=1,0; SD=1,91)* und nicht-erfolgreiche Problemlöser lediglich an 0,73 *(MD=0,0; SD=1,25)* Weiterbildungsveranstaltungen im Bereich Prüfung von geschätzten Werten und/oder Immobilien teilgenommen. H_{1c-1} kann somit angenommen werden.

Zur Überprüfung der Hypothesen H_{1c-1} bis H_{1c-3} in Abhängigkeit von der Aufgabenstruktur wurde der verteilungsunabhängige U-Test von Mann-Whitney herangezogen.[840]

---

[840]   Auch hier liegt keine Normalverteilung vor und die beiden Stichproben sind nicht hinreichend groß. Die Überprüfung der Normalverteilungsannahme erfolgte mit Hilfe des Kolmogorov-Smirnov-Tests; vgl. Anlage 27.

WEITERBILDUNGS-VERANSTALTUNGEN	Gut-strukturiertes Aufgabengebiet			Schlecht-strukturiertes Aufgabengebiet			Unstrukturiertes Aufgabengebiet		
Gruppierung	Fallstudie 2 (H_{1c-1})			Fallstudie 1 (H_{1c-2})			Fallstudie 3 (H_{1c-3})		
Mittelwert	EP=0	EP=1	p	EP=0	EP=1	P	EP=0	EP=1	p
Anzahl (n)	61	34		73	32		61	35	
Ø besuchte WBV	0,74	1,5	0,02*	0,49	2,1	<0,001**	1,00	0,94	0,39

Tabelle 4-14: Besuchte Weiterbildungsveranstaltungen als Einflussfaktor (U-Test)

In Tabelle 4-14 sind die Ergebnisse zusammenfassend dargestellt. Demnach haben erfolgreiche Problemlöser in gut-strukturierten Prüfungsgebieten (M=1,5; MD=1,0; SD=1,69) signifikant mehr (U=1272,0, $p(1\text{-}seitig)$=0,02) aufgabenspezifische Weiterbildungsveranstaltungen besucht als nicht-erfolgreiche Problemlöser (M=0,74; MD=0,0; SD=1,17). H_{1c-1} kann insofern angenommen werden. Auch H_{1c-2}, welche vermutet, dass erfolgreiche Problemlöser (M=2,09; MD=1,5; SD=2,35) in schlecht-strukturierten Aufgabengebieten mehr aufgabenspezifische Weiterbildungsveranstaltungen besucht haben als nicht-erfolgreiche Problemlöser (M=0,49; MD=0,0; SD=1,13), kann angenommen werden (U=1694,0; $p(1\text{-}seitig)$<0,001). War für eine erfolgreiche Problemlösung in schwach gut-strukturierten Aufgabengebieten durchschnittlich der Besuch von 1,5 Veranstaltungen ausreichend, mussten in schlecht-strukturierten Aufgabengebieten 2,1 Veranstaltungen besucht werden.

Abermals konnten in unstrukturierten Aufgabengebieten keine signifikanten Unterschiede hinsichtlich der Entscheidungsperformance von erfolgreichen und nicht-erfolgreichen Prüfern nachgewiesen werden (U=1032,5; $p(1\text{-}seitig)$=0,61); besuchten nicht-erfolgreiche Problemlöser durchschnittlich 1,00 Weiterbildungsveranstaltungen (M=1,00; MD=0,00; SD=1,43) waren es bei erfolgreichen Problemlösern lediglich 0,94 (M=0,94; MD=0,00; SD=1,51).

4.5.3.2.2 Interpretation

Wie aus Kapitel 4.5.3.2.1 hervorgeht, besteht zwischen erfolgreichen und nicht-erfolgreichen Problemlösern ein hoch signifikanter Unterschied hinsichtlich der Anzahl der besuchten aufgabenspezifischen Weiterbildungsveranstaltungen; H_{1c} kann insofern angenommen werden. Ursächlich für dieses Ergebnis sind die Performanceunterschiede in gut- und in schlecht-strukturierten Aufgabengebieten (angesprochen ist hier die Bestätigung der Hypothesen H_{1c-1} und H_{1c-2}).

In unstrukturierten Aufgabengebieten konnten indes keine Unterschiede nachgewiesen werden. Dass H_{1c-3} somit nicht angenommen werden kann, kann darauf zurückzuführen sein, dass, obwohl eine bestimmte Anzahl aufgabenspezifischer Weiterbildungsveranstaltungen besucht wurde, es manchen Veranstaltungsteilnehmern an praktischer Übung mangelt; einige Probanden also über eine hohe theoretische Übung verfügen, jedoch zugleich über eine ungenügende praktische Prüfungserfahrung. Die Anzahl besuchter aufgabenspezifischer Weiterbildungsveranstaltungen scheint insofern als alleiniges Surrogat für eine Kompetenzentwicklung in unstrukturierten Aufgabengebieten nicht ausreichend.[841] Allerdings kann das Ergebnis abermals darauf zurückzuführen sein, dass der Prüfer vor Ort bei unstrukturierten Problemen im Bereich Prüfung von als Finanzinvestition gehaltenen Immobilien regelmäßig von Immobilienspezialisten mit entsprechenden Marktkenntnissen bei seiner Entscheidungsfindung unterstützt wird.

Beide Erklärungen können bewirken, dass selbst Prüfer, die mehrere Weiterbildungsveranstaltungen in den Bereichen geschätzte Werte und Immobilien besucht haben, mangels praktischer Prüfungserfahrung auf diesem Gebiet keine geeignete Problemlösung generieren können und aufgrund dieser Überforderung dazu neigen, dem vom bilanzierenden Unternehmen verwendeten Diskontierungszinssatz zuzustimmen.[842]

Tabelle 4-15 fasst die Ergebnisse nochmals zusammen.

Hypothesen (*Unterschiedshypothesen*)		angenommen	abgelehnt
H_{1c}	Erfolgreiche Problemlöser haben im Vergleich zu nicht-erfolgreichen Problemlösern mehr aufgabenspezifische Weiterbildungsveranstaltungen besucht.	X	
H_{1c-1}	Erfolgreiche Problemlöser haben in *gut-strukturierten Aufgabengebieten* im Vergleich zu nicht-erfolgreichen Problemlösern mehr aufgabenspezifische Weiterbildungsveranstaltungen besucht.	X	
H_{1c-2}	Erfolgreiche Problemlöser haben in *schlecht-strukturierten Aufgabengebieten* im Vergleich zu nicht-erfolgreichen Problemlösern mehr aufgabenspezifische Weiterbildungsveranstaltungen besucht.	X	
H_{1c-3}	Erfolgreiche Problemlöser haben in *unstrukturierten Aufgabengebieten* im Vergleich zu nicht-erfolgreichen Problemlösern mehr aufgabenspezifische Weiterbildungsveranstaltungen besucht.		X

Tabelle 4-15: Hypothesenübersicht: besuchte Weiterbildungsveranstaltungen als Einflussfaktor

---

[841] So auch die Studien von Bonner/Walker (1994) und Hertz/Schultz Jr. (1999), die zeigen, dass durch theoretische und praktische Übung erfolgte Wissenskompilation verantwortlich für Effektivitätsverbesserungen ist.

[842] Vgl. zu Zustimmungstendenzen und sozialer Erwünschtheit auch Kapitel 4.5.2.2.

4.5.3.3 Persönlichkeit

4.5.3.3.1 Ergebnisse

Die gerichteten Hypothesen H_{1d} sowie H_{1d-1} bis H_{1d-3} postulieren, dass erfolgreiche Problemlöser einen höheren Grad an Gewissenhaftigkeit aufweisen als nicht-erfolgreiche. Die statistische Formulierung lautet:

H_{1d}: μ erfolgreiche Problemlöser $>$ μ nicht-erfolgreiche Problemlöser

H_0: μ erfolgreiche Problemlöser $\leq$ μ nicht-erfolgreiche Problemlöser

Die Analyse zu H_{1d} ergab, dass sich erfolgreiche Problemlöser ($M=4,11$; $MD=4,0$; $SD=0,63$) nicht signifikant von nicht-erfolgreichen Problemlösern ($M=4,01$; $MD=4,0$; $SD=0,63$) hinsichtlich des Grades an Gewissenhaftigkeit unterscheiden ($t(292)=1,41$; $p(1\text{-}seitig)=0,08$). Allenfalls kann mit einer Irrtumswahrscheinlichkeit von $p(1\text{-}seitig)\leq0,10$ auf einen schwachen Unterschied geschlossen werden.

Auch eine Analyse in Abhängigkeit von der zugrundeliegenden Aufgabenstruktur ergab keine signifikanten Unterschiede.[843] Die Hypothesen H_{1d-1} bis H_{1d-3}, welche postulieren, dass sich erfolgreiche von nicht-erfolgreichen Problemlösern hinsichtlich des Persönlichkeitsfaktors Gewissenhaftigkeit unterscheiden, können bei einem Signifikanzniveau von $\alpha=0,05$ nicht bestätigt werden.

Die ungerichteten Hypothesen H_{1e} bis H_{1h} postulieren, dass signifikante Unterschiede zwischen erfolgreichen und nicht-erfolgreichen Problemlösern bezogen jeweils auf einen Persönlichkeitsfaktor vorliegen. Diese Faktoren sind erstens Extraversion, zweitens Liebenswürdigkeit, drittens Neurotizismus und viertens Offenheit. Statistisch formuliert lauten die Hypothesen:

H_{1e} bis H_{1h}: μ erfolgreiche Problemlöser $\neq$ μ nicht-erfolgreiche Problemlöser

H_0: μ erfolgreiche Problemlöser $=$ μ nicht-erfolgreiche Problemlöser

Ein Vergleich der beiden Gruppen hinsichtlich ihrer Verteilung ergab, dass sich erfolgreiche Problemlöser von nicht-erfolgreichen Problemlösern in keinen der untersuchten Persönlichkeitsfaktoren unterscheiden. So weisen z.B. erfolgreiche Problemlöser einen durchschnittlichen Neurotizismuswert i.H.v. 2,38 ($MD=2,0$; $SD=0,69$) und nicht-erfolg-

---

[843] Vgl. Tabelle 4-17.

reiche i.H.v. 2,53 (MD=2,0; SD=0,77) auf. Die Ergebnisse zeigen allerdings, dass dieser Unterschied nicht signifikant ist ($t(292)$=1,59; $p(2\text{-}seitig)$=0,11). Insofern können die Hypothesen H_{1e} bis H_{1h} aufgrund ihres nicht signifikanten Ergebnisses bei einem Signifikanzniveau von α=.05 nicht bestätigt werden.

In Tabelle 4-16 sind die Ergebnisse zur Persönlichkeit zusammenfassend dargestellt.[844]

PERSÖNLICHKEIT (BIG5)	t-Test			
	M (EP=0)	M (EP=1)	$t(df)$	p
Anzahl (n)[845]	193	101		
Gewissenhaftigkeit (H_{1d})	4,01	4,11	1,41(292)	0,08
Extraversion (H_{1e})	3,47	3,36	-1,11(292)	0,27
Liebenswürdigkeit (H_{1f})	2,97	3,00	0,49(292)	0,62
Neurotizismus (H_{1g})	2,53	2,38	-1,59(292)	0,11
Offenheit (H_{1h})	3,28	3,21	-0,69(292)	0,49

Tabelle 4-16:   Persönlichkeitsfaktoren als Einflussfaktor

Zur Überprüfung der Hypothesen der Persönlichkeitseigenschaften Extraversion, Liebenswürdigkeit, Neurotizismus und Offenheit in Abhängigkeit von der Aufgabenstruktur wurde der verteilungsunabhängige U-Test von Mann-Whitney herangezogen.

Wie in Tabelle 4-17 dargestellt, zeigt sich auch in Abhängigkeit von der Aufgabenstruktur bei einem Signifikanzniveau von α=0,05 keiner der untersuchten Persönlichkeitsfaktoren als Einflussfaktor erfolgreichen Problemlösens.[846] Insofern kann bei einer Irrtumswahrscheinlichkeit von $p(2\text{-}seitig) \leq 0,05$ keine der Hypothesen ($H_{1e\text{-}1}$ bis $H_{1e\text{-}3}$; $H_{1f\text{-}1}$ bis $H_{1f\text{-}2}$; $H_{1g\text{-}1}$ bis $H_{1g\text{-}3}$ sowie $H_{1h\text{-}1}$ bis $H_{1h\text{-}3}$) bestätigt werden. Allenfalls kann bei einem Signifikanzniveau von α=0,10 in schlecht-strukturierten Aufgabengebieten hinsichtlich des Faktors Extraversion auf einen schwachen Unterschied (U=934,5; $p(1\text{-}seitig)$=.098) von erfolgreichen (M=3,23; MD=2,5; SD=0,78) und nicht-erfolgreichen Problemlösern (M=3,49; MD=3,5; SD=0,81) geschlossen werden.

---

[844] Zur Auswertung für H_{1d} bis H_{1h} wurden t-Tests herangezogen (aufgrund der hinreichenden großen Stichproben (n>50) kann von der Normalverteilungsannahme ausgegangen werden und somit der t-Test angewendet werden; vgl. hierzu auch 4.3.6); vgl. Anlage 28.

[845] Aufgrund teilweise fehlender Angaben zu den Persönlichkeitseigenschaften wurden zwei Fallstudien aus der Betrachtung ausgeschlossen; insofern beläuft sich die Grundgesamtheit dieser Untersuchung noch auf 294 Teilnehmer.

[846] Zur Auswertung der Hypothesen wurde der Mann-Whitney-U-Test herangezogen; vgl. Kapitel 4.3.6.

PERSÖNLICHKEIT (BIG5)				
	EP=0	EP=1	U	p
	M (MD)	M (MD)		
Gut-strukturiertes Aufgabengebiet (Fallstudie 2)				
Anzahl (n)	59	34		
Gewissenhaftigkeit (H_{1d-1})	4,14 (4,0)	4,18 (4,0)	1065,5	0,30
Extraversion (H_{1e-1})	3,55 (4,0)	3,43 (3,5)	929,0	0,55
Liebenswürdigkeit (H_{1f-1})	2,99 (3,0)	3,00 (3,0)	1022,0	0,88
Neurotizismus (H_{1g-1})	2,51 (2,5)	2,37 (2,0)	878,5	0,31
Offenheit (H_{1h-1})	3,38 (3,5)	3,04 (3,0)	816,5	0,13
Schlecht-strukturiertes Aufgabengebiet (Fallstudie 1)				
Anzahl (n)	73	32		
Gewissenhaftigkeit (H_{1d-2})	3,99 (4,0)	4,13 (4,0)	1283,5	0,20
Extraversion (H_{1e-2})	3,49 (3,5)	3,23 (3,0)	934,5	0,10
Liebenswürdigkeit (H_{1f-2})	2,90 (3,0)	2,91 (3,0)	1192,0	0,86
Neurotizismus (H_{1g-2})	2,53 (2,5)	2,41 (2,0)	1054,0	0,42
Offenheit (H_{1h-2})	3,24 (3,5)	3,22 (3,5)	1166,0	0,99
Unstrukturiertes Aufgabengebiet (Fallstudie 3)				
Anzahl (n)	61	35		
Gewissenhaftigkeit (H_{1d-3})	3,89 (4,0)	4,04 (4,0)	1199,0	0,15
Extraversion (H_{1e-3})	3,38 (3,5)	3,41 (3,5)	1110,0	0,74
Liebenswürdigkeit (H_{1f-3})	3,02 (3,0)	3,10 (3,0)	1130,5	0,62
Neurotizismus (H_{1g-3})	2,53 (2,5)	2,37 (2,0)	927,0	0,37
Offenheit (H_{1h-3})	3,25 (3,0)	3,36 (3,5)	1163,0	0,46

Tabelle 4-17: Persönlichkeit als Einflussfaktor (aufgabenspezifische Auswertung)

4.5.3.3.2 Interpretation

Eine mögliche Erklärung, dass sich erfolgreiche Problemlöser hinsichtlich des Einflussfaktors Gewissenhaftigkeit lediglich auf einem Signifikanzniveau von $\alpha=0,10$ signifikant von nicht-erfolgreichen Problemlösern unterscheiden, könnte darin bestehen, dass sich generell nur solche Personen für den Wirtschaftsprüferberuf entscheiden, die in hohem Maße gewissenhaft arbeiten. Es also bereits während des Studiums und insbesondere auch bei der Berufswahl zu einem Selbstselektionsprozess gekommen ist, bei dem alle Personen, die sich letztlich für eine Tätigkeit in der Wirtschaftsprüfungsbranche entscheiden, einen Mindestwert an Gewissenhaftigkeit aufweisen.[847]

Die Ergebnisse der Untersuchung zu den anderen vier untersuchten Persönlichkeitsfaktoren (Extraversion, Liebenswürdigkeit, Neurotizismus und Offenheit) deuten darauf hin, dass eine erfolgreiche Problemlösung von keiner dieser Persönlichkeitseigenschaften determiniert wird. Obwohl sich insbesondere bei Prüfungspartnern aufgrund der zunehmenden Notwendigkeit zur Vermarktung der Prüfungsleistung ein Trend zu mehr Extraversion zeigt,[848] kann in schlecht-strukturierten Aufgabengebieten sogar ein schwach negativer Einfluss nachgewiesen werden.

Tabelle 4-18 fasst die Ergebnisse abschließend zusammen.

Hypothesen (*Unterschiedshypothesen*)		angenommen	abgelehnt
H_{1d}	Erfolgreiche Problemlöser besitzen im Vergleich zu nicht-erfolgreichen Problemlösern durchschnittlich einen höheren Grad an Gewissenhaftigkeit.	X^{849}	
H_{1e}	Erfolgreiche Problemlöser unterscheiden sich von nicht-erfolgreichen Problemlösern hinsichtlich des Grades an Extraversion.		X
H_{1f}	Erfolgreiche Problemlöser unterscheiden sich von nicht-erfolgreichen Problemlösern hinsichtlich des Grades an Liebenswürdigkeit.		X
H_{1g}	Erfolgreiche Problemlöser unterscheiden sich von nicht-erfolgreichen Problemlösern hinsichtlich des Grades an Neurotizismus.		X
H_{1h}	Erfolgreiche Problemlöser unterscheiden sich von nicht-erfolgreichen Problemlösern hinsichtlich des Grades an Offenheit.		X

Tabelle 4-18: Hypothesenübersicht: Persönlichkeit (gesamt)

4.5.3.4 Zwischenfazit

Die Untersuchung, welche Determinanten eine erfolgreiche Problemlösung beeinflussen, hat gezeigt, dass sich erfolgreiche von den nicht-erfolgreichen Problemlösern sowohl in ihrer Prüfungserfahrung als auch in den besuchten Weiterbildungsveranstaltungen signifikant unterscheiden. Ein schwach signifikantes Ergebnis konnte hinsichtlich des Faktors Gewissenhaftigkeit nachgewiesen werden; keine Unterschiede konnten indes bei den Faktoren Extraversion, Liebenswürdigkeit, Neurotizismus und Offenheit identifiziert werden.

---

[847] Die wird auch dadurch betätigt, dass nahezu alle Untersuchungsteilnehmer überdurchschnittliche Gewissenhaftigkeitswerte aufweisen; so besitzen lediglich sieben der 294 Probanden (2,4%) Werte des Faktors Gewissenhaftigkeit, die kleiner als 3,0 sind; vgl. Anlage 29.

[848] Vgl. hierzu Schloemer/Schloemer (1997), S. 27 und 32.

[849] Signifikant auf einem Signifikanzniveau von $\alpha=0,10$.

Aufgrund der Feststellung, dass aufgabenspezifische Prüfungserfahrung und aufgabenspezifische Aus- und Fortbildungsveranstaltungen einen signifikant positiven Einfluss auf die Leistung von Prüfern bei der Prüfung von geschätzten Werten haben, kann gefolgert werden, dass eine möglichst frühzeitige Spezialisierung der Prüfer auf bestimmte Branchen bzw. Prüfungsgebiete, wie z.b. die Prüfung geschätzter Werte die Qualität und die Effektivität von Prüfungen erhöht. Hieran sollte sich sowohl die Ausgestaltung von Aus- und Fortbildungsveranstaltungen als auch die Zusammensetzung der Prüfungsteams orientieren.

Hinsichtlich der Persönlichkeitsmerkmale hat sich lediglich Gewissenhaftigkeit als schwach signifikanter Einflussfaktor erfolgreichen Problemlösens erwiesen. Da kein Zusammenhang der anderen vier Merkmale (Extraversion, Liebenswürdigkeit, Neurotizismus und Offenheit) und dem Problemlösungserfolg nachgewiesen werden konnte, bedarf es im Prüfungsbereich, um gesicherte Empfehlungen zur Ausgestaltung von Einstellungstest aussprechen zu können, weiterer empirischer Erkenntnisse.

4.6   Einschränkungen

Für Zwecke der empirischen Untersuchung fanden quasiexperimentelle schriftliche Untersuchungen statt. Um diese in dem zur Verfügung stehenden Zeitraum durchführen zu können, wurde auf vereinfachte Fallstudien zurückgegriffen; ausgeklammert wurde hierbei z.B. die Phase der Informationsbeschaffung. Da sich Prüfer in der Prüfungsrealität u.a. mit einem Vielfachen an interpretierbaren Informationen konfrontiert sehen, stellen die aus der vorliegenden Untersuchung resultierenden Daten keinesfalls allgemein gültige Feststellungen sondern lediglich intersubjektiv abgesicherte Aussagen dar.

Des Weiteren wurden lediglich Prüfer einer großen Wirtschaftsprüfungsgesellschaft befragt. In diesem Zusammenhang ist jedoch nicht zu erwarten, dass Unterschiede zu anderen großen Wirtschaftsprüfungsgesellschaften bestehen, da deren Prüfungsansätze sowie deren Lehrkonzepte (Aus- und Fort- bzw. Weiterbildung) ähnlich ausgestaltet sind. Hinsichtlich kleinerer Wirtschaftsprüfungsgesellschaften und Einzel-Wirtschaftsprüfern sind hingegen Unterschiede zu erwarten, da deren Prüfungsansätze sich deutlich von den großen Wirtschaftsprüfungsgesellschaften unterscheiden und auch die organisationalen und finanziellen Voraussetzungen für das Angebot von Ausbildungsveranstaltungen generell limitiert sein dürften.

Eine weitere Limitation des Untersuchungsdesign besteht darin, dass als Performancemaßstab der Grad der Übereinstimmung mit ausgewählten Experten herangezogen wurde.[850] Diese Einschätzung stellt den Maßstab für die Effektivität und Qualität des Informationsverhaltens der Untersuchungsteilnehmer dar. Diese Vorgehensweise ist vor allem dann problematisch, „wenn die Mehrzahl der einzuschätzenden Personen zu falschen Ergebnissen gelangt und sich der ermittelte interpersonelle Consensus als „Wahrheitsillusion der Einmütigkeit" herausstellt."[851] Relativiert wird diese Problematik dadurch, dass nicht von einer automatischen Übereinstimmung ausgegangen wurde, sondern die Experten mittels der Delphi-Methode[852] zu einem einstimmigen Urteil gelangen mussten. Da die Übereinstimmung der Experten, welche Leistung der Probanden als gut und schlecht anzusehen ist, erst im Verlauf eines Prozesses hergestellt wurde, ist die Wahrscheinlichkeit wesentlich geringer, dass das Expertenurteil eine unzweckmäßige Problemlösung darstellt.

Obwohl Wissen und dessen Organisation eine entscheidende Rolle für den Erfolg einer Problemlösung darstellen, bedarf es hierzu noch weiterer kognitiver Fähigkeiten, die den Abruf des gespeicherten Wissens unterstützen und die Kombination unterschiedlicher Informationen ermöglichen. In der vorliegenden Untersuchung wurde, wie auch in den meisten Studien der Expertiseforschung und der empirischen Prüfungsforschung, davon ausgegangen, dass das für eine erfolgreiche Problemlösung erforderliche Mindestmaß an kognitiven Fähigkeiten bereits im Laufe der akademischen Ausbildung entwickelt werden konnte und somit mit zunehmender Prüfungserfahrung den interindividuellen Unterschieden aus den kognitiven Fähigkeiten eine zunehmend geringere Erklärungsrelevanz für Performanceunterschiede zukommt.[853] Da die Varianz dieser Variablen bei in der Wirtschaftsprüfung tätigen Personen somit eher gering sein dürfte, wurden diese nicht explizit erhoben.[854]

---

[850] Zur Verwendung von Grad der Übereinstimmung von Prüfern in der empirischen Prüfungsforschung; vgl. Einhorn (1974), S. 562 ff.; Ashton (1985), S. 173 ff; Bedard (1992), S. 213 ff. sowie Schreiber (2000), S. 45 ff. m.w.N.

[851] Schreiber (2000), S. 47; vgl. auch Ashton (1985), S. 185 m.w.N.

[852] Vgl. hierzu Fn. 623.

[853] Auch spricht hierfür, dass bei erfahrenen Prüfern aufgrund des beruflichen Selektionsprozesses, der in Prüfungsunternehmen herrscht, ein Mindestmaß an intellektuellen und analytischen Fähigkeiten sichergestellt sein dürfte; vgl. Davis/Solomon (1989), S. 159. Da Kompetenz ein Konstrukt aus Wissen und kognitiven Fähigkeiten ist, kommt es in diesem Zusammenhang zu einer Fokussierung der Wissensentwicklung, so auch Libby (1995), S. 184; Gruber/Mandl (1996), S. 23; Rothe/Schindler (1996), S. 36 und Schreiber (2000), S. 233.

[854] Zur Kritik an dieser Vorgehensweise siehe die Nachweise bei Schreiber (2000), S. 236, der nach Auswertung u.a. der Studien von Bonner/Lewis (1990); Bonner/Walker (1994) und Pincus (1990) zu

Einschränkend muss noch angeführt werden, das die vorgenommene Einteilung von Experten und Novizen zwar so detailliert wie möglich vorgenommen wurde, da jedoch in hoch komplexen, unstrukturierten Aufgabengebieten die Prüfung von *investment properties* als Gruppenleistung vollzogen wird, in der es sowohl zu einem regelmäßigen und intensiven Austausch mit den Mitgliedern des Prüfungsteams[855] als auch mit Spezialisten unterschiedlicher Fachabteilungen kommt, kann die Untersuchung des individuellen Problemlösungsverhaltens nur bedingt einen Aufschluss über Leistungsunterschiede beider Gruppierungen in Realsituationen geben.

4.7 Künftiger Forschungsbedarf

Trotz der kaum überschaubaren Literaturvielfalt im Bereich der Informationsverhaltensforschung besteht weiterhin erheblicher Forschungsbedarf zum Themengebiet „Informationsverhalten von Wirtschaftsprüfern".

So könnte auf Basis des in Kapitel 2.5.2.1 entwickelten Bezugsrahmens eine Untersuchung angestrebt werden, welche nicht nur Einzelaspekte beleuchtet, sondern alle methodischen Notwendigkeiten berücksichtigt und neben der Entscheidungsperformance ein besonderes Augenmerk auf die verwendeten Problemlösungswege legt.[856] Insgesamt sollte der Fokus stärker als bisher in der empirischen Prüfungsforschung geschehen, auf die Identifikation erfolgreicher Problemlösungswege gelegt werden; d.h. die Informationsbeschaffung als auch die Informationsverarbeitung müssten gleichzeitig untersucht werden.[857] Zusätzlich könnte in diesem Zusammenhang auch der KULTURELLE HINTERGRUND des Problembearbeiters in die Untersuchung miteinbezogen werden, da es denkbar ist, dass in Abhängigkeit des kulturellen Hintergrunds unterschiedliche Problemlösungswege angewendet werden und auch andere Faktoren eine erfolgreiche Problemlösung determinieren.

Obwohl sich in der vorliegenden Untersuchung gezeigt hat, dass die PERSÖNLICHKEIT, welche mit Hilfe des 5-Faktor-Modells gemessen wurde, keinen Einfluss auf die Entscheidungsperformance von Prüfern hatte, könnte eine Überprüfung der Kongruenzhypothese,

---

dem Ergebnis kommt, dass die Erkenntnisse vieler Studien der Schwellenwertannahme widersprechen, und somit kognitive Fähigkeiten bei der Erklärung von Performanceunterschieden durchaus berücksichtigt werden sollten.

[855] Vgl. zur Prüfung als Gruppenleistung Schreiber (2000), S. 103 ff.

[856] Zur Identifikation von Unterschieden in den Problemlösungswegen eignet sich besonders die in Kapitel 4.3.1.1 angesprochene Methode des Eye-Tracking.

[857] Vgl. hierzu exemplarisch die Studie von Simnet/Trotman (1989).

welche besagt, dass durch eine Übereinstimmung zwischen Persönlichkeit und beruflichen Gegebenheiten bzw. Umweltfaktoren die Entscheidungsperformance verbessert wird, weitere Aufschlüsse über einen möglichen Einfluss von Persönlichkeitseigenschaften auf die Leistung von Prüfern haben.

Des Weiteren ist eine methodisch tiefergehende Auseinandersetzung mit dem kognitionspsychologischen Konzept der EXPERTISE wünschenswert. Ein mögliches Ideal zur Untersuchung des Expertiseerwerbs stellen prospektive Längsschnittstudien dar. Der Vorteil dieser Methode liegt darin, dass im Zeitablauf ermittelbar ist, zu welchem Zeitpunkt und unter welchen Umständen und Bedingungen die Veränderungen bestimmter Expertiseeigenschaften stattgefunden haben und welche personalen Merkmale hierfür ausschlaggebend waren. Auch kombinatorische Effekte zwischen Begabung und Übung können so besser fokussiert werden. Als Untersuchungsteilnehmer könnte man in diesem Fall die Teilnehmer von Assistentenschulungen wählen und diese über mehrere Jahre, z.B. bis zum Ablegen eines Berufsexaminas einer jährlichen Fortschrittskontrolle unterziehen. Nachteilig ist, dass man sich bei den ausgewählten Versuchspersonen nicht sicher sein kann, ob diese die Expertenstufe jemals erreichen. Da wegen dieser geringen Anzahl „echter" Experten ein überdimensionierter Datensatz zu erheben wäre, ist diese Möglichkeit aus forschungsökonomischen Gründen kaum realisierbar.

Eine andere Möglichkeit zur Bestimmung einzelner Expertisedeterminanten sind STRUKTURGLEICHUNGSMODELLE. Die Besonderheit von ihnen ist darin zu sehen, dass auch Beziehungen zwischen latenten, d.h. nicht direkt beobachtbaren Variablen überprüft werden können. In einem ersten Schritt werden im sog. Strukturmodell die aufgrund sachlogischer bzw. theoretischer Überlegungen aufgestellten Beziehungen zwischen hypothetischen Konstrukten abgebildet. Anders als in der Regressionsanalyse wird bei Strukturgleichungsmodellen nicht davon ausgegangen, dass eine beobachtete Variable, wie z.B. Anzahl der Arbeitsjahre eines Wirtschaftsprüfers, direkt zur Vorhersage einer abhängigen Variablen, wie z.B. Expertise, eingesetzt werden sollte. Stattdessen wird eine Variable wie Expertise mit mehreren Indikatoren gemessen. Es ist deshalb notwendig, in einem zweiten Schritt eine Operationalisierung der hypothetischen Konstrukte vorzunehmen, d.h. die hypothetischen Konstrukte sind zu definieren und es ist nach Indikatoren zu suchen. Auf Basis sog. Indikatorvariablen ist es dann möglich, Kovarianzen oder Korrelationen zu berechnen. Diese Kovarianzen oder Korrelationen dienen dazu, die Beziehungen zwischen latenten Variablen und ihren Indikatorvariablen und zwischen den latenten endogenen und exogenen Variablen zu bestimmen.[858]

---

[858] Eine Möglichkeit für die empirische Prüfungsforschung bietet hierbei der varianzanalytische Ansatz. Dessen Vorteil gegenüber dem kovarianzanalytischen Ansatz (LISREL, AMOS) ist insbesondere darin zu sehen, dass dieser weniger strenge Anwendungsvoraussetzungen erfordert und zudem kleine Stichproben ausreichend sind; vgl. zu den beiden Ansätzen Weiber/Mühlhaus (2009), S. 47 ff. und 58 ff.

5 Fazit

Die vorliegende Arbeit verfolgt mehrere Zielsetzungen mit einem unterschiedlichen Verallgemeinerungsgrad.

In KAPITEL 2 wird das Informationsverhalten von Prüfern aus einer erweiterten kognitionspsychologischen Perspektive betrachtet. Bevor aber die einzelnen Elemente des erweiterten Problemlösungsmodells ausführlich dargestellt und auf die damit verbundenen empirischen Studien, insbesondere der anglo-amerikanischen Forschung, eingegangen werden konnte, musste zunächst der als theoretischer Bezugsrahmen herangezogene Informationsverarbeitungsansatz erläutert und seine konzeptionell bedingte Beschränkung auf kognitive Aspekte aufgehoben werden. Zu diesem Zweck wird auch ein Überblick über den Prozess des Denkens als Informationsverarbeitung gegeben sowie intensiv auf die, im Zusammenhang mit der Informationsverarbeitung notwendige, Klassifikation von Problemen eingegangen. Ergänzt wird der Informationsverarbeitungsansatz um personale (konstitutive, kognitive und aktivierende Ebene) als auch um kontextuelle und aufgabenspezifische Faktoren. Dass dieses erweiterte prüfungsbezogene Problemlösungsmodell ein bisher in der Prüfungsforschung nicht berücksichtigtes Ideal darstellt, zeigt sich bei der Betrachtung der Ergebnisse der empirischen Prüfungsforschung; es existieren nur sehr wenige Studien, die sich durch eine explizite Berücksichtigung einer Vielzahl an Faktoren und somit durch ein anspruchsvolles, realitätsnahes Design auszeichnen.

KAPITEL 3 beschäftigt sich mit Informationsverarbeitungseffekten von Wirtschaftsprüfern. Als Grundlage zur Betrachtung dieser kognitiven Aspekte des Prüfungsprozesses wird das erweiterte prüfungsbezogene Problemlösungsmodell, welches auf dem Informationsverarbeitungsansatz basiert, herangezogen. Dieser vermag auch Verzerrungen, d.h. systematische Abweichungen von einer rationalen „richtigen" Problemlösung, die beim Prüfungsprozess ebenso wie bei jedem anderen Problemlösungsvorgang auftreten können, zu beschreiben. Die Kategorienbildung fand hierbei nach der Entstehungsursache statt, d.h. unterschieden wird nach Aufgabeneffekten, Effekten der Prüfungsumwelt sowie weiteren kognitiven Effekten. Im Anschluss werden Verzerrungen, die bei der Informationsverarbeitung von Wirtschaftsprüfern auftreten können, dargestellt und in den Bezugsrahmen eingeordnet.

Trotz der Problematik, dass der Prüfungsprozess als kognitiver Vorgang nicht direkt sichtbar und beobachtbar ist, und daher der Informationsverarbeitungsansatz der kognitiven

Psychologie diesen auch nicht eindeutig und objektiv zu beschreiben vermag,[859] kann durch die in Abbildung 9 vorgenommene systematisierende und kritische Betrachtung der kaum noch überschaubaren Literaturvielfalt, ein tiefergehendes Verständnis des Einflusses von Verzerrungen auf den Prüfungsprozess gewonnen werden. Der hierdurch gewonnen Bezugsrahmen kann auch als methodisches Fundament künftiger empirischer Untersuchungen genutzt werden und somit einen Beitrag zur Entwicklung einer Realtheorie von Prüfungen leisten.[860]

Die empirische Analyse der Informationsverarbeitung von Wirtschaftsprüfern am Beispiel der Prüfung geschätzter Werte erfolgt in KAPITEL 4. Untersuchungsschwerpunkte waren hierbei zwei Forschungsfragen: Einerseits sollten die Auswirkungen eines unterschiedlichen Expertisegrades innerhalb unterschiedlich strukturierter Aufgabengebiete analysiert werden. Es zeigte sich, dass Experten sowohl in schwach gut-strukturierten als auch in schlecht-strukturierten Aufgabengebieten eine signifikant höhere Leistung als Novizen aufweisen und deshalb diesen hinsichtlich der Entscheidungsperformance überlegen sind. In unstrukturierten Aufgabengebieten konnten keine Leistungsunterschiede der beiden Kohorten nachgewiesen werden. Eine mögliche Erklärung hierfür könnte in der Spezifität der Aufgabe Prüfung von *investment properties* begründet liegen. Da der Prüfer vor Ort in komplexen, unstrukturierten Fragestellungen regelmäßig Fachabteilungen bzw. Bewertungsspezialisten in die Entscheidungsfindung mit einbindet, scheint sich trotz langjähriger Berufserfahrung keine ausreichende Wissensbasis zur Lösung diesbezüglicher Probleme herausgebildet zu haben, bzw. es mangelt an der Fähigkeit, das möglicherweise vorhandene Wissen in den Kontext Prüfung von *investment properties* einzubetten.

Fokus der zweiten Forschungsfrage lag auf der Identifikation von personalen Einflussfaktoren erfolgreicher Problemlöser. Die Ergebnisse der Untersuchung zeigen, dass sich erfolgreiche Problemlöser sowohl in aufgabenspezifischer praktischer (Prüfungserfahrung) als auch theoretischer Übung (Anzahl besuchter Weiterbildungsveranstaltungen) von nichterfolgreichen Problemlösern unterscheiden. Hinsichtlich der Persönlichkeitsmerkmale des 5-Faktormodells konnte lediglich ein schwacher Unterschied zwischen der Gewissen-

---

[859] So stellt Schreiber (2000), S. 82 zu Recht fest, dass es „kaum zwei identische Beschreibungen der dem Informationsverhalten zugrundeliegenden [sic] kognitiven Prozesse" gibt.

[860] Da der Fokus dieser Arbeit, wie auch fast aller Studien der empirischen Prüfungsforschung, auf der Mikroebene von Urteilsbildungsprozessen liegt, bleibt allerdings weiterhin unklar, ob und inwieweit sich die einzelnen Verzerrungen auf das Gesamturteil auswirken. So fragt Hogarth pointiert: „Does it matter if auditors make suboptimal judgments and, if so, how much does it matter?" Hogarth (1991), S. 282.

haftigkeit erfolgreicher und nicht-erfolgreicher Problemlöser nachgewiesen werden. Auch die durchschnittlich hohen Werte des Faktors Gewissenhaftigkeit deuten darauf hin, dass sich nur solche Personen für den Wirtschaftsprüferberuf entscheiden, die in hohem Maße gewissenhaft arbeiten; es also durch Studium und Berufswahl zu einem Selbstselektionsprozess gekommen ist.

Literaturverzeichnis

Abdolmohammadi, M.J. (1991): A Comprehensive Taxonomy of Audit Task Structure, Professional Rank and Decision Aids for Behavioral Research, in: Behavioral Research in Accounting, S. 51-92.

Abdolmohammadi, M.J./Shanteau, J. (1992): Personal Attributes of Expert Auditors, in: Organizational Behavior and Human Decision Processes, Vol. 53, S. 158-172.

Abdolmohammadi, M./Wright, A. (1987): An Examination of the Effects of Experience and Task Complexity on Audit Judgments, in: The Accounting Review, S. 1-13.

Adelson, B. (1984): When Novices Surpass Experts: The Difficulty of a Task May Increase With Expertise, in: Journal of Experimental Psychology, S. 483-495.

Alba, J.W./Hutchinson, J.W. (1987): Dimensions of Consumer Expertise, in: The Journal of Consumer Research, S. 411-454.

Albach, H. (1993): Betriebswirtschaftslehre als Wissenschaft, Entwicklungstendenzen in der modernen Betriebswirtschaftlehre, in: Zeitschrift für Betriebswirtschaft (ZfB)-Ergänzungsheft 3/1993, S. 7-26.

Albert, H. (1967): Marktsoziologie und Entscheidungslogik: Ökonomische Probleme in soziologischer Perspektive, Neuwied.

Albrecht, S.W./Sack, R.J. (2000): Accounting Education: Charting the Course through a Perilous Future, Sarasota.

Alderman, C.W./Deitrich, J.W. (1982): Auditors' Perceptions of Time Budget Pressures and Premature Sign-offs: A Replication and Extension, in: Auditing: A Journal of Practice & Theory (Winter 1982), S. 54-68.

Alexander, S./Ruderman, M. (1987): The Role of Procedural and Distributive Justice in Organizational Behavior, in: Social Justice Research, S. 177-198.

Allport, G.W. (1937): Personality: A Psychological Interpretation, New York.

Allport, F.H./Allport, G.W. (1921): Personality Traits: Their Classification and Measurement, in: Journal of Abnormal and Social Psychology, S. 1-40.

Allport, G.W./Odbert, H.S. (1936): Trait-Names: A Psychological Study, in: Psychological Monographs (Whole No. 211).

Amelang, M./Batusek, D. (2001): Differentielle Psychologie und Persönlichkeitsforschung, 5. Auflage, Stuttgart u.a.

Anderson, B.H./Maletta, M.J. (1994): Auditor Attendence to Negative and Positive Information: The Effect of Experience-Related Differences, in: Behavioral Research in Accounting, S. 1-20.

Anderson, J.R. (1976): Language memory and thought, Hillsdale, Erlbaum.

Anderson, J.R. (1983): The Architecture of Cognition. Cambridge.

Anderson, J.R. (1993): Rules of Mind, Hillsdale.

Anderson, J.R. (2001): Kognitive Psychologie, 3. Auflage, Heidelberg.

Anderson, J.R. (1991): The Adaptive Nature of Human Categorization, in: Psychological Review, S. 409-429.

Anderson, J.C./Jennings, M.M./Lowe, D.J./Reckers, P.M.J. (1997): The Mitigation of Hindsight Bias in Judges' Evaluation of Auditor Decisions, in: Auditing: A Journal of Practice & Theory (Fall 1997), S. 20-39.

Anderson, R.H. (1987): Skill Acquisition: Compilation of Weak-Method Problem Solutions, in: Psychological Review, S. 192-210.

Anderson, U./Kadous, K./Koonce, L. (2004): The Role of Incentives to Manage Earnings and Quantification in Auditors' Evaluations of Management-Provided Information, in: Auditing: A Journal of Practice & Theory (March 2004), S. 11-27.

Anderson, U./Koonce, L./Marchant, G. (1994): The Effects of Source-Competence Information and Its Timing on Auditors' Performance of Analytical Procedures, in: Auditing: A Journal of Practice & Theory (Spring 1994), S. 137-148.

Appraisal Institute (2001): The Appraisal of Real Estate, 12. Auflage, Chicago.

Arbinger, R. (1997): Psychologie des Problemlösens. Eine anwendungsorientierte Einführung, Darmstadt.

Arkes, H.R. (1991): Costs and Benefits of Judgment Errors: Implications for Debiasing, in: Psychological Bulletin, S. 486-498.

Arlen, J. (1998): The Future of Behavioral Economic Analysis of Law, in: Vanderbilt Law Review, Vol. 52, S. 1765-1787.

Arnold, V. (1997): Judgment and Decision Making, Part I: The Impact of Environmental Factors, in: Arnold, V./Sutton, S.G. (Hrsg.): Behavioral Accounting Research - Foundations and Frontiers, Sarasota.

Arnold, V./Collier, P.A./Leech, S.A./Sutton, S.G. (2000): The Effect of Experience and Complexity on Order and Recency Bias in Decision Making by Professional Accountants, in: Accounting and Finance, S. 109-134.

Arnold, V./Sutton, S./Hayne, S./Smith, C. (2000): Group Decision Making: The Impact of Opportunity-Cost Time Pressure and Group Support Systems, in: Behavioral Research in Accounting, S. 69-96.

Asare, S. (1992): The Auditor's Going-Concern Decision: Interaction of Task Variables and the Sequential Processing of Evidence, in: The Accounting Review, S. 379-393.

Asare, S./Trompeter, G/Wright, A. (2000): The Effect of Accountability and Time Budget on Auditors' Testing Strategies, in: Contemporary Accounting Research (Winter 2000), S. 539-560.

Asare, S./Wright, A. (1995): Normative and Substantive Expertise in Multiple Hypotheses Evaluation, in: Organizational Behavior and Human Decision Process, S. 171-184.

Asare, S./Wright, A. (1997): Hypothesis Revision Strategies in Conducting Analytical Procedures, in: Accounting, Organizations & Society, S. 737-755.

Ashton, A.H. (1985): Does Consensus Imply Accuracy in Accounting Studies of Decision Making?, in: Journal of Accounting Research, S. 173-185.

Ashton, A.H./Ashton, R.H. (1988): Sequential Belief Revision in Auditing, in: The Accounting Review, S. 623-641.

Ashton, A.H./Ashton, R.H. (1990): Evidence-Responsiveness in Professional Judgment: Effects of Positive versus Negative Evidence and Presentation Mode, in: Organizational Behavior and Human Decision Processes, S. 1-19.

Ashton, R.H. (1973): Judgment Formation in the Evaluation of Internal Control: An Application of Brunswik's Lens Model, University of Minnesota.

Ashton, R.H. (1974): Cue Utilization and Expert Judgments: A Comparison of Independent Auditors with Other Judges, in: Journal of Applied Psychology (August 1974), S. 437-444.

Ashton, R.H. (1990): Pressure and Performance in Accounting Decision Settings: Paradoxical Effects of Incentives, Feedback, and Justification, in: Journal of Accounting Research, S. 148-180.

Ashton, R.H./Kennedy, J. (2002): Eliminating Recency with Self-Review: The Case of Auditors' Going Concern' Judgments, in: Journal of Behavioral Decision Making, S. 221-231.

Ashton, R.H./Kramer, S.S. (1980): Students as Surrogates in Behavioral Accounting Research: Some Evidence, in: Journal of Accounting Research, S. 1-15.

Atkinson, R.C./Shiffrin, R.M. (1968): Human Memory: A Proposed System and its Control Processes, in: Spence, K.W./Spence, J.T. (Hrsg.): The Psychology of Learning and Motivation, 2. Auflage, New York, S. 89-195.

Atteslander, P. (2006): Methoden der empirischen Sozialforschung, 10. Auflage, Berlin/New York.

Ballhaus, W./Futterlieb, C. (2003): Fair Value Accounting auf Basis diskontierter Cashflows gemäß Concept Statement No. 7, in: Zeitschrift für internationale und kapitalmarktorientierte Rechnungslegung (KoR), S. 564-574.

Bamber, E. (1981): Expert Judgment in the Audit Team: A Source Reliability Approach, in: Journal of Accounting Research, S. 396-412.

Bamber, E./Bylinski, J. (1987): The Effects of The Planning Memorandum, Time Pressure and Individual Auditor Characteristics on Audit Managers' Review Time Judgments, in: Contemporary Accounting Research (Fall 1987), S. 127-143.

Bamber, E./Ramsay R./Tubbs, R. (1997): An Examination of the Descriptive Validity of the Belief-Adjustment Model and Alternative Attitudes to Evidence in Auditing, in: Accounting, Organizations & Society, S. 249-268.

Bardecki, M.J. (1984): Participants' Response to the Delphi-Method: An Attitudinal Perspective, in: Technological Forecasting and Social Change, No. 25 1984, S. 281-292.

Bar-Hillel, M. (1980): The Base-Rate Fallacy in Probability Judgments, in: Acta Psychologica, S. 211-233.

Barker, P.C./Monks, K. (1998): Irish Women Accountants and Career Progression: A Research Note, in: Accounting, Organizations & Society, S. 813-823.

Barrick, M.R./Mount, M.K. (1991): The Big Five Personality Dimension and Job Performance: A Meta-Analysis, in: Personnel Psychology, S. 1-26.

Baum, A. (1991): Property Investment Depreciation and Obsolence, London.

Baumunk, H. (2009): Anlageimmobilien (IAS 40), in: Weber, E./Baumunk, H./Pelz, J. (Hrsg.): IFRS Immobilien, Praxiskommentar der wesentlichen immobilienrelevanten International Financial Reporting Standards, 2. Auflage, Köln.

Beach, L.R./Frederickson, J.R. (1989): Image Theory: An Alternative Description of Audit Decssion, in: Accounting, Organizations & Society, S. 101-112.

Bedard, J. (1989): Expertise in Auditing: Myth or Reality?, in: Accounting, Organizations & Society, S. 113-131.

Bedard, J. (1992): Expertise and Its Relation to the Audit Decision Quality, in: Contemporary Accounting Research (Fall 1991), S. 198-222.

Bedard, J./Biggs, S. (1991): The Effects of Domain-Specific Experience on Evaluation of Management Representations in Analytical Procedures, in: Auditing: A Journal of Practice & Theory (Supplement 1991), S. 77-90.

Bedard, J./Biggs, S./Maroney, J. (1998): Sources of Process Gain and Loss from Group Interaction in Performance of Analytical Procedures, in: Behavioral Research in Accounting (Supplement 1998), S. 207-233.

Bedard, J./Chi, M. (1993): Expertise in Auditing, in: Auditing: A Journal of Practice & Theory (Supplement 1993), S. 21-45.

Bedard, J./Mock, T.J. (1992): Expert and Novice Problem-Solving Behavior in Audit Planning, in: Auditing: A Journal of Practice & Theory (Supplement 1992), S. 1-20.

Bedard, J./Johnstone, K. (2004): Earnings Manipulation Risk, Corporate Governance Risk, and Auditors' Pricing and Planning Decisions., in: The Accounting Review (April 2004), S. 277-304.

Bedard, J./Wright, A. (1994): The Functionality of Decision Heuristics: Reliance on Prior Audit Adjustments in Evidential Planning, in: Behavioral Research in Accounting, S. 62-89.

Beck, M. (2004a): Bilanzierung von Investment Properties nach IAS 40, in: Zeitschrift für internationale und kapitalmarktorientierte Rechnungslegung (KoR), S. 498-505.

Beck, M. (2004b): Wertermittlung bei Immobilien, in: Richter, F./Timmreck, C. (Hrsg.): Unternehmensbewertung: Moderne Instrumente und Lösungsansätze, Stuttgart, S. 343-365.

Becker, D. (1997): The Effects of Choice on Auditors' Intrinsic Motivation and Performance, in: Behavioral Research in Accounting, S. 1-19.

Beer, S. (1969): Management, Das Buch zur Sache, Die Praxis der Unternehmensforschung, Stuttgart.

Behrendt, W./Baumunk, H. (2001): Discounted-Cash-Flow-Verfahren, Wie erhält man objektivierte Diskontierungszinssätze? Teil 1, in: Immobilien-Zeitung, Heft-Nr. 12, S. 11.

Behrens, G. (1993): Wissenschaftstheorie und Betriebswirtschaftslehre, in: Wittmann, W./Kern, W./Köhler, R./Küpper, U./von Wysocki, K. (Hrsg.): Handwörterbuch der Betriebswirtschaftslehre, Teilband 3, 5. Auflage, Sp. 4763-4772.

Bell, T.B./Marrs, F.O./Solomon, I./Thomas, H. (1997): Auditing Organizations Through a Strategic-Systems Lens-The KPMG Business Measurement Process, online abrufbar unter: http://www.business.illinois.edu/kpmg-uiuccases/monograph.PDF (Stand: 08.09.2010).

Ben Zur, H./Breznitz, S.J. (1981): The Effects of Time Pressure on Risky Choice Behavior, in: Acta Psychologica, S. 89-104.

Bertholet, M./Spada, H. (2004): Wissen als Voraussetzung und Hindernis für Denken, Problemlösen und Entscheiden, in: Reinmann, G./Mandl, H. (Hrsg.): Psychologie des Wissensmanagements, Göttingen, S. 66-78.

Bibliographisches Institut & F.A. Brockhaus (Hrsg.) (2006a): Brockhaus, Enzyklopädie in 30 Bänden, Siebter Band, 21. Auflage, Mannheim.

Bibliographisches Institut & F.A. Brockhaus (Hrsg.) (2006b): Brockhaus, Enzyklopädie in 30 Bänden, Achter Band, 21. Auflage, Mannheim.

Biddle, G.C./Joyce, E.J. (1982): Heuristics and Biases: Some Implications for Probabilistic Inference in Auditing, in: Symposium on Auditing Research IV, University of Illinois at Urbana-Champaign, S. 164-194.

Bierstaker, J./Bedard, J./Biggs, S. (1999): The Role of Problem Representation Shifts in Auditor Decision Processes in Analytical Procedures, in: Auditing: A Journal of Practice & Theory (Spring 1999), S. 18-36.

Bierstaker, J./Wright, S. (2001): A Research Note Concerning Practical Problem Solving Ability as a Predictor of Performance in Auditing Tasks, in: Behavioral Research in Accounting, S. 49-62.

Biggs, S. /Selfridge, M./Krupka, G.R. (1993): A Computational Model of Auditor Knowledge and Reasoning Processes in the Going-Concern Judgment, in: Auditing: A Journal of Practice & Theory (Supplement 1993), S. 82-99.

Biggs, S./Wild, J.J. (1985): An Investigation of Auditor Judgment in Analytical Review, in: The Accounting Review, S. 607-633.

Birnbaum, M.H. (2004): Base rates in Bayesian inference, in: Pohl, R.F. (Hrsg.): Cognitive Illusions. A Handbook on Fallacies and Biases in Thinking, Judgement and Memory, Hove (East Sussex), S. 43-60.

Blank, H./Musch, J./Pohl, R.F. (2007): Hindsight Bias: On Being Wise After the Event, in: Social Cognition 2007 (Sonderheft 2007), S. 1-9.

Blankeney, R.N./Holland, W.E./Matteson, M.T. (1976): The Auditor-Auditee Relationship: Some Behavioral Considerations and Implications for Accounting Education, in: Journal of Accounting Research, S. 899-906.

Blaufus, K. (2005): Fair Value Accounting, Zweckmäßigkeit und konzeptioneller Rahmen, Wiesbaden.

Block, J. (1971): Lives Through Time, Berkeley.

Boatsman, I./Moeckel, C./Pei, B. (1997): The Effects of Decision Consequences on Auditors' Reliance on Decision Aids in Audit Planning, in: Organizational Behavior and Human Decision Processes (August 1997), S. 211-247.

Bode, J. (1997): Der Informationsbegriff in der Betriebswirtschaftslehre, in: Zeitschrift für betriebswirtschaftliche Forschung, S. 449-468.

Böckem, H./Schurbohm, A. (2002): Die Bilanzierung von Immobilien nach den International Accounting Standards, in: Zeitschrift für internationale und kapitalmarktorientierte Rechnungslegung (KoR), S. 38-51.

Böcking, H.-J./Lopatta, K./Rausch, B. (2005): Fair Value-Bewertung versus Anschaffungskostenprinzip, in: Bieg, H./Heyd, R. (Hrsg.): Fair Value. Bewertung in Rechnungswesen, Controlling und Finanzwirtschaft, München, S. 83-106.

Bösel, R.M. (2001): Denken, Ein Lehrbuch, Göttingen 2001.

Bohnen, A. (1975): Individualismus und Gesellschaftstheorie, Tübingen.

Bonner, S.E. (1990): Experience Effects in Auditing: The Role of Task-Specific Knowledge, in: The Accounting Review, S. 72-92.

Bonner, S.E. (1991): Is Experience Necessary in Cue Measurement? The Case of Auditing Tasks, in: Contemporary Accounting Research (Fall 1991), S. 253-269.

Bonner, S.E. (1994): A Model of the Effects of Audit Task Complexity, in: Accounting, Organizations & Society, S. 213-234.

Bonner, S.E. (2008): Judgment and Decision Making in Accounting, New Jersey.

Bonner, S.E./Lewis, B.L. (1990): Determinants of Auditors Expertise, in: Journal of Accounting Research (Supplement 1990), S. 1-20.

Bonner, S.E./Libby, R./Nelson, M.W. (1997): Using Decision Aids to Improve Auditors' Conditional Probability Judgments, in: The Accounting Review, S. 221-240.

Bonner, S.E./Pennington, N. (1991): Cognitive Processes and Knowledge as Determinants of Auditor Expertise, in: Journal of Accounting Literature, S. 1-50.

Bonner, S.E./Walker, P.L. (1994): The Effects of Instruction and Experience on the Acquisition of Auditing Knowledge, in: Journal of Accounting Research, S. 157-178.

Boritz, J.E. (1985): The Effect of Information Presentation Structures on Audit Planning and Review Judgments, in: Contemporary Accounting Research (Spring 1985), S. 193-218.

Boritz, J.E. (1992): Discussion of „Expert and Novice Problem-Solving Behavior in Audit Planning, in: Auditing: A Journal of Practice & Theory (Supplement 1992), S. 21-32.

Borkenau. P./Ostendorf, F. (1993): NEO-Fünf-Faktoren Inventar (NEO-FFI), Göttingen.

Bortz, J. (2005): Statistik: Für Human- und Sozialwissenschaftler, 6. Auflage, Berlin.

Bortz, J./Döring, N. (2006): Forschungsmethoden und Evaluation für Human- und Sozialwissenschaftler. 4. Auflage, Heidelberg.

Bouwman, M.J. (1984): Expert vs. Novice Decision Making in Accounting: A Summary, in: Accounting, Organizations & Society, S. 325-327.

Bouwman, M.J./Bradley, W. (1997): Judgement and Decision Making, Part II: Expertise, Consensus and Accuracy, in: Arnold, V./Sutton, S. (Hrsg.): Behavioral Accounting Research: Foundations and Frontiers, Sarasota, S. 89-133.

Bouwman, M.J./Frishkoff, P.A./Frishkoff, P. (1987): How Do Financial Analysts Make Decisions, A Process Model of the Investment Screening Decision, in: Accounting, Organizations & Society, S. 1-29.

Bower, G.H. (1981): Mood and Memory, in: American Psychologist, No. 36, S. 129-148.

Bower, G. H. (1991): Mood Congruity of Social Judgments, in: Forgas, J.P. (Hrsg.): Emotional & Social Judgments, Oxford, S. 31-54.

Bowrin, A.R. (1998): Review and Synthesis of Audit Structure Literature, in: Journal of Accounting Literature, S. 40-72.

Bradley, W.E. (2009): Ability and Performance on Ill-Structured Problems: The Substitution Effect of Inductive Reasoning Ability, in: Behavioral Research in Accounting, S. 19-35.

Brander, S./Kompa, A./Peltzer, U. (1989): Denken und Problemlösen - Einführung in die kognitive Psychologie, 2. Auflage, Opladen.

Brauchlin, E./Heene, R. (1995): Problemlösungs- und Entscheidungsmethodik. Eine Einführung, 4. Auflage, Stuttgart.

Braun, K. (2001): The Disposition of Audit-Detected Misstatements: An Examination of Risk and Reward Factors and Aggregation Effects, in: Contemporary Accounting Research (Spring 2001), S. 71-99.

Brauner, D.J. (2008) (Hrsg.): Wirtschaftsprüfungs- und Steuerberatungsgesellschaften, 5. Auflage, Sternenfels.

Bromme, R./Hömberg, R. (1977): Psychologie und Heuristik, Darmstadt.

Brown, C./Peecher, M./Solomon, I. (1999): Auditors' Hypothesis Testing in Diagnostic Inference Tasks, in: Journal of Accounting Research, S. 1-26.

Brown, C./Solomon, I. (1990): Auditor Configural Information Processing in Control Risk Assessment, in: Auditing: A Journal of Practice & Theory (Fall 1990), S. 17-38.

Bühner, M./Ziegler, M. (2009): Statistik für Psychologen und Sozialwissenschaftler, München.

Butler, S.A. (1986): Anchoring in the Judgmental Evaluation of Audit Samples, in: The Accounting Review, S. 101-111.

Butt, J. (1988): Frequency Judgements in an Auditing-Related Task, in: Journal of Accounting Research, S. 315-330.

Butt, J./Campbell, T. (1989): The Effects of Information Order and Hypothesis-Testing Strategies on Auditors' Judgments, in: Accounting, Organizations & Society, S. 471-479.

Camerer, C.F./Johnson, E.J. (1991): The Process-Performance Paradox in Expert Judgment - How can Experts Know So Much and Predict So Badly?, in: Ericsson, K./Smith, J. (Hrsg.): Toward a General Theory of Expertise, Cambridge, S. 195-217.

Caspi, A. (2000): The Child is Father of The Man: Personality Correlates from Childhood to Adulthood, in: Journal of Personal and Social Psychology, S. 158-172.

Caster, P./Pincus, K.V. (1996): An Empirical Test of Bentham's Theory of Persuasivness of Evidence, in: Auditing: A Journal of Practice & Theory (Supplement 1996), S. 1-22.

Cattell, R.B. (1949): The Sixteen Personality Factor Questionaire, Champaign (Illinois).

Caverni, J.-P./Fabre, J.-M./Gonzalez, M. (1990): Cognitive Biases: Their Contribution for Understanding Human Cognitive Processes, in: Caverni, J.-P/Fabre, J.-M./Gonzalez, M. (Hrsg.): Cognitive Biases, Amsterdam, S. 7-12.

Chase, W.G./Simon, H.A. (1973a): The Mind's Eye in Chess, in: Chase, W.G. (Hrsg.): Visual Information Processing, New York, S. 215-281.

Chase, W.G./Simon, H.A. (1973b): Perception in Chess, in: Cognitive Psychology, S. 55-81.

Chi, M./Feltovich, P./Glaser, R. (1981): Categorization and Representation of Physics Problems by Experts and Novices, in: Cognitive Science, S. 121-152.

Chi, M./Glaser, R./Rees, E. (1982): Expertise in Problem Solving, in: Sternberg, R.J. (Hrsg.): Advances in the Psychology of Human Intelligence, S. 7-75.

Chmielewicz, K. (1994): Forschungskonzeptionen in der Wissenschaft, 3. Auflage, Stuttgart.

Chomsky, N. (1965): Aspects of the Theory of Syntax, Cambridge.

Choo, F. (1989): Expert-Novice Differences in Judgment/Decision Making Research, in: Journal of Accounting Literature, S. 106-136.

Choo, F. (1996): Auditors' Knowledge Content and Judgment Performance: A Cognitive Script Approach, in: Accounting, Organizations & Society, S. 339-359.

Christ, M. (1993): Evidence on the Nature of Audit Planning Problem Representations: An Examination of Auditor Free Recalls, in: The Accounting Review, S. 304-322.

Chung, J./Cohen, J./Monroe, G. (2008): The Effect of Moods on Auditors' Inventory Valuation Decision, in: Auditing: A Journal of Practice & Theory (November 2008), S. 137-159.

Chung, J./Monroe, G. (2000): The Effects of Experience and Task Difficulty on Accuracy and Confidence Assessments of Auditors, in: Accounting and Finance, S. 135-152.

Church, B.K. (1990): Auditors' Use of Confirmatory Processes, in: Journal of Accounting Literature, S. 81-112.

Clement, M.B./Koonce, L./Lopez, T.J. (2007): The Roles of Task-Specific Forecasting Experience and Innate Ability in Understanding Analyst Forecasting Performance, in: Journal of Accounting and Economics, S. 378-398.

Cohen, J. (1988): Statistical Power Analysis for the Behavioral Sciences, 2. Auflage, Hillsdale: Lawrence Erlbaum Associates.

Cohen, J. (1992): A Power Primer, in: Psychological Bulletin, S. 155-159.

Cohen, J./Kida, T. (1989): The Impact of Analytical Review Results, Internal Control Reliability, and Experience on Auditors' Use of Analytical Review, in: Journal of Accounting Research, S. 263-276.

Comstock, S.M. (1991): The Cognitive Process Underlying the Acquisition of Accounting Expertise, Oklahoma.

Conley, J.J. (1985): Longitude Stability of Personality Traits: A Multitrait-Multimethod-Multioccasion Analysis, in: Journal of Personality and Social Psychology, S. 1266-1282.

Cook, T.D./Campbell, D.T. (1979): Quasi-Experimentation, Design & Analysis Issue for Field Settings, Boston.

Copeland, R.M./Francia, A.J./Strawser, R.H. (1973): Students as Subjects in: Behavioral Business Research, in: Journal of Accounting Research, S. 365-372.

Copeland, T./Weston, J.F./Shastri, K. (2005): Financial Theory and Corporate Policy, 4. Auflage, Boston u.a.

Costa, P.T./McCrae, R.R. (1985): The Neo Personality Factor Inventory, Manual. Form S and Form R, Odessa (Florida).

Costa, P.T./Terraccino, A./McCrae, R.R. (2001): Gender Differences in Personality Traits Across Cultures: Robust and Surprising Findings, in: Journal of Personality and Social Psychology, S. 322-331.

Coulter, J.M. (1994): The Effects of Audit Experience and Probability Knowledge on Auditors' Use of Heuristics in Judgment under Uncertainty, Amherst.

Cushing, B.E./Ahlawat, S.S. (1996): Mitigation of Recency Bias in Audit Judgment: The Effect of Documentation, in: Auditing: A Journal of Practice & Theory (Fall 1996), S. 110-122.

Cushing, B.E./Loebbecke, J.K. (1986): Comparison of Audit Methodologies of Large Accounting Firms, Studies in Accounting Research No. 26, Sarasota (FL).

Damodaran, A. (2001): Corporate Finance: Theory and Practice, 2. Auflage, New York u.a.

Daniel, Shirley J. (1988): Some Empirical Evidence about the Assessment of Audit Risk in Practice, in: Auditing: A Journal of Practice & Theory (Spring 1988), S. 174-181.

Danos, P./Eichenseher, J./Holt, D. (1990): Specialised Knowledge and its Communication in Auditing, in: Contemporary Accounting Research (Fall 1990), S. 91-109.

Davis, J.S. (1996): Experience and Auditors' Selection of Relevant Information for Preliminary Control Risk Assessment, in: Auditing: A Journal of Practice & Theory (Spring 1996), S. 16-37.

Davis, J.S./Solomon, I. (1989): Experience, Expertise, and Expert-Performance Research in Public Accounting, in: Journal of Accounting Literature, S. 150-164.

Davis, L.R./Dwyer, M.D./Trompeter, G.M. (1997): A Note on Cross-Sectional Tests for Knowledge Differences, in: Behavioral Research in Accounting, S. 46-59.

Dawkins, R. (1996): Das egoistische Gen, Reinbek.

DeGroot, A.D. (1986): Intuition in Chess, in: International Computer Chess Association (ICCA) Journal, S. 67-75.

Dehne, M./Schupp, J. (2007): Persönlichkeitsmerkmale im sozio-oekonomischen Panel (SOEP) - Konzept, Umsetzung und empirische Eigenschaften, in: Deutsches Institut für Wirtschaftsforschung (Hrsg.): Research Notes, online abrufbar unter: http://www.diw.de/documents/publikationen/73/diw_01.c.76533.de/rn26.pdf (Stand: 16.6.2010).

Deutsch, J.A./Deutsch, D. (1963): Attention: Some Theoretical Considerations, in: Psychological Review, S. 80-90.

DeZoort, F./Lord, A. (1997): A Review and Synthesis of Pressure Effects Research in Accounting, in: Journal of Accounting Literature, S. 28-85.

Dörner, D. (1987): Problemlösen als Informationsverarbeitung, 3. Auflage, Stuttgart u.a.

Dörner, D./Kreuzig, H.W./Reither, F./Stäudel, T. (1983): Lohhausen. Vom Umgang mit Unbestimmtheit und Komplexität, Bern.

Donadio, J.M. (1992): An Empirical Study of the Joint Effect of Knowledge, Intellectual, Skill, and Task Structure on the Accuracy of Auditors' Performance of Diagnostic Audit Tasks, Colorado.

Donle, M. (2007): Strategien der Fehlerbehandlung. Umgang von Wirtschaftsprüfern, Internen Revisoren und öffentlichen Prüfern mit den Fehlern der Geprüften, Wiesbaden.

Duchowski, A.T. (2007): Eye Tracking Methodology: Theory and Practice, 2. Auflage, Berlin.

Duncker, K. (1935): Zur Psychologie des Produktiven Denkens (unveränderter Neudruck 1963), Berlin.

Earley, C.E. (2001): Knowledge Acquisition in Auditing: Training Novice Auditors to Recognize Cue Relationships in Real Estate Valuation, in: The Accounting Review, S. 81-97.

Earley, C.E. (2002): The Differential Use of Information by Experienced and Novice Auditors in the Performance of Ill-Structured Audit Tasks, in: Contemporary Accounting Research (Winter 2002), S. 595-614.

Eckstein, P.P. (2004): Angewandte Statistik mit SPSS, 4. Auflage, Wiesbaden.

Egner, H. (1980): Betriebswirtschaftliche Prüfungslehre, Berlin/New York.

Egner, H. (1983): Prüfungstheorie, verhaltensorientierter Ansatz (syllogistischer Ansatz), in: Coenenberg, A.G./von Wysocki, K. (Hrsg): Handwörterbuch der Revision, Stuttgart, Sp. 1230-1242.

Egner, H. (1992): Prüfungstheorie, verhaltensorientierter Ansatz (syllogistischer Ansatz), in: Coenenberg, A.G./von Wysocki, K. (Hrsg): Handwörterbuch der Revision, 2. Auflage, Stuttgart, Sp. 1566-1578.

Eich, E. (1995): Searching for Mood Dependent Memory, in: Psychological Science, S. 67-75.

Einhorn, H.J. (1972): Expert Measurement and Mechanical Combination, in: Organizational Behavior and Human Performance, S. 86-106.

Einhorn, H.J. (1974): Expert Judgment: Some Necessary Conditions and an Example, in: Journal of Applied Psychology, S. 562-571.

Einhorn, H.J. (1976): Synthesis: Accounting and Behavioral Science, in: Studies on Human Information Processing in Accounting (Supplement to Journal of Accounting Research 1976), S. 196-206.

Elstein, A./Shulman, L./Sprafka, S. (1978): Medical Problem Solving: An Analysis of Clinical Reasoning, Cambridge.

Engel, R./Esselmann, D. (2005): Der Einfluss der Modernisierungskosten auf Nutzungsdauer, Ertragswert und Immobilienrenditen; Herleitung einer Rendite-Risikoanalyse (Teil 1), in: Grundstücksmarkt und Grundstückswert, Zeitschrift für Immobilienwirtschaft, Bodenpolitik und Wertermittlung (GuG), S. 321-330.

Engel, R./Esselmann, D. (2006): Der Einfluss der Modernisierungskosten auf Nutzungsdauer, Ertragswert und Immobilienrenditen; Herleitung einer Rendite-Risikoanalyse (Teil 2), in: Grundstücksmarkt und Grundstückswert, Zeitschrift für Immobilienwirtschaft, Bodenpolitik und Wertermittlung (GuG), S. 10-14.

Engelkamp, J./Zimmer, H.D. (2006): Lehrbuch der Kognitiven Psychologie, Göttingen 2006.

Emby, C./Finley, D. (1997): Debiasing Framing Effects in Auditors' Internal Control Judgments and Testing Decisions, in: Contemporary Accounting Research (Summer 1997), S. 55-77.

Emby, C./Gelardi, A./Lowe, D. (2002): A Research Note on the Influence of Outcome Knowledge on Audit Partners' Judgments, in: Behavioral Research in Accounting, S. 87-103.

Emby, C./Gibbins, M. (1987): Good Judgment in Public Accounting: Quality and Justification, in: Contemporary Accounting Research (Fall 1987), S. 287-313.

Ernst, C. (2001): EU-Verordnungsentwurf zur Anwendung von IAS: Europäisches Bilanzrecht vor weitreichenden Änderungen, in: Betriebsberater, S. 823-825.

Estes, W. K. (1994): Classification and Cognition, Oxford.

Eugere, E.J. (1994): A Study of the Relationship Among Creativity, the Personality Dimension Labeled Openness to Experience, and Support of Creativity Among the Big 6 Public Accounting Firms and Its Potential Impact on Practice, Memphis.

Favere-Marchesi, M. (2006): "Order Effects" Revisited: The Importance of Chronology, in: American Accounting Association 2006 Annual Meeting, Washington D.C.

Fehr, T. (2006): Big Five: Die fünf grundlegenden Dimensionen der Persönlichkeit und ihre Facetten, in: Simon, W. (Hrsg.): Persönlichkeitsmodelle und Persönlichkeitstests, Staßfurt.

Fernandes, R./Simon, H. A. (1999) : A Study of how Individuals Solve Complex and Ill-Structured Problems, in: Policy Sciences, S. 225-245.

Fischer-Winkelmann, W.F. (1975): Entscheidungsorientierte Prüfungslehre, Berlin.

Fischer-Winkelmann, W.F. (1983): Prüfungstheorie, empirisch-kognitiver Ansatz, in: Coenenberg, A.G./von Wysocki, K. (Hrsg): Handwörterbuch der Revision, Stuttgart, Sp. 1198-1209.

Fischer-Winkelmann, W.F. (1993): Prüfungstheorie, in: Lück, W. (Hrsg.): Lexikon der Betriebswirtschaft, 5. Auflage, Landsberg/Lech, S. 1024-1026.

Fischhoff, B. (1975): Hindsight ≠ Foresight: The Effect of Outcome Knowledge on Judgment Under Uncertainty, in: Journal of Experimental Psychology: Human Perception and Performance, S. 288-299.

Fischhoff, B. (1982): Debiasing, in: Kahneman, D./Slovic, P./Tversky, A. (Hrsg.): Judgment under uncertainty: Heuristics and Biases, Cambridge, S. 422-444.

Fischhoff, B./Beyth, R. (1975): „I Knew It Would Happen": Remembered Probabilities of Once-Future Things, in: Organizational Behavior and Human Performance, S. 1-16.

Fisk, J. E. (2004): Conjunction fallacy, in: Pohl, R.F. (Hrsg.): Cognitive Illusions. A Handbook on Fallacies and Biases in Thinking, Judgement and Memory, Hove (East Sussex), S. 23-42.

Folger, V./Konovsky, M. (1989): Procedural Justice, Distributive Justice, and Reactions to Pay Raise Decisions, in: Academy of Management Journal, S. 851-866.

Ford, J./Schmitt, N./Schechtmann, S./Hults, B./Doherty, M. (1989): Process Tracing Methods: Contributions, Problems, and Neclected Research Questions, in: Organizational Behavior and Human Decision Processes, S. 75-117.

Forgas, J.P. (1995): Mood and Judgement: The Affect Infusion Model (AIM), in: Psychological Bulletin, S. 39-66.

Forgas, J.P. (2000): Feeling and Thinking: The Role of Affect in Social Cognition, New York.

Ford, J. K./Schmitt, N./Schechtman, S. L./Hults, B. M./Doherty, M. L. (1989): Process tracing methods: Contributions, problems, and neglected research questions, in: Organizational Behavior and Human Decision Processes, S. 75-117.

Frederick, D.M. (1991): Auditors' Representation and Retrieval of Internal Control Knowledge, in: The Accounting Review, S. 240-258.

Frederick, D.M./Heiman-Hofman, V./Libby, R. (1994): The Structure of Auditors' Knowledge of Financial Statement Errors, in: Auditing: A Journal of Practice & Theory (Spring 1994), S. 1-21.

Frederick, D.M./Libby R. (1986): Expertise and Auditors' Judgments of Conjunctive Events, in: Journal of Accounting Research, S. 270-290.

Freidank, C.-CH. (2007): Prüfungstheorie, verhaltensorientierter Ansatz, in: Freidank, C.-Ch./Lachnit, L./Tesch, J. (Hrsg.): Vahlens Großes Auditing Lexikon, München, S. 1119.

French, S./ Meredith, V. (1994): Women in Public Accounting: Growth and Advancement, in: Critical Perspectives on Accounting, S. 227-241.

Frey, B.S./Osterloh, M. (2002): Motivation - der zwiespältige Produktionsfaktor, in: Frey, B.S./Osterloh, M. (Hrsg.): Managing Motivation: Wie Sie die neue Motivationsforschung für Ihr Unternehmen nutzen können, 2. Auflage, Wiesbaden.

Friman, P.C./Allen, K.D./Kerwin, M.L.E./Larzelere, R. (1993): Changes in Modern Psychology: A Citation Analysis of the Kuhnian Displacement, in: American Psychologist, S. 658-664.

Funke, J. (1991): Solving complex problems: Exploration and control of complex systems, in: Sternberg, R./Frensch, P. (Hrsg.): Complex Problem Solving, Principles and Mechanisms, Hillsdale, S. 185-222.

Funke, J. (2003): Problemlösendes Denken, Stuttgart.

Gans, C. (1986): Betriebswirtschaftliche Prüfungen als heuristische Suchprozesse, Bergisch Gladbach, Köln.

Gelhausen, H.F. (2002): Bestätigungsvermerk, in: Ballwieser, W./Coenenberg, A.G./von Wysocki, K. (Hrsg.): Handwörterbuch der Rechnungslegung und Prüfung, 3. Auflage, Stuttgart, Sp. 303-320.

Gemünden, H.G. (1993): Informationsverhalten, in: Hausschildt, J./Grün, O. (Hrsg.): Ergebnisse empirischer betriebswirtschaftlicher Forschung - Zu einer Realtheorie der Unternehmung, Festschrift für Eberhard Witte, Stuttgart, S. 841-877.

Gerrig, R.J./Zimbardo, P.G. (2008): Psychologie, 18. Auflage, München.

Gettys, C./Fisher, S. (1979): Hypotheses Plausibility and Hypothesis Generation, in: Organizational Behavior and Human Performance, S. 93-110.

Gibbins, M. (1984): Propositions about the Psychology of Professional Judgment in Public Accounting, in: Journal of Accounting Research, S.103-125.

Gibbins, M./Emby, C. (1984): Evidence on the Nature of Professional Judgment in Public Accounting, in: Abdel-Khalik, R.A./Solomon, I. (Hrsg): Auditing Research Symposium, Champaign.

Gibbins, M./Jamal K. (1993): Problem-Centred Research and Knowledge-Based Theory in the Professional Accounting Setting, in: Accounting, Organizations & Society, S. 451-466.

Gibbins, M./Newton, J. D. (1994): An Empirical Exploration of Complex Accountability in Public Accounting, in: Journal of Accounting Research, S. 165-186.

GIF (2006): Standardisierung des DCF-Verfahrens, Wiesbaden.

Gigerenzer, G. (2004): Fast and Frugal Heuristics: The Tools of Bounded Rationality, in: Koehler, D.J./Harvey, N. (Hrsg.): Blackwell Handbook of Judgment and Decision Making, Oxford, S. 62-88.

Gigerenzer, G. (2008): Bauchentscheidungen, Die Intelligenz des Unbewussten und die Macht der Intuition, 3. Auflage, München.

Gigerenzer, G./Todd, P.M./ABC Group (1999): Simple Heuristics That Make Us Smart, New York.

Gilligan, S./Bower, G.H. (1994): Cognitice Consequences of Emotional Arousal, in: Izard, C./Kgan, J./Zajonc, R. (Hrsg.): Emotions, Cognitions, and Behavior, Cambridge, S. 547-588.

Gilovich, T. / Griffin, D. / Kahneman, D. (2002): Preface, in: Gilovich, T./ Griffin, D./Kahneman, D. (Hrsg.): Heuristics and Biases. The Psychology of Intuitive Judgment, Cambridge, S. XV-XVI.

Gläser, J./Laudel, G. (2009): Experteninterviews und qualitative Inhaltsanalyse, 3. Auflage, Wiesbaden.

Glover, S. M. (1997): The Influence of Time Pressure and Accountability on Auditors' Processing of Nondiagnostic Information, in: Journal of Accounting Research, S. 213-226.

Gobet, F. (1996): Expertise und Gedächtnis, in: Gruber H./Ziegler, A. (Hrsg.): Expertiseforschung, Theoretische und methodische Grundlagen, Opladen, S. 58-79.

Goldberg, L.R. (1990): An Alternative „Description of Personality": The Big-Five Factor Structure, in: Journal of Personality and Social Psychology, S. 1216-1229.

Goldberg, L.R. (1993): The Structure of Phenotypic Personality Traits, in: American Psychologist, S. 26-34.

Gollücke, V. (2009): Eye-Tracking - Grundlagen, Technologien und Anwendungsgebiete, München.

Goodwin, J. (1999): The Effects of Source Integrity and Consistency of Evidence on Auditors' Judgments, in: Auditing: A Journal of Practice & Theory (Fall 1999), S. 1-16.

Gorry, G.A./Scott-Morton, M.S. (1971): A Framework for Management Information Systems, in: Sloan Management Review, S. 55-70.

Gosling, S.D./Rentfrow, P.J./Swann, W.B. (2003): A Very Brief Measure of the Big-Five Personality Domains, in: Journal of Research in Personality, S. 504-528.

Granleese, J./Barrett, T.F. (1990): The Social and Personality Characteristics of the Irish Chartered Accountant, in: Personality and Individual Differences, S. 957-964.

Granleese, J./Barrett, T.F. (1993): Job Satisfaction, and the Social, Occupational and Personality Characteristics of Male Chartered Accountants from Three Professional Bodies, in: British Accounting Review, S. 177-200.

Greenberg, J. (1990): Organizational Justice: Yesterday, Today, and Tomorrow, in: Journal of Management, S. 399-432.

Gronewold, U. (2006): Die Beweiskraft von Beweisen. Audit Evidence bei betriebswirtschaftlichen Prüfungen, Düsseldorf.

Gruber, H. (1994): Expertise - Modelle und Empirischer Untersuchungen, Opladen.

Gruber, H. (1999): Erfahrungen als Grundlage kompetenten Handelns, Bern.

Gruber, H. (2001): Die Entwicklung von Expertise, in: Franke, G. (Hrsg.): Komplexität und Kompetenz, Bonn, S. 309-326.

Gruber, H./Mandl, H. (1996): Expertise und Erfahrung, in: Gruber H./Ziegler, A. (Hrsg.): Expertiseforschung, Theoretische und methodische Grundlagen, Hallstadt, S. 18-34.

Gruber, H./Weber, A./Ziegler, A (1996): Einsatzmöglichkeiten retrospektiver Befragungen bei der Untersuchung des Expertiseerwerbs, in: Gruber H./Ziegler, A. (Hrsg.): Expertiseforschung, Theoretische und methodische Grundlagen, Hallstadt, S. 169-190.

Gruber H./Ziegler, A. (1996): Expertise als Domäne psychologischer Forschung, in: Gruber H./Ziegler, A. (Hrsg.): Expertiseforschung, Theoretische und methodische Grundlagen, Hallstadt, S. 7-16.

Gzuk, R. (1988): Messung der Effizienz von Entscheidungen, in: Witte, E./Hausschildt, J./Grün, O. (Hrsg.): Innovative Entscheidungsprozesse, Tübingen, S. 125-140.

Hackenbrack, K. (1992): Implications of Seemingly Irrelevant Evidence in Audit Judgment, in: Journal of Accounting Research, S. 126-136.

Hackenbrack, K./Nelson, M. (1996): Auditors' Incentives and Their Application of Financial Accounting Standards, in: The Accounting Review, S. 43-59.

Häder, M. (2009): Delphi-Befragungen. Ein Arbeitsbuch, 2. Auflage, Wiesbaden.

Hagen, J.J. (1974): Rationales Entscheiden, München.

Hamilton, R.E./Wright, W.F. (1982): Internal Control Judgments and Effects of Experience: Replications and Extensions, in: Journal of Accounting Research, S. 756-760.

Han, J./Jamal, K./Tan, H.T. (2007): Are Auditors Overconfident in Predicting the Knowledge of Other Auditors?, online abrufbar unter: http://papers.ssrn.com/sol3/papers.cfm?abstract_id=977362 (Stand: 08.09.2010).

Hansa, J.J. **(1994):** An Investigation of Experienced Auditors' Knowledge Structures: A Reaction Time Test, Urbana.

Hawkins, S. A. / Hastie, R. (1990): Hindsight: Biased Judgments of Past Events After the Outcomes Are Known, in: Psychological Bulletin, S. 311-327.

Hax, K. (1956): Wirtschaftsprüferberuf und Wissenschaft, in: Die Wirtschaftsprüfung, S. 468-471.

Haynes, C.M. (1993): An Examination into the Effects of Context and Experience on Auditors' Belief Revisions in Cascaded-Inference Tasks, Austin.

Heiman-Hoffman, V.B./Moser, D.V./Joseph, J.A. (1995): The Impact of an Auditor's Initial Hypothesis on Subsequent Performance at Identifying Actual Errors, in: Contemporary Accounting Research (Spring 1995), S. 763-779.

Heintz, J.A./White, G.B. (1989): Auditor Judgment in Analytical Review - Some Further Evidence, in: Auditing: A Journal of Practice & Theory (Spring 1989), S. 22-39.

Helm, F. (2001): Investment Properties - Implikationen für die Rechnungslegung, Bamberg.

Hertwig, R. (2006): Strategien und Heuristiken, in: Funke, J./Frensch, P. (Hrsg.): Handbuch der Allgemeinen Psychologie - Kognition, Göttingen, S. 461-470.

Herz, P.J./Schultz Jr., J.R. (1999): The Role of Procedural and Declarative Knowledge in Performing Accounting Tasks, in: Behavioral Research in Accounting, S. 1-26.

Hirst, E. (1994): Auditor's Sensitivity to Source Reliability, in: Journal of Accounting Research, S. 113-126.

Ho, J./May, R. (1993): Auditors' Causal Probability Judgments in Analytical Procedures for Audit Planning, in: Behavioral Research in Accounting, S. 78-100.

Hoffman, V.B./Patton, J.M. (1997): Accountability, the Dilution Effect, and Conservatism in Auditors' Fraud Judgments, in: Journal of Accounting Research, S. 227-237.

Hoffmann, W.-D./Freiberg, J. (2009): Als Finanzinvestition gehaltene Immobilien (Investment Properties), in: Lüdenbach, N. (Hrsg.): Haufe-IFRS-Kommentar, § 16, 7. Auflage, Freiburg.

Hoffrage, U. (2004): Overconfidence, in: Pohl, R.F. (Hrsg.): Cognitive Illusions. A Handbook on Fallacies and Biases in Thinking, Judgement and Memory, Hove (East Sussex), S. 235-254.

Hogarth, R. (1987): Judgement and Choice. The Psychology of Decision, 2. Auflage, Chichester.

Hogarth, R. (1991): A Perspective on Cognitive Research in Accounting, in: The Accounting Review, S. 277-290.

Hogarth, R./Einhorn, H. (1992): Order Effects in Belief Updating: The Belief-Adjustment Model, in: Cognitive Psychology, S. 1-55.

Houston, R. (1999): The Effects of Fee Pressure and Client Risk on Audit Seniors' Time Budget Decisions, in: Auditing: A Journal of Practice & Theory (Fall 1999), S. 70-86.

Hronsky, I./Houghton, K. (2001): The Meaning of a Defined Accounting Concept: Regulatory Changes and the Effect on Auditor Decision Making, in: Accounting, Organizations & Society, S. 123-139.

Huschke, C. (2007): Immobilienbewertung im Kontext der IFRS, Wiesbaden.

IAASB (Hrsg.) (2008): Staff Audit Practice Alert, online abrufbar unter: http://web.ifac.org/download/Staff_Audit_Practice_Alert.pdf (Stand: 09.07.2010).

Imboden, C./Leibundgut, A./Siegenthaler, P. (1978): Klassifikation heuristischer Prinzipien, in: Die Unternehmung, S. 295-330.

Isenhöfer, B./Väth, A./Hofmann, P. (2008): Immobilienanalyse, in: Schulte, K.-W. (Hrsg.): Immobilienökonomie, Band I, Betriebswirtschaftliche Grundlagen, 4. Auflage, München, S. 391-453.

Ismail, Z./Trotman, K.T. (1995): The Impact of Review Process in Hypothesis Generation Task, in: Accounting, Organizations & Society, S. 345-357.

Jamal, K./Johnson, P.E./Berryman, R.G. (1995): Detecting Framing Effects in Financial Statements, in: Contemporary Accounting Research (Fall 1995), S. 85-105.

James, W. (1890): The Principles of Psychology, New York.

Janssen, J./Laatz, W. (2010): Statistische Datenanalyse mit SPSS, 7. Auflage, Heidelberg u.a.

Jarodzka, H./Scheiter, K./Gerjets, P./van Gog, T. (2010): In the Eyes of the Beholder: How Experts and Novices Interpret Dynamic Stimuli, in: Learning and Instruction, S. 146-154.

Jeffrey, C. (1992): The Relation of Judgment, Personal Involvement, and Experience in the Audit of Bank Loans, in: The Accounting Review, S. 802-819.

Jiambalvo, J./Wilner, N. (1985): Auditor Evaluation of Contingent Claims, in: Auditing: A Journal of Practice & Theory (Fall 1985), S. I-II.

Joe, J. R. (2003): Why Press Coverage of a Client Influences the Audit Opinion, in: Journal of Accounting Research, S. 109-133.

John, O.P./Donahue, E.M./Kentle, R.L. (1991): The "Big Five" Inventory, Berkeley.

Johnson, E. (1988): Expertise and Decision under Uncertainty: Performance and Process, in: Chi, M./Glaser, R./Farr, M. (Hrsg.): In The Nature of Expertise, Hillsdale, S. 209-228.

Johnson, E. (1998): Commentary on Sources of Process Gain and Loss from Group Interaction in Performance of Analytical Procedures, in: Behavioral Research in Accounting (Supplement 1998), S. 234-239.

Johnson, E./Tversky, A. (1983): Affect, Generalization, and the Perception of Risk, in: Journal of Personality and Social Psychology, S. 20-31.

Johnson, P./Duran, A./Hassebrock, F./Moller, J./Prietula, M. Feltovich, P./Swanson, D. (1981): Expertise and Error Diagnostic Reasoning, in: Cognitive Science, S. 285-283.

Jolls, C./Sunstein, C.R./Thaler, R. (1998): A Behavioral Approach to Law and Economics, in: Stanford Law Review, S. 1471-1550.

Jones, J.P. (1999): Present Value-Based Measurement and Fair Value, in: The CPA Journal, S. 28-33.

Joyce, E.J./Biddle, G.C. (1981a): Anchoring and Adjustment in Probalistic Inference in Auditing, in: Journal of Accounting Research, S. 120-145.

Joyce, E.J./Biddle, G.C. (1981b): Are Auditors' Judgments Sufficiently Regressive?, in: Journal of Accounting Research, S. 323-349.

Jung, C.G. (1968): Analytical Psychology, Its Theory and Practice, New York.

Jungermann, H./Pfister, H.-R./Fischer, K. (2005): Die Psychologie der Entscheidung - Eine Einführung, 2. Auflage, Heidelberg et. al.

Kahneman, D. (1973): Attention and Effort, Englewood Cliffs.

Kahneman, D./Tversky, A. (1972): Subjective Probability: A Judgment of Representativeness, in: Cognitive Psychology, S. 430-454.

Kahneman, D./Tversky, A. (1973). On the Psychology of Prediction, in: Psychological Review, S. 237-251.

Kahneman, D./Tversky, A. (1979): Prospect Theory: An Analysis of Decisions Under Risk, in: Econometrica, S. 263-291.

Kahneman, D./Tversky, A. (1982): On the Study of Statistical Intuitions, in: Cognition, S. 123-141.

Kahneman, D./Tversky, A. (1984): Choices, Values, and Frames, in: American Psychologist, S. 341-350.

Kant, I. (1783): Prolegomena zu einer jeden Metaphysik, die als Wissenschaft wird auftreten können, Riga.

Kaplan, S.E./Reckers, P. (1989): An Examination of Information Search During Initial Audit Planning, in: Accounting, Organizations & Society, S. 539-550.

Kayadelen, E. (2008): Zur Durchführung von analytischen Prüfungshandlungenim Rahmen der Jahresabschlussprüfung. Eine theoretische und empirische Analyse aus einer verhaltenswissenschaftlichen Perspektive, Darmstadt.

Kennedy, J. (1993): Debiasing Audit Judgment with Accountability: A Framework and Experimental Results, in: Journal of Accounting Research, S. 231-245.

Kennedy, J. (1995): Debiasing the Curse of Knowledge in Audit Judgment, in: The Accounting Review, S. 249-273.

Kennedy J./Peecher M.E. (1997): Judging Auditors' Technical Knowledge, in: Journal of Accounting Research, S. 279-293.

Keren, G./Teigen, K.H. (2004): Yet Another Look at the Heuristics and Biases Approach, in: Koehler, D.J./Harvey, N. (Hrsg.): Blackwell Handbook of Judgment and Decision Making, Oxford, S. 89-109.

Kerr, D.S./Ward, D.D. (1994): The Effect of Audit Task on Evidence Integration and Belief Revision, in: Behavioral Research in Accounting, S. 21-42.

Kida, T. (1984): The Impact of Hypothesis-Testing Strategies on Auditors Use of Judgment Data, in: Journal of Accounting Research, S. 332-340.

Kida, T./Moreno, K./Smith, J. (2001): The Influence of Affect on Managers' Capital Budgeting Decisions, in: Contemporary Accounting Research (Fall 2001), S. 477-494.

Kida, T./Smith, J./Maletta, M. (1998): The Effects of Encoded Memory Traces for Numerical Data on Accounting Decision Making, in: Accounting, Organizations & Society, S. 451-466.

King, R. (2002): An Experimental Investigation of Self-Serving Biases in an Auditing Trust Game: The Effect of Group Affiliation, in: The Accounting Review, S. 265-284.

Kinney, W.R./Uecker, W.C. (1982): Mitigation the Consequences of Anchoring in Auditor Judgments, in: The Accounting Review, S. 55-69.

Kirsch, W. (1968): Entscheidungen und Entscheidungsprämissen in der Unternehmensorganisation. Elemente einer deskriptiven Theorie der Individualentscheidung, München.

Kirsch, W. (1977): Einführung in die Theorie der Entscheidungsprozesse, 2. Auflage, Wiesbaden.

Klayman, J./Ha, Y.-W. (1987): Confirmation, Disconfirmation, and Information in Hypothesis Testing, in: Psychological Review, S. 211-228.

Klein, H. K. (1971): Heuristische Entscheidungsmodelle, Neue Techniken des Programmierens und Entscheidens für das Management, Wiesbaden.

Klose, W. (1994): Ökonomische Analyse von Entscheidungsanomalien, Frankfurt am Main.

Kleiber, W./Simon, J./Weyers, G. (2002): Verkehrsermittlung von Grundstücken, 4. Auflage, Köln.

Kleiber, W. (2004): Was sind eigentlich die sog. internationalen Bewertungsverfahren?, in: Grundstücksmarkt und Grundstückswert, Zeitschrift für Immobilienwirtschaft, Bodenpolitik und Wertermittlung (GuG), S. 193-207.

Kleiber, W. (2010): Verkehrswertermittlung von Grundstücken, Kommentar und Handbuch zur Ermittlung von Marktwerten (Verkehrswerten), Versicherungs- und Beleihungswerten unter Berücksichtigung der ImmoWertV, 6. Auflage, Köln.

Knechel, W.R./Messier, W.F. (1990): Sequential Auditor Decision Making, Information Search and Evidence Collection, in: Contemporary Accounting Research (Spring 1990), S. 386-496.

Knoblich, G./Öllinger, M. (2006): Elemente der Problemraumtheorie, in: Funke, J. (Hrsg.): Enzyklopädie der Psychologie: Denken und Problemlösen, Themenbereich C: Theorie und Forschung, Serie II: Kognition, Band 8, Göttingen, S. 45-49.

Koch, C. (2004): Behavioral Economics und das Entscheidungsverhalten des Wirtschaftsprüfers – Ein Forschungsüberblick, Arbeitspapier No. 04-36 des Sonderforschungsbereich 504 der Universität Mannheim.

Koch, C./Wüstemann, J. (2008): A Review of Bias Research in Auditing: Opportunities for Combining Psychological and Economic Research (unveröffentlicht, in Kürze erscheinend in: Journal of Accounting Literature).

Koonce, L. (1992): Explanation and Counterexplanation During Audit Analytical Review, in: The Accounting Review, S. 59-76.

Koonce, L. (1993): A Cognitive Characterization of Audit Analytical Review, in: Auditing: A Journal of Practice & Theory (Supplement 1993), S. 57-76.

Koonce, L./Anderson, U. (1995): Justification of Decisions in Auditing, in: Journal of Accounting Research, S. 369-384.

Kormaier, B. (2006): Eignung des Income Capitalization Model zur Fair Value-Ermittlung von Investment Properties nach IAS 40, in: Zeitschrift für internationale und kapitalmarktorientierte Rechnungslegung (KoR), S. 378-385.

Korobkin, R./Ulen, T. (2000): Law and Behavioral Science: Removing the Rationality Assumption from Law and Economics, in: California Law Review, S. 1051-1144.

Kowalcyk, T.K./Wolfe, C.J. (1998): Anchoring Effects Associated with Recommendations from Expert Decision Aids: An Experimental Analysis, in: Behavioral Research in Accounting (Supplement 1998), S. 147-169.

Krems, J. (1994): Wissensbasierte Urteilsbildung, Bern.

Krems, J. (1996): Expertise und Flexibilität, in: Gruber H./Ziegler, A. (Hrsg.): Expertiseforschung, Theoretische und methodische Grundlagen, Hallstadt, S. 80-91.

Krenz, C./Sax, G. (1987): Acquiescence as a Function of Test Type and Subject Uncertainty, in: Educational and Psychological Measurement, S. 575-581.

Kroeber-Riel, W./Weinberg, P. (2009): Konsumentenverhalten, 9. Auflage, München.

Krull, G./Reckers, P./Wong-On-Wing, B. (1993): The Effect of Experience, Fraudulent Signals and Information Presentations Order on Auditors' Beliefs, in: Auditing: A Journal of Practice & Theory, S. 143-153.

Kruschwitz, L./Fischer, J. (1981): Heuristische Lösungsverfahren, in: Wirtschaftaftswissenschaftliches Studium (WiSt), S. 449-458.

Kruschwitz, L./Löffler, A. (2006): Discounted Cash Flow, Chichester u.a.

Kühnberger, M. (2007): Rechnungslegung und Bilanzpolitik der REIT-AG, in: Betriebsberater, S. 1211-1217.

Kümmel, J. (2002): Grundsätze für die Fair Value-Ermittlung mit Barwertkalkülen, Düsseldorf.

Kunda, Z. (1990): The Case for Motivated Reasoning, in: Psychological Bulletin, S. 480-498.

Lang, F.R./Lüdtke, O./Asendorpf, J.B. (2001): Testgüte und psychometrische Äquivalenz der deutschen Version des Big Five Inventory (BFI) bei jungen, mittelalten und alten Erwachsenen, in: Diagnostica, S. 111-121.

Leffson, U. (1971): Der Beitrag der betrieblichen Rechnungslegung zur gesamtwirtschaftlichen Lenkung des Kapitals, Tübingen.

Leffson, U. (1987): Die Grundsätze ordnungsmäßiger Buchführung, 7. Auflage, Düsseldorf.

Leffson, U. (1988): Wirtschaftsprüfung, 4. Auflage, Wiesbaden.

Lehmann, C.M./Norman, C.S. (2006): The Effects of Experience on Complex Problem Representation and Judgment in Auditing: An Experimental Investigation, in: Behavioral Research In Accounting, S. 65-83.

Lenz, H. (2002a): Empirische Forschung in der Prüfung, verhaltensorientierter Ansatz, in: Ballwieser, W./Coenenberg, A.G./v. Wysocki, K. (Hrsg): Handwörterbuch der Rechnungslegung und Prüfung, 3. Auflage, Stuttgart, Sp. 628-646.

Lenz, H. (2002b): Prüfungstheorie, verhaltensorientierter Ansatz, in: Ballwieser, W./Coenenberg, A.G. (Hrsg): Handwörterbuch der Rechnungslegung und Prüfung, 3. Auflage, Stuttgart, Sp. 1924-1950.

Leopoldsberger, G. (1998): Kontinuierliche Wertentwicklung von Immobilien, Köln.

Leopoldsberger, G./Thomas, M./Naubereit, P. (2008): Immobilienbewertung, in: Schulte, K.-W. (Hrsg.): Immobilienökonomie -Betriebswirtschaftliche Grundlagen-, 4. Auflage, München u.a., S. 453-528.

Lerner, J.S./Tetlock, P.E. (1999): Accounting for the Effects of Accountability, in: Psychological Bulletin, S. 255-275.

Lesgold, A./Rubinson, H./Feltovich, P./Glaser, R./Klopfer, D./Wang, Y. (1988): Expertise in a Complex Skill: Diagnosing X-Ray Pictures, in: Chi, M./Glaser, R./Farr, M. (Hrsg.): The Nature of Expertise, Hillsdale, S. 311-342.

Libby, R. (1976a): Man versus Model of Man: Some Conflicting Evidence, in: Organizational Behavior and Human Performance, S. 1-12.

Libby, R. (1976b): Man versus Model of Man: The Need for a Nonlinear Model, in: Organizational Behavior and Human Performance, S. 23-26.

Libby, R. (1981): Accounting and Human Information Processing: Theory and Applications, Englewood Cliffs.

Libby, R. (1985): Availability and the Generation of Hypotheses in Analytical Review, in: Journal of Accounting Research, S. 648-667.

Libby, R. (1995): The Role of Knowledge and Memory in Audit Judgment, in: Ashton, R.H./Ashton, A.H. (Hrsg.): Judgment and Decision-Making Research in Accounting and Auditing, New York, S. 176-206.

Libby, R./Frederick, D. M. (1990): Experience and the Ability to Explain Audit Findings, in: Journal of Accounting Research, S. 348-367.

Libby, R./Kinney Jr., W. (2000): Does Mandated Audit Communication Reduce Opportunistic Corrections to Manage Earnings Forecasts?, in: The Accounting Review, S. 383-404.

Libby, R./Lewis, B. (1982): Human Information Processing Research in Accounting: the State of the Art in 1982, in: Accounting, Organizations & Society, S. 231-285.

Libby, R./Lippe, M.G. (1992): Incentive, Effort, and the Cognitive Processes Involved in Accounting-Related Judgments, in: Journal of Accounting Research, S. 249-273.

Libby, R./Luft, J. (1993): Determinants of Judgment Performance in Accounting Settings: Ability, Knowledge, Motivation, and Environment, in: Accounting, Organizations & Society, S. 425-450.

Libby, R./Tan, H.-T. (1994): Modeling the Determinants of Audit Expertise, in: Accounting, Organizations & Society, S. 425-450.

Lichtenstein, S./Fischhoff, B. (1980): Training for Calibration, in: Organizational Behavior and Human Performance, S. 149-171.

Link, R. (2006): Abschlussprüfung und Geschäftsrisiko, Wiesbaden.

Loitelsberger, E. (1966): Treuhand- und Revisionswesen, 2. Auflage, Stuttgart.

Lord, C./Ross, L./Leeper, M. (1979): Biased Assimilation and Attitude Polarization: The Effects of Prior Theories on Subsequently Considered Evidence, in: Journal of Personality and Social Psychology, S. 2098-2109.

Lowe, D.J./Reckers P. (2000): The Use of Foresight Decision Aids in Auditors' Judgment, in: Behavioral Research in Accounting, S. 97-118.

Lubitzsch, K. (2008): Prüfungssicherheit bei betriebswirtschaftlichen Prüfungen. Eine theoretische und empirische Analyse, Düsseldorf.

Lynn, R./Martin, T. (1997): Gender Differences in Extraversion, Neuroticism, and Psychoticism in 37 countries, in: Journal of Social Psychology, S. 369-373.

Mack, W. (1996): Expertise und Intelligenz, in: Gruber H./Ziegler, A. (Hrsg.): Expertiseforschung, Theoretische und methodische Grundlagen, Hallstadt, S. 92-114.

Malone, C.F./Roberts, R.W. (1996): Factors Associated With the Incidence of Reduced of Reduced Audit Quality Behaviors, in: Auditing: A Journal of Practice & Theory (Fall 1996), S. 49-64.

Mann, G. (1967): Revisionswesen als wissenschaftliche Disziplin, in: Betriebswirtschaftliche Forschung und Praxis (BfuP), S. 393-414.

March, J.G./Simon, H.A. (1958): Organizations, London.

Marchant, G. (1989): Analogical Reasoning and Hypothesis Generation in Auditing, in: Journal of Accounting Research, S. 500-513.

Marten, K.-U./Quick, R./Ruhnke, K. (Hrsg.) (2006): Lexikon der Wirtschaftsprüfung, Nach nationalen und internationalen Normen, Stuttgart.

Marten, K.-U./Quick, R./Ruhnke, K. (2007): Wirtschaftsprüfung: Grundlagen des betriebswirtschaftlichen Prüfungswesens nach nationalen und internationalen Normen, 3. Auflage, Stuttgart 2007.

Martin, R./Rich, J./Wilks, T. (2006): Auditing Fair Value Measurements: A Synthesis of Relevant Research, in: Accounting Horizons, S. 287-303.

Matell, M.S./Jacoby, J. (1971): Is there an Optimal Number of Alternatives for Likert Scale Items? Study I: Reliability and Validity, in: Educational and Psychological Measurement, S. 657-674.

Mayer, R.E. (1979): Denken und Problemlösen. Eine Einführung in menschliches Denken und Lernen, Berlin.

McAdams, D.P. (1992): The Five Factor Model in Personality: A Critical Appraisal, in: Journal of Personality, S. 329-361.

McBeath, M.K./Shaffer, S.E./Kaiser, M.K. (1995): How Baseball Outfielders Determine Where to Run to Catch Fly Balls, in: Science, S. 569-573.

McCarthy, J. (1956): The Inversion of Functions defined by Turing Machines, in: Shannon, D.E./McCarthy, J. (Hrsg.): Automata Studies, Annals of Mathematical Studies 34, S. 177-181.

McCarthy, J. (1959): Programs with Common Sense, in: Mechanization of Thought Processes, S. 77-109.

McCrae, R./Costa, P.T. (1987): Validation of The Five-Factor Model of Personality across Instruments and Observers, in: Journal of Personality and Social Psychology, S. 81-90.

McCrae, R./Costa, P.T. (1989): Reinterpreting the Myers-Briggs Type Indicator from the Perspective of the Five-Factor Model of Personality, in: Journal of Personality, S. 17-40.

McCrae, R./Costa, P.T. (1992): Revised NEO Personality Inventory (NEO-PI-R) and NEO Five Factor Inventory - Professional Manual, Psychological Assessment Resources, Odessa.

McDaniel, L.S. (1990): The Effects of Time Pressure and Audit Program Structure on Audit Performance, in: Journal of Accounting Research, S. 267-285.

McMillan, J.J./White, R.A. (1993): Auditors' Belief Revisions and Evidence Search: The Effect of Hypothesis Frame, Confirmation Bias, and Professional Skepticism, in: The Accounting Review, S. 443-465.

Medin, D.L./Aguilar, C. (1999): Categorization, in: Wilson, R.A./Keil, F. C. (Hrsg.): The MIT Encyclopedia of the Cognitive Sciences, Cambridge, S. 104-106.

Messier, W.F. (1995): Research in and Development of Audit Decision Aids, in: Ashton, R.H./Ashton, A.H. (Hrsg.): Judgement and Decision-Making research in Accounting and Auditing, Cambridge, S. 207-228.

Messier, W.F./Tubbs, R.M. (1994): Recency Effects in Belief Revision: The Impact of Audit Experience and the Review Process, in: Auditing: A Journal of Practice & Theory (Spring 1994), S. 57-72.

Messier, W.F./Owhoso, V./Rakovski, C. (2008): Can Audit Partners Predict Subordinates' Ability to Detect Errors?, in: Journal of Accounting Research, S. 1241-1264.

Meyer, H. (1996): Psychologische Methodenlehre, in: Dörner, D./Selg, H. (Hrsg.): Psychologie, Eine Einführung in ihre Grundlagen und Anwendungsfelder, 2. Auflage, Stuttgart u.a.

Miller, G.A. (1956). The Magical Number Seven, Plus or Minus Two: Some Limits on Our Capacity for Processing Information, in: Psychological Review, S. 81-97, auch online abrufbar unter: http://www.musanim.com/miller1956/ (Stand: 01.09.2010).

Mills, K.D. (1992): Auditors' Inherent Risk Assessments: The Relationship among Task Experience, Inferability of Conditioning Information, Second-Order Uncertainty and Extent of Testing, Arizona.

Mock, T.J./Wright, A. (1993): An Exploratory Study of Auditors' Evidential Planning Judgments, in: Auditing: A Journal of Practice & Theory (Fall 1993), S. 39-61.

Moeckel, C.L. (1991): Two Factors Affecting an Auditor's Ability to Integrate Audit Evidence, in: Contemporary Accounting Research (Fall 1991), S. 270-292.

Monroe, G.S./Ng, J. (2000): An Examination of Order Effects in Auditors' Inherent Risk Assessments, in: Accounting and Finance, S. 153-168.

Moore, D.A./Kim, T.G. (2003): Myopic social prediction and the solo comparison effect, in: Journal of Personality and Social Psychology, S. 1121-1135.

Moreno, K./Bhattacharjee, S. (2003): The Impact of Pressure from Potential Client Business Opportunities on the Judgments of Auditors across Professional Ranks, in: Auditing: A Journal of Practice & Theory (March 2003), S. 13-28.

Moreno, K./Kida, T./Smith, J. (2002): The Impact of Affective Reactions on Risky Decision Making in Accounting Contexts, in: Journal of Accounting Research, S. 1331-1349.

Morill, J.B. (1994): Information Search Behaviour of Experienced and Novice Auditors When a Directed Search Strategy is Required, Admonton (Alberta).

Moroney, R./Carey, P. (2007): Industry versus Task-Based Experience and Auditors Performance, online abrufbar unter: http://papers.ssrn.com/sol3/papers.cfm?abstract_id=1272232 (Stand: 03.09.2010)

Morton, J.E. (1993): Order Effects in Auditors' Internal Control Judgments: Belief Perseverance versus the Contrast Effect, Arizona.

Müller, S./Wobbe, C./Reinke, J. (2009): Bilanzierung von Investment Properties - Eine empirische Analyse der Ansatz-, Bewertungs- und Ausweisentscheidungen der DAX-, MDAX- und SDAX-Unternehmen, in: Zeitschrift für Internationale Rechnungslegung (IRZ), S. 249-256.

Müller-Böling, D./Klandt, H. (1994): Methoden empirischer Wirtschafts- und Sozialforschung - Eine Einführung mit wirtschaftswissenschaftlichem Schwerpunkt, 2. Auflage, Dortmund.

Münchehofel, M./Springer, U. (2004): Der Risikobezogene Ansatz der Immobilienbewertung („RO-Verfahren"), in: Grundstücksmarkt und Grundstückswert, Zeitschrift für Immobilienwirtschaft, Bodenpolitik und Wertermittlung (GuG), S. 257-263.

Muller, K.A./Riedl, E.J./Sellhorn, T. (2008): Consequences of Voluntary and Mandatory Fair Value Accounting: Evidence Surrounding IFRS Adoption in the EU Real Estate Industry, Working Paper, Harvard Business School / Ruhr-Universität Bochum 2008.

Murthy, U./Kerr, D. (2004): Comparing Audit Team Effectiveness via Alternative Modes of Computer-Mediated Communication, in: Auditing: A Journal of Practice & Theory (March 2004), S. 141-152.

Mussweiler, T./Englich, B./Strack, F. (2004): Anchoring Efect, in: Pohl, R.F. (Hrsg.): Cognitive Illusions. A Handbook on Fallacies and Biases in Thinking, Judgement and Memory, Hove (East Sussex), S. 183-213.

Naegler, H. (1976): Informations- und verhaltenstheoretische Aspekte der betriebswirtschaftlichen Prüfung, in: Zeitschrift für Betriebswirtschaft (ZfB), S. 589-598.

Nelson, M.W./Kinney, W.R. (1997): The Effect of Ambiguity on Loss Contingency Reporting Judgments, in: The Accounting Review, S. 257-274.

Nelson, M.W./Libby, R./Bonner, S.E. (1995): Knowledge Structure and the Estimation of Conditional Probabilities in Audit Planning, in: The Accounting Review, S. 27-47.

Newell, A./Shaw, J.C./Simon, H.A. (1959): Report on a General Problem-Solving Program, in: UNESCO (1960), S. 256-264; online abrufbar unter: http://www.bitsavers.org/pdf/rand/ipl/P-1584_Report_On_A_General_Problem-Solving_Program_Feb59.pdf (Stand: 28.08.2010).

Newell, A./Shaw, J.C./Simon, H.A. (1962): The Processes of Creative Thinking, in: Gruber, H.E./Terrell, G./Wertheimer, M. (Hrsg.): Contemporary Approaches to Creative Thinking, New York, S. 63-119.

Newell, A./Simon, H.A. (1972): Human Problem Solving, Englewood Cliffs, New Jersey.

Ng, T./Tan, H. (2003):. Effects of Authoritative Guidance Availability and Audit Committee Effectiveness on Auditors' Judgments in an Auditor-Client Negotiations Context, in: The Accounting Review, S. 801-818.

Nisbett, R.E./Zukier, H./Lemley, R.E. (1981): The Dilution Effect: Nondiagnostic Information Weakens the Implications of Diagnostic Information, in: Cognitive Psychology, S. 248-277.

Norman, W.T. (1963): Toward an adequate Taxonomy of Personality Attributes, in: Journal of Abnormal and Social Psychology, S. 574-583.

Nourayi, A./Azad, A.N. (1997): The Impact of Time Budget Pressure on Internal Auditors' Behavior, in: Internal Auditing, S. 42-50.

O'Clock, P./Devine, K. (1995): An Investigation of Framing and Firm Size on the Auditor's Going Concern Decision, in: Accounting and Business Research, S. 197-207.

Opwis, K. (1992): Kognitive Modellierung: Zur Verwendung wissensbasierter Systeme in der psychologischen Theoriebildung, Bern.

Oswald, M.E./Grosjean, S. (2004): Confirmation Bias, in: Pohl, R.F. (Hrsg.): Cognitive Illusions. A Handbook on Fallacies and Biases in Thinking, Judgement and Memory, Hove (East Sussex), S. 79-96.

Owhoso, V./Weickgenannt, A. (2009): Auditors' Self-Perceived Abilities in Conducting Domain Audits, in: Critical Perspectives on Accounting, S. 3-21.

Parthey, H. (1978): Das Problem und Merkmale seiner Formulierung in der Forschung, in: Parthey, H. (Hrsg.): Problem und Methode, Berlin, S. 11-36.

Paul, E. (2001): Immobilienbewertung in Europa - Wertlehre, Definitionen und Verfahren, in: Gondring, H./Lammel, E. (Hrsg.): Handbuch Immobilienwirtschaft, Wiesbaden, S. 611-636.

Paul, E. (2005): Bewertung von Unternehmensimmobilien, in: Peemöller, V. (Hrsg.): Praxishandbuch der Immobilienbewertung, 3. Auflage, Herne u.a.

Payne, J.W./Bettman, J.R./Johnson, E.J. (1993): The Adaptive Decision Maker, Cambridge.

Pervin, L.A./Cervone, D./John, O.P. (2005): Persönlichkeitstheorien, 5. Auflage, München, Basel.

Petersen, K./Zwirner, C. (2008): Zur Bedeutung der fair value-Bewertung in der deutschen Bilanzierungspraxis, in: Praxis der internationalen Rechnungslegung (PiR), S. 218-224.

Peterson, B.K./Wong-On-Wing, B. (2000): An Examination of the Positive Test Strategy in Auditors' Hypothesis Testing, in: Behavioral Research in Accounting, S. 257-277.

Pfohl, H.C./Zettelmeyer, B. (1987): Strategisches Controlling?, in: Zeitschrift für Betriebswirtschaft (ZfB), S. 145-175.

Phelps, R./Shanteau, J. (1978): Livestock Judges: How much Information Can an Expert Use?, in: Organizational Behavior and Human Performance, S. 209-219.

Piaget, J. (1981): Jean Piaget über Jean Piaget - Sein Werk aus seiner Sicht, Kindler.

Pincus, K.V. (1990): Auditor Individual Differences and Fairness of Presentation Judgements, in: Auditing: A Journal of Practice & Theory (Fall 1990), S. 150-166.

Plendl, M. (2002): Prüfungsbericht, in: Ballwieser, W./Coenenberg, A.G /von Wysocki, K. (Hrsg.): Handwörterbuch der Rechnungslegung und Prüfung, 3. Auflage, Stuttgart, Sp. 1777-1790.

Pohl, R.F. (Hrsg.) (2004a): Cognitive Illusions. A Handbook on Fallacies and Biases in Thinking, Judgement and Memory, Hove (East Sussex).

Pohl, R.F. (2004b): Hindsight Bias; in: Pohl, R.F. (Hrsg.): Cognitive Illusions. A Handbook on Fallacies and Biases in Thinking, Judgement and Memory, Hove (East Sussex), S. 363-378.

Pohl, R.F. (2004c): Introduction: Cognitive illusions, in: Pohl, R.F. (Hrsg.): Cognitive Illusions. A Handbook on Fallacies and Biases in Thinking, Judgement and Memory, Hove (East Sussex), S. 1-20.

Polya, G. (1962): Mathematical Discovery, New York.

Popper, K. (1935): Logik der Forschung, Wien.

Quick, R. (2006): Systemprüfung, in: Marten, K.-U./Quick, R./Ruhnke, K. (Hrsg.): Lexikon der Wirtschaftsprüfung, Nach nationalen und internationalen Normen, Stuttgart, S. 776-781.

Raaijmakers, J.G.W./Shiffrin, R.M. (1992): Models for Recall and Recognition, in: Annual Review of Psychology, S. 205-234.

Rammert, S. (2007): Prüfungsnachweise, in: Freidank, C.-Ch./Lachnit, L./ Tesch, J. (Hrsg.): Vahlens Großes Auditing Lexikon, München, S. 1090-1091.

Rammstedt, B./John, O.P. (2007): Measuring Personality in One Minute or Less: A 10-item Short Version of the Big Five Inventory in English and German, in: Journal of Research in Personality, S. 203-212.

Rammstedt, B./Koch, K./Borg, I./Reitz, T. (2004): Entwicklung und Validierung einer Kurzskala für die Messung der Big-Five-Persönlichkeitsdimensionen in Umfragen, in: ZUMA-Nachrichten 55, S. 5-28.

Rebele, J.E./Heintz, J.A./Briden, G.E. (1988): Independent Auditor Sensitivity to Evidence Reliability, in: Auditing: A Journal of Practice & Theory (Fall 1988), S. 43-52.

Reckers, P.M.J./Schultz Jr., J.J. (1993): The Effects of Fraud Signals, Evidence Order, and Group Assisted Counsel on Independent Auditor Judgment, in: Behavioral Research in Accounting, S. 124-143.

Reimers, J.L./Fennema, M.G. (1999): The Audit Review Process and Sensitivity to Information Source Objectivity, in: Auditing: A Journal of Practice & Theory (Spring 1999), S. 117-123.

Reisch, J.T. (1997): An Investigation of the Impact of Source Reliability, Positivity, and Order Effects of Evidential Matter on Auditors' Decision Processes, Los Angeles.

Reitman, W.R. (1965): Cognition and Thought, New York u.a.

Richter, M. (1997): Empirische Untersuchungen in der deutschsprachigen Prüfungslehre, in: Richter, M. (Hrsg.): Theorie und Praxis der Wirtschaftsprüfung: Abschlußprüfung - Interne Revision - Kommunale Rechnungsprüfung, Berlin, S. 249-300.

Richter, M. (1999): Konzeptioneller Bezugsrahmen für eine realwissenschaftliche Theorie betriebswirtschaftlicher Prüfungen, in: Richter, M. (Hrsg.): Theorie und Praxis der Wirtschaftsprüfung II, Wirtschaftsprüfung und ökonomische Theorie - Prüfungsmarkt - Prüfungsmethoden - Urteilsbildung, Berlin, S. 263-307.

Richter, M. (2002): Prüfungen als wissenschaftliche Untersuchungsprozesse - zur wissenschaftlichen und berufspraktischen Bedeutung des meßtheoretischen Ansatzes von Klaus Wysocki, in: Richter, M. (Hrsg.): Theorie und Praxis der Wirtschaftsprüfung III, Berlin, S. 13-50.

Rohrmann, B. (1978): Empirische Studien zur Entwicklung von Antwortskalen für die sozialwissenschaftliche Forschung, in: Zeitschrift für Sozialpsychologie, S. 222-245.

Romhardt, K. (2001): Die Organisation aus der Wissensperspektive - Möglichkeiten und Grenzen der Intervention, Hamburg

Rosman, A.J./Seol, I./Biggs, S.F. (1999): The Effect of Stage of Development and Financial Health on Auditor Decision Behavior in the Going-Concern Task, in: Auditing: A Journal of Practice & Theory (Spring 1999), S. 37-54.

Rothe, H.J./Schindler, M. (1996): Expertise und Wissen, in: Gruber, H./Ziegler, A. (Hrsg.): Expertiseforschung - Theoretische und methodische Grundlagen, Opladen, S. 35-57.

Ruhnke, K. (1990): Expertensysteme als Prüfungswerkzeug, in: Die Wirtschaftsprüfung (WPg), S. 125-133.

Ruhnke, K. (1992): Wissensbasierte Systeme für die Wirtschaftsprüfung. Die Eignung des Ansatzes der Mustererkennung für prüfungsspezifische Aufgabenstellungen, in: Die Wirtschaftsprüfung (WPg), S. 688-695.

Ruhnke, K. (1997): Empirische Forschung im Prüfungswesen, in: Schmalenbachs Zeitschrift für betriebswirtschaftliche Forschung (zfbf), S. 311-344.

Ruhnke, K. (2000): Normierung der Abschlussprüfung, Stuttgart.

Ruhnke (2002a): Prüfungsnormen, in: Ballwieser, W./Coenenberg, A.G./von Wysocki, K. (Hrsg.): Handwörterbuch der Rechnungslegung und Prüfung, 3. Auflage, Stuttgart, Sp. 1841-1852.

Ruhnke, K. (2002b): Rezension zu: Schreiber, S.M.: Das Informationsverhalten von Wirtschaftsprüfern: Eine Prozessanalyse aus verhaltenswissenschaftlicher Perspektive, in: Betriebswirtschaftliche Forschung und Praxis (BFuP), S. 211-212.

Ruhnke, K. (2006a): Empirische Prüfungsforschung, in: Marten, K.-U./Quick, R./Ruhnke, K. (Hrsg.): Lexikon der Wirtschaftsprüfung, Nach nationalen und internationalen Normen, Stuttgart, S. 229-234.

Ruhnke, K. (2006b): Prüfungstheorie, in: Marten, K.-U./Quick, R./Ruhnke, K. (Hrsg.): Lexikon der Wirtschaftsprüfung, Nach nationalen und internationalen Normen, Stuttgart, S. 650-655.

Ruhnke, K. (2006c): Prüfungsnormen, in: Marten, K.-U./Quick, R./Ruhnke, K. (Hrsg.): Lexikon der Wirtschaftsprüfung, Nach nationalen und internationalen Normen, Stuttgart, S. 626-631.

Ruhnke, K. (2007): Geschäftsrisikoorientierte Prüfung von IFRS-Abschlüssen - Prüfungsansatz, Konkretisierung am Beispiel der Prüfung geschätzter Werte sowie Beurteilung des Ansatzes -, in: Zeitschrift für internationale und kapitalmarktorientierte Rechnungslegung (KoR), S. 155-166.

Ruhnke, K. (2008): Rechnungslegung nach IFRS und HGB: Lehrbuch zur Theorie und Praxis der Unternehmenspublizität mit Beispielen und Übungen, 2. Auflage, Stuttgart.

Ruhnke, K. (2009): Entdeckung von falschen Angaben in der Rechnungslegung durch den Abschlussprüfer - Bezugsrahmen, Einordnung empirischer Studien der Prüfungsdifferenzenforschung und Forschungsperspektiven, in: Journal für Betriebswirtschaft (JfB), S. 61-94.

Ruhnke, K./Lubitzsch, K. (2006): Abschlussprüfung und das neue Aussagen-Konzept der IFAC: Darstellung, Beweggründe und Beurteilung, in: Die Wirtschaftsprüfung (WPg), S. 366-375.

Ruhnke, K./Schmiele, C./Schwind, J. (2010): Die Erwartungslücke als permanentes Phänomen der Abschlussprüfung - Definitionsansatz, empirische Untersuchung und Schlussfolgerungen, in: Schmalenbachs Zeitschrift für betriebswirtschaftliche Forschung (zfbf), S. 394-421.

Ruhnke, K./Schmidt, M. (2003): Überlegungen zur Prüfung von beizulegenden Zeitwerten, in: Die Wirtschaftsprüfung (WPg), S. 1037-1051.

Ruhnke, K./Schmidt, M. (2005): Fair Value und Wirtschaftsprüfung, in: Bieg, H./Heyd, R. (Hrsg.): Fair-Value - Bewertung in Rechnungswesen, Controlling und Finanzwirtschaft, München, S. 575-597.

Russo Jr., J.A. (1994): An Investigation of Auditor Problem-Solving Behavior in an Unfamiliar Task Situation, Newark.

Ryle, G. (1949): The Concept of Mind, London.

Salterio, S.E. (1994): Researching for Accounting Precedents: Learning, Efficiency, and Effectiveness, in: Contemporary Accounting Research (Summer-Fall 1994), S. 515-542.

Salterio, S.E. (1996): The Effects of Precedents and Client Position on Auditors' Financial Accounting Policy Judgment, in: Accounting, Organizations & Society, S. 467-486.

Schanz, G. (1988): Methodologie für Betriebswirte, 2. Auflage, Stuttgart.

Schanz, G. (1997): Wissenschaftsprogramme - Orientierungsrahmen und Bezugspunkte betiebswirtschaftlichen Forschens und Lehrens, Ein historischer Abriß, in: Wirtschaftswissenschaftliches Studium (WiSt), S. 554-561.

Schaub, H./Reimann, R (1999): Zur Rolle des Wissens beim komplexen Problemlösen, in: Gruber, H./Mack, W./Ziegler, A. (Hrsg.): Wissen und Denken, Wiesbaden, S. 169-191.

Schaub, H./Zenke, K.G. (2007): Wörterbuch Pädagogik, 7. Auflage, München.

Scheuch, F. (1977): Heuristische Entscheidungsprozesse in der Produktpolitik, Berlin.

Schloemer, P.G./Schloemer, M.S. (1997): The Personality Types and Preferences of CPA Firm Professionals: An Analysis of Changes in the Profession, in: Accounting Horizons, S. 301-329.

Schneider, W./Shiffrin, R.N. (1977): Controlled and Automatic Human Information Processing: 1. Detection, Search and Attention, in: Psychological Review, S. 1-66.

Schnell, R./Hill, P./Esser, E. (2008): Methoden der empirischen Sozialforschung, 7. Auflage, München.

Schoenfeld, A.H./Herrmann, D.J. (1982): Problem Perception and Knowledge Structure in Expert and Novice Mathematical Problem Solvers, in: Journal of Experimental Psychology: Learning, Memory, and Cognition, S. 484-494.

Schreiber, S. M. (2000): Das Informationsverhalten von Wirtschaftsprüfern - Eine Prozessanalyse aus verhaltenswissenschaftlicher Perspektive, Wiesbaden.

Schwarz, N. (2002): Feelings as Information: Moods Influence Judgments and Processing Strategies, in: Gilovich, T./Griffin, D./Kahneman, D. (Hrsg.): Heuristics and Biases: The Psychology of Intuitive Judgment, New York.

Schwarz, N./Clore, G. (1983): Mood, Misattribution, and Judgments of Well-Being: Informative and Directive Functions of Affective States, in: Journal of Personality and Social Psychology, S. 513-523.

Schwibinger, T. (2007): Prüffelder, in: Freidank, C.-Ch./Lachnit, L./Tesch, J. (Hrsg.): Vahlens Großes Auditing Lexikon, München, S. 1071-1072.

Scott, W. (2003): Financial Accounting Theory, 3. Auflage, Toronto.

Selten, R. (1990): Bounded Rationality, in: Journal of Institutional and Theoretical Economics, S. 649-658.

Shaffer, D.M./Krauchunas, S.M./Eddy, M./McBeath, M.K. (2004): How dogs navigate to catch Frisbees, in: Psychological Science, S. 437-441.

Shanteau, J. (1992): How Much Information Does an Expert Use? Is it Relevant?, in: Acta Psychologica, S. 75-86.

Shanteau, J. (1993): Discussion of "Expertise in Auditing", in: Auditing: A Journal of Practice & Theory (Supplement 1993), S. 51-56.

Shanteau, J./Stewart, T.R. (1992): Why Study Expert Decision Making? Some Historical Perspectives and Comments, in: Organizational Behavior and Human Decision Processes, S. 95-106.

Shelton, S.W. (1999): The Effect of Experience on the Use of Irrelevant Evidence in the Auditor Judgment, in: The Accounting Review, S. 217-224.

Shields, M.D./Solomon, I./Waller, W.S. (1987): Effects of Alternative Sample Space Representations on the Accuracy of Auditors' Uncertainty Judgements, in: Accounting, Organizations & Society, S. 375-388.

Shiffrin, R.M. (1975). Short-Term Store: The Basis For a Memory System, in: Restle, F./Shiffrin, R.M./Castellan, N.J./Lindman, H.R./Pisoni, D.B. (Hrsg.): Cognitive Theory, Hillsdale, S. 193-218.

Shuqin, G./Wang, X./Rocklin, T. (1995): Sex-Differences in Personality. A Meta-Analysis on "Big Five"-Factors, Konferenzpapier, präsentiert beim Jahrestreffen der American Educational Research Association 1995, http://eric.ed.gov/ERICDocs/data/ericdocs2/ content_storage_01/0000000b/80/26/bf/30.pdf (Stand: 13.2.2007).

Sieben, G./Bretzke, W.-R. (1973): Zur Typologie betriebswirtschaftlicher Prüfungssysteme, in: Betriebswirtschaftliche Forschung und Praxis (BFuP), S. 625-630.

Simnett, R./Trotmann, K.T. (1989): Auditor vs. Model: Information Choice and Information Processing, in: Journal of Accounting Research, S. 514-528.

Simon, H.A. (1955): A Behavioral Model of Rational Choice, in: The Quarterly Journal of Economics, S. 99-118.

Simon, H.A. (1957a): Administrative Behaviour, 2. Auflage, New York.

Simon, H.A. (1957b): Models of Man, New York, London.

Simon, H.A. (1960): The New Science of Management Decision, New York, Evanston.

Simon, H.A. (1972): Theories of Bounded Rationality, in: McGuire, C.B./Radner, R. (Hrsg.): Decisions and Organizations, New York, S. 161-176.

Simon, H.A. (1973): The Structure of Ill-Structured Problems, in: Artificial Intelligence, Vol.4, S. 181-201.

Simon, H.A. (1978): Information-Processing Theory of Human Problem Solving, in: Handbook Learning, S. 271-295.

Simon, H.A. (1979): Information Processing Models of Cognition, in: Annual Review of Psychology, S. 363-396.

Simon, H.A. (1990): Invariants of Human Behavior, in: Annual Review of Psychology, S. 1-19.

Simon, H.A./Newell, A. (1958): Heuristic Problem Solving: The Next Advance in Operations Research, in: Operations Research (OR) 6/1958, S. 1-10.

Simon, W. (2006): Persönlichkeitsmodelle und Persönlichkeitstests, Offenbach.

Slovic, P./Finucane, T./Peters, E./ MacGregor, D. (2002): The Affect Heuristic, in: Gilovich, T./Griffin, D./Kahneman, D. (Hrsg.): Heuristics and Biases: The Psychology of Intuitive Judgment, New York.

Smith, G.F. (1988): Towards a Heuristic Theory of Problem Structuring, in: Management Science, Vol. 34, S. 1489-1506.

Smith, J.F./Kida, T. (1991): Heuristics and Biases: Expertise and Task Realism in Auditing, in: Psychological Bulletin, S. 472-489.

Solomon, I./Brown, C. (1992): Auditors' Judgments and Decisions under Time Pressure: An Illustration and Agenda for Research, in: Srivastava, R. (Hrsg.): Auditing Symposium XI: Proceedings of the 1992 Deloitte and Touche/University of Kansas Symposium on Audit Problems.

Solomon, I./Shields, M.D. (1995): Judgement and Decision Making Research in Auditing, in: Ashton, R.H./Ashton, A.H. (Hrsg.): Judgment and Decision-Making Research in Accounting and Auditing, Cambridge, S. 137-175.

Solso, R.L./MacLin, O.H./MacLin, H.K. (2008): Cognitive Psychology, 8. Auflage, Boston u.a.

Spence, M.T./ Brucks, M. (1997): The Moderating Effects of Problem Charakteristics on Experts' and Novices' Judgements, in: Journal of Marketing Research, Vol. 34, S. 233-247.

Starbatty , N. (2001): Fair Value Accounting gemäß Statement of Financial Accounting Concept No. 7, in: Die Wirtschaftsprüfung (WPg), S. 543-558.

Steiner, I. (1972): Group Processes and Productivity, New York

Strack, F./Deutsch, R. (2002): Urteilsheuristiken, in: Frey, D./Irle, M. (Hrsg.): Theorien der Sozialpsychologie, Band 3, Motivations-, Selbst- und Informationsverarbeitungstheorien, 2. Auflage, Bern, S. 352-384.

Streim, H. (1975): Heuristische Lösungsverfahren, Versuch einer Begriffserklärung, in: Zeitschrift für Operations Research, S. 143-162.

Streim, H./Bieker, M./Leippe, B. (2001): Anmerkungen zur theoretischen Fundierung der Rechnungslegung nach International Accounting Standards, in: Schmidt, H./Ketzel,

E./Prigge, W. (Hrsg.): Wolfgang Stützel - Moderne Konzepte für Finanzmärkte, Beschäftigung und Wirtschaftsverfassung, Tübingen, S. 177-206.

Stuart, I. (1993): Analytical Procedures and Judgment Accuracy: A Comparison of Structured and Unstructured Audit Methodology, Iowa.

Svenson, O. (1981): Are We All Less Risky and More Skilful Than Our Fellow Drivers?, in: Acta Psychologica, S. 143-148.

Swieringa, R./Gibbins, M./Larsson, L./Sweeney, J.A. (1976): Experiments in the Heuristics of Human Information Processing, in: Human Information Processing in Accounting, S. 159-187.

Tan, H. (1995): Effects of Expectations, Prior Involvement, and Review Awareness on Memory for Audit Evidence and Judgment, in: Journal of Accounting Research, S. 113-135.

Tan, H./Libby, R. (1997): Tacit Managerial versus Technical Knowledge as Determinants of Audit Expertise in the Field, in: Journal of Accounting Research, S. 97-113.

Tan, H.-T./Ng, B.-P.T./Mak, W.-Y.B. (2002): The Effects of Task Complexity on Auditors' Performance: The Impact of Accountability and Knowledge, in: Auditing: A Journal of Practice & Theory (September 2002), S. 81-95.

Tan, H.-T./Yip-Ow, J. (2001): Are Reviewers' Judgments Influenced by Memo Structure and Conclusions Documented in Audit Workpapers?, in: Contemporary Accounting Research (Winter 2001), S. 663-678.

Tarpy, R.M./Mayer, R.E. (1978): Foundations of Learning and Memory, Glenview.

Teitler, E. (2006): Offenlegungspflichten über die Hauptquellen von Schätzungsunsicherheiten nach IAS 1, in: Zeitschrift für internationale Rechnungslegung (IRZ), S. 179-185.

Tesch, J. (2007): Prüfungsurteil, in: Freidank, C.-Ch./Lachnit, L./Tesch, J. (Hrsg.): Vahlens Großes Auditing Lexikon, München, S. 1121.

Tetlock, P.E./Skitka, L./Boettger, R. (1989): Social and Cognitive Strategies for Coping With Accountability: Conformity, Complexity, and Bolstering, in: Journal of Personality and Social Psychology, S. 632-640.

Tomassini, L.A./Solomon, I./Romney, M.B./Krogstad, J.L. (1982): Calibration of Auditors' Probabilistic Judgments: Some Empirical Evidence, in: Organizational Behavior and Human Performance, S. 391-406.

Tonge, F.M. (1960): The Use of Heuristic Programming, Management Science, Bd. 7, S. 231-237, wiederabgedruckt in: Richards, M.D./Nielander, W.A. (Hrsg.): Readings in Management, 2. Auflage, Cincinnati/Ohio, 1963, S. 263-269.

Trompeter, G. (1994): The Effect of Partner Compensation Schemes and Generally Accepted Accounting Principles on Audit Partner Judgment, in: Auditing: A Journal of Practice & Theory (Fall 1994), S. 56-68.

Trotman, K.T. (1998): Audit Judgment Research-Issues Adressed, Research Methods and Future Directions, in: Accounting and Finance, S. 115-156.

Trotman, K.T./Sng, J. (1989): The Effect of Hypothesis Framing, Prior Expectations, and Cue Diagnosticity on Auditors' Information Choice, in: Accounting, Organizations & Society, S. 565-576.

Trotman, K.T./Wright, A. (1996): Recency Effects: Task Complexity, Decision Mode, and Task-Specific Experience, in: Behavioral Research in Accounting, S. 175-193.

Trotman, K.T./Wright, A. (2000): Order Effects and Recency: Where Do We Go From Here?, in: Accounting and Finance, S. 169-182.

Tubbs, R.M./Messier, W.F./Knechel, W.R. (1990): Recency Effects in the Auditor's Belief-Revision Process, in: The Accounting Review, S. 452-460.

Tulving, E. (1972). Episodic and Semantic Memory, in: Tulving, E./Donaldson, W. (Hrsg.): Organization of memory, New York, S. 381-403.

Tversky, A./Kahneman, D. (1971): Belief in the Law of Small Numbers, in: Psychological Bulletin, S. 105-110.

Tversky, A./Kahneman, D. (1973): Availability: A Heuristic for Judging Frequency and Probability, in: Cognitive Psychology, S. 207-232.

Tversky, A./Kahneman, D. (1974): Judgment under Uncertainty: Heuristics and Biases, in: Science, S. 1124-1131.

Tversky, A./Kahneman, D. (1981): The Framing of Decisions and the Psychology of Choice, in: Science, S. 453-458.

Tversky, A./Kahneman, D. (1982): Judgments of and by Representativeness, in: Kahneman, D./Slovic, P./Tversky, A. (Hrsg.): Judgment under Uncertainty: Heuristics and Biases, New York, S. 84-98.

Tversky, A./Kahneman, D. (1983): Extensional Versus Intuitive Reasoning: The Conjunction Fallacy in Probability Judgment, in: Psychological Review, S. 293-315.

Tversky, A./Kahneman, D. (1986): Rational Choice and the Framing of Decisions, in: Journal of Business, S. 251-278.

Uecker, W.C./Kinney, W.R. (1977): Judgmental Evaluation of Sample Results : A Study of the Type and Severity of Errors Made by Practicing CPAs, in: Accounting, Organizations & Society, S. 269-275.

Ulrich, W. (1976): Einführung in die heuristischen Methoden des Problemlösens, in: Das Wirtschaftsstudium (WISU), S. 251-256.

Vaasen, E.H./Baker, C.R./Hayes, R.S. (1993): Cognitive Styles of Experienced Auditors in the Netherlands, in: British Accounting Review, S. 367-382.

Väth, A./Hoberg, W. (1998): Qualitative Analyse von Immobilieninvestitionen, in: Schulte, K.-W./Bone-Winkel, S./Thomas, M. (Hrsg.): Handbuch Immobilieninvestition, Köln, S. 79-123.

Vater, H. (2002): Fair Value - des Rätsels Lösung?, in: Buchführung, Bilanz, Kostenrechnung (BBK), S. 453-665.

Vaupel, C.F. (2008): Real Estate Investment Trusts, in: Habersack, M./Mülbert, P.O./Schlitt, M. (Hrsg.): Unternehmensfinanzierung am Kapitalmarkt, § 21, 2. Auflage, Köln.

Vogel, H./Parthey, H./Wächter, W. (1970): Problemtypen bei der Hypothesen und Prognosenbildung (Thesen), in: Parthey, H. (Hrsg.): Problemtypen bei der Hypothesen und Prognosenbildung, S. 7-23.

Vogels, M. (1996): Grundstücks- und Gebäudebewertung - marktgerecht, 5. Auflage, Wiesbaden u.a.

v. Torklus, A. (2007): Rückstellungen nach internationalen Normen. Eine theoretische und empirische Analyse, Düsseldorf.

v. **Wysocki, K. (1993):** Prüfung und Kontrolle: Empirische Befunde im deutschen Prüfungswesen, in: Hausschildt, J./Grün, O. (Hrsg.): Ergebnisse empirischer betriebswirtschaftlicher Forschung: Zu einer Realtheorie der Unternehmung, Festschrift für Eberhard Witte, Stuttgart, S. 907-923.

v. **Wysocki, K. (2002):** Prüfungstheorie, messtheoretischer Ansatz, in: Ballwieser, W./Coenenberg, A.G./v. Wysocki, K. (Hrsg.): Handwörterbuch der Rechnungslegung und Prüfung, 3. Auflage, Stuttgart, Sp. 1886-1899.

Voss, J.F./Post, T.A. (1988): On The Solving of Ill-Structured Problems, in: Chi, M.T./Glaser, R./Farr, M.J. (Hrsg.): The Nature of Expertise, Hillsdale (New Jersey), S. 261-285.

Wagenhofer, A./Ewert, R. (2007): Externe Unternehmensrechnung, 2. Auflage, Berlin, Heidelberg.

Waller, W.S./Felix Jr., W.L. (1984): The Auditor and Learning from Experience: Some Conjectures, in: Accounting, Organizations & Society, S. 383-406.

Walo, J. (1995): The Effect of Client Characteristics on Audit Scope, in: Auditing: A Journal of Practice & Theory (Spring 1995), S. 115-124.

Weiber, R./Mühlhaus, D. (2009): Strukturgleichungsmodelle. Eine anwendungsorientierte Einführung in die Kausalanalyse mit Hilfe on AMOS, SmartPLS und SPSS, Berlin, Heidelberg.

Weinstein, Neil D./Lachendro, E. (1982): Egocentrism as a Source of Unrealistic Optimism, in: Personality and Social Psychology Bulletin, S. 195-200.

White, D./Turner, J./Jenyon, B./Lincoln, N. (2003): Internationale Bewertungsverfahren für das Investment in Immobilien: Praktische Anwendung internationaler Bewertungsstandards, Wiesbaden.

Wickelgren, W.A. (1979): Cognitive Psychology, Englewood Cliffs (New Jersey).

Wild, J.J./Biggs, F.S. (1990): Strategic Considerations for Unaudited Account Values in Analytical Review, in: The Accounting Review, S. 227-241.

Wildemann, B. (1999): Die Persönlichkeit des Managers, Göttingen.

Wilks, J. (2002): Predecisional Distortion of Evidence as a Consequence of Real-Time Audit Review, in: The Accounting Review, S. 51-71.

Willet, C./Page, M (1996): A Survey of Time Pressure and Irregular Auditing Practices Among Newly Qualified UK Chartered Accountants, in: British Accounting Review, S. 101-120.

Wippich, W. (1984): Lehrbuch der angewandten Gedächtnispsychologie, Band 1, Stuttgart u.a.

Wirtz, M./Nachtigall, C. (2006): Deskriptive Statistik - Statistik für Psychologen, Band 1, Weinheim.

Wittekind, M. (2006): Bestätigungsvermerk, in: Marten, K.-U./Quick, R./Ruhnke, K. (Hrsg.): Lexikon der Wirtschaftsprüfung, Nach nationalen und internationalen Normen, Stuttgart, S. 127-133.

WPK (2010): Statistische Informationen zu unseren Mitgliedern, Stand: 01.01.2010, online abrufbar unter: www.wpk.de/beruf-wp-vbp/ statistiken.asp (Stand: 09.07.2010).

Wright, A. (1988): The Impact of Prior Working Papers on Auditor Evidential Planning Judgments, in: Accounting, Organizations & Society, S. 595-605.

Wright, A./Wright, S. (1997): The Effect of Industry Experience on Hypothesis Generation and Audit Planning Decisions, in: Behavioral Research in Accounting, S. 273-294.

Wright, W. (2001): Task experience as a predictor of Superior Loan Loss Judgments, in: Auditing: A Journal of Practice & Theory (March 2001), S. 147-155.

Wright, W./Bower, G. (1992): Mood Effects on Subjective Probability Assessment, in: Organizational Behavior and Human Decision Processes, S. 276-291.

Yarbus, A.L. (1967): Eye Movements and Vision, New York.

Zimbelman, M. (1997): The Effects of SAS No. 82 on Auditors' Attention to Fraud Risk Factors and Audit Planning Decisions, in: Journal of Accounting Research, S. 75-97.

Zimmermann, P./Heller, R.E. (1995): Der Verkehrswert von Grundstücken, Rechtliche Belastungen und ihr Einfluss auf die Wertfindung, München.

Zülch, H. (2003): Die Bilanzierung von Investment Properties nach IAS 40, Düsseldorf.

Zukier, H. (1982): The Dilution Effect: The Role of the Correlation and the Dispersion of Predictor Variables in the Use of Nondiagnostic Information, in: Journal of Personality and Social Psychology, S. 1163-1174.

Anhang

Anlage 1:	Darstellung ausgewählte empirischer Studien unter besonderer Berücksichtigung von Erfahrung	225
Anlage 2:	Fragebogenabschnitt: Allgemeine Angaben	228
Anlage 3:	Fallstudie 2 (gut-strukturiertes Aufgabengebiet)	229
Anlage 4:	Fallstudie 1 (schlecht-strukturiertes Aufgabengebiet)	231
Anlage 5:	Fallstudie 3 (unstrukturiertes Aufgabengebiet)	232
Anlage 6:	Mittelwertvergleich Eigenschaften Experten-Novizen	234
Anlage 7:	Bilanzierungspraxis von investment properties	235
Anlage 8:	Fair value des Immobilienbestands und externe Begutachtung	238
Anlage 9:	Diagramm Alter	240
Anlage 10:	Diagramm Alter-Geschlecht	240
Anlage 11:	t-Test Persönlichkeit (Geschlecht)	241
Anlage 12:	t-Test Persönlichkeit (Wirtschaftsprüfer)	241
Anlage 13:	Tabelle IFRS-Kenntnisse (Wirtschaftsprüfer)	242
Anlage 14:	Tabelle Kenntnisse Prüfung IFRS (Wirtschaftsprüfer)	242
Anlage 15:	Diagramm Kenntnisse IFRS-Rechnungslegung	243
Anlage 16:	Diagramm Kenntnisse Prüfung IFRS	243
Anlage 17:	Diagramm Kenntnisse Prüfung geschätzte Werte	244
Anlage 18:	Diagramm Kenntnisse Prüfung Immobilien	244
Anlage 19:	Chi-Quadrat-Test und Phi (Schulung/Fallstudie 2)	245
Anlage 20:	Chi-Quadrat-Test und Phi (Schulung/Fallstudie 1)	246
Anlage 21:	Chi-Quadrat-Test und Phi (Schulung/Fallstudie 3)	247
Anlage 22:	95%-Konfidenzintervall der Mittelwerte von Entscheidungsperformance	248
Anlage 23:	Chi-Quadrat-Test (Entscheidungsperformance von Experten in schwach gut- und schlecht-strukturierten Aufgabengebieten)	249
Anlage 24:	Chi-Quadrat-Test (Entscheidungsperformance von Novizen in schlecht- und unstrukturierten Aufgabengebieten)	250

Anlage 25:	t-Test IFRS-Prüfungserfahrung (Entscheidungsperformance)	251
Anlage 26:	t-Test besuchte Weiterbildungsveranstaltungen und Entscheidungsperformance	251
Anlage 27:	Kolmogorov-Smirnov-Test	252
Anlage 28:	t-Test Persönlichkeit (Entscheidungsperformance)	253
Anlage 29:	Verteilung des Faktors Gewissenhaftigkeit	254

Anlage 1: Darstellung ausgewählte empirischer Studien unter besonderer Berücksichtigung von Erfahrung

Effekt	Autor(en)	Untersuchungsteilnehmer und Datenauswertung	Prüfungsaufgabe und zentrale Ergebnisse
Ankereffekte	Butler (1986)	68 Prüfer (Ø 5 Jahre Prüfungserfahrung) und 39 Teilnehmer einer Assistentenschulung; t-Tests, U-Test	Fehlerrisikobeurteilung: Alle Teilnehmer richten ihre Beurteilung an fiktiven Fehlerraten aus; Verminderung des Ankereffektes durch Erfahrung (erfahrene Prüfer passen die Anker auf Basis ihrer Erfahrung an).
Aufgabenstruktureffekte	Cohen/Kida (1989)	96 Prüfer (50 Seniors und 46 Manager); k.A. zur Prüfungserfahrung; ANOVA	Prüfungsplanung: Manager setzen einen Prüfungsschwerpunkt auf analytische Prüfungshandlungen; Seniors dagegen bei internen Kontrollen, da sie mit den Ergebnissen der schlechter-strukturierten Aufgabe (analytische Prüfungshandlungen) weniger vertraut sind.
	Moroney/Carey (2007)	Laborexperiment; 83 Prüfer von mid-tier WPG's (Ø PE = 7,1 Jahre); t-Test	Prüfung von F&E-Aufwendungen sowie Bestimmung von Prüfungshandlungen: Industriespezifische Erfahrung und aufgabenspezifische Erfahrung korrelieren positiv mit der Performance von Prüfern; wobei die Ergebnisse für industriespezifische Erfahrung unabhängig davon, ob der Prüfer über aufgabenspezifische Erfahrung verfügt signifikant sind; Prüfer die hingegen nur über aufgabenspezifische Erfahrung nicht aber über industriespezifische Erfahrung verfügen, weisen keine höhere Leistung auf.
Bestätigungseffekt	Bamber/ Ramsay/ Tubbs (1997)	94 Prüfer (45 Seniors mit Ø 43 Monaten PE und 49 Novizen mit Ø 4 Monaten PE); ANOVA	Einbringlichkeit von Forderungen/ Einschätzung der *fraud*-Wahrscheinlichkeit: Prüfer gewichten Beweismittel, die in Übereinstimmung mit ihrem Hypothesenrahmen sind stärker; dieser Effekt wird nicht von Erfahrung gemindert.
	Kaplan/ Reckers (1989)	71 Prüfer (Ø PE = 8 Jahre); ANCOVA; multiple Regressionsanalyse	Analytische Prüfungshandlungen: Prüfer suchen stärker nach Nachweisen, die ihre Ursprungshypothese bestätigen, durch Erfahrung wird dieser Effekt vermindert; Unerfahrenere Prüfer (Ø PE < 6 Jahre) führen mehr Tests durch, die auf die Überprüfung ihrer generierten Hypothese gerichtet sind (konfirmatorische Prozesse) als erfahrene Prüfer (Ø PE $\geq$ 6 Jahre).

Konjunktionseffekt	Frederick/ Libby (1986)	Experiment 1 und 2: 33 bzw. 31 Prüfer mit einer Ø PE zwischen 2,3 und 3,5 Jahren; Experiment 3, 4 und 5: 49, 40 bzw. 24 Studenten Chi-Quadrat-Test	Beurteilung interner Kontrollen: Konjunktionseffekte traten bei den Prüfern ebenso wie bei der Kontrollgruppe der Studenten auf; Nachweis des bei Prüfern vorhandenen Wissens über repräsentative Zusammenhänge (von bestimmten Schwächen im internen Kontrollsystem und Fehlern in der Rechnungslegung) anhand der gruppenspezifischen Unterschiede der Konjunktionsfehler.
	Ho/May (1993)	122 Prüfer (Ø PE = 3,2 Jahre); 160 Studenten; Log-Lineare Analyse	Analytische Prüfungshandlungen: Sowohl bei den Prüfern als auch bei der Kontrollgruppe konnten Konjunktionseffekte nachgewiesen werden; hatten z.B. Prüfer eine extreme Abweichung zu beurteilen, so verletzen sie die Konjunktionsregel signifikant häufiger als bei der Beurteilung einer nicht extremen Abweichung; Erfahrung verstärkt diesen Effekt bei Prüfern.
Verwässerungseffekte	Hoffman/ Patton (1997)	44 Prüfer (Ø PE = 3 Jahre); t-Test	Einschätzung der *fraud*-Wahrscheinlichkeit: Irrelevante Informationen reduzieren das zu beurteilende *fraud*-Risiko; Erfahrung mindert diesen Effekt nicht.
	Shelton (1999)	Laborexperiment mit 56 Partnern und Managern (Ø PE = 13,8 Jahre) und 31 Seniors (Ø PE =3,3 Jahre); ANOVA	*Going-Concern*-Beurteilung: Erfahrung reduziert den Einfluss irrelevanter Informationen.
Selbstüberschätzungseffekte	Chung/Moore (2000)	98 Prüfer (Ø PE =19,97Monate); Pfadmodell	Beurteilung interner Kontrollen: Erfahrung wirkt sich negativ auf die wahrgenommen Schwierigkeitsgrad einer Prüfungsaufgabe und positiv auf *confidence* aus; keine Auswirkung konnte jedoch auf die *judgment accuracy* festgestellt werden.
	Owhoso/ Weickgenannt (2009)	72 Manager (Ø PE = 7,3 Jahre); 72 Seniors (Ø PE = 3,8 Jahre); t-Test	*Working Paper Review*: Beide Gruppen, sowohl die Seniors als auch die Manager, überschätzen ihre Fähigkeiten zur Aufdeckung von Fehlern in den Arbeitspapieren.

Reihenfolgeeffekte	Arnold/Collier/ Leech/Sutton (2000)	Experiment 1: 118 Manager, 87 Partner (Ø PE = 12,4 Jahre); Experiment 2: 39 Seniors (Ø PE von Insolvenzwahrscheinlichkeite n= 3,3 Jahre); 48 Manger/Partner (Ø PE von Insolvenzwahr- scheinlichkeiten= 12,1 Jahre); ANCOVA	*Going-Concern*-Beurteilung/ Beurteilung von Insolvenz-wahrscheinlichkeiten: In beiden Experimenten treten Neuheitseffekte auf; Experiment 2 zeigt zudem, dass Erfahrung diesen Effekt verstärkt.
	Kennedy (1993)	58 Studenten (Ø 5,5 Jahre allgemeine Berufserfahrung) und 171 Prüfer (Ø an 6 *Going-Concern*- Prüfungen direkt beteiligt); ANOVA und t-Tests	Beurteilung von Insolvenzwahrscheinlickeiten: Lediglich die Entscheidungsfindung der Studentenkohorte wird durch Neuheitseffekte verzerrt; durch Verantwortlichkeit (*accountability*) wird dieser Effekt gemindert.
	Krul/Reckers/ Wong-on-Wing (1993)	147 Prüfer (Ø PE = 9,6 Jahre); ANCOVA	Abschreibungen von Vorräten: Neuheitseffekte beeinflussen die Urteilsbildung der Prüfer bei *SbS*-verarbeitung; dieser Effekt wird durch Erfahrung verstärkt.
	Messier/Tubbs (1994)	72 Manager (Ø PE = 7,0 Jahre) und 78 Seniors Manager (Ø PE = 3,52 Jahre); ANOVA	Einbringlichkeit von Forderungen: Bei Managern treten signifikant weniger Neuheitseffekte auf als bei Seniors (*EoS*).
	Trotman/ Wright (1996)	96 Prüfer (Senioren und Manager mit Ø PE = 5,4 Jahre); 64 Studenten; ANOVA	*Going-Concern*-Beurteilung,/ Beurteilung interner Kontrollen: Insbesondere bei *SbS*-Verarbeitung treten Reihenfolgeeffekte auf; Erfahrung mindert diesen Effekt; ist in komplexen Aufgabengebieten ein hohes Maß an Erfahrung zur Minderung notwendig, stellt sich der gleiche Minderungseffekt in der einfacheren Aufgabe bereits bei geringeren Erfahrungswerten ein.

Anlage 2: Fragebogenabschnitt: Allgemeine Angaben

Welches **Geschlecht** haben Sie?	weiblich	O	männlich	O
Welches **Alter** haben Sie?				
Welche **Berufsexamina** haben Sie? *(Bitte benennen Sie diese kurz, z.B. StB, WP, CPA,...)*				
Wie viele Jahre **allgemeine Prüfungserfahrung** haben Sie?				
Wie viele Jahre **IFRS-bezogene Prüfungserfahrung** haben Sie?				
Bitte geben Sie die absolute und relative Anzahl Ihrer Mandate an, die ihre **Abschlüsse nach IFRS** erstellen.	absolut		relativ	%
Bitte geben Sie die **Anzahl** der von Ihnen in den letzten 2 Jahren besuchten **Weiterbildungsveranstaltungen** an, in denen die folgenden Bereiche thematisiert wurden:				
a) Prüfung oder Rechnungslegung von geschätzten Werten.				
b) als Finanzinvestition gehaltene Immobilien.				

Bitte kreuzen Sie Ihre Antwort an:	sehr vertraut	vertraut	eher vertraut	wenig vertraut	nicht vertraut
Wie würden Sie Ihre Kenntnisse auf dem Gebiet der **IFRS-Rechnungslegung** einschätzen?	O	O	O	O	O
Wie würden Sie Ihre Kenntnisse auf dem Gebiet der **Prüfung von IFRS-Abschlüssen** einschätzen?	O	O	O	O	O
Wie würden Sie Ihre Kenntnisse auf dem Gebiet der **Prüfung von geschätzten Werten** einschätzen?	O	O	O	O	O
Wie würden Sie Ihre Kenntnisse auf dem Gebiet der **Prüfung von Immobilien** einschätzen?	O	O	O	O	O

Inwieweit treffen die folgenden Aussagen auf Sie zu?

Bitte zutreffendes ankreuzen: Ich...	trifft überhaupt nicht zu	trifft eher nicht zu	weder noch	eher zutreffend	trifft voll und ganz zu
...bin eher zurückhaltend, reserviert.	O	O	O	O	O
...schenke anderen leicht Vertrauen, Glaube an das Gute im Menschen.	O	O	O	O	O
...bin bequem, neige zur Faulheit.	O	O	O	O	O
...bin entspannt, lasse mich durch Stress nicht aus der Ruhe bringen.	O	O	O	O	O
...habe nur wenig künstlerisches Interesse.	O	O	O	O	O
...gehe aus mir heraus, bin gesellig.	O	O	O	O	O
...neige dazu, andere zu kritisieren.	O	O	O	O	O
...erledige Aufgaben gründlich.	O	O	O	O	O
...werde leicht nervös und unsicher.	O	O	O	O	O
...habe eine aktive Vorstellungskraft, bin phantasievoll.	O	O	O	O	O

Anlage 3:   Fallstudie 2 (gut-strukturiertes Aufgabengebiet)

Die in der Energie-Branche tätige Energy-AG ist seit der Fertigstellung im Jahr 2007 Eigentümer der Immobilie A, welche zu Finanzanlagezwecken (investment property) gehalten wird. Zum 31.12.2008 bilanziert die Energy-AG die Immobilie A nach dem fair value model gem. IAS 40. Der beizulegende Zeitwert wird hierbei mit Hilfe des Discounted Cashflow-Verfahrens unter Verwendung der Risikozuschlagsmethode bestimmt.

Beschreibung:

Die Immobilie liegt sehr verkehrgünstig in Berlin-Mitte, in unmittelbarer Nähe zur Friedrichstraße. Das Gebäude umfasst auf 4 Stockwerken eine Fläche von 4.000 m^2. Die interne Erschließung ermöglicht durch eine flexible Zusammenschaltung oder Teilung von Einzelflächen eine Vielzahl an Variationsmöglichkeiten.

Hintergrundinformationen:

o	In 2008 wurde eine in Zustand und Ausstattung identische Immobilie auf dem Nachbargrundstück errichtet (Immobilie B).
o	Käufer der Immobilie B am 31.12.2008 ist die Auto-AG, ein international agierender Automobilzulieferer.
o	Die Auto-AG hält die Immobilie B ebenso als Finanzanlage.
o	Die nicht auf die Mieter umlagefähigen Kosten in Form von Verwaltungs-, Betriebs- und Instandhaltungskosten der beiden Immobilien eines Jahres betragen 1,5 % der jährlichen Bruttomieteinzahlungen des jeweiligen Mieters.
o	Als Verlängerungsanreiz der Mietverträge sind nach Auslaufen der Mietverträge Renovierungsmaßnahmen vereinbart worden, hierfür wird mit 200€/m^2 kalkuliert.
o	Beide Unternehmen berücksichtigen das erwartete Mietwachstum gleichermaßen in den Cashflows.

		Immobilie A		Immobilie B		
		Mieter A1	Mieter A2	Mieter B1	Mieter B2	Mieter B3
o	Geschoß	EG	1.OG - 3. OG	EG	1. - 2. OG	3. OG
o	Fertigstellung	2007	2007	2008	2008	2008
o	Nutzung	Einzelhandel	Büro	Einzelhandel	Büro	Büro
o	Branche des Mieters	Herrenmode	Start-Up-Unternehmen	Supermarkt	Versicherung	WP-Gesellschaft
o	Mietausfallwagnis	6 %	8 %	6 %	4 %	4 %
o	Mietfläche in m^2	1.000	3.000	1.000	2.000	1.000
o	Mietbeginn	01.01.2008	01.01.2008	01.01.2009	01.01.2009	01.01.2009
o	Vertragsdauer in Jahren	5	5	5	5	10
o	Verlängerungsoption	Jährliche Kündigungsmöglichkeit	Weitere 5 Jahre	Jährliche Kündigungsmöglichkeit	Weitere 5 Jahre	Weitere 10 Jahre
o	Miete/m^2/Monat	25,00 €	17,50 €	25,00 €	17,50 €	17,50 €

Zinssatz:

O	Risikoloser Zinssatz (Umlaufrendite einer 10-jährigen Bundesanleihe): 3,5 %.
O	Der bei der Ermittlung des Kaufpreises der Immobilie B verwendete Diskontierungszinssatz im Dezember 2008 beträgt 6,5 %.
O	Branchenspezifische Diskontierungszinssätze von als Finanzanlage gehaltenen Immobilien der Energiebranche in 2008 (abgeleitet aus veröffentlichten Kaufpreisen u.a. vom Ring Deutscher Makler und Gutachterausschüssen): 5,0 - 5,6 %.
O	Branchenspezifische Diskontierungszinssätze von als Finanzanlage gehaltenen Immobilien der Automobilbranche in 2008 (abgeleitet aus den veröffentlichten Kaufpreisen u.a. vom Ring Deutscher Makler und Gutachterausschüssen): 5,7 - 7,0 %.

Sie sind Abschlussprüfer der Energy-AG. Bitte beurteilen Sie den von der Energy-AG zur Bilanzierung der Immobilie A verwendeten Diskontierungszinssatz in Höhe von 5,5 % vor dem Hintergrund obenstehender Informationen.

1. Der verwendete Diskontierungszinssatz der Energy-AG i.H.v. 5,5 % ist:

noch vertretbar	O
nicht vertretbar (der Diskontierungszinssatz ist zu hoch)	O
nicht vertretbar (der Diskontierungszinssatz ist zu niedrig)	O

2. Bitte kreuzen Sie die von Ihnen zu Ihrer Entscheidung verwendeten Informationen an (d.h. diejenigen Informationen, die Sie für relevant erachten).

Anlage 4: Fallstudie 1 (schlecht-strukturiertes Aufgabengebiet)

Die in der Energie-Branche tätige Energy-AG ist seit der Fertigstellung im Jahr 2007 Eigentümer der Immobilie A, welche zu Finanzanlagezwecken (investment property) gehalten wird. Zum 31.12.2008 bilanziert die Energy-AG die Immobilie A nach dem fair value model gem. IAS 40. Der beizulegende Zeitwert wird hierbei mit Hilfe des Discounted Cashflow-Verfahrens unter Verwendung der Risikozuschlagsmethode bestimmt.

Beschreibung:

Die Immobilie liegt sehr verkehrgünstig in Berlin-Mitte, in unmittelbarer Nähe zur Friedrichstraße. Das Gebäude umfasst auf 6 Stockwerken eine Fläche von 6.000 m². Die interne Erschließung ermöglicht durch eine flexible Zusammenschaltung oder Teilung von Einzelflächen eine Vielzahl an Variationsmöglichkeiten.

Hintergrundinformationen:

O	In 2008 wurde eine in Zustand und Ausstattung identische Immobilie auf dem Nachbargrundstück errichtet.
O	Käufer der Immobilie B am 31.12.2008 ist die Auto-AG, ein international agierender Automobilzulieferer.
O	Die Lage der Gebäude sowie die Struktur und die Bonität der Mieter sind grundsätzlich vergleichbar.
O	Die nicht auf die Mieter umlagefähigen Kosten in Form von Verwaltungs-, Betriebs- und Instandhaltungskosten der beiden Immobilien eines Jahres betragen 1,5 % der jährlichen Bruttomieteinzahlungen des jeweiligen Mieters.
O	Beide Unternehmen berücksichtigen das erwartete Mietwachstum gleichermaßen in den Cashflows.

Zinssatz:

O	Risikoloser Zinssatz (Umlaufrendite einer 10-jährigen Bundesanleihe): 3,5 %.
O	Der zur Ermittlung des Kaufpreises der Immobilie B verwendete Diskontierungszinssatz im Dezember 2008 beträgt 6,5 %.
O	Branchenspezifische Diskontierungszinssätze von Immobilientransaktionen der Energiebranche in 2008 (abgeleitet aus den veröffentlichten Kaufpreisen u.a. vom Ring Deutscher Makler und Gutachterausschüssen): 5,0 - 6,0 %.

Sie sind Abschlussprüfer der Energy-AG. Bitte beurteilen Sie den von der Energy-AG zur Bilanzierung der Immobilie A verwendeten Diskontierungszinssatz in Höhe von 5,5 % vor dem Hintergrund obenstehender Informationen.

1. Der verwendete Diskontierungszinssatz der Energy-AG i.H.v. 5,5 % ist:

noch vertretbar	O
nicht vertretbar (der Diskontierungszinssatz ist zu hoch)	O
nicht vertretbar (der Diskontierungszinssatz ist zu niedrig)	O

2. Bitte kreuzen Sie die von Ihnen zu Ihrer Entscheidung verwendeten Informationen an (d.h. diejenigen Informationen, die Sie für relevant erachten).

Anlage 5: Fallstudie 3 (unstrukturiertes Aufgabengebiet)

Die in der Energie-Branche tätige Energy-AG ist seit der Fertigstellung im Jahr 2007 Eigentümer der Immobilie A, welche zu Finanzanlagezwecken (investment property) gehalten wird. Zum 31.12.2008 bilanziert die Energy-AG die Immobilie A nach dem fair value model gem. IAS 40. Der beizulegende Zeitwert wird hierbei mit Hilfe des Discounted Cashflow-Verfahrens unter Verwendung der Risikozuschlagsmethode bestimmt.

Beschreibung:

Die Immobilie liegt sehr verkehrgünstig in Berlin-Mitte, Unter den Linden. Das Gebäude umfasst auf 6 Stockwerken eine Fläche von 6.000 m^2. Die interne Erschließung ermöglicht durch eine flexible Zusammenschaltung oder Teilung von Einzelflächen eine Vielzahl an Variationsmöglichkeiten.

Hintergrundinformationen:

O	Das Erdgeschoss wird von einem Herrenausstatter und die restlichen fünf Etagen von einem international agierenden Versicherungsgesellschaft für die nächsten zehn Jahre angemietet.
O	Das Mietausfallwagnis wird hierbei für den Herrenausstatter mit 6 % und bei der Versicherungsgesellschaft mit 4 % unterstellt (gemitteltes Mietausfallwagnis ca. 4,5 %).
O	Die nicht auf die Mieter umlagefähigen Kosten in Form von Verwaltungs-, Betriebs- und Instandhaltungskosten der beiden Immobilien eines Jahres betragen 1,5 % der jährlichen Bruttomieteinzahlungen des jeweiligen Mieters.
O	Als Verlängerungsanreiz der Mietverträge sind nach Auslaufen der Mietverträge Renovierungsmaßnahmen vereinbart worden, hierfür wird mit 200€/m^2 kalkuliert.
O	Das erwartete Mietwachstum wird in den Cashflows berücksichtigt.

Zinssatz:

O	Die Umlaufrendite einer 10-jährigen Bundesanleihe beträgt 3,5 %.
O	Objektspezifischer Risikozuschlag abgeleitet aus (der Energy-AG) bekannten Transaktionen der Vergangenheit (best case): 2,25 %.
O	Objektspezifischer Risikozuschlag abgeleitet aus (der Energy-AG) bekannten Transaktionen der Vergangenheit (worst case): 3 %.
O	Branchenspezifische Diskontierungszinssätze von als Finanzanlage gehaltenen Immobilien der Energiebranche in 2008 (abgeleitet aus den veröffentlichten Kaufpreisen u.a. vom Ring Deutscher Makler und Gutachterausschüssen): 6,0 - 6,7 %.

Fair value der Immobilie A:

O	Best-case-Szenario: 19,5 Mio. € (bei einem Diskontierungszins in Höhe von 5,75 %).
O	Worst-case-Szenario: 18 Mio. € (bei einem Diskontierungszins in Höhe von 6,5 %).

Immobilientransaktionen mit vergleichbaren Gebäudespezifika (u.a. Zustand und Ausstattung):

		Lage/Standort	Größe in m^2	Transaktionsdatum	Preis	Mietausfallwagnis (gemittelt)
O	(1)	Vergleichbar	4.000	12.12.2008	10 Mio. €	ca. 4,5 %
O	(2)	Vergleichbar	10.000	29.12.2008	25 Mio. €	ca. 4,5 %
O	(3)	Vergleichbar	8.000	30.11.2008	18 Mio. €	ca. 6,0 %
O	(4)	Vergleichbar	7.000	31.10.2008	18 Mio. €	ca. 4,2 %
O	(5)	Besser	12.000	13.11.2008	40 Mio. €	ca. 4,0 %
O	(6)	Besser	4.000	31.10.2008	12 Mio. €	ca. 4,5 %
O	(7)	Schlechter	6.000	30.11.2008	14 Mio. €	ca. 4,5 %

Sie sind Abschlussprüfer der Energy-AG. Bitte beurteilen Sie den von der Energy-AG zur Bilanzierung der Immobilie A verwendeten Diskontierungszinssatz in Höhe von 7,25 % vor dem Hintergrund obenstehender Informationen. (Zusatzinformation: bei einem Diskontierungszinssatz von 7,25 % beträgt der fair value der Immobilie A 15 Mio. €)

1. Der verwendete Diskontierungszinssatz der Energy-AG i.H.v. 7,25 % ist:

noch vertretbar	O
nicht vertretbar (der Diskontierungszinssatz ist zu hoch)	O
nicht vertretbar (der Diskontierungszinssatz ist zu niedrig)	O

2. Bitte kreuzen Sie die von Ihnen zu Ihrer Entscheidung verwendeten Informationen an (d.h. diejenigen Informationen, die Sie für relevant erachten).

Anlage 6: Mittelwertvergleich Eigenschaften Experten-Novizen

Gruppenstatistiken					
	Experte=1/ Novize=0	N	Mittelwert	Standard- abweichung	Standardfehler des Mittelwertes
Alter	1	78	39,81	6,590	,746
	0	218	29,02	4,970	,337
allg. PE	1	78	13,42	6,448	,730
	0	218	2,80	3,972	,269
IFRS-PE	1	78	6,53	2,501	,283
	0	218	1,31	1,909	,129
Besuchte WBV	1	78	2,9359	1,68523	,19081
	0	218	,2936	,64118	,04343
Kenntnisse	1	78	3,4679	,59402	,06726
	0	218	2,3498	,64764	,04386

		Levene-Test der Varianzgleichheit		t-Test für die Mittelwertgleichheit		
		F	Sig.	T	df	Sig. (2-seitig)
Alter	Varianzen sind gleich	22,375	,000	15,029	294	,000
	Varianzen sind nicht gleich			13,180	109,91	,000
allg. PE	Varianzen sind gleich	48,410	,000	16,957	294	,000
	Varianzen sind nicht gleich			13,650	98,690	,000
IFRS-PE	Varianzen sind gleich	22,302	,000	19,006	294	,000
	Varianzen sind nicht gleich			16,759	110,75	,000
Besuchte WBV	Varianzen sind gleich	110,658	,000	19,570	294	,000
	Varianzen sind nicht gleich			13,502	85,10	,000
Kenntnisse	Varianzen sind gleich	,496	,482	13,367	294	,000
	Varianzen sind nicht gleich			13,925	146,99	,000

Anlage 7: Bilanzierungspraxis von investment properties

Name des Unternehmens	Transparenz-standard	Auswahl-index	Branche	Folge-bewertungs-modell	fair value-Ermittlung
A. Moksel AG	General Standard	GSI	Food & Beverages	CM	k.A.
Abacho Aktiengesellschaft	General Standard	GSI	Software	CM	k.A.
AIXTRON AG	Prime Standard	TecDAX	Technology	CM	Bodenrichtwerte
Aurubis AG	Prime Standard	MDAX	Basic resources	CM	k.A.
Axel Springer AG	Prime Standard	SDAX	Media	CM	DCF-Verfahren
BAUER Aktiengesellschaft	Prime Standard	MDAX	Construction	CM	Vergleichswertverfahren
BayWa AG	Prime Standard	MDAX	Industrial	CM	Ertragswertverfahren; Bodenrichtwerte
Bertrandt AG	Prime Standard	SDAX	Automobile	CM	anerkannte Bewertungsverfahren
BÖWE SYSTEC AG	Prime Standard	-	Industrial	CM	k.A.
Brüder Mannesmann AG	Prime Standard	-	Retail	FVM	Ertragswertverfahren
Cewe Color Holding AG	Prime Standard	SDAX	Consumer	CM	k.A.
Continental AG	Prime Standard	MDAX	Automobile	CM	Ertragswertverfahren; Bodenrichtwerte
Demag Cranes AG	Prime Standard	MDAX	Industrial	CM	k.A.
Deutsche Lufthansa AG	Prime Standard	DAX	Transportation & Logistics	CM	k.A. [Schätzung unter Berücksichtigung der Marktgegebenheiten]
Deutsche Post AG	Prime Standard	DAX	Transportation & Logistics	CM	k.A.
Deutsche Steinzeug Cremer & Breuer AG	General Standard	GSI	Consumer	CM	Bodenrichtwerte
Dürkopp Adler AG	General Standard	GSI	Industrial	CM	Bodenrichtwerte; Marktpreise
Dürr AG	Prime Standard	SDAX	Industrial	CM	Ertragswertverfahren
Dyckerhoff AG	Prime Standard	SDAX	Construction	CM	Vergleichswertverfahren; Marktpreise
Ehlebracht AG	General Standard	GSI	Industrial	CM	anerkannte Bewertungsmethoden, z.B. DCF-Verfahren; Vergleichswertverfahren
ElringKlinger AG	Prime Standard	MDAX	Automobile	CM	DCF-Verfahren
EnBW Energie Baden-Württemberg AG	General Standard	-	Utilities	CM	DCF-Verfahren; Vergleichswertverfahren
Fielmann AG	Prime Standard	MDAX	Retail	CM	Ertragswertverfahren
Fraport AG	Prime Standard	MDAX	Transportation & Logistics	CM	Vergleichswertverfahren
GEA Group Aktiengesellschaft	Prime Standard	MDAX	Industrial	CM	Vergleichswertverfahren
Gelsenwasser AG	General Standard	GSI	Utilities	CM	DCF-Verfahren
Gerresheimer AG	Prime Standard	MDAX	Pharma & Healthcare	CM	k.A.
Gesco AG	Prime Standard	SDAX	Industrial	CM	Ertragswertverfahren
Hamburger Hafen und Logistik AG	Prime Standard	MDAX	Transportation & Logistics	CM	DCF-Verfahren

Name des Unternehmens	Transparenzstandard	Auswahlindex	Branche	Folgebewertungsmodell	fair value-Ermittlung
Hansa Group AG	General Standard	GSI	Chemicals	CM	Vergleichswertverfahren
Heidelberger Druckmaschinen AG	Prime Standard	MDAX	Industrial	CM	DCF-Verfahren; Vergleichswertverfahren
HOCHTIEF AG	Prime Standard	MDAX	Construction	CM	DCF-Verfahren; Vergleichswertverfahren
HORNBACH HOLDING AG	Prime Standard	SDAX	Retail	CM	Ertragswertverfahren; Marktpreise
JAXX AG	Prime Standard	-	Retail	CM	k.A.
Jenoptik AG	Prime Standard	TecDAX	Industrial	CM	DCF-Verfahren
K+S AG	Prime Standard	DAX	Chemicals	CM	Bodenrichtwerte
Klöckner & Co. SE	Prime Standard	MDAX	Industrial	CM	k.A.
MAN SE	Prime Standard	DAX	Industrial	CM	anerkannte Bewertungsmethoden
Mensch und Maschine Software SE	Prime Standard	-	Software	CM	Ertragswertverfahren; Vergleichswertverfahren
METRO AG	Prime Standard	DAX	Retail	CM	anerkannte Bewertungsmethoden
Möbel Walther AG	General Standard	GSI	Retail	CM	Ertragswertverfahren
MVV Energie AG	Prime Standard	SDAX	Utilities	CM	anerkannte Bewertungsmethoden
Park & Bellheimer AG	General Standard	-	Food & Beverages	FVM	Ertragswertverfahren; Bodenrichtwerte
Pfeiffer Vacuum Technology AG	Prime Standard	TecDAX	Industrial	CM	DCF-Verfahren
Porsche Automobil Holding SE	General Standard	GSI	Automobile	CM	Ertragswertverfahren
PULSION Medical Systems AG	Prime Standard	GEX	Pharma & Healthcare	CM	DCF-Verfahren
Rheinmetall AG	Prime Standard	MDAX	Industrial	CM	anerkannte Bewertungsmethoden
RHÖN-KLINIKUM AG	Prime Standard	MDAX	Pharma & Healthcare	CM	k.A.
Roth & Rau AG	Prime Standard	TecDAX	Industrial	CM	k.A.
RWE AG	Prime Standard	DAX	Utilities	CM	anerkannte Bewertungsmethoden, z.B. DCF-Verfahren; Vergleichswertverfahren
Salzgitter AG	Prime Standard	DAX	Basic resources	CM	anerkannte Bewertungsmethoden, z.B. DCF-Verfahren; Vergleichswertverfahren
schlott gruppe AG	Prime Standard	-	Media	CM	Ertragswertverfahren
Sektkellerei Schloss Wachenheim AG	General Standard	GSI	Food & Beverages	CM	Ertragswertverfahren
Sixt AG	Prime Standard	SDAX	Transportation & Logistics	CM	Ertragswertverfahren
Stoehr & Co. AG	General Standard	GSI	Industrial	CM	k.A.
TDS IT AG	General Standard	GSI	Software	CM	Ertragswertverfahren; DCF-Verfahren
ThyssenKrupp AG	Prime Standard	DAX	Industrial	CM	Ertragswertverfahren; DCF-Verfahren; Vergleichswertverfahren

Name des Unternehmens	Transparenz-standard	Auswahl-index	Branche	Folge-bewertungs-modell	fair value-Ermittlung
TUI AG	Prime Standard	MDAX	Transportation & Logistics	CM	Vergleichswertverfahren; Marktpreise
Uzin Utz AG	General Standard	GSI	Construction	FVM	Vergleichswertverfahren
VARTA AG	General Standard	GSI	Industrial	CM	DCF-Verfahren
Villeroy & Boch AG	Prime Standard	SDAX	Consumer	CM	Bodenrichtwerte
Volkswagen AG	Prime Standard	DAX	Automobile	CM	Ertragswertverfahren
Vossloh AG	Prime Standard	MDAX	Industrial	CM	Vergleichswertverfahren
vwd Vereinigte Wirtschaftsdienste AG	General Standard	GSI	Software	CM	k.A.
W.E.T. Automotive Systems AG	General Standard	GSI	Automobile	CM	DCF-Verfahren
Wacker Chemie AG	Prime Standard	MDAX	Chemicals	CM	k.A.
Wacker Neuson SE	Prime Standard	SDAX	Industrial	CM	Vergleichswertverfahren; Ertragswertverfahren
Wanderer-Werke AG	General Standard	GSI	Industrial	CM	k.A.
Winkler + Dünnebier AG	General Standard	GSI	Industrial	CM	Ertragswertverfahren

Anlage 8: Fair value des Immobilienbestands und externe Begutachtung

Name des Unternehmens	fair value des Immobilienbestandes in T€	- davon durch Gutachten
A. Moksel AG	2.155	k.A.
Abacho Aktiengesellschaft	2.600	2.600
AIXTRON AG	4.908	k.A.
Aurubis AG	1.083	k.A.
Axel Springer AG	29.663	k.A.
BAUER Aktiengesellschaft	2.250	k.A.
BayWa AG	155.539	0
Bertrandt AG	5.109	0
BÖWE SYSTEC AG	4.772	k.A.
Brüder Mannesmann AG	8.377	8.377
Cewe Color Holding AG	3.210	k.A.
Continental AG	33.500	k.A.
Demag Cranes AG	178	0
Deutsche Lufthansa AG	5.000	5.000
Deutsche Post AG	78.000	k.A.
Deutsche Steinzeug Cremer & Breuer AG	14.200	0
Dürkopp Adler AG	4.441	k.A.
Dürr AG	21.000	k.A.
Dyckerhoff AG	14.000	k.A.
Ehlebracht AG	2.491	2.491
ElringKlinger AG	68.756	0
EnBW Energie Baden-Württemberg AG	103.200	51.600
Fielmann AG	16.167	0
Fraport AG	9.000	k.A.
GEA Group Aktiengesellschaft	15.050	k.A.
Gelsenwasser AG	5.700	k.A.
Gerresheimer AG	4.645	1.300
Gesco AG	3.620	0
Hamburger Hafen und Logistik AG	399.452	288.100
Hansa Group AG	694	0
Heidelberger Druckmaschinen AG	1.810	k.A.
HOCHTIEF AG	63.281	30.655
HORNBACH HOLDING AG	54.290	54.290
JAXX AG	960	960
Jenoptik AG	41.952	4.195 (10%)
K+S Aktiengesellschaft	27.162	k.A.
Klöckner & Co. SE	13.200	13.200
MAN SE	63.000	k.A.
Mensch und Maschine Software SE	1.579	k.A.
METRO AG	194.000	k.A.
Möbel Walther AG	224.000	0
MVV Energie AG	7.289	7.289
Park & Bellheimer AG	874	108
Pfeiffer Vacuum Technology AG	700	k.A.
Porsche Automobil Holding SE	400.000	k.A.
PULSION Medical Systems AG	215	0

Name des Unternehmens	fair value des Immobilienbestandes in T€	- davon durch Gutachten
Rheinmetall AG	32.000	32.000
RHÖN-KLINIKUM AG	4.007	k.A.
Roth & Rau AG	296	k.A.
RWE AG	285.000	81.000
Salzgitter AG	31.600	k.A.
schlott gruppe Aktiengesellschaft	3.852	k.A.
Sektkellerei Schloss Wachenheim AG	2.632	2.632
Sixt AG	4.773	0
Stoehr & Co. AG	155	0
TDS Informationstechnologie AG	867	0
ThyssenKrupp AG	455.000	16.000
TUI AG	91.800	0
Uzin Utz AG	2.232	k.A.
VARTA AG	1.302	k.A.
Villeroy & Boch AG	41.200	k.A.
Volkswagen AG	399.000	k.A.
Vossloh AG	5.800	k.A..
vwd Vereinigte Wirtschaftsdienste AG	559	k.A.
W.E.T. Automotive Systems AG	8.884	k.A.
Wacker Chemie AG	15.900	k.A.
Wacker Neuson SE	13.195	12.922
Wanderer-Werke AG	4.772	k.A.
Winkler + Dünnebier AG	7.100	k.A.

Anlage 9:   Diagramm Alter

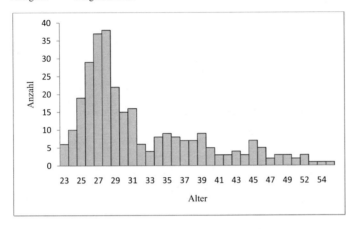

Anlage 10:   Diagramm Alter-Geschlecht

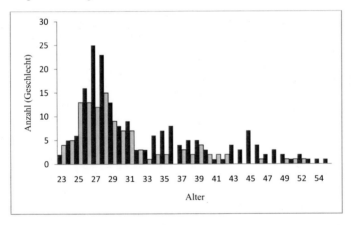

Hinweise: dunkel = männlich; hell=weiblich

Anlage 11: t-Test Persönlichkeit (Geschlecht)

GESCHLECHT (MITTELWERTVERGLEICH: T-TEST)			
Gruppierung	**männlich (n=182)**	**weiblich (n=112)**	***p***
Conscientiousness	3,95	4,20	<0,001 **
Neurotizismus	2,40	2,61	0,02*

Geschlecht		Levene-Test der Varianzgleichheit		T-Test für die Mittelwertgleichheit		
		F	Sig.	T	df	Sig. (2-seitig)
Gewissen-haftigkeit	Varianzen sind gleich	,363	,547	-3,359	292	,001
	Varianzen sind nicht gleich			-3,366	236,76	,001
Neuroti-zismus	Varianzen sind gleich	,031	,860	-2,382	292	,018
	Varianzen sind nicht gleich			-2,382	235,07	,018

Anlage 12: t-Test Persönlichkeit (Wirtschaftsprüfer)

WIRTSCHAFTSPRÜFER (MITTELWERTVERGLEICH: T-TEST)			
Gruppierung	**Wirtschaftsprüfer (n=84)**	**Kein Wirtschaftsprüfer (n=210)**	**p-Wert**
Conscientiousness	3,98	4,07	0,30
Neurotizismus	2,32	2,54	0,02*

Wirtschaftsprüfer		Levene-Test der Varianzgleichheit		T-Test für die Mittelwertgleichheit		
		F	Sig.	T	df	Sig. (2-seitig)
Gewissen-haftigkeit	Varianzen sind gleich	6,300	,013	1,148	292	,252
	Varianzen sind nicht gleich			1,028	124,35	,306
Neurotizismus	Varianzen sind gleich	,067	,797	2,356	292	,019
	Varianzen sind nicht gleich			2,349	151,97	,020

Anlage 13: Tabelle IFRS-Kenntnisse (Wirtschaftsprüfer)

Dummy WP * IFRS-RL Kreuztabelle

Anzahl

		IFRS-RL					Gesamt
		1	2	3	4	5	
Dummy WP	0	5	71	82	50	3	211
	1	1	2	22	51	9	85
Gesamt		6	73	104	101	12	296

Anlage 14: Tabelle Kenntnisse Prüfung IFRS (Wirtschaftsprüfer)

Dummy WP * Prüfung IFRS Kreuztabelle

Anzahl

		Prüfung IFRS					Gesamt
		1	2	3	4	5	
Dummy WP	0	19	92	63	37	0	211
	1	1	2	23	45	14	85
Gesamt		20	94	86	82	14	296

Anlage 15: Diagramm Kenntnisse IFRS-Rechnungslegung

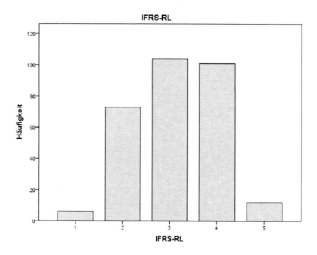

Anlage 16: Diagramm Kenntnisse Prüfung IFRS

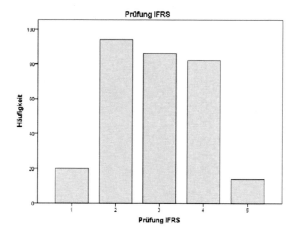

Anlage 17: Diagramm Kenntnisse Prüfung geschätzte Werte

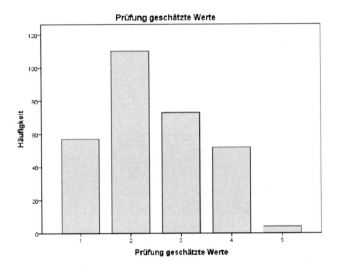

Anlage 18: Diagramm Kenntnisse Prüfung Immobilien

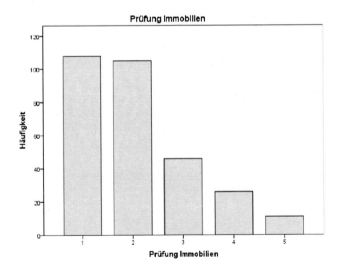

Anlage 19: Chi-Quadrat-Test und Phi (Schulung/Fallstudie 2)

ExperteNovize * Performance Kreuztabelle[a]

Anzahl

		Performance		Gesamt
		0	1	
ExperteNovize	0	50	20	70
	1	11	14	25
Gesamt		61	34	95

a. Fallstudiennummer = 2

Chi-Quadrat-Tests[d]

	Wert	df	Asymptotische Sig. (2-seitig)	Exakte Sig. (2-seitig)	Exakte Sig. (1-seitig)	Punkt-Wahrscheinlichkeit
Chi-Quadrat nach Pearson	6,031	1	,014	,017	,014	
Kontinuitätskorrektur[b]	4,896	1	,027			
Likelihood-Quotient	5,863	1	,015	,027	,014	
Exakter Test nach Fisher				,027	,014	
Zusammenhang linear-mit-linear	5,967	1	,015	,017	,014	,010
Anzahl der gültigen Fälle	95					

Symmetrische Maße[a]

		Wert	Näherungsweise Sig.	Exakte Sig.
Nominal- bzgl. Nominalmaß	Phi	,252	,014	,017
	Cramer-V	,252	,014	,017
Anzahl der gültigen Fälle		95		

a. Fallstudiennummer = 2

Anlage 20: Chi-Quadrat-Test und Phi (Schulung/Fallstudie 1)

ExperteNovize * Performance Kreuztabelle[a]

Anzahl

		Performance		Gesamt
		0	1	
ExperteNovize	0	63	15	78
	1	10	17	27
Gesamt		73	32	105

a. Fallstudiennummer = 1

Chi-Quadrat-Tests[d]

	Wert	df	Asymptotische Sig. (2-seitig)	Exakte Sig. (2-seitig)	Exakte Sig. (1-seitig)	Punkt-Wahrscheinlichkeit
Chi-Quadrat nach Pearson	18,104	1	,000	,000	,000	
Kontinuitätskorrektur[b]	16,099	1	,000			
Likelihood-Quotient	17,153	1	,000	,000	,000	
Exakter Test nach Fisher				,000	,000	
Zusammenhang linear-mit-linear	17,932	1	,000	,000	,000	,000
Anzahl der gültigen Fälle	105					

Symmetrische Maße[a]

		Wert	Näherungsweise Sig.	Exakte Sig.
Nominal- bzgl. Nominalmaß	Phi	,415	,000	,000
	Cramer-V	,415	,000	,000
Anzahl der gültigen Fälle		105		

a. Fallstudiennummer = 1

Anlage 21: Chi-Quadrat-Test und Phi (Schulung/Fallstudie 3)

ExperteNovize * Performance Kreuztabelle[a]

Anzahl

		Performance		Gesamt
		0	1	
ExperteNovize	0	44	26	70
	1	17	9	26
Gesamt		61	35	96

a. Fallstudiennummer = 3

Chi-Quadrat-Tests[d]

	Wert	df	Asymptotische Sig. (2-seitig)	Exakte Sig. (2-seitig)	Exakte Sig. (1-seitig)	Punkt-Wahrscheinlichkeit
Chi-Quadrat nach Pearson	,052	1	,819	1,000	,508	
Kontinuitätskorrektur[b]	,000	1	1,000			
Likelihood-Quotient	,053	1	,819	1,000	,508	
Exakter Test nach Fisher				1,000	,508	
Zusammenhang linear-mit-linear	,052	1	,820	1,000	,508	,185
Anzahl der gültigen Fälle	96					

Symmetrische Maße[a]

		Wert	Näherungsweise Sig.	Exakte Sig.
Nominal- bzgl. Nominalmaß	Phi	-,023	,819	1,000
	Cramer-V	,023	,819	1,000
Anzahl der gültigen Fälle		96		

a. Fallstudiennummer = 3

Anlage 22: 95%-Konfidenzintervall der Mittelwerte von Entscheidungsperformance

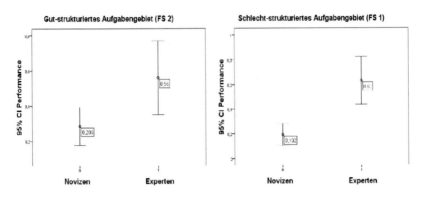

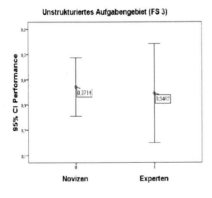

Anlage 23: Chi-Quadrat-Test (Entscheidungsperformance von Experten in schwach gut- und schlechtstrukturierten Aufgabengebieten)

Fallstudiennummer * Performance Kreuztabelle[a]

Anzahl

		Performance 0	Performance 1	Gesamt
Fallstudiennummer	1	10	17	27
	2	11	14	25
Gesamt		21	31	52

a. ExperteNovize = 1

Chi-Quadrat-Tests[d]

	Wert	df	Asymptotische Sig. (2-seitig)	Exakte Sig. (2-seitig)	Exakte Sig. (1-seitig)	Punkt-Wahrscheinlichkeit
Chi-Quadrat nach Pearson	,261	1	,609	,778	,410	
Kontinuitätskorrektur[b]	,052	1	,819			
Likelihood-Quotient	,261	1	,609	,778	,410	
Exakter Test nach Fisher				,778	,410	
Zusammenhang linear-mit-linear	,256	1	,613	,778	,410	,196
Anzahl der gültigen Fälle	52					

Symmetrische Maße[a]

		Wert	Näherungsweise Sig.	Exakte Signifikanz
Nominal- bzgl. Nominalmaß	Phi	-,071	,609	,778
	Cramer-V	,071	,609	,778
Anzahl der gültigen Fälle		52		

a. ExperteNovize = 1

Anlage 24: Chi-Quadrat-Test (Entscheidungsperformance von Novizen in schlecht- und unstrukturierten Aufgabengebieten)

Fallstudiennummer * Performance Kreuztabelle[a]

Anzahl

		Performance		Gesamt
		0	1	
Fallstudiennummer	1	63	15	78
	3	44	26	70
Gesamt		107	41	148

a. ExperteNovize = 0

Chi-Quadrat-Tests[d]

	Wert	df	Asymptotische Sig. (2-seitig)	Exakte Sig. (2-seitig)	Exakte Sig. (1-seitig)	Punkt-Wahrscheinlichkeit
Chi-Quadrat nach Pearson	5,910[a]	1	,015	,017	,012	
Kontinuitätskorrektur[b]	5,049	1	,025			
Likelihood-Quotient	5,947	1	,015	,017	,012	
Exakter Test nach Fisher				,017	,012	
Zusammenhang linear-mit-linear	5,870[c]	1	,015	,017	,012	,008
Anzahl der gültigen Fälle	148					

Symmetrische Maße[a]

		Wert	Näherungsweise Sig.	Exakte Signifikanz
Nominal- bzgl. Nominalmaß	Phi	,200	,015	,017
	Cramer-V	,200	,015	,017
Anzahl der gültigen Fälle		148		

a. ExperteNovize = 0

Anlage 25:   t-Test IFRS-Prüfungserfahrung (Entscheidungsperformance)

Gruppenstatistiken					
	Performance	N	Mittelwert	Standardabweichung	Standardfehler des Mittelwertes
IFRS-PE	1	195	2,04	2,725	,195
	0	101	3,93	3,403	,339

T-Test für die Mittelwertgleichheit		Levene-Test der Varianzgleichheit				
		F	Sig.	T	df	Sig. (2-seitig)
IFRS-PE	Varianzen sind gleich	16,368	,000	5,169	294	,000
	Varianzen sind nicht gleich			4,821	167,90	,000

Anlage 26:   t-Test besuchte Weiterbildungsveranstaltungen und Entscheidungsperformance

Gruppenstatistiken					
	Performance	N	Mittelwert	Standardabweichung	Standardfehler des Mittelwertes
besuchteWBV	1	195	,7282	1,25303	,08973
	0	101	1,4950	1,91115	,19017

t-Test für die Mittelwertgleichheit		Levene-Test der Varianzgleichheit				
		F	Sig.	T	df	Sig. (2-seitig)
besuchte WBV	Varianzen sind gleich	26,663	,000	4,144	294	,000
	Varianzen sind nicht gleich			3,647	145,76	,000

Anlage 27: Kolmogorov-Smirnov-Test

Gut-strukturiertes Aufgabengebiet (Fallstudie 2)			
NULLHYPOTHESE	TEST	SIG.	ENTSCHEIDUNG
Die Verteilung von IFRS-PE ist eine Normalverteilung mit *M*=2,67 und *SD*=3,14.	Kolmogorov-Smirnov-Test	,00	*Nullhypothese ablehnen*
Die Verteilung der besuchten WBV ist eine Normalverteilung mit *M*=0,981 und *SD*=1,75.	Kolmogorov-Smirnov-Test	,00	*Nullhypothese ablehnen*
Schlecht-strukturiertes Aufgabengebiet (Fallstudie 1)			
Die Verteilung von IFRS-PE ist eine Normalverteilung mit *M*=2,63 und *SD*=3,01.	Kolmogorov-Smirnov-Test	,00	*Nullhypothese ablehnen*
Die Verteilung der besuchten WBV ist eine Normalverteilung mit *M*=1,01 und *SD*=1,42.	Kolmogorov-Smirnov-Test	,00	*Nullhypothese ablehnen*
Unstrukturiertes Aufgabengebiet (Fallstudie 3)			
Die Verteilung von IFRS-PE ist eine Normalverteilung mit *M*=2,85 und *SD*=3,14.	Kolmogorov-Smirnov-Test	,00	*Nullhypothese ablehnen*
Die Verteilung der besuchten WBV ist eine Normalverteilung mit *M*=0,979 und *SD*=1,45.	Kolmogorov-Smirnov-Test	,00	*Nullhypothese ablehnen*

Anlage 28: t-Test Persönlichkeit (Entscheidungsperformance)

Gruppenstatistiken					
	Performance	N	M	SD	Standardfehler des Mittelwertes
Extraversion	1	101	3,36	,831	,083
	0	193	3,47	,824	,059
Agreeableness	1	101	3,00	,691	,069
	0	193	2,97	,615	,044
Conscientiousness	1	101	4,114	,6280	,0625
	0	193	4,005	,6250	,0450
Neuroticism	1	101	2,38	,686	,068
	0	193	2,53	,772	,056
Openness	1	101	3.21	.890	.089
	0	193	3.28	.914	.066

t-Test für die Mittelwertgleichheit		Levene-Test der Varianzgleichheit				
		F	Sig.	T	df	Sig. (2-seitig)
Extraversion	Varianzen sind gleich	,517	,473	-1,110	292	,268
	Varianzen sind nicht gleich			-1,108	201,59	,269
Agreeableness	Varianzen sind gleich	1,429	,233	,490	292	,624
	Varianzen sind nicht gleich			,472	183,56	,637
Conscientiousness	Varianzen sind gleich	,099	,754	1,414	292	,159
	Varianzen sind nicht gleich			1,411	202,22	,160
Neuroticism	Varianzen sind gleich	1,167	,281	-1,585	292	,114
	Varianzen sind nicht gleich			-1,644	224,92	,102
Openness	Varianzen sind gleich	,028	,868	-,693	292	,489
	Varianzen sind nicht gleich			-,699	207,92	,486

Anlage 29: Verteilung des Faktors Gewissenhaftigkeit

Conscientiousness

		Häufigkeit	Prozent	Gültige Prozente	Kumulierte Prozente
Gültig	2,0	2	,7	,7	,7
	2,5	5	1,7	1,7	2,4
	3,0	28	9,5	9,5	11,9
	3,5	43	14,6	14,6	26,5
	4,0	111	37,8	37,8	64,3
	4,5	63	21,4	21,4	85,7
	5,0	42	14,3	14,3	100,0
	Gesamt	294	100,0	100,0	